De grote geboortegids

MARIËL CROON EN
PROF. DR. JORIS VAN DER POST

DE GROTE GEBOORTE GIDS

Vol vertrouwen zwanger zijn
en bewust bevallen

Uitgeverij Thoeris | Amsterdam

Dit boek is tot stand gekomen met grote zorgvuldigheid en met gebruikmaking van de meest actuele gegevens en informatie. Het is echter niet bedoeld als vervanging van het oordeel van een zorgverlener. Zwangere vrouwen wordt aangeraden zich zo vroeg mogelijk in de zwangerschap te wenden tot een zorgverlener. De auteurs en de uitgever aanvaarden geen aansprakelijkheid.

Uitgeverij Thoeris, Amsterdam
Eerste druk september 2011
Zevende druk juli 2017
Illustraties: Hans Brik
Boekverzorging: Nanja Toebak 's-Hertogenbosch
Opmaak: Landgraphics, Amsterdam
Coverfoto: iStockphoto/Evelin Elmest
Auteursfoto: Patrick Ebu-Mordi
ISBN 978 90 722 198 62
NUR 850
www.thoeris.nl

Inhoud

Een woord vooraf

Zwangerschap en geboorte vormen een vanzelfsprekend onderdeel van ons bestaan. We hebben er allemaal mee te maken. Toch blijft het ontstaan, de ontwikkeling en de geboorte van een kind een van de meest bijzondere gebeurtenissen die we kunnen meemaken. Voor jullie als ouders, maar ook voor ons als zorgverleners.

De zorg bij zwangerschap en bevalling in Nederland verschilde sinds het midden van de vorige eeuw van die in andere landen. Wij kennen een scheiding tussen eerste en tweede lijn. Dat wil zeggen dat gezonde zwangere vrouwen, zonder verhoogd risico, zorg krijgen van de verloskundige of huisarts. En dat zwangere vrouwen met een verhoogd risico zorg krijgen van de gynaecoloog. Beide beroepsgroepen hebben binnen hun domein hun eigen verantwoordelijkheid. De thuisbevalling werd gezien als symbool van de onafhankelijke eerste lijn.

Lange tijd vonden we deze vorm van organisatie als vanzelfsprekend de beste, omdat we ervan uitgingen dat er zo geen onnodige medische ingrepen plaats zouden vinden in een normale gebeurtenis in het leven: de zwangerschap en de bevalling, waarbij de uitkomsten maar zelden verkeerd zijn. Het overgrote deel van de kinderen wordt immers gezond geboren. In de voorlichting werd dat ook voortdurend benadrukt.

De laatste jaren is er een kentering gekomen. Er is veel aandacht voor de gezondheid van de baby en het voorkomen van babysterfte. Zo roken er in Nederland veel vrouwen en hebben we relatief veel risicogroepen. We zijn ons gaan bezinnen op onze uitkomsten om te kijken hoe we de zorg kunnen verbeteren en hoe de babysterfte nog verder kan dalen.

Dat proces van bezinning en verandering is in volle gang. Er wordt gewerkt aan voorlichting over een gezonde leefstijl bij het zwanger worden (preconceptiezorg) en tijdens de zwangerschap, zoals stoppen met roken en drinken. Ook wordt er voorlichting gegeven over de kans dat je tijdens de zwangerschap of de bevalling wordt verwezen naar het ziekenhuis. En er komen talrijke initiatieven op om verloskundigen en gynaecologen intensiever te laten samenwerken.

Bovendien zijn er meer mogelijkheden om vroeggeboorte te voorkomen en om heel vroeg geboren baby's te behandelen. Al deze maatregelen hebben effect gehad: de babysterfte in Nederland is de afgelopen jaren fors gedaald. De sterftekans is momenteel minder dan 1 procent. Het grootste deel daarvan is te wijten aan vroeggeboorten.

We hebben dit boek geschreven in de traditie van de Nederlandse verloskunde dat zwangerschap en geboorte ongecompliceerd kunnen verlopen, maar dat er extra zorg nodig is als er verhoogde risico's zijn. En als er keuzes gemaakt worden, staan de zwangere vrouw, haar kind en haar partner centraal. Verloskundigen, gynaecologen, kinderartsen, huisartsen, (bekken-)fysiotherapeuten, diëtisten en kraamverzorgenden overleggen met de (aanstaande) ouders en met elkaar. Zij zijn aan jullie en aan je kind verplicht om goed met elkaar samen te werken. Het gaat immers om de gezondheid van jullie baby, en zelfs van een hele toekomstige generatie!

Voor een optimale zwangerschaps- en bevallingszorg is het belangrijk dat je als aanstaande moeder en vader goed op de hoogte bent van de gevolgen van je keuzes. En dat je weet wat je zelf kunt doen om de gezondheid van je baby te bevorderen. Ook is het belangrijk om te weten hoe je risico's kunt herkennen, zodat je, als dat nodig is, zelf duidelijk kunt maken dat er misschien iets aan de hand is. Zo ben je de spil in je eigen zwangerschap, je bevalling en je kraambed.

We hopen daar met dit boek aan bij te dragen door objectieve informatie te geven. Informatie uit de eerste en uit de tweede lijn. Het is dan ook niet toevallig dat dit boek is geschreven door een verloskundige en een gynaecoloog. Dit is geen wetenschappelijk verhandeling, al baseren we ons wel op de wetenschap waar dat mogelijk is. Maar veel van de verloskundige zorg is nu eenmaal gestoeld op traditie en ervaring, en zou nog verder onderzocht moeten worden.

In dit boek willen we vooral de belangrijkste omstandigheden schetsen rond je zwangerschap en je bevalling. Zodat je zelf zo veel mogelijk kunt doen om de gezondheid van je baby en die van jezelf te bevorderen. Zodat je inzicht hebt in de hulp die je daarbij mag verwachten van de verloskundige, de gynaecoloog, de huisarts en alle andere zorgverleners rond de geboorte.

En vooral: zodat je vol vertrouwen zwanger zult zijn en kunt bevallen zonder onnodige zorgen en zonder onnodige ingrepen.

Mariël Croon
Joris van der Post

Onze dank gaat uit naar:
Anne-Marie Jung, Coco Sabajo en Pepijn Lanen, Carole Lasham, Edu Muller, Eva Pajkrt, Helga Hentzepeter, Irena Veringa, Jeltje Luinenburg, Jetske Ultee, Kees Boer, Liesbeth van Leeuwen, Maaiky van Weerdenburg, Maria van Beelen, Marijke Slieker, Nancy Stipkovits, Paul Peters, Patricia de Geus, Tooske Ragas, Yvonne Smit, Delia Titre.

DEEL 1

DE ZWANGERSCHAP

1

Zwanger!

Zeker als het voor het eerst is, is het een van de meest onwerkelijke ervaringen in je leven: je bent zwanger! Of: je partner is zwanger! Je hebt nu negen maanden om te wennen aan het idee dat je in de toekomst niet meer alleen zult zijn. Je wordt moeder, of vader. Als alles goed gaat tenminste. De kans daarop is groot. Wel begint je verantwoordelijkheid al meteen. Juist nu is het zaak gezond te leven. Omwille van de gezondheid van je kind.

BEN IK ECHT ZWANGER?

Langzaam kleurt het teststaafje blauw – een streepje, een plusje of het woord 'zwanger' licht op. Je vraagt je nog even af of je het goed ziet, maar het blauw wordt donkerder. Gefeliciteerd! De test is positief, je bent zwanger.

Het is onwerkelijk, je bent waarschijnlijk nog maar net over tijd. Hoewel sommige vrouwen al wat gespannen borsten hebben of zich 'anders' voelen, merken de meeste vrouwen er nu nog weinig van dat ze zwanger zijn. Je kunt je dan ook nog niet voorstellen dat je over negen maanden moeder (of vader) zult zijn. Toch gaat dat naar alle waarschijnlijkheid gebeuren. Je staat voor de grootste verandering in je bestaan: je draagt een kind! En voor partners geldt: je geliefde krijgt een kind en jij staat ernaast. Eigenlijk ben je beiden in blijde verwachting. Voor allebei begint er een nieuwe verantwoordelijkheid. Nu al.

Hoe het ook zij: de positieve test is de eerste stap op weg naar het ouderschap. Alle reden tot blijdschap.

Hoewel... is het alleen maar leuk? Het is op zijn minst ook spannend om zwanger te zijn. Zal het allemaal goed gaan, is het erg dat ik vorige week nog gedronken heb, hoe gaat ons leven eruitzien, zijn we onze vrijheid kwijt, zullen we wel goede ouders zijn, is ons huis groot genoeg, hoeveel blijven we werken, hebben we straks nog voldoende geld, wat voor kinderopvang gaan we regelen, op wie zal het kind lijken en komen er eigenlijk erfelijke ziekten voor in de families? Zodra je een kind ver-

WEETJE

Er is heel wat veranderd ten opzichte van vroeger als je kijkt naar de zwangerschapstest. De testen van nu kunnen heel kleine hoeveelheden zwangerschapshormoon in de urine aantonen. Dit betekent dat de test al positief is als je nog maar heel pril in verwachting bent. In vergelijking met vroeger betekent dit dat de kans op een miskraam groter is. Zo vroeg in de zwangerschap gaat het vruchtje nog vaak verloren. Destijds merkte een vrouw daar weinig van, behalve misschien dat haar menstruatie wat later kwam of wat heviger was. Ze wist dan niet dat ze eventjes zwanger was geweest. Met de moderne, gevoelige testen weet je dat wel.

Het voordeel van de moderne testen is dat je minder lang in onzekerheid verkeert. En als er iets niet goed gaat, bijvoorbeeld als je bloedverlies hebt, dan kun je eerder een echo laten maken om te zien wat er aan de hand is.

Een van de eerste zwangerschapstesten berustte overigens op het feit dat kikkers een andere kleur kregen als ze in contact kwamen met het zwangerschapshormoon van de mens: vandaar de vroegere naam voor de zwangerschapstest: de kikkerproef!

wacht, ben je niet meer enkel verantwoordelijk voor jezelf en elkaar, maar ook voor een ander. Zeker als het je eerste kind betreft, is dit dé omwenteling in je leven.

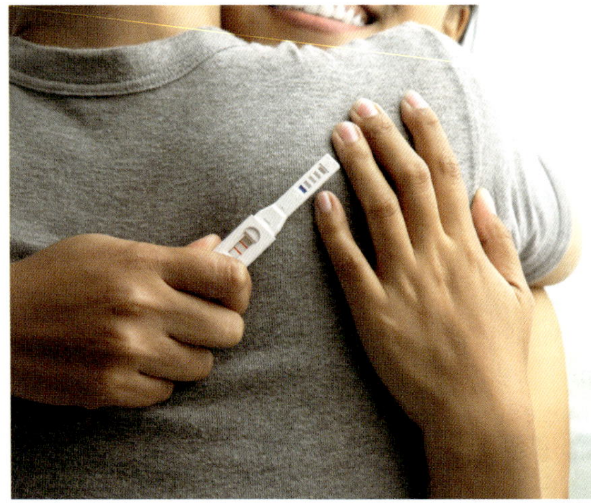

Imke: *'Toen ik voor het eerst zwanger was, duurde het lang voordat ik dat geloofde. Ik had voortdurend baarmoederkrampen en dacht dat ik ongesteld moest worden. Dat gevoel was zo sterk dat ik niet eens een zwangerschapstest kocht. Pas toen ik tien dagen over tijd was, en die 'menstruatie' maar niet doorzette, heb ik een test gedaan. Hartstikke zwanger. De verloskundige vertelde me later dat die krampen werden veroorzaakt door de innesteling. Best verwarrend.'*

ZWANGER, WAT NU?

Zodra je weet dat je zwanger bent, begint de verantwoordelijkheid voor het nieuwe leven. Eigenlijk was dat al eerder het geval – als de

HOE GAAT HET MET DE BABY?

De bevruchting

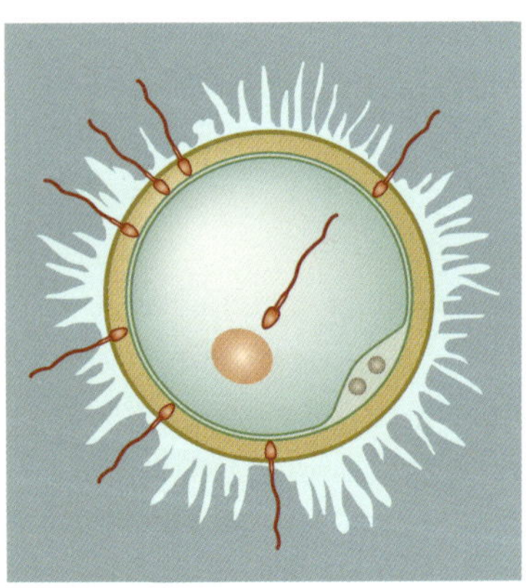

De bevruchting: 2 cellen versmelten tot 1

Zodra de eicel bij de eisprong is vrijgekomen, grijpt de eileider hem met zijn lange tentakels zoals een octopus zijn prooi. Daar, in die grillige tulp, ligt vaak al een legertje spermacellen te wachten. Ze moeten snel zijn. De eicel moet namelijk binnen twaalf uur bevrucht worden, anders sterft hij af. De spermacellen boren zich met zijn allen in de buitenste, sponsachtige bekleding van de eicel. Eéntje lukt het om dieper door te dringen. De overige cellen blijven hangen in de eierschaal, die nu hard en ondoordringbaar wordt. De bevruchting is een feit. Het erfelijk materiaal van de aanstaande vader en de moeder zijn versmolten in één cel.

zwangerschap gepland is, was je waarschijnlijk al begonnen met gezond leven, zoals stoppen met roken en alcohol drinken en beginnen met het gebruik van foliumzuur. Als je dat nog niet had gedaan, is daarvoor nu het moment gekomen.

Het embryo maakt immers in de eerste drie maanden in duizelingwekkende snelheid een ontwikkeling door. Nooit in zijn leven zal hij meer zo hard groeien. In drie maanden tijd ontstaat er uit twee minuscule celletjes een compleet mens, dat alleen nog maar hoeft te groeien en te rijpen. Dat betekent dat een foutje of een verkeerde gewoonte in deze periode grote gevolgen kan hebben die levenslang doorwerken. Zo weten we door de Hongerwinter in 1944-45 dat baby's die in de eerste drie maanden van hun prenatale bestaan honger hadden geleden, later een grotere kans hadden op diabetes (suikerziekte) en hart- en vaatziekten. Ze hadden ook een grotere kans om met een open rug geboren te worden.

Het is dus ongelooflijk belangrijk om juist in deze periode alle geboden en verboden in acht te nemen. Je legt nu de basis voor de levenslange gezondheid van je kind. Meer informatie vind je in het hoofdstuk 'De 10 geboden voor een gezonde baby'.

Nooit in zijn leven zal de baby meer zo hard groeien als tijdens de eerste drie maanden van zijn voorgeboortelijke leven

IS HET ERG DAT IK NOG GEROOKT HEB, GEDRONKEN HEB, OF DRUGS OF MEDICIJNEN HEB GEBRUIKT TOEN IK NOG NIET WIST DAT IK ZWANGER WAS?

Deze vraag horen we veel op het spreekuur. Wanneer een zwangerschap niet gepland was, komt het nogal eens voor dat de aanstaande moeder rond de bevruchting flink is doorgezakt, heeft doorgerookt of recreatief drugs heeft gebruikt. Gezond is dat niet. Maar heel vroeg in de zwangerschap is er een alles-of-niets-reactie: het gaat goed of het gaat mis. Je mag er dus van uitgaan dat als de zwangerschap standhoudt, deze heel vroege blootstelling (binnen twee à drie weken na de bevruchting) het kind geen schade berokkent.

Het is hoe dan ook zaak om meteen met al deze ongezonde gewoonten op te houden. Want al heel snel, drie weken na de bevruchting (dan ben je één week over tijd), wordt het spannend. Dan kunnen schadelijke stoffen het embryo bereiken via de dooierzak, en later via de placenta. Het embryo kan deze stoffen niet of niet goed afbreken zoals wij dat doen via de lever en de nieren. Zo kunnen de schadelijke

---

HOE GAAT HET MET DE BABY?
De reis naar de baarmoeder

Na de bevruchting begint de bevruchte eicel een drie dagen durende reis door de eileider naar de baarmoeder. Hij dobbert op een laagje vloeistof, wordt voortgestuwd door de golvende spierbewegingen van de eileiderwand en nog eens extra voortgezwiept door trilharen. Op deze reis begint het vruchtje zich te delen totdat het de vorm heeft van een framboos of een moerbei: de *morula*. Bij aankomst in de baarmoeder heeft het een doorsnede van 0,1 tot 0,2 millimeter – een speldenprik. De eierschaal is nog intact. Daarbinnen liggen nu twaalf tot zestien cellen. Vocht uit de baarmoeder wordt tussen deze cellen opgenomen.

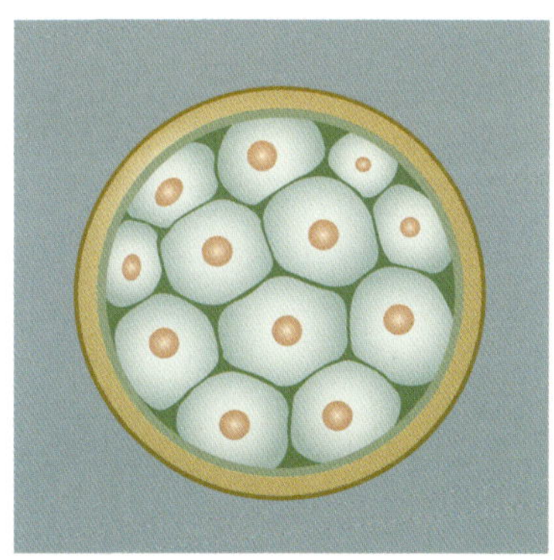

De 4e dag: de kiem lijkt op een moerbei (morula)

stoffen zich ophopen in het vruchtwater of later in het bloed van het embryo.

Vanaf de derde week kan er dus schade ontstaan aan het embryo terwijl de zwangerschap intact blijft. Als je denkt dat dit het geval zou kunnen zijn, is het nuttig te overleggen met de verloskundige of de gynaecoloog.

Het goede nieuws: het strekt op ieder moment van de zwangerschap tot voordeel voor de baby om te stoppen met ongezonde gewoonten. Nog maar eens: vraag aan iedere hulpverlener je te helpen te stoppen met roken!

Meer informatie vind je in het hoofdstuk 'De 10 geboden voor een gezonde baby', en in het hoofdstuk 'Mag ik in de zwangerschap...'.

HOE GROOT IS DE KANS OP EEN MISKRAAM?

Van alle bevruchte eicellen komt ongeveer de helft tot een zwangerschap. Als je de zwangerschapstest al doet wanneer je 1 of 2 dagen over tijd bent en deze is positief, is de kans dat je over 9 maanden moeder of vader bent zo'n 85 procent. Heel groot dus. Toch is het goed om een slag om de arm te houden. Bij 1 op de 7 zwangerschappen treedt een miskraam op. Doe je de zwangerschapstest later, bijvoorbeeld als je een week over tijd bent, dan is de miskraamkans al weer iets kleiner, 1 op 10. En als er op de echo een levend vruchtje is gezien, is de miskraamkans nog veel kleiner. Zo groeit je vertrouwen met elke week die je zwanger bent.

Hoe jonger je bent, des te kleiner de kans op een miskraam. Anderzijds loopt de miskraamkans op tot 1 op 5 bij 35-plussers en tot 1 op 2,5 bij 40-plussers. Ook vrouwen die eerder een miskraam doormaakten, hebben een verhoogde kans. Daar doe je niets tegen – een miskraam is niet te voorkomen door het rustig aan te doen. En omgekeerd geldt: een miskraam krijg je niet door bijvoorbeeld zwaar te tillen (al zijn er andere goede redenen om dat in deze periode aan iemand anders over te laten). Wel is het goed om met de gynaecoloog te overleggen als je 2 keer of meer een miskraam hebt meegemaakt.

WAAR MELD IK ME NU IK ZWANGER BEN?

Als je een week over tijd bent en enigszins bekomen van de schok of de verrassing, kun je een verloskundige bellen in je omgeving. Misschien heb je haar al bezocht voordat je zwanger werd, op het kinderwensspreekuur. Zo niet, dan vind je een verloskundige via de website www.knov.nl, via het telefoonboek, via via, of door de huisarts te vragen met wie hij prettig samenwerkt.

Zolang de zwangerschap goed verloopt en je gezond bent, zal de verloskundige je begeleiden. Als er een verhoogd risico optreedt, zoals

---

HOE GAAT HET MET DE BABY?

De innesteling

De 5e dag: de kiem vormt een blaasje met vocht (blastula of blastocyste)

Een dag nadat de bevruchte eicel in de baarmoeder is aangekomen, vormt het vocht een holte in het 'framboosje'. Het vruchtje is een blaasje geworden: het kiemblaasje of de *blastula*.

Op één plek liggen de cellen op een kluitje. De binnenste laag van het kluitje gaat het embryo vormen, het vroegste stadium van de baby. De buitenste laag vormt de vruchtvliezen en een deel van de placenta, de moederkoek. Deze is nodig om voedingstoffen en zuurstof naar de baby te voeren als deze daar rond de twaalfde week behoefte aan krijgt. Ook worden afvalstoffen afgevoerd.

een hoge bloeddruk of zwangerschapsdiabetes, verwijst zij je naar de gynaecoloog. Op deze manier krijg je zorg op maat. De verloskundigen en de gynaecologen van het ziekenhuis in de omgeving werken samen in een verloskundig samenwerkingsverband (VSV). Zij bespreken geregeld patiënten en ze maken afspraken over de zorg en het beleid. Zij doen dat op basis van landelijke afspraken over verwijzing. Verloskundigen en gynaecologen houden zich daar strikt aan. Deze afspraken zijn vastgelegd in de zogenoemde Verloskundige IndicatieLijst (VIL).

In sommige plaatsen zijn geen verloskundigen gevestigd en doen de huisartsen nog bevallingen. Vanzelfsprekend meld je je dan aan bij de huisarts.

Er kunnen redenen zijn om meteen naar de gynaecoloog te gaan. Vrouwen met een ernstige aandoening die al onder behandeling zijn bij een specialist, zoals bij diabetes of een hartafwijking, hebben meestal van hun behandelend specialist al eens te horen gekregen dat ze voor de begeleiding van de zwangerschap of voor een advies bij de zwangerschapswens bij de gynaecoloog moeten zijn. Zij kunnen zich via de huisarts meteen laten verwijzen. Dit is belangrijk omdat het soms nodig is om te stoppen met bepaalde medicijnen, of om ze te vervangen door medicijnen die niet schadelijk zijn voor het kind. Sommige vrouwen zijn al onder behandeling van de gynaecoloog. Dat is dan duidelijk, maar bespreek ook in dat geval of het nodig is om bij je gynaecoloog onder controle te blijven. Als je na een vruchtbaarheidsbehandeling gezond zwanger bent, kun je in principe voor begeleiding van de zwangerschap naar de verloskundige. Ook in andere gevallen kun je terecht bij de verloskundige. Zij zal bekijken of je gezond bent. Als er redenen toe zijn, zal ze je alsnog verwijzen naar een gynaecoloog.

De eerste afspraak vindt meestal plaats rond de negende week.

WANNEER BEN IK UITGEREKEND?

De meeste vrouwen bevallen ergens rond de 40 weken, ofwel 280 dagen, gerekend vanaf de eerste dag van je laatste menstruatie. Dat wil zeggen: als je een regelmatige cyclus hebt van 4 weken. Bij een langere menstruatiecyclus ben je iets later uitgerekend. Bij een kortere cyclus iets eerder.

Zodra je een dag over tijd bent, ben je dus als het ware 4 weken zwanger. 2 daarvan zijn 'bonusweken'. Want als je rekent vanaf de bevruchting, ben je nog maar 2 weken zwanger. Maar in de 2 weken voor de bevruchting heeft de baarmoeder zich ingesteld op de bevruchte eicel.

WAT GEBEURT ER IN MIJN LICHAAM?
Het zwangerschapshormoon hCG

De bevruchte eicel maakt het zwangerschapshormoon bèta-hCG aan, kortweg hCG genoemd (humaan choriongonadotrofine) zodra het acht cellen groot is. Nadat de innesteling in het baarmoederslijmvlies heeft plaatsgevonden, gaat het aanvankelijk nog om minuscule hoeveelheden, die alleen in het bloed van de moeder zijn aan te tonen. Vaak al enkele dagen na de verwachte menstruatie wordt er zoveel door de jonge placenta geproduceerd dat de zwangerschapstest in de urine positief uitslaat.

Bèta-hCG is een onmisbaar hormoon in de vroege zwangerschap. Het houdt namelijk het 'gele lichaampje' in stand. Dat is een hormoonfabriek in de eierstok die is ontstaan uit het achtergebleven eiblaasje, nadat de eicel is vrijgekomen. Het gele lichaam produceert oestrogeen en vooral progesteron. Progesteron betekent letterlijk: stof die de zwangerschap bevordert. Als het gele lichaam voor de zevende à achtste week verloren zou gaan, zou de zwangerschap niet in stand blijven. Hoe nuttig ook, hCG kent bijwerkingen. Het veroorzaakt de meeste zwangerschapsverschijnselen, zoals >

WEETJE

Slechts 1 op de 20 zwangere vrouwen bevalt precies op de uitgerekende datum. Eigenlijk kunnen we beter spreken van de uitgerekende periode. De bevalling kan immers plaatsvinden van 3 weken voor tot 2 weken na de uitgerekende datum, dus van 37 tot 42 weken. Komt de baby eerder of later, dan word je voor de bevalling naar het ziekenhuis verwezen.

Om zeker te zijn van de uitgerekende datum wordt er in het begin van de zwangerschap een echo gemaakt om te kijken hoever je precies zwanger bent. Meestal gebeurt dat tussen de 11e en de 14e week gerekend vanaf de laatste menstruatie. Aan de hand van de echo krijg je de definitieve uitgerekende datum te horen.

Sinds de uitgerekende datum altijd met een echo wordt bepaald, zijn er minder 'overdragen' baby's. De echo blijkt nauwkeuriger te zijn dan de menstruatiedatum.

Bij zo'n termijnecho rond de 11 à 12 weken kan er trouwens al veel aan de baby gezien worden. Zo is het mogelijk de nekplooi te meten als je dit wilt en er wordt tegenwoordig gekeken of het neusbot aanwezig is. Het ontbreken van het neusbotje is, evenals een verdikte nekplooi, een aanwijzing dat de baby downsyndroom zou kunnen hebben. Meer hierover vind je in het hoofdstuk 'Prenataal onderzoek'.

DE BETERE RECYCLING: MOEDERS VOOR MOEDERS

Zodra je zwanger bent, kun je contact opnemen met Moeders voor Moeders. Dit bedrijf wint het zwangerschapshormoon hCG uit de urine van zwangere vrouwen. hCG wordt gebruikt bij vruchtbaarheidsbehandelingen. Het stimuleert de eisprong en maakt de eicellen geschikt voor een ivf-behandeling. Zo kan het hormoon dat jou je misselijkheid én een positieve zwangerschapstest bezorgt, nóg een nuttige functie vervullen voor stellen die ivf of een soortgelijke behandeling ondergaan. Zij proberen vaak al jaren om zwanger te worden en hopen dat het nu gaat lukken met een vruchtbaarheidsbehandeling.

Het hormoon is ook in de fabriek te produceren, maar dat levert een veel duurder medicijn op. En er is een tekort aan urine, dus je bijdrage is welkom. Je kunt je aanmelden via www.moedersvoormoeders.nl of door te bellen naar 0800-0228070. Er komt dan een consulente bij je langs. Je kunt meedoen vanaf het moment dat je over tijd bent tot week 16 van de zwangerschap. En: je urine wordt alléén gebruikt voor vruchtbaarheidsmedicijnen voor vrouwen.

WAT GEBEURT ER IN MIJN LICHAAM?
Het zwangerschapshormoon hCG

< misselijkheid in de eerste drie maanden. Die zijn het hevigst als de hCG-productie op volle toeren draait, in de tweede en derde zwangerschapsmaand. Wanneer er veel hCG is, bijvoorbeeld bij een meerlingzwangerschap, zie je ook vaker misselijkheid. Na drie maanden neemt het hormoon in het bloed weer af, evenals – bij de meeste vrouwen – de misselijkheid. De placenta maakt dan voldoende progesteron om de zwangerschap in stand te houden.

IS HET NORMAAL DAT IK ZO MOE EN MISSELIJK BEN?

Veel vrouwen vinden de eerste drie maanden de zwaarste van de zwangerschap. Ze zijn doodmoe en beroerd terwijl er aan de buitenkant nog niet zo veel te zien is. De zwangerschapsverschijnselen beginnen zodra er flink wat zwangerschapshormoon, hCG, wordt aangemaakt, als je een paar weken over tijd bent. De placenta zorgt ervoor dat je lichaam zich in deze eerste tien weken al vrijwel helemaal voorbereidt op de zwangerschap van een voldragen kind.

De omgeving heeft niet altijd begrip voor je klachten. Voor de partner of andere naasten reden te meer om je bij te staan, de stofzuiger ter hand te nemen of een kopje thee voor je te zetten als je 's avonds na het eten doodmoe op de bank ploft. Bedenk dat je zwaar werk verricht: je maakt een baby. 'Broeden' kost veel energie.

Heb je veel zwangerschapsverschijnselen? Eén troost: het is een goed teken! Een teken dat je flink zwanger bent. Maar maak je geen zorgen als je er weinig last van hebt. Dan heb je gewoon geluk.

Meer informatie over zwangerschapsongemakken vind je in het hoofdstuk 'Zwangerschapskwalen'.

De bekendste zwangerschapsverschijnselen op een rijtje:

- misselijkheid;
- (extreme) moeheid;
- vaak moeten plassen;
- verstopping (obstipatie);
- loopneus;
- grotere, gespannen borsten, donkere tepels;
- 'zwangerschapslusten': enorme trek in haring, augurken, taartjes of 'vreemde' dingen;
- een afkeer van bepaalde geuren, zoals gebraden vlees;
- geïrriteerdheid en 'los zittende tranen';
- baarmoederkrampen.

LET OP

Probeer bij misselijkheid vaak kleine beetjes te eten. Frisse, zure snacks (fruit, stukjes rauwe groente en augurken) geven verlichting. Bij ernstige misselijkheid kun je de huisarts vragen om een recept voor meclozine. Dat neemt de misselijkheid niet helemaal weg, maar verlicht de klachten.

Gemberthee helpt goed. Of neem een stukje verse gemberwortel, sla het met een hamer plat en kauw daar af en toe op. Gembercapsules kun je ook nemen. Ze zijn te koop bij een drogist of reformwinkel. Je kunt veilig 4 keer per dag 250 gram gemberpoeder nemen.

Als je 's ochtends erg moe en misselijk bent, vraag dan je werkgever of je een uurtje later mag beginnen. Daar heb je recht op. Zie voor meer informatie het hoofdstuk 'Je zwangerschap en je werk'.

Aanvaard alle hulp die je wordt geboden of vraag erom. Het is fijn als mensen wat taken van je over kunnen nemen.

Broeden kost veel energie

WAT STAAT ME BIJ DE EERSTE CONTROLE TE WACHTEN?

Rond de negende week ga je voor het eerst naar de verloskundige of de gynaecoloog. Zij zal je vooral vragen stellen over je gezondheid en je medische voorgeschiedenis. Daarbij geeft ze informatie over prenataal onderzoek naar aangeboren afwijkingen: een combinatietest, een vlokkentest of een vruchtwaterpunctie. Maar ook over voeding en over gezond leven in de zwangerschap.

De verloskundige meet de bloeddruk, voelt de buik en doet als het nodig is een inwendig onderzoek. Het hartje van de baby is pas vanaf een maand of drie te beluisteren. Vanaf dat moment wordt het bij elke controle beluisterd.

Bij de eerste controle wordt er bloed afgenomen, of je wordt ervoor verwezen naar het laboratorium. Het wordt standaard onderzocht op bloedgroep, resusfactor, irregulaire (erytrocyten)antistoffen, lues (syfilis), hiv (het aidsvirus), hepatitis B en bloedarmoede (Hb). Soms vindt er meteen al een controle van de bloedsuiker plaats: de concentratie glucose in het bloed.

Tijdens de eerste controle word je meteen verwezen naar een echocentrum om een echo te laten maken. In sommige praktijken of ziekenhuizen wordt de echo al voorafgaand aan het eerste bezoek gemaakt.

De belangrijkste vragen bij de eerste controle:

- Is de zwangerschap gewenst?
- Is het je eerste zwangerschap?
- Wanneer was je laatste menstruatie?
- Hoe is je gezinssituatie – ben je getrouwd, woon je samen, doe je het alleen?
- Komen er aangeboren afwijkingen voor in de familie?
- Ben je wel eens bij een specialist onder behandeling geweest?
- Ben je wel eens geopereerd of opgenomen in het ziekenhuis?
- Heb je nare seksuele ervaringen?
- Rook je, drink je of gebruik je drugs?
- Heb je ooit een geslachtsziekte doorgemaakt?
- Heb je wel eens een koortslip gehad of een genitale herpes?
- Als je eerder zwanger bent geweest: zijn er complicaties opgetreden?
- Wat doe je voor werk?
- Spreek je voldoende Nederlands of is er een tolk nodig?

IK BEN OUDER DAN 35, MOET IK DAN NAAR DE GYNAECOLOOG?

Vrouwen die vlekkeloos door de controle van de verloskundige zijn gekomen, lopen niet meer kans op complicaties tijdens de bevalling dan jonge moeders. Wel heeft iedereen met het stijgen van de leeftijd meer kans op een hoge bloeddruk of suikerziekte. Ook neemt de kans op een keizersnede toe. Vrouwen die al suikerziekte of hoge bloeddruk hadden voordat ze zwanger werden, worden meteen naar de gynaecoloog verwezen.

De gezonde vrouwen die dan overblijven, doen het tijdens de zwangerschap en bevalling even goed als jongere moeders. Hun kinderen ook.

Je hoeft dus niet op voorhand naar de gynaecoloog, maar je kunt je gewoon melden bij de verloskundige. Als zich complicaties voordoen in de zwangerschap, zoals een hoge bloeddruk, dan zal ze je verwijzen.

IK BEN ZWANGER NA EEN VRUCHTBAARHEIDSBEHANDELING, HEEFT DAT GEVOLGEN VOOR DE ZWANGERSCHAP?

Vrouwen die zwanger zijn geworden na een vruchtbaarheidsbehandeling, zoals ivf, moeten vaak erg wennen aan de gedachte dat ze nu 'aan de andere kant' staan: ze horen niet meer bij de ongewild onvruchtbare stellen, maar bij de zwangeren. Vooral als de behandelingen jaren hebben geduurd, kan dat een enorme overgang zijn die niet zomaar gemaakt is. Sommige vrouwen voelen zich schuldig naar hun voormalige lotgenoten. Of ze kunnen nauwelijks geloven dat het allemaal goed zal gaan. Of ze kunnen niet genieten van het zwanger zijn.

In de regel gaat dat in de loop van de zwangerschap wel over. Als de echo's aangeven dat alles goed is, en het allemaal wat realistischer wordt, gaan de meeste vrouwen (en hun partners) erin geloven dat het ouderschap tóch voor hen is weggelegd.

Als je zwanger bent van één kind, verloopt een zwangerschap na een vruchtbaarheidsbehandeling niet anders dan andere zwangerschappen. De kans op complicaties is iets hoger bij een ICSI-behandeling. Je kunt als je dat wilt, voor de begeleiding van de zwangerschap bij de verloskundige terecht.

Als je zwanger bent van een tweeling, wat bij ivf vaker het geval is, dan zijn de risico's wel verhoogd. Meer daarover vind je in het hoofdstuk 'Zwanger van een tweeling'.

2

Waarom wordt er bloed geprikt?

Als je voor het eerst bij de verloskundige of de gynaecoloog komt, wordt er bloed afgenomen. Doet de verloskundige dat niet zelf, dan word je naar het laboratorium verwezen. Er wordt een heel rijtje bloedwaarden bepaald.

De volgende bloedwaarden worden bepaald:

* bloedgroep;
* resusfactor;
* irregulaire erytrocytenantistoffen;
* lues (syfilis);
* hiv;
* hepatitis B;
* Hb (het 'ijzergehalte');
* erfelijke bloedarmoede (alleen bij donkere vrouwen).

WAT BETEKENT MIJN BLOEDGROEP?

De rode bloedlichaampjes van de mens bevatten allerlei eigenschappen: bloedgroepen. De bekendste bloedgroepen worden aangeduid met een letter of cijfer: A; B; AB of O (nul). Het is belangrijk dit te weten voor het geval je ooit een bloedtransfusie nodig hebt. Iemand met bloedgroep A mag bijvoorbeeld nooit bloed ontvangen van iemand met bloedgroep B en andersom. Iemand met bloedgroep O is een universele donor; dat betekent dat hij bloed kan geven aan mensen met bloedgroep A, B, AB of O. Iemand met bloedgroep AB is de universele ontvanger; hij mag bloed ontvangen van mensen met bloedgroep A, B, AB of O maar kan alleen bloed geven aan iemand met bloedgroep AB.

Behalve die letter of het cijfer O, krijg je nog te horen of je 'positief' of 'negatief' bent. Dat gaat over de resusfactor, een ander soort bloedgroep. Je bent dan resuspositief of resusnegatief. De meeste mensen zijn resuspositief: zij hebben het eiwit 'D' op hun rode bloedlichaampjes. Zo'n 15 procent van de bevolking is resusnegatief. Dat wil zeggen dat ze géén D op hun rode bloedcellen hebben. De resusfactor is in de zwangerschap belangrijk.

Naast deze bekende bloedgroepen is er nog een aantal bloedgroepen belangrijk voor de baby, met name E, c en K, ook wel Kell genoemd.

Als de moeder hier antistoffen tegen maakt, kan ze het bloed van de ongeboren baby gaan afbreken, net als bij resus (zie de volgende vraag voor uitleg). Daarom worden al deze antistoffen vroeg in de zwangerschap bepaald. Als je kleine c-negatief bent, wordt er bij 27 weken gekeken of je antistoffen hebt gemaakt tegen kleine c. En als je resusnegatief bent, wordt bij 27 weken de bloedgroep van de baby bepaald uit het bloed van de moeder. Als de baby resuspositief is, krijg je bij 30 weken een injectie met anti-D om te voorkomen dat je zelf antistoffen gaat maken.

WAT IS EIGENLIJK DE RESUSFACTOR?

Resusbaby's werden vroeger geregeld geboren, tegenwoordig gelukkig nog maar weinig. Het waren baby's die al bij of kort na de geboorte kanariegeel waren omdat in hoog tempo hun eigen bloed werd afgebroken door antistoffen die ze van de moeder via de placenta kregen. We konden de baby's dan redden door ze bloed te geven dat ongevoelig was voor de antistoffen van de moeder. Hun hele bloedvoorraad werd vervangen door dat goede donorbloed. Het kwam ook voor dat resusbaby's de zwangerschap niet overleefden.

Een resusprobleem kan dus ernstig verlopen. Het ontstaat, zoals gezegd, doordat de moeder afweerstoffen maakt tegen de bloedgroep van haar kind, vergelijkbaar met een afweerreactie na een transplantatie van een donororgaan. Dat kan gebeuren wanneer de baby resuspositief is, en de moeder resusnegatief. Tijdens de bevalling en bij een miskraam komt er vaak een beetje bloed van de baby in de bloedbaan van de moeder. Een enkele keer gebeurt dat al tijdens de zwangerschap. Gewoonlijk is dat niet erg; moeder en kind merken er niets van. Maar als de moeder resusnegatief is en de baby is resuspositief, dan kan de moeder na zo'n 'minibloedtransfusie' antistoffen gaan maken tegen het bloed van de baby. Deze antistoffen kunnen via de moederkoek bij de baby komen. Hij krijgt dan dus afweerstoffen tegen zijn eigen bloed, en kan zijn bloed gaan afbreken.

Zonder maatregelen gebeurt dat bij ongeveer 1 op de 6 zwangerschappen van resusnegatieve moeders. Vooral in een volgende zwangerschap, als de tweede baby ook resuspositief is, kan dat problemen geven. De moeder heeft dan immers al direct antistoffen, die ze via de placenta doorgeeft aan de baby. De antistoffen van de moeder breken zo de bloedcellen van de baby af. Het kind krijgt bloedarmoede, die soms zó ernstig kan verlopen dat het nodig is om bloedtransfusies te geven aan de ongeboren baby, door de buikwand heen, via de navelstreng. Elk volgend kind heeft er meer last van,

---

HOE GAAT HET MET DE BABY?
Het embryo komt uit het ei

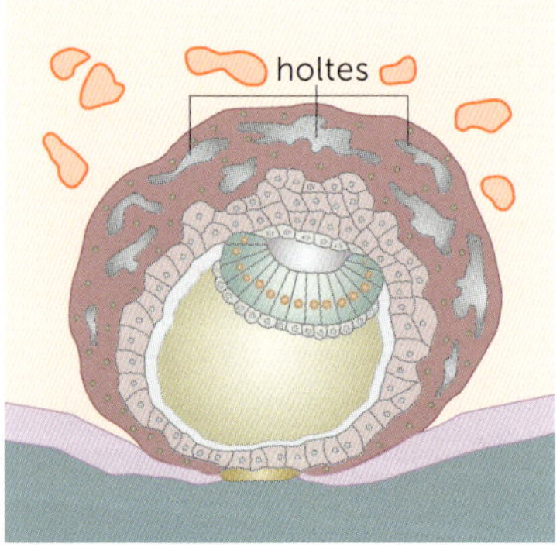

De placenta vormt holten waar later bloed van de moeder in zal stromen

Rond de vijfde dag na de bevruchting stulpt het kiemblaasje uit de eierschaal en kan het zich nestelen in het sponzige baarmoederslijmvlies. Toch gaat maar liefst 75 procent van de bevruchte eicellen alsnog te gronde. Elf of twaalf dagen na de bevruchting is de blastula bedekt door de sponzige binnenbekleding van de baarmoeder. Het vroege embryo krijgt zijn voedingsstoffen uit baarmoedervocht. Hij kan dus groeien zonder voedingsstoffen uit het bloed van de moeder. De uitlopers van de moederkoek zijn nog afgesloten door pluggen, zodat er geen bloed in de placenta kan stromen. Het embryo moet groeien in een zuurstofarme omgeving. Te veel zuurstof is giftig, het kan aangeboren afwijkingen veroorzaken.

als het tenminste weer resuspositief is.

Resusbaby's worden gelukkig nog maar zelden geboren. Dat komt doordat er in Nederland bij alle resusnegatieve moeders voorzorgsmaatregelen worden genomen.

WAT ZIJN IRREGULAIRE ERYTROCYTEN-ANTISTOFFEN?

Net als bij resus kan de moeder ook antistoffen maken tegen andere bloedgroepen van de baby, zoals de al eerder genoemde E, c en K (Kell). Die antistoffen worden dan irregulaire erytrocytenantistoffen genoemd. Erytrocyten zijn rode bloedlichaampjes. Nu de maatregelen tegen resusantistoffen zo succesvol zijn gebleken en resusbaby's weinig meer voorkomen, zijn de andere bloedgroepen in verhouding belangrijker geworden. Na een groot onderzoek in Nederland is gebleken dat het de moeite loont om het bloed in de zwangerschap ook te testen op deze antistoffen. Daardoor worden meer baby's gezond geboren.

Voorzorgsmaatregelen om te voorkomen dat baby's ernstige bloedarmoede krijgen door antistoffen van de moeder:

- Als je ooit een bloedtransfusie moet krijgen, vraag dan expliciet aan de arts of het bloed 100 procent matcht met je bloedgroep, en of het c-, K- en E-negatief is.
- Alle zwangere vrouwen worden getest op irregulaire erytrocytenantistoffen (D en alle andere, zoals E, c en K). Dat gebeurt in het begin van de zwangerschap. Als de test positief is (zeldzaam), volgt er een verwijzing naar de gynaecoloog. Die zal vervolgonderzoek doen om in te schatten hoe ernstig de bloedafbraak bij de baby is. De baby wordt verder nauwlettend in de gaten gehouden, met echo's en ultrageluidonderzoek, en soms met een vruchtwaterpunctie. In ernstige gevallen is een bloedtransfusie in de baarmoeder nodig. Hiervoor moet je naar Leiden.
- Bij vrouwen die resusnegatief zijn, wordt vanaf 1 juli 2011 bij 27 weken in het bloed van de moeder gekeken wat de bloedgroep is van de baby. Dat is te zien omdat er altijd wat erfelijk materiaal van de baby in het bloed van de moeder circuleert. Daarmee is de bloedgroep te bepalen. Als de baby resusnegatief is (in 40 procent van de gevallen), loopt het kind geen risico op problemen. Als de baby resuspositief is, krijgt de moeder bij 30 weken een injectie met anti-D. Dat zijn antistoffen tegen de resusfactor, die voorkomen dat de moeder zelf antistoffen gaat maken.
- Tegelijkertijd wordt bij 27 weken het bloed van resusnegatieve en kleine c-negatieve moeders onderzocht op zogenoemde irregulaire antistoffen: anti-D en anti-kleine c. Een enkele keer komt het namelijk voor dat er al tijdens de zwangerschap wat bloed van de baby naar de moeder 'lekt', en dat de moeder antistoffen maakt. Zijn er bij 27 weken antistoffen zichtbaar in het bloed, dan wordt de baby intensief gevolgd. Als het nodig is, krijgt het kind al een bloedtransfusie in de baarmoeder. Dat kan in Nederland alleen in Leiden.
- Bij de bevalling wordt er bij resusnegatieve moeders een buisje bloed van de baby afgenomen uit de navelstreng. Dat wordt onderzocht. Als de baby resuspositief is, (dus 'D' heeft), dan krijgt de moeder binnen 48 uur (nogmaals) een injectie met anti-D. Dat voorkomt dat ze zelf antistoffen gaat maken. De volgende baby loopt dan geen risico. Zo'n injectie heeft overigens alleen zin als de moeder zelf nog geen antistoffen heeft gemaakt. Deze maatregel zal overigens in de loop van de tijd komen te vervallen. Doordat

LET OP

! Uit kostenoverwegingen wordt er niet altijd op gelet of jonge vrouwen wel het juiste bloed krijgen als ze een bloedtransfusie nodig hebben. Dus bloed waarvan alles klopt. Dat betekent dat de AB0-bloedgroep en de D-bloedgroep overeenstemmen, maar ook dat het c-, K- en E-negatief is. Alleen dan loop je geen risico dat je irregulaire antistoffen gaat maken waar je zelf helemaal geen last van hebt maar je baby in de toekomst mogelijk wel. Voor jonge vrouwen die nog kinderen kunnen krijgen, is het dus ongelooflijk belangrijk dat ze precies het juiste bloed krijgen.

er bij 27 weken al is bepaald wat de bloedgroep van de baby is, hoeft dat niet opnieuw. Maar de eerste tijd na invoering van de 27-wekentest gebeurt het dubbelop.

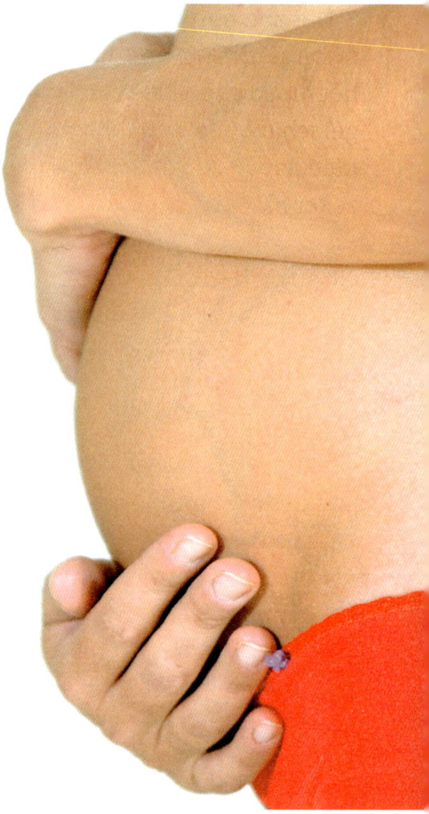

WAT IS LUES?

Lues is hetzelfde als syfilis, een geslachtsziekte. In het begin van de zwangerschap wordt het bloed daarop getest omdat de ziekte na de derde maand de placenta kan passeren en dan aangeboren afwijkingen bij de baby kan veroorzaken. De baby kan er zelfs aan doodgaan. Lues moet daarom in de zwangerschap zo snel mogelijk worden behandeld. Dat is de reden dat het bloed al aan het begin van de zwangerschap wordt onderzocht op lues.

Het goede nieuws is: lues komt zelden meer voor in de zwangerschap.

WAAROM WORD IK ONDERZOCHT OP HIV?

Hiv is het virus dat aids veroorzaakt. Zwangere vrouwen worden daar standaard op onderzocht, omdat een hiv-infectie gevaarlijk is voor het kind. Bij de bevalling, maar ook door borstvoeding, kan de baby ermee besmet raken. De kans daarop is, zonder maatregelen, 25 tot 40 procent. Er zijn echter goede medicijnen voor, die zorgen dat de hoeveelheid virus in het bloed van de moeder zo laag wordt dat de kans op besmetting terugloopt naar minder dan 1 procent. Als er dan bovendien geen borstvoeding wordt gegeven, kan een moeder die besmet is met hiv toch een gezond kind op de wereld zetten. De eicel en de zaadcel bevatten het virus namelijk niet, het zaadvocht wel.

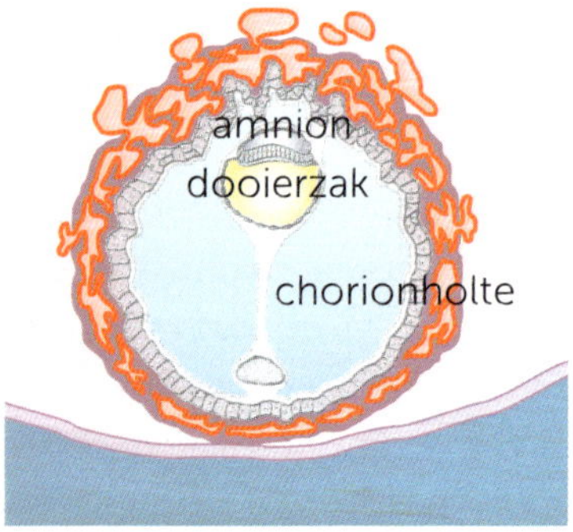

De 12e dag na de bevruchting: de dooierzak neemt een belangrijke plaats in

HOE GAAT HET MET DE BABY?

Hij is zo groot als een punt

Het kluitje embryocellen in de blastula vormt een platte schijf met een bovenblad en een onderblad. Het bovenblad vormt een klein blaasje, het onderblad een grote blaas. Daaruit groeit een ballonnetje: de dooierzak. Die voorziet het embryo voorlopig van zuurstof en voeding en voert afvalstoffen af. Uit de dooierzak zal later de primitieve darm ontstaan, en nog later de longen en de lever. Tegen de tijd dat je ongesteld moet worden, dobbert het embryo in de met vocht gevulde vruchtzak en is hij niet groter dan deze punt: .

Het zou natuurlijk kunnen gebeuren dat een zwangere vrouw besmet raakt met hiv nadat het bloed al is onderzocht, dus tijdens de zwangerschap. Om dat te voorkomen is het een goed idee dat de partner zich ook laat onderzoeken, zeker als hij behoort tot een risicogroep.

Checklist: loop ik kans op besmetting met het aidsvirus?

Beantwoordt je partner een van de onderstaande vragen met 'ja', dan is het verstandig dat ook hij zich laat testen op hiv:

* Heb je, of heeft een van je (ex-)partners, zonder condooms gevrijd of orale seks gehad met:
  * iemand die seropositief is;
  * een biseksuele of homoseksuele partner;
  * iemand die drugs spuit of heeft gespoten;
  * iemand die afkomstig is uit, of heeft verbleven in een land waar veel aids voorkomt, zoals Afrikaanse landen ten zuiden van de Sahara, Zuidoost-Azië en het midden en noorden van Latijns Amerika. De laatste jaren komt aids vaker voor in grote steden in Oost-Europa en aan de Middellandse Zee, dus die moeten aan het lijstje worden toegevoegd (vakantieliefdes!);
  * verschillende partners?
* Heb je, of heeft je (ex-)partner ooit een medische of tandheelkundige behandeling ondergaan of een injectie gehad in een land waar veel aids voorkomt?
* Heb je, of heeft je (ex-)partner ooit drugs gespoten?

Meer informatie krijg je bij de Aids Soa Infolijn: 0900 – 204 20 40.

WAAROM WORD IK GECONTROLEERD OP HEPATITIS B?

Hepatitis B is een virusinfectie die vooral schade aanricht aan de lever. Bij de meeste mensen gaat hepatitis B weer over, maar een klein deel van de besmette patiënten houdt er levenslang last van. De ziekte kan dan de lever ernstig aantasten, soms zo ernstig dat er een levertransplantatie nodig is.

LET OP

Als je geen waterpokken hebt gehad of als je dat niet zeker weet, laat dan in het begin van de zwangerschap in het bloed bepalen of je antistoffen tegen waterpokken hebt. Zie blz. 103/104 voor meer informatie.

Hepatitis B is erg besmettelijk. Het virus wordt overgebracht via lichaamsvloeistoffen, zoals bloed, speeksel, sperma en vaginaal vocht. Rond de bevalling kan de moeder het virus op haar kind overdragen. Jonge kinderen die door hun moeder de ziekte oplopen, worden vaak chronisch ziek en zijn dan hun leven lang besmettelijk.

Om dat te voorkomen, krijgt een baby van wie de moeder hepatitis B heeft, meteen na de geboorte antistoffen toegediend. Dat geeft een tijdelijke bescherming. Twee maanden na de geboorte, tegelijk met de andere inentingen, krijgt de baby ook nog een vaccinatie tegen hepatitis B, zodat hij zelf antistoffen kan maken.

Hoewel hepatitis B in Nederland niet erg veel voorkomt, is het dus toch belangrijk zwangere vrouwen te testen op hepatitis B. Daarmee kan voorkomen worden dat de baby besmet raakt.

HEB IK BLOEDARMOEDE?

Als het bloed wordt onderzocht aan het begin van de zwangerschap, wordt er gekeken of je bloedarmoede hebt. Tijdens de zwangerschap ga je een liter extra bloed aanmaken, en wordt het bloed iets verdund. Bovendien onttrekt de baby ijzer aan het bloed van de moeder. Door dit alles kun je last krijgen van bloedarmoede: je wordt kortademig en bleek. In dat geval krijg je ijzertabletten voorgeschreven, en soms ook foliumzuur. Als het vermoeden bestaat dat er iets anders aan de hand is, wordt er vervolgonderzoek gedaan.

Tips om je ijzergehalte op te vijzelen, vind je in het hoofdstuk 'Eten voor twee'.

WAT IS ERFELIJKE BLOEDARMOEDE?

Erfelijke bloedarmoede komt voor bij mensen (met voorouders) uit het Middellandse Zeegebied, Afrika of Azië. Het zijn de gebieden waar malaria heerst of heeft geheerst. Mensen met erfelijke bloedarmoede zijn namelijk beter bestand tegen malaria. Dat gaf hen betere overlevingskansen dan mensen zonder de afwijking.

Voor het overige is erfelijke bloedarmoede enkel nadelig. Wie drager is, heeft in de regel alleen bloedarmoede, en verder geen ernstige klachten. Maar wanneer beide ouders drager zijn en allebei hun afwijkende gen doorgeven, kan een kind de ernstige vorm van erfelijke bloedarmoede krijgen.

Bij sikkelcelziekte, een van de twee vormen van erfelijke bloedarmoede, hebben de rode bloedcellen de vorm van sikkeltjes (HbS). Ze kunnen de bloedvaten verstoppen, wat hevige pijnaanvallen kan veroorzaken. Sikkelcelpatiënten kunnen een groeiachterstand oplopen door de bloedarmoede, ze hebben vaak infecties en krijgen geregeld een bloedtransfusie.

Ook kinderen met thalassemie, de andere vorm van erfelijke bloedarmoede, hebben ernstige bloedarmoede, die een enkele keer zelfs dodelijk verloopt voor het ongeboren kind.

Bij mensen met een donkere huid of die afkomstig zijn uit het Middellandse Zeegebied, wordt daarom in de zwangerschap het bloed onderzocht op erfelijke bloedarmoede. Als de moeder drager is, wordt ook de vader onderzocht. Is hij ook drager, dan kan de baby de ernstige vorm van erfelijke bloedarmoede hebben. In dat geval kunnen de ouders overwegen een vlokkentest of vruchtwaterpunctie te laten doen. Als de baby de ernstige vorm van erfelijke bloedarmoede heeft, kunnen zij de zwangerschap laten afbreken.

Moeders die zelf sikkelcelziekte hebben en zwanger willen worden, of al zwanger zijn, horen bij de gynaecoloog onder controle te zijn. Die zal haar samen met een hematoloog (een bloedspecialist) bijstaan in de zwangerschap. Het eerste halfjaar heeft de baby zelf trouwens weinig last van deze afwijkingen, omdat baby's het eerste halfjaar nog foetale rode bloedlichaampjes hebben. Die geven geen klachten. Deze bevatten nog het foetaal hemoglobine (HbF).

Bij alle baby's wordt na de geboorte met de hielprik gekeken of het kind erfelijke bloedarmoede heeft. Dat helpt om de ziekte vroeg te ontdekken en het kind zo snel mogelijk medisch te begeleiden.

HOE GAAT HET MET DE BABY?

Een plat ei

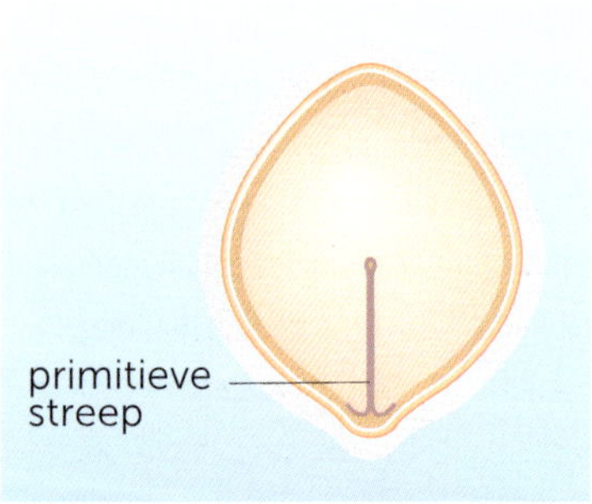

De 14e dag na de bevruchting: de rugkant van het embryo. Vanuit de primitieve streep verhuizen cellen naar boven, waar het hoofdje zal ontstaan

De ronde kiemschijf verandert twee weken na de bevruchting in een ovale kiemschijf: een plat ei. Er ontstaan nu drie lagen.

Uit het bovenblad, het ectoderm, ontstaat de neurale plaat waaruit de neurale buis gaat ontstaan, en daaruit de wervelkolom. Uit het ectoderm zullen later ook de huid en de haren ontstaan.

Uit het onderblad, het entoderm, ontstaat de bekleding van het maagdarmkanaal, van slokdarm tot endeldarm.

Tussen het bovenblad en het onderblad ontstaat het mesoderm. Hieruit ontstaan de botten, de spieren, de bloedvaten, de nieren en de geslachtsorganen.

Je bent vier weken zwanger.

3

De 10 geboden voor een gezonde baby

Nooit meer groeit een mens zó snel als in de eerste weken van zijn bestaan. In ongeveer 8 weken vormt zich een heel nieuw individu. Een klein foutje in de ontwikkeling kan levenslange gevolgen hebben. Daarom is het ongelooflijk belangrijk om de 10 geboden voor een gezonde baby in acht te nemen.

ZAL MIJN KIND GEZOND ZIJN?

Het overgrote deel van de baby's, zo'n 90 procent, wordt blakend en gezond geboren. Anders gezegd: bij de geboorte heeft ongeveer 10 procent van de kinderen iets dat niet in orde is. Dit varieert van milde afwijkingen waar vaak iets aan te doen is tot ongeneeslijke ernstige problemen, maar het kan ook zijn dat de baby is achtergebleven in groei of veel te vroeg geboren is.

5 procent van de kinderen heeft een aangeboren afwijking en ongeveer 3 procent een ernstige groeivertraging. De afwijkingen variëren van een tamelijk onschuldig klompvoetje of een extra vingertje tot ernstige afwijkingen. De groeivertragingen variëren van iets te licht in gewicht tot extreme magerte. Daarbij komt een heel klein deel van de kinderen – 0,5 procent, 5 op de 1.000 – tijdens de geboorte zo ernstig in de problemen dat zij hierdoor schade oplopen. Ongeveer 1 op de 100 kinderen – 1 procent – wordt niet levend geboren. De kans op een gezonde baby blijft echter vele malen groter dan op een baby met een probleem.

Er is nog iets belangrijks, en de laatste jaren wordt dit steeds duidelijker. Het blijkt dat chronische ziekten, zoals diabetes en hart- en vaatziekten, maar ook leer- en gedragsproblemen die zich pas veel later in het leven openbaren, vaak hun oorsprong vinden voor de geboorte. De baby wordt voor zijn geboorte 'geprogrammeerd' door de leefstijl van de moeder.

Helaas is de baby niet uitgerust met een 'resetknop': de programmering werkt levenslang door. Baby's zien de omgeving in de baarmoeder als een afspiegeling van de latere wereld waarin zij gaan leven, dus daaraan passen ze zich aan. Deze aanpassing houdt vaak levenslang stand.

Zo kan honger in de baarmoeder later diabetes, hart- en vaatziekten en psychiatrische problemen veroorzaken.

Roken tijdens de zwangerschap kan groeiachterstand en doodgeboorte veroorzaken, maar ook aangeboren afwijkingen. Daarnaast is er een verband tussen roken en leerproblemen, gedragsproblemen en (later) vruchtbaarheidsproblemen bij het kind.

Alcohol veroorzaakt gedragsproblemen, leermoeilijkheden en soms ook zichtbare afwijkingen in het gezicht van de baby als onderdeel van het foetaal alcoholsyndroom.

Helaas is de baby niet uitgerust met een resetknop

Wil je je kind de best mogelijke start geven en later een gezond leven, dan is *zelf* gezond leven dus ongelooflijk belangrijk in maar ook al vóór de zwangerschap. Omdat in iedere fase van de zwangerschap de organen van de baby verschillend groeien, hebben schadelijke invloeden telkens een ander effect. Zo heeft honger in de eerste drie maanden vooral effect op de gezondheid van hart en bloedvaten en na de derde maand meer op de longen. Om je kind zo min mogelijk risico te laten lopen, is het natuurlijk belangrijk te weten hoe je zelf je kind kunt helpen om zo gezond mogelijk te worden. Met andere woorden: hoe kun je je het beste gedragen?

DE 10 GEBODEN VOOR EEN GEZONDE BABY

Gij zult:

1. voor de zwangerschap beginnen met de 10 geboden;
2. stoppen met roken;
3. stoppen met drank;
4. stoppen met drugs;
5. niet zonder overleg medicijnen gebruiken;
6. foliumzuur nemen;
7. gezond eten en geen rauw dierlijk voedsel eten (vlees, rauwmelkse kaas, rauwe eieren, voorverpakte gerookte vis);
8. straling en giftige dampen mijden;
9. niet te veel koffie drinken en geen stressvol leven leiden;
10. advies vragen aan de huisarts, verloskundige of gynaecoloog bij twijfel of alles goed gaat.

WAAROM IS HET ZO BELANGRIJK OM TE STOPPEN MET ROKEN?

Roken is een zware verslaving met ernstige gevolgen. Roken is verslavender dan heroïne. Het verhoogt de kans op een miskraam, een placentaloslating (die het kind meestal niet overleeft), een groeiachterstand, een vroeggeboorte en een doodgeboorte. Maar ook de kans op een kind met een gespleten gehemelte, klompvoetjes, autisme en (later) gedragsproblemen.

HOE GAAT HET MET DE BABY?

Het ontstaan van wervels

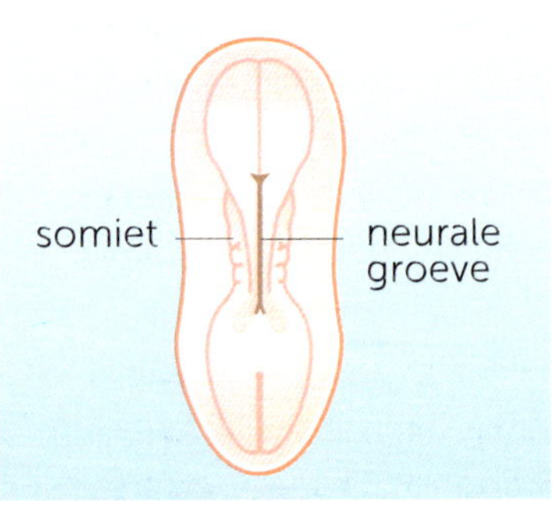

De 19e dag na de bevruchting: de neurale buis vormt zich, er ontstaan wervels

Het bovenblad van het embryo, de neurale plaat, krult om tot een neurale buis, die is omgeven door mesoderm. Er beginnen zich segmentjes af te tekenen, de latere wervels, die nu 'somieten' worden genoemd.

In de dooierzak ontstaan de eerste bloedcellen. De primitieve placenta is nu een wolk van wijd vertakte vaatjes rondom de vruchtzak. De vruchtzak heeft een doorsnede van bijna 0,5 centimeter en is zichtbaar op de echo. Het vruchtje zelf is niet groter dan 2,5 millimeter, de grootte van deze komma: , .

Over roken kunnen we dus niet duidelijk genoeg zijn: het is van levensbelang voor je kind om te stoppen. Radicaal. Ook is het belangrijk om te weten dat stoppen wanneer dan ook in de zwangerschap altijd beter is dan doorgaan met roken.

Dat valt niet altijd mee. Als je flink verslaafd bent, moet je jezelf echt overwinnen. Geneer je niet, vraag begeleiding in een zo vroeg mogelijk stadium. Je bent echt de enige niet die hiermee kampt.

Sus je geweten niet met gedachtekronkels zoals: stoppen geeft stress en dat is slecht voor de baby. De waarheid is: roken geeft stress (die begint vijf minuten na elke sigaret en houdt weer eventjes op na de volgende) en roken is ontzettend schadelijk voor de baby. Stoppen helpt! (En helpt je uiteindelijk ook van stress af.)

Marinka werkt als verpleegkundige op de hartbewaking. Hoewel ze dagelijks patiënten ziet die een hartinfarct hebben opgelopen doordat ze roken, is ze zo verslaafd dat ze niet kan stoppen. Ook niet als ze zwanger wordt. Ze sust haar geweten door tegen zichzelf te zeggen dat haar moeder ook rookte toen ze zwanger was van Marinka. En met haar is ook niets mis. Gelukkig krijgt ze een gezonde zoon. Ze haalt opgelucht adem.

De tweede zwangerschap lukt het Marinka weer niet om met roken te stoppen, maar dit keer is ze minder ongerust. De eerste keer is het immers ook goed gegaan. Ze wil graag thuis bevallen. De verloskundige vindt het goed – haar bloeddruk is netjes, de baby lijkt goed op gewicht.

Vijf weken voor de uitgerekende datum heeft Marinka op een ochtend bloedverlies en een buik die zo hard is als een plank. Haar man is ongerust en belt de verloskundige. Die is er binnen tien minuten. Ze kijkt zorgelijk – de harttonen van de baby zijn te laag, het bloedverlies is niet normaal en de plankharde buik ook niet. Ze denkt dat de placenta heeft losgelaten.

Een ambulance brengt Marinka met spoed naar het ziekenhuis. De gynaecoloog bevestigt het vermoeden van de verloskundige. Hij doet met spoed een keizersnede. Het meisje komt in slechte toestand ter wereld. Op de couveuse trekt ze niet bij. Na twee dagen overlijdt het kind. Het verdriet is groot.

Tijdens de nacontrole vraagt de gynaecoloog of Marinka denkt dat ze opnieuw zwanger wil worden. Marinka denkt van wel. Hij raadt haar dringend aan dan voor die tijd te stoppen met roken. Het roken heeft de kans op een placentaloslating sterk verhoogd.

LET OP

Lukt het je niet gemakkelijk om met roken te stoppen, lees dan het boek *Nederland stopt! Met roken* van Pauline Dekker en Wanda de Kanter, en vul de vragenlijsten in om je motivatie helder te krijgen. Meer informatie vind je op www.nederlandstopt.nu.

Lukt het je nog steeds niet om te stoppen, vraag dan de huisarts je te verwijzen naar de dichtstbijzijnde rookstoppoli. Daar krijg je begeleiding.

! Stop niet met behulp van nicotinepleisters. Nicotine is schadelijk voor de hersenontwikkeling van de baby.

Roken geeft stress én roken is ontzettend schadelijk voor de baby

ALS IK NIET MEER DAN VIJF SIGARETTEN PER DAG ROOK, KAN DAT DAN KWAAD?

Voor roken bestaat geen ondergrens. Elke sigaret doet schade. Vijf sigaretten per dag doen dus ook kwaad. Bovendien werkt het niet om minder te gaan roken: je houdt de verslaving in stand. Dus hunker je de hele dag naar die ene sigaret. Dat geeft stress. Verslavingsstress. En gaandeweg worden de vijf sigaretten er toch weer tien.

Kortom: over het roken kunnen we niet duidelijk genoeg zijn. Stoppen is de enige manier om je kind een gezonde toekomst te bieden. Heb je daar moeite mee, geneer je niet, je bent echt de enige niet. Maar erken je verslaving en zoek hulp.

WEETJE

30 procent van alle 'lichtgewicht' baby's; 11 procent van alle vroeggeboorten; 6 procent van alle extreme vroeggeboorten; en 10 procent van alle doodgeboorten zijn toe te schrijven aan roken tijdens de zwangerschap. Dat blijkt uit talrijke wetenschappelijke onderzoeken.

Roken in de zwangerschap geeft een 1,5 keer verhoogde kans op babysterfte. Dat betekent dat je, als je doorrookt in de zwangerschap, een kans hebt van 1,5 procent dat de baby overlijdt, tegen bijna 1 procent als je niet rookt. Bijvoorbeeld doordat het kind veel te vroeg geboren wordt, doordat het veel te klein blijft of doordat de placenta loslaat.

HET IS TOCH NIET ZO ERG ALS DE BABY DOOR HET ROKEN WAT KLEINER BLIJFT? LEKKER MAKKELIJK VOOR DE BEVALLING

Vrouwen die doorroken omdat ze denken dat de bevalling makkelijker verloopt als ze een klein kindje krijgen, weten niet wat ze zeggen. Op de eerste plaats is het niet waar. Er is nauwelijks verband tussen het geboortegewicht van de baby en het gemak waarmee de bevalling verloopt. Dat speelt pas bij heel zware baby's en moeders met een te klein bekken. Vrijwel altijd is het de weeënkracht die de snelheid van de bevalling bepaalt. Weeënkracht heeft niets met het gewicht van de baby te maken.

Maar veel belangrijker is dat bij een groeiachterstand door roken ook de hersenen in groei achterblijven. En schade oplopen. Rokende vrouwen stellen hun kind dus bloot aan gezondheidsrisico's. Wat zeggen ze tegen hun dochter als die over dertig jaar vertelt dat ze vruchtbaarheidsproblemen heeft, en dat dit mogelijk komt doordat haar moeder rookte in de zwangerschap?

ALS MAN MAG IK TOCH WEL DOORROKEN?

Rokende vaders hebben net als rokende moeders een verhoogde kans op een kind met een aangeboren afwijking. Het is niet bekend of dat komt doordat de vader zelf rookt of doordat zijn vrouw passief meerookt. Ook de kans op wiegendood is verhoogd. Daar komt bij dat het voor zwangere vrouwen moeilijk is om te stoppen als hun man door blijft roken.

ZIJN ALLE DRUGS SCHADELIJK IN DE ZWANGERSCHAP?

Over drugs kunnen we kort en duidelijk zijn: ze zijn allemaal schadelijk in de zwangerschap. Je moet ze niet nemen. Voor alle drugs in de zwangerschap, dus ook voor cannabis, geldt dat het kind meer kans heeft op ADHD, gedragsproblemen en leerproblemen. Daarbij is cocaïne

---

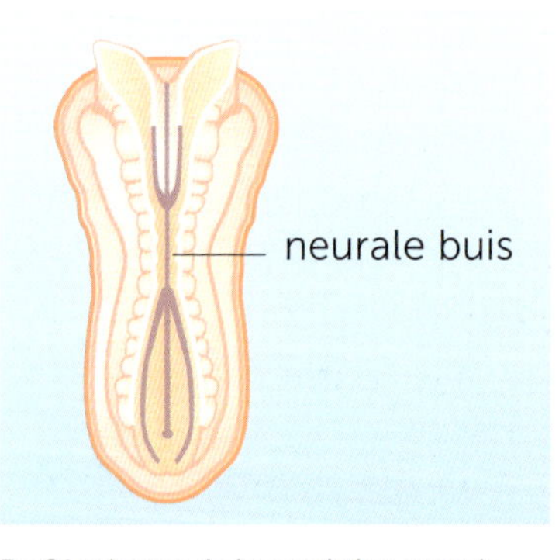

De 21e dag na de bevruchting gaat de neurale buis zich sluiten. 2 dagen later is de sluiting voltooid

HOE GAAT HET MET DE BABY?

De baby heet embryo

Het kind in wording is drie weken oud en bestaat uit drie lagen. Elk van die lagen zal de komende weken uitgroeien tot een compleet orgaanstelsel. In deze periode, waarin de organen ontstaan, heet het vruchtje 'embryo'.

Op de 21e dag na de bevruchting sluit de neurale buis zich. Daaruit groeien aan de voorkant de hersenen en in het verlengde daarvan het ruggenmerg. De sluiting van de neurale buis is heel belangrijk. Als de sluiting niet volledig plaatsvindt, wordt de baby geboren met een open rug: een neuralebuisdefect. Foliumzuur helpt om de sluiting van de neurale buis te bevorderen.

Je bent vijf weken zwanger.

LET OP

! Ook voor mannen geldt dus: stop met roken. Lees *Nederland stopt! Met roken*, vul het Stoppenstappenplan in en bepaal je strategie. Mannen die moeite hebben, kunnen eventueel zonder bezwaar rookstopmedicijnen gebruiken.

LET OP

! Vrouwen die goed bestand zijn tegen alcohol, lopen meer risico dat hun kind er iets aan overhoudt dan andere vrouwen. Omdat ze niet snel dronken worden, zijn ze geneigd lekker door te drinken.

ronduit gevaarlijk – het vernauwt de bloedvaten naar de placenta waardoor het vruchtje te weinig zuurstof krijgt. Cocaïne verhoogt de kans op een miskraam, een vroeggeboorte, een doodgeboorte, aangeboren afwijkingen en ontwikkelingsstoornissen bij de baby. Het is een bekende oorzaak van placentaloslating. Ook ecstasy vernauwt de bloedvaten. En aan heroïne raken baby's verslaafd. Ze moeten afkicken in de couveuse. Dit betekent dat ze bij de geboorte ernstig ziek zijn.

Stoffen die inwerken op onze hersenen, werken nog veel sterker in op de groeiende hersenen van een ongeboren baby. De effecten zijn groter en vaak blijvend. Dus stel je kind er niet aan bloot.

HOEVEEL ALCOHOL MAG IK DRINKEN?

Net als voor roken is er voor alcoholgebruik geen veilige ondergrens te geven. Alcohol werkt bij volwassenen in op de hersenen – het ontremt, je wordt er dronken van. Bij het ongeboren kind werkt alcohol ook in op de hersenen. Omdat die de hele prenatale periode doorgroeien, is het kind al die tijd gevoelig voor alcohol.

Al vanaf 4 eenheden alcohol per week is er een effect aantoonbaar op de ongeboren baby. Die beweegt minder en vertoont minder hersenactiviteit dan normaal. 5 tot 9 drankjes per week – gemiddeld een wijntje per dag – geeft een 3,5 maal verhoogde kans op een miskraam en een 2,5 maal verhoogde kans op een doodgeboren kind.

Vrouwen die meer dan 8 glazen alcohol per dag drinken, hebben 30 procent kans op een kind met het foetaal alcoholsyndroom (FAS). FAS is na downsyndroom de meest voorkomende oorzaak van een verstandelijke handicap. FAS-kinderen hebben bovendien afwijkingen aan het gezicht en aan het skelet.

Bij minder alcoholgebruik zijn de verschijnselen minder zichtbaar, maar ook dan kan de alcohol leiden tot latere leer- en gedragsproblemen.

Het enige veilige advies is dus: drink helemaal geen alcohol in de zwangerschap. Het blijkt dat vrouwen die drinken veel vaker roken dan vrouwen die niet drinken (het omgekeerde is overigens ook waar). De nadelige effecten van roken en drinken versterken elkaar en heffen elkaar niet op zoals wel eens wordt gedacht.

WELKE MEDICIJNEN MAG IK WEL EN WELKE MAG IK NIET GEBRUIKEN?

Veel medicijnen zijn in de zwangerschap ronduit gevaarlijk. Vaak werd dit pas ontdekt nadat er al jarenlang kinderen waren geboren met ernstige aangeboren afwijkingen. Een voorbeeld is DES, een hormoon dat aan zwangere vrouwen werd gegeven om miskramen te voorkomen. Het veroorzaakte afwijkingen aan de baarmoeder en geslachtsorganen van het ongeboren kind. Veel DES-dochters hebben als ze volwassen zijn vruchtbaarheidsproblemen, miskramen of vroeggeboorten, en ze hebben een verhoogde kans op een zeldzaam soort kanker. Een ander bekend voorbeeld is dat van Softenon, ofwel thalidomide, een medicijn dat werd gegeven om slaapproblemen te voorkomen bij zwangere vrouwen. Hun kinderen werden vaak geboren zonder ledematen.

Met deze voorbeelden in het achterhoofd is het belangrijk om heel terughoudend te zijn met medicijnen in de zwangerschap. Gebruik ze alleen in overleg met de behandelend arts of ver-

LET OP

Gebruikte je al medicijnen voordat je zwanger werd? Overleg dan zo vroeg mogelijk, liefst al voor de bevruchting, met de behandelend arts. Die kan kijken wat de minst schadelijke medicijnen zijn en in welke vorm en dosering je deze moet nemen.

Bij hoofdpijn en koorts kun je paracetamol nemen, maximaal 3 x 2 (totaal 6) tabletten van 500 mg per dag. Maar doe dit in overleg met je verloskundige of arts. Er wordt nog steeds onderzoek verricht naar de veiligheid van geneesmiddelen in de zwangerschap, ook van paracetamol.

Gebruik bij pijn en koorts *geen* aspirine, ibuprofen, naproxen, diclofenac of soortgelijke middelen. Ze worden NSAID's genoemd, en verhogen de kans op een miskraam en op aangeboren afwijkingen.

Arthrotec, dat is diclofenac met een maagbeschermer, is nog riskanter. De maagbeschermer, misoprostol genaamd, kan een abortus opwekken. Arthrotec mag dus in de zwangerschap nooit gebruikt worden.

Aspirine wordt *enkel op advies van de gynaecoloog* in een heel lage dosering wel voorgeschreven aan vrouwen die een verhoogde kans hebben op pre-eclampsie ('zwangerschapsvergiftiging').

! Als je meer dan 20 weken zwanger bent en paracetamol wilt nemen tegen hoofdpijn, vraag dan eerst de verloskundige om de bloeddruk te meten. Zo nodig zal ze overleggen met de gynaecoloog. Hoofdpijn kan een signaal zijn van het HELLP-syndroom of van pre-eclampsie ('zwangerschapsvergiftiging').

loskundige, waarbij je vermeldt dat je zwanger bent. Dat geldt ook voor medicijnen die je zonder recept kunt kopen: die zijn niet zomaar veilig.

Anderzijds kan het ook schadelijk zijn om zomaar te stoppen met medicijnen die je gebruikt voor een chronische ziekte. Voor astmapatiënten bijvoorbeeld, is het belangrijk de medicijnen te blijven gebruiken, zowel de acuut werkende inhalatiemedicijnen (salbutamol) als de preventief werkende inhalatiemedicijnen (inhalatiesteroïden). Benauwdheid is schadelijker voor de baby dan de medicijnen. Bij diabetes is het in de zwangerschap nog veel belangrijker dan anders om goed ingesteld te zijn met insuline. Sterk schommelende suikerconcentraties in het bloed geven een verhoogde kans op aangeboren afwijkingen bij de baby. Medicijnen tegen epilepsie kunnen weliswaar een risico inhouden in de zwangerschap, maar zomaar ermee stoppen is vaak nog riskanter. Een epileptische aanval betekent een risico voor zowel de moeder als de baby.

Kortom: gebruik medicijnen in de zwangerschap alleen in overleg met de arts of verloskundige.

IK GEBRUIK ANTIDEPRESSIVA, KAN DAT KWAAD?

1 op de 50 vrouwen gebruikt medicijnen tegen depressies. Het kan voor hen een lastige afwe-

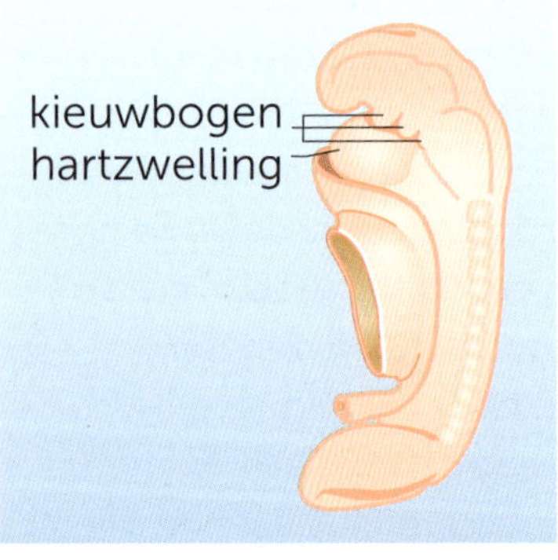

De 25e dag na de bevruchting: de kieuwbogen en het hart tekenen zich af

HOE GAAT HET MET DE BABY?

Hij is zo groot als een rijstkorrel

De dooierzak is even groot als het embryo, dat zich gaat zich krommen. Het hartje begint zich te vormen. In het begin van de vierde week na de bevruchting kun je het hartje op de echo zien kloppen. Aan het eind van deze vierde week meet het embryo een halve centimeter, het is een rijstkorrel lang. Het telt 28 toekomstige wervels (somieten). Het buisvormige hart slaat zo'n 100 keer per minuut.

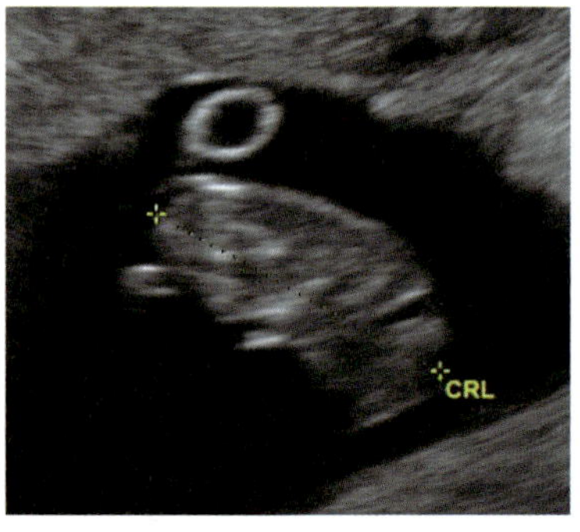

8 weken zwanger, 6 weken na de bevruchting, de dooierzak is op de echo zichtbaar.

ging zijn: doorgaan met de medicijnen die mogelijk schadelijke gevolgen hebben voor de baby, of stoppen en dan het risico lopen op een (ernstige) depressie en stress. Sommige antidepressiva, zoals Seroxat, geven een iets verhoogde kans op aangeboren afwijkingen. Hoe hoger de dosis, des te groter de kans. Prozac en Cipramil geven geen verhoogde kans op aangeboren afwijkingen. Het is belangrijk om al voor de zwangerschap met de behandelend arts te overleggen of je door kunt gaan met de medicijnen, beter een ander medicijn kunt gaan gebruiken of de dosering aan moet passen.

HOE LANG MOET IK FOLIUMZUUR GEBRUIKEN?

Foliumzuur verkleint de kans op een kind met een open rug of een open schedel. Vrouwen die zwanger willen worden, krijgen daarom het advies om rond de bevruchting foliumzuur te gebruiken. Vrouwen die een verhoogde kans hebben op een kind met een open rug, bijvoorbeeld omdat ze al eerder een kind met deze afwijking hebben gehad, krijgen een tien keer zo hoge dosis voorgeschreven. Daarvoor is een recept van de huisarts of gynaecoloog nodig.

LET OP

Neem vanaf 4 weken voor de bevruchting – zo zich dat al laat plannen – tot 8 weken na de bevruchting 0,4 of 0,5 milligram foliumzuur per dag. Deze tabletjes zijn zonder recept bij de drogist of de apotheek te verkrijgen. Heb je een verhoogd risico op een kind met een open rug, vraag dan de huisarts om een recept voor tabletten van 5 mg. Als je niet snel zwanger raakt, kan het zijn dat je langdurig foliumzuur gebruikt. Dat is niet erg.

Neem behalve foliumzuurtabletten ook foliumzuurrijke voeding. Dat vermindert nog sterker de kans op een kind met een open rug. Foliumzuur vind je in broccoli, stevige bladgroenten, volkorenbrood, peulvruchten, sinaasappelsap en noten.

GEZOND ETEN, HOE VER MOET IK DAARIN GAAN?

Gezond eten wil zeggen: neem dagelijks voldoende groenten en fruit, eiwit (vlees, vis, vleesvervangers, ei, bonen, noten en melkproducten) en basisvoedsel (brood, rijst, pasta, aardappelen). Neem daarnaast elke dag wat boter of margarine en gezonde vetten (plantaardige olie, noten). Drink voldoende, maar wees matig met zoete dranken (frisdrank, sap). En mijd de 'verboden', zoals alcohol, sigaretten, drugs en te veel koffie.

Lees voor uitgebreide voedingsadviezen het hoofdstuk 'Eten voor twee'.

WAAROM MAG IK GEEN RAUW VLEES ETEN?

Rauw vlees kan besmet zijn met allerlei bacteriën zoals E. coli of salmonella en moet daarom altijd goed verhit worden. Rauw vlees kan ook besmet zijn met de parasiet *Toxoplasma gondii*, die niet alleen in vlees voorkomt. Koeien, varkens en schapen kunnen ermee besmet zijn, maar hij komt ook voor in kattenpoep en tuinaarde.

Besmet rauw vlees, maar ook kattenpoep of tuinaarde kan toxoplasmose veroorzaken. Gezonde volwassenen zijn daar meestal hooguit wat grieperig van, maar als een zwangere vrouw voor het eerst besmet raakt, kan ook de baby besmet raken. Vroeg in de zwangerschap is de kans op besmetting van de baby klein, maar áls

LET OP

! Eet vlees alleen als het door en door gaar is, of ingevroren is geweest tot -20 graden. Mijd broodbeleg van rauw vlees zoals chorizo, ossenworst, filet americain, biefstuk, tartaar en rauwe rosbief. Let ook op bij het bereiden van rauw vlees – draag bij voorkeur plastic wegwerphandschoentjes als je gehaktballen draait of kip klaarmaakt, en was nadien heel goed je handen en het keukengereedschap dat je hebt gebruikt.

! Draag handschoenen bij het werk in de tuin.

! Was groenten goed, vooral als je ze rauw eet. Er kan besmette aarde aan zitten.

! Laat bij voorkeur een ander de kattenbak schoonmaken. Kan dat niet, draag dan handschoenen. Verschoon de kattenbak elke dag om te voorkomen dat de parasiet in de kattenbak actief wordt.

! Mijd kazen die zijn bereid met rauwe melk. Er staat dan op 'au lait cru'. Mijd daarnaast blauwe schimmelkazen zoals roquefort. Je mag de kazen wel gebruiken als je ze door en door verhit tot 85 graden.

! Zet de koelkast flink koud, om bacteriegroei te vertragen. Tussen de 4 en 7 graden is veilig. Gebruik eventueel een thermometer om de temperatuur te checken.

! Wees voorzichtig met paté, koude schotels en producten van de traiteur. Als ze al een dag of langer in de koeling staan, kunnen ze listeria bevatten.

! Bewaar bederfelijke voeding koud en kort. Verhit bij twijfel de voedingsmiddelen door en door.

het gebeurt, kan dat aangeboren afwijkingen of een miskraam veroorzaken. Later in de zwangerschap is de kans op besmetting van de baby groter, maar zijn de gevolgen minder ernstig. Het kind kan er dan oogproblemen aan overhouden.

1 op de 3 vrouwen heeft antistoffen tegen toxoplasma. Zij zijn in de zwangerschap beschermd, hun baby loopt geen risico. Maar omdat je niet weet of je beschermd bent, kun je in de zwangerschap maar het beste erg voorzichtig zijn.

WELKE KAZEN MAG IK NIET ETEN?

Rauwe melk, dus ook rauwmelkse kaas, kan *Listeria monocytogenes* bevatten, een bacterie waar mensen grieperig van worden en die door de placenta heen de baby kan besmetten. Listeria in de zwangerschap is zeldzaam, maar kan leiden tot een miskraam of doodgeboorte. Listeria kan ook in de koelkast groeien op aangemaakte salades, gerookte zalm en koud vlees.

MAG IK RAUWE VIS ETEN?

Rauwe vis die écht vers is, bijvoorbeeld van een goed sushirestaurant, mag je eten in de zwangerschap. Wat je beter niet kunt eten, is gerookte, vacuümverpakte vis. De Voedsel en Waren Autoriteit vond bij 3 procent van de vacuümverpakte vis ontoelaatbaar grote hoeveelheden listeria, en bij 12 procent een hoeveelheid die nog net onder de norm was. Dat risico kun je beter niet nemen, behalve als je de vis verhit tot minstens 85 graden.

MAG IK SALADES ETEN?

Listeria kan ook in de koelkast groeien op aangemaakte salades, gerookte zalm en koud vlees. Wees daarom voorzichtig met restjes eten, ook als je die in de koelkast hebt bewaard. Wees ook voorzichtig met eten van de traiteur, behalve als je het door en door verhit. Neem geen salades van een koud buffet dat niet erg koud meer is en al een paar uur staat te broeien op tafel. Wees ook voorzichtig met paté. Kortom: bewaar bederfelijk voedsel kort en koud. Verhit het bij twijfel door en door.

MAG IK RAUWE EIEREN ETEN?

Rauwe eieren kunnen salmonella bevatten, een bacterie die voedselvergiftiging kan veroorzaken. Zwangere vrouwen hebben een verminderde weerstand, waardoor zo'n infectie ernstiger kan verlopen. Er zijn gevallen beschreven waarbij ook de ongeboren baby besmet raakte. Kook en bak eieren daarom altijd door tot het geel gestold is. Een vloeibare dooier is nog rauw.

WAT IS ER MIS MET LEVER ETEN IN DE ZWANGERSCHAP?

Lever, maar ook leverworst of paté, bevat veel vitamine A. Daarvan moet je in de zwangerschap niet te veel binnenkrijgen. Er zijn aanwijzingen dat vitamine A in grote hoeveelheden de kans op een aangeboren afwijking vergroot. Mijd daarom lever, en neem niet meer dan 1 portie leverworst of paté per dag. Mijd bovendien crèmes waar vitamine A (retinol) in zit.

Om toch te zorgen dat je voldoende vitamine A binnenkrijgt (wat belangrijk is voor een goed gezichtsvermogen, maar ook voor je huid en slijmvliezen), kun je tomaten, worteltjes en pompoen eten. Deze rode en oranje groenten bevatten de voorloper van vitamine A: bètacaroteen. Daarmee kun je de vitamine zelf maken, en krijg je er nooit te veel van binnen.

Multivitaminetabletten speciaal voor zwangere vrouwen houden rekening met deze maximale hoeveelheid. Meestal zit er geen vitamine A in maar bètacaroteen. Deze kun je dus veilig nemen, als je je houdt aan de voorgeschreven dosering.

Luchtvervuiling binnenshuis is schadelijker dan luchtvervuiling buitenshuis

DE WERELD IS VOL STRALING, HOE WEET IK WELKE ER IN DE ZWANGERSCHAP SLECHT IS?

De wereld is vol van allerlei soorten straling. Verreweg de meeste stralingen zijn onschadelijk in de zwangerschap. Radioactieve straling, zoals röntgenstraling, is dat wel. Om die reden mogen er in de zwangerschap geen röntgenfoto's worden gemaakt. Weliswaar gaat het daarbij niet om heel hoge doseringen, maar voor radioactieve of röntgenstraling bestaat er geen ondergrens. Ook in een lage dosering zou straling veranderingen in het DNA kunnen veroorzaken. In een groeiend embryo zou dat kunnen leiden tot aangeboren afwijkingen.

Medisch personeel dat werkt met röntgenstraling, zoals laboranten of radiologen, kunnen hun zwangerschap het beste onmiddellijk melden bij hun werkgever. Ze krijgen dan extra bescherming en eventueel vervangend werk.

Voor vliegend personeel geldt hetzelfde. Op grote hoogte, zoals bij intercontinentale vluchten, is natuurlijke radioactieve straling aanwezig. Hoewel de kans dat dit een aangeboren afwijking veroorzaakt heel klein is, krijgen stewardessen toch tijdelijk werk op de grond aangeboden.

LET OP

! Mijd rokerige ruimtes.

Ventileer voldoende en bij voorkeur aan de achterkant van het huis.

! Mijd een ruimte waarin een sterke chloorlucht hangt, en meng nooit bleekmiddel met zeep, want dat maakt chloordamp vrij.

Laat bij voorkeur anderen de babykamer of je huis schilderen. Ontkom je er niet aan om het zelf te doen, gebruik dan verf op waterbasis en ventileer goed.

! Mijd agressief ruikende stoffen zoals ammonia, terpentine en andere oplosmiddelen. Stoffen die heel sterk ruiken, zijn vluchtig en dringen gemakkelijk door in je bloed.

HOE SLECHT IS EEN ROKERIGE OMGEVING OF STINKENDE VERFLUCHT?

Luchtvervuiling binnenshuis is in de regel schadelijker dan luchtvervuiling buitenshuis. Zo is meeroken – verjaardagsfeestjes in rokerige ruimten – schadelijk voor de baby. Net als verfdamp of damp van agressieve schoonmaakmiddelen, zoals chloor. Of een slecht geventileerde ruimte met een gaskacheltje, geiser of open haard, waarbij het giftige koolmonoxide kan vrijkomen.

HOEVEEL KOFFIE MAG IK DRINKEN?

Veel koffie verhoogt de kans op een miskraam en is ook later in de zwangerschap schadelijk voor de baby. Neem daarom niet meer dan 3 à 4 kopjes, of 1 à 2 mokken koffie per dag. Meer dan

8 koppen (600 mg cafeïne) per dag verhoogt de kans op een doodgeboorte. Thee (ook groene thee) bevat half zoveel cafeïne als koffie. En een groot glas cola bevat evenveel cafeïne als een half kopje koffie.

HOE ERG IS STRESS IN DE ZWANGERSCHAP?

Stress is niet helemaal te voorkomen. Een beetje stress hebben we bovendien nodig om actief te blijven en snel te kunnen handelen in noodsituaties. Deze 'positieve stress' kan geen kwaad. En zelfs incidentele stress, bijvoorbeeld door het overlijden van een familielid, heeft voor de baby geen schadelijke gevolgen.

Anders is het met chronische stress. Te zwaar huishoudelijk werk, angst, zorgen over de baby, relatiestress of een depressie verhoogt de kans op een te kleine of te vroeg geboren baby. Het is daarom belangrijk om te proberen je werk- en leefomstandigheden zo gunstig mogelijk te maken. Hier ligt ook een belangrijke taak voor je partner, je familie en je vrienden.

LET OP

Kruidenthee, zoals pepermuntthee, bevat geen cafeïne. Groene thee wel.

! Let op met thee waar zoethout in zit. Zoethout en drop verhogen de bloeddruk.

Probeer zo veel mogelijk zwaar huishoudelijk werk uit te besteden, als je het kunt betalen aan een huishoudelijke hulp, anders aan je partner, familieleden of vrienden die een handje willen helpen.

! Als er langdurig spanningen zijn, zoek dan hulp, bijvoorbeeld bij een therapeut of een maatschappelijk werkster. De huisarts kan je verwijzen.

EN NU OOK NOG GEEN BODYLOTION?

Bodylotion en make-up kunnen weekmakers bevatten, net als plastic, speelgoed, behang (nieuw huis!), kunststof (nieuwe auto!) en (kinder)kleding. Deze zogenoemde ftalaten kunnen de hormoonhuishouding verstoren. Vooral de stof DEHP beïnvloedt de manlijke geslachtshormonen en zou zo de ontwikkeling van de teelballetjes van ongeboren jongetjes kunnen verstoren. Een gemiddelde blootstelling aan deze weekmakers lijkt geen kwaad te kunnen, maar een hoge blootstelling kun je beter vermijden.

Let daarom op de volgende stofnamen:

* Bis(2-ethylhexyl)ftalaat of DEHP of DOP (Engelse naam: Di(2-ethylhexyl)phthalate);
* Dibutylftalaat of DBP (Engelse naam: dibutyl phthalate);
* Benzylbutylftalaat of BBP (Engelse naam: benzylbutyl phthalate).

Verder kun je beter geen eten opwarmen dat is verpakt in zachte plastic verpakkingen, en ook geen warm drinken nemen uit zachte plastic flesjes. Door de warmte kunnen ftalaten gemakkelijk oplossen in het voedsel.

Let straks, als je baby geboren is, ook op zachte plastic speeltjes (die baby's, zoals alles, graag in hun mondje stoppen ...). Ook die bevatten weekmakers.

4

Eten voor twee

Je moet eten voor twee, zo luidde vroeger het advies aan zwangere vrouwen. In zekere zin is dat zo, maar het slaat niet op de hoeveelheid. Wel op de kwaliteit van wat je eet. Voeding is ongelooflijk belangrijk in de zwangerschap. Niet te veel, niet te weinig, maar vooral gezonde voeding. Voeding die rijk is aan vitaminen, mineralen en eiwitten, maar niet aan te veel 'lege' calorieën.

IS VOEDING NOU ECHT ZO BELANGRIJK IN DE ZWANGERSCHAP? IN AFRIKA WORDEN ER TOCH OOK VEEL KINDEREN GEBOREN?

Het is nog geen generatie geleden dat we dachten dat het niet zo veel uitmaakte wat je zoal at in de zwangerschap. In ontwikkelingslanden, waar mensen honger leden, werden toch ook veel kinderen geboren? Wat zouden we ons hier in het Westen dan druk maken. Dat was de gangbare opvatting.

Inmiddels is er veel onderzoek verricht naar voeding in de zwangerschap. Daardoor weten we dat voeding heel belangrijk is. Vooral de eerste drie maanden, als alle organen zich ontwikkelen, is het embryo heel gevoelig voor invloeden van buiten, zoals voeding. Een verstoring in die periode, bijvoorbeeld door een tekort aan vitaminen, of door nicotine, kan aangeboren afwijkingen veroorzaken. Of de baby 'programmeren', waardoor hij levenslang te kampen heeft met een slechte gezondheid.

Zo weten we dat mensen die in de Hongerwinter zijn verwekt, die dus de eerste drie maanden van hun prenatale leven honger leden, meer kans hebben op diabetes, hart- en vaatziekten en schizofrenie. Ze worden minder oud dan mensen die in gezonde omstandigheden zijn verwekt.

We weten ook dat vrouwen die veel junkfood eten – hamburgers, patat met mayonaise en cola – meer kans hebben dat hun kind een gespleten gehemelte heeft (een 'hazenlip').

Kortom: voeding is *erg* belangrijk in de zwangerschap. Lees het hoofdstuk 'De 10 geboden voor een gezonde baby', om te weten welke voedingsmiddelen je in de zwangerschap beter *niet* kunt eten.

LET OP

Gebruik de zwangerschap als moment om je leefstijl te veranderen als die te wensen overlaat. Ga gezond eten en stop met ongezonde gewoonten. Dat werkt levenslang door op je kind.

HEB IK EEN GEZOND GEWICHT?

Om te weten of je een gezond gewicht hebt, is het nuttig om je BMI (bodymass index) uit te rekenen. De BMI is je gewicht (in kilo's) gedeeld door het kwadraat van je lengte (in meters). Je kunt hem gemakkelijk laten berekenen op internet: www.zwangerwijzer.nl of www.voedingscentrum.nl.

De verschillende BMI's

- BMI onder de 19: ondergewicht;
- BMI 19-25: ideaal gewicht;
- BMI 25-27: licht overgewicht;
- BMI 27-30: matig overgewicht;
- BMI 30-40: ernstig overgewicht (obesitas);
- BMI boven de 40: ziekelijk overgewicht (morbide obesitas).

HOEVEEL MAG IK AANKOMEN?

Gemiddeld komen vrouwen 12 à 13 kilo aan in de zwangerschap. 7 kilo gaat naar alle nieuwe aanwas: het kind (3,5 kilo), de baarmoeder (1 kilo), het vruchtwater (1 kilo), de placenta (0,5 kilo) en extra bloed (1 kilo). De rest is een voorraadje vet.

In de zwangerschap sla je sneller vet op. Daardoor komen vrouwen vaak veel aan in de zwangerschap. Een paar kilo meer dan gemiddeld is geen probleem, maar wanneer je veel aankomt, is dat een extra belasting. Het verhoogt de kans op complicaties zoals zwangerschapsdiabetes en gewrichtsklachten. Ook is het moeilijker om na de zwangerschap weer je eigen gewicht terug te krijgen. Probeer daarom niet te veel toe te geven aan ongezonde 'zwangerschapslusten'.

Te weinig aankomen is ook niet gezond. Vrouwen met een gezond gewicht die minder

---

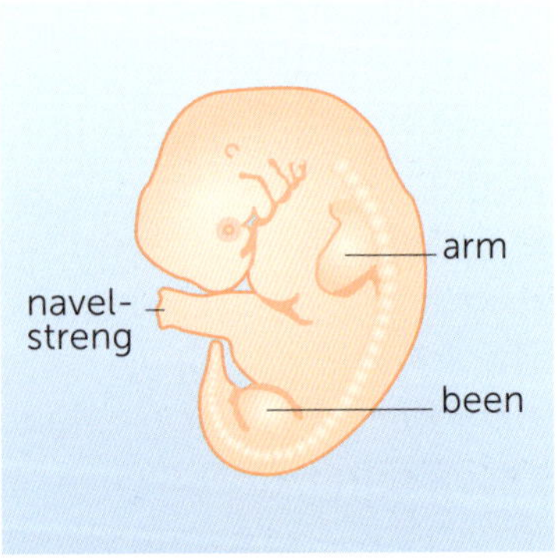

De 28e dag na de bevruchting: de ledematen ontstaan. 6 weken zwanger.

HOE GAAT HET MET DE BABY?

Een kikkervisje met kieuwbogen

Vier weken na de bevruchting zijn de longen, lever, maag, alvleesklier en nieren in primitieve gedaante aanwezig. Uit de neurale buis ontspringen zenuwtakken die de armen, benen en romp gaan besturen. Vlekjes op het hoofd geven aan waar de ogen komen.

Vlak daaronder zijn aan beide kanten zes uitstulpingen te zien: kieuwbogen. Over twee weken zullen ze met elkaar versmelten en het gezicht vormen. Onder de kieuwbogen puilt het hart uit.

Op de plaats waar de armen zullen komen, ontspringen twee knopjes. De beentjes volgen vlak daarna. Het embryo heeft een gekrulde staart die later weer verdwijnt. De toekomstige wervelkolom telt nu 44 somieten.

Het kikkervisje meet 4 tot 6 millimeter.

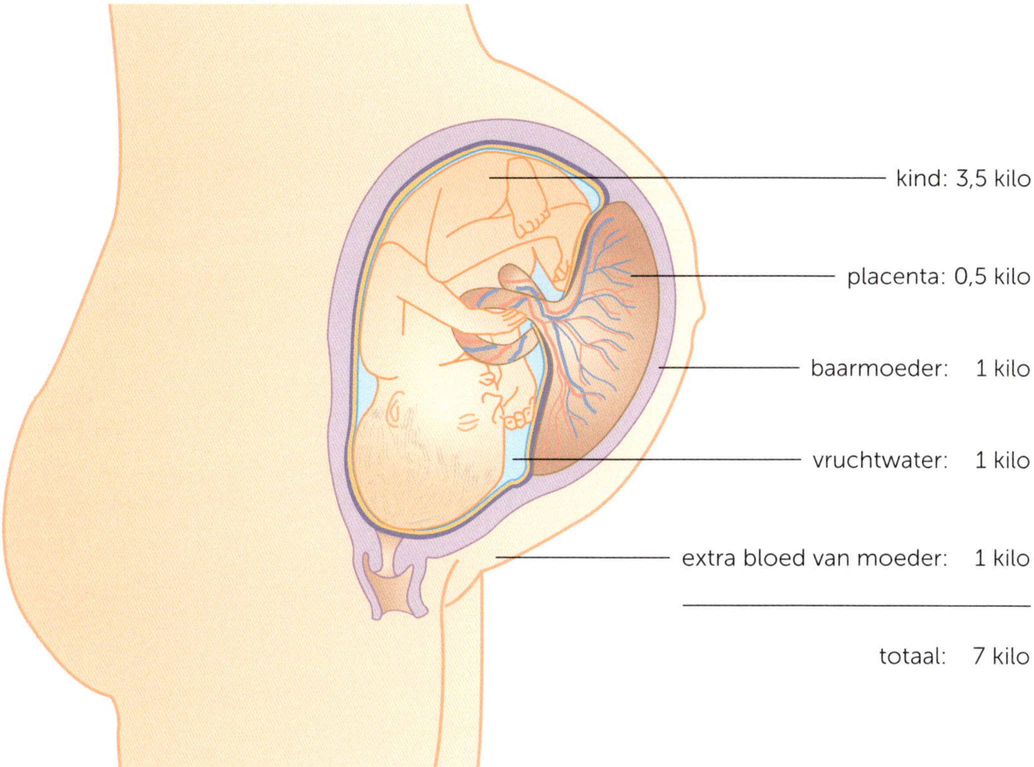

dan 7 kilo aankomen, hebben een tot 2 keer zo grote kans om te lichte kinderen te baren en een 1,5 keer zo grote kans op een vroeggeboorte als vrouwen die meer dan 7 kilo aankomen.

De ideale gewichtstoename in de zwangerschap lijkt op dit moment:

* 11,5 tot 16 kilo bij een normaal gewicht;
* 7 tot 11.5 kilo bij overgewicht;
* 5 tot 9 kilo bij obesitas.

IK BEN TE ZWAAR, WAAR MOET IK OP LETTEN IN DE ZWANGERSCHAP?

Wanneer je BMI boven de 30 ligt, en zeker wanneer deze boven de 40 ligt, ben je te zwaar. Je gewicht brengt dan gezondheidsrisico's met zich mee voor jezelf en de baby. Hoe hoger de BMI, hoe groter de gezondheidsrisico's. Zo is bij ernstig overgewicht de kans verhoogd op een miskraam, op zwangerschapsdiabetes, op een té zware baby, op hoge bloeddruk en op bevallingscomplicaties, zoals een keizersnede. Ook zijn de operatierisico's verhoogd bij een keizersnede, zeker bij een BMI boven de 40: het is moeilijker je onder narcose te brengen of een ruggenprik aan te brengen.

Probeer daarom, als je ernstig overgewicht hebt, in de zwangerschap niet meer aan te komen dan 7 kilo. Dat is precies het gewicht van de baby, het extra bloed en vruchtwater en het extra gewicht van de organen (baarmoeder, moederkoek). Je maakt dan geen extra vet aan.

Vezels geven een vol gevoel maar geen calorieën

MAG IK LIJNEN IN DE ZWANGERSCHAP?

Omdat het nadelig lijkt als je te weinig aankomt in de zwangerschap, is lijnen in de zwangerschap niet de bedoeling. Bovendien loop je het risico dat je weliswaar vet verliest, maar te weinig vitaminen, mineralen en eiwitten binnenkrijgt. En die heeft de baby hard nodig, met name voor zijn hersenen.

Het is dus prima om te proberen niet te veel aan te komen als je (veel) te zwaar bent door

LET OP

Kom in totaal niet meer dan 16 kilo aan. Dat betekent dat je na de eerste 3 maanden ongeveer een pond per week kunt aankomen. De eerste 3 maanden komen de meeste vrouwen niet zoveel aan, omdat ze misselijk zijn.

Neem vezelrijke voeding – vezels geven een vol gevoel maar geen calorieën. Vezels vind je in groenten, fruit, peulvruchten en in de vliesjes die om de rijst en de tarwe zitten (dus in volkorenbrood en bruine of zilvervliesrijst). Vezels zijn onverteerbaar. Ze leveren dus geen calorieën, maar houden de darmen aan de gang, voorkomen verstopping en geven een verzadigd gevoel. Daarom helpen ze in de strijd tegen overgewicht.

Probeer dagelijks een halfuur tot een uur matig intensief te bewegen, afhankelijk van wat je gewend bent. Als je al sportte of bewoog voor de zwangerschap, kun je daarmee doorgaan. Zo niet, bouw dan het bewegen op, beginnend met een kwartier per dag en eindigend bij een halfuur per dag. (Stevig) wandelen, fietsen en zwemmen of trainen op de hometrainer kun je de hele zwangerschap blijven doen. Het vermindert de kans dat de baby te zwaar wordt en de kans op bevallingscomplicaties. Ook later in het leven heeft de baby er profijt van als hij voor zijn geboorte niet te zwaar wordt: hij heeft minder kans op overgewicht.

ZwangerFit is hierbij een methode die gebruikt wordt. Daarnaast zijn cursussen zoals zwangerschapsyoga populair.

gezond te eten en veel te bewegen. Maar echt diëten is in de zwangerschap uit den boze. Tijdens de borstvoedingsperiode geldt hetzelfde.

IK BEN TE LICHT, WAAR MOET IK OP LETTEN IN DE ZWANGERSCHAP?

Als je BMI lager is dan 19, dan ben je te licht. Het is dan zaak om in de zwangerschap royaal aan te komen. Neem voldoende koolhydraten (brood, rijst, meelproducten), eiwitten (volle melk, kaas, vette vis, vlees) en wees niet te zuinig met vetten (noten, (olijf)olie en margarine of roomboter).

Maar: kom in totaal niet meer dan 16 kilo aan.

EET IK GEZOND?

Om te weten of je gezond eet, kun je gebruik maken van de voedingspiramide. Je ziet er vijf groepen voedingsmiddelen waaruit je de maaltijden samenstelt. Elke dag zou je uit elke groep iets moeten nemen – het meest van de onderste groep en naar boven toe steeds wat minder. Als je daarnaast gevarieerd eet, kun je ervan uitgaan dat je voldoende voedingsstoffen binnenkrijgt.

De groepen van de piramide:

* De basis van de piramide levert brandstof (zetmeel), eiwit, vezels, mineralen en vitamine B en E. Het gaat om brood, knäckebröd, pasta, rijst,

HOE GAAT HET MET DE BABY?

Reuzengroei op de vierkante centimeter

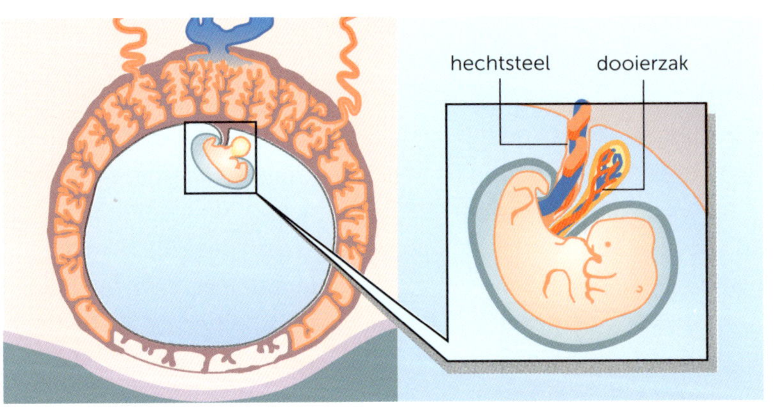

De 32e dag na de bevruchting: embryo in vruchtzak

De bloedvaatjes van de placenta beginnen zich te vertakken. Het embryo heeft nog niet veel zuurstof nodig maar bereidt zich voor op het moment dat dit wel nodig is en maakt een voorloper van de navelstreng: de hechtsteel. Het embryo is aan het eind van deze week 1 centimeter. Je bent dan 3 weken over tijd.

aardappelen, pap en andere graanproducten. Neem bij voorkeur volkorenproducten: bruine of zilvervliesrijst en volkorenpasta. Ze bevatten meer vitaminen en vezels.

* De tweede groep van onderen levert vezels, mineralen (zoals ijzer), vitaminen en antioxidanten zoals vitamine C en E. Het gaat om groenten en fruit. Schep je bord halfvol met groenten, en neem dagelijks minstens twee stukken fruit.
* De derde en vierde groep van onderen leveren eiwitten, vitamine B, kalk, ijzer, zink en magnesium. Het gaat om vlees, vis, ei, kaas, melk en yoghurt (zuivel), noten, bonen en zaden.
* De bovenste groep van de piramide bevat vet, olie en snoep. Gebruik dit met mate.

HOEVEEL MOET IK VAN ALLES NEMEN?

Het Voedingscentrum heeft een gemiddelde opgesteld van wat je dagelijks mag nemen.

Voedingspiramide

LET OP

Neem bij voorkeur magere melkproducten. Die bevatten minder ongezonde vetten en meer vitaminen en eiwitten per slok of hap.

De dagelijkse basisvoeding voor zwangere vrouwen:

* 6 sneden brood (liefst volkoren);
* aardappelen, rijst, pasta of peulvruchten (4 stuks of 4 opscheplepels of 200 gram);
* groenten (4 opscheplepels, 200 gram);
* fruit (2 stuks);
* zuivel (400 milliliter melkproducten en 20 gram (1 plak) kaas);
* vlees(waren), vis, ei en vleesvervangers (100 tot 120 gram gaar gewicht);
* halvarine, margarine, bak- en braadproducten (40 gram);
* dranken (1,5 liter).

WEETJE

Vezels zijn extra belangrijk in de zwangerschap omdat je snel last hebt van verstopping. Vezels helpen de stoelgang zacht te houden. Ze helpen je ook om slank te blijven want ze verdrijven het hongergevoel. Als je vezels neemt, zorg dan tegelijkertijd voor voldoende vocht. Het is het beste om de vezels vooraf te laten weken, of te nemen in een vorm waarin ze al vocht hebben opgenomen (volkorenpap, wat klef gekookte zilvervliesrijst, ontbijtdrank met toegevoegde vezels, yoghurt met vooraf geweekte tarwekiemen).

Antioxidanten beschermen het erfelijk materiaal (DNA) van de baby. Daarmee helpen ze om aangeboren afwijkingen te voorkomen. Je vindt ze vooral in ouderwetse Hollandse groenten zoals spruitjes, kool, witlof en broccoli. Witlof, rauw of gekookt, helpt bovendien tegen de misselijkheid, dus eet er gerust royaal van als je (net) zwanger bent.

Foliumzuur vind je in broccoli, stevige groene bladgroenten (boerenkool) en peulvruchten (linzen of bruine bonen). Het beschermt tegen een open rug en een gespleten lip en gehemelte (hazenlip). Gebleken is dat vrouwen de minste kans hebben op een kind met een gespleten lip als ze zowel foliumzuurtabletten nemen als foliumzuurrijke voeding.

Eiwit is een belangrijke bouwstof. Neem er voldoende van bij elke maaltijd, zonder te overdrijven.

Zink is belangrijk voor de groei en de hersenontwikkeling van de baby. Je vindt zink in volle granen, noten, peulvruchten, vlees en eieren.

Vitamine D is belangrijk voor de botaanmaak van de baby. Je maakt vitamine D zelf aan onder invloed van zonlicht. Maar omdat er in Nederland veel bewolking is, krijgen we gemakkelijk een tekort aan vitamine D, vooral in de winter. Laat daarom niet zomaar de boter of margarine weg uit je voeding. En zorg dat je dagelijks in de buitenlucht komt (met je blote huid, zonder foundation, in de zon zonder te 'bakken'!). Vitamine D vind je overigens ook in eieren, vette vis en volle melk.

ZAL IK EXTRA VITAMINEN NEMEN?

De eerste acht weken van de zwangerschap luidt het advies om dagelijks 0,4 of 0,5 milligram foliumzuur te gebruiken om een kind met een open rug te voorkomen. Foliumzuurtabletten kun je kopen bij de apotheek of de drogist.

Daarnaast adviseert het Voedingscentrum om elke dag 10 microgram vitamine D te nemen. Vitamine D is nodig bij de aanmaak van botten. Je maakt zelf vitamine D onder invloed van zonlicht, maar in ons vaak bewolkte land is het, zeker voor vrouwen met een donkere huid en voor vrouwen die een gezichtssluier dragen, belangrijk extra vitamine D te nemen. Doordat de sluier of het pigment in de huid het zonlicht tegenhoudt, maken ze zelf weinig vitamine D aan.

Het is in principe niet nodig om nog meer extra vitaminen te gebruiken. Maar je zou kunnen besluiten om in plaats van losse foliumzuur- en vitamine D-tabletten een multivitaminetablet speciaal voor zwangere vrouwen te nemen. Daar zit dan foliumzuur en vitamine D in, en daarnaast nog een aantal andere vitaminen en mineralen. Die vervangen niet de vitaminen in je maaltijden, maar kunnen ze wel aanvullen. Je weet dan zeker dat je geen tekorten krijgt.

HOE VOORKOM IK BLOEDARMOEDE?

In de zwangerschap maak je 1 liter extra bloed aan, 1 kilo extra baarmoeder, 1 pond moederkoek en zo'n 7 pond kind. Daar is ijzer voor nodig. Veel ijzer. Niet zo gek dus dat je in de zwangerschap wat sneller dan normaal bloedarmoede hebt. Voel je je moe, zie je bleek en kom je alleen hijgend nog de trap op? Dan zou je wel eens bloedarmoede kunnen hebben.

De verloskundige of gynaecoloog test je op bloedarmoede aan het begin van de zwangerschap en wanneer je ongeveer dertig weken zwanger bent. Daarbij wordt het hemoglobinegehalte gemeten, ofwel het Hb. Hemoglobine is de rode kleurstof die kleur geeft aan de rode bloedlichaampjes. Hemoglobine bevat ijzer en transporteert zuurstof door het lichaam. Als je te weinig hemoglobine hebt, word je dus bleek, moe en kortademig.

Als je een verhoogd risico hebt op bloedarmoede, bijvoorbeeld omdat je zwanger bent van een tweeling of omdat je een niet-Nederlandse achtergrond hebt en misschien lijdt aan erfelijke bloedarmoede, word je ook nog halverwege de zwangerschap gecheckt. Is het Hb te laag, dan volgt er een vervolgonderzoek en krijg je in de regel ijzertabletten. Als het nodig is, word je naar de huisarts verwezen.

Maar hoe kun je bloedarmoede voorkomen? Als je gezond bent, en niet lijdt aan bijvoorbeeld erfelijke bloedarmoede, dan kun je met voeding veel doen om bloedarmoede te voorkomen.

Tips tegen bloedarmoede:

- Neem schaaldieren, vis en vlees. IJzer uit dierlijke bronnen wordt beter opgenomen dan ijzer uit plantaardige bronnen.
- Neem bonen, erwten, (groene) groenten, bieten, appelstroop en zuidvruchten. Maar neem deze plantaardige ijzerbronnen niet tegelijkertijd met (zwarte) thee, koffie, melkproducten, voedingsvezels, granen, wijn, en druiven. Ze remmen de opname van plantaardig ijzer. Dus als je bieten of spinazie hebt gegeten, stel dan het toetje een uur uit. En als je een boterham besmeert met royaal appelstroop voor het ijzer, stel dan het glas melk een uurtje uit en neem in plaats daarvan sinaasappelsap.
- Neem plantaardig ijzer het liefst tegelijkertijd met vitamine C (sinaasappelsap). Dat stimuleert de ijzeropname
- Kook, wok of smoor de groenten. Zo slinken ze, en bevatten ze meer ijzer per hap dan rauw.

LET OP

Neem in de zwangerschap dagelijks 10 microgram vitamine D. Dat is vooral belangrijk in de winter en als je een donkere huid hebt of een gezichtssluier draagt. Een donkere huid houdt zonlicht tegen, waardoor je minder goed vitamine D aanmaakt.

Drink water, (kruiden)thee, halfvolle melk en verse vruchtensappen naar behoefte en koffie met mate. Weet dat vruchtensap calorieën bevat. Als je op je gewicht moet letten, neem dan (kruiden)thee zonder suiker.

! Gewone, 'zwarte' thee werkt verstopping in de hand. Bovendien remt het de opname van (plantaardig) ijzer. Omdat je in de zwangerschap snel last hebt van verstopping én van ijzertekort, kun je beter kruidenthee nemen, zoals pepermuntthee, dan gewone, zwarte thee. Wees voorzichtig met zoethoutthee, dat drijft de bloeddruk op.

! Als je vitaminetabletten neemt, neem dan alleen tabletten speciaal voor zwangere vrouwen, en nooit meer dan de aangegeven dosering. Van sommige vitaminen is het namelijk schadelijk om te veel te nemen. Vitamine A bijvoorbeeld, is schadelijk in de zwangerschap bij hoge doseringen. Je mag er niet meer van nemen dan 3 milligram ofwel 3.000 microgram per dag. Dat is inclusief de vitamine A in de voeding, zoals in lever(worst).

WAT GEBEURT ER IN MIJN LIJF?
Je hele lichaam past zich aan

Het bijzondere van de eerste drie maanden is dat niet alleen de baby zo hard groeit (nooit meer in het leven groei je zo hard), maar dat in je eigen lichaam de grootste veranderingen juist in deze tijd plaatsvinden. Je bereidt je lichaam voor om de baby helemaal tot het eind te kunnen dragen. Een heleboel werk verricht je in de eerste drie maanden.

Het hart gaat harder werken en de bloedsomloop neemt toe. Je vult het grotere bloedvatenstelsel gedeeltelijk met water zodat het normaal is dat je verhoudingsgewijs wat minder bloedcellen hebt. Je 'bloedgehalte' daalt wat. Dit heet wel zwangerschapsbloedverdunning. Ook de hoeveelheid ijzer wordt verdund. Daardoor kan er gemakkelijk bloedarmoede optreden. IJzerrijke voeding kan dat voorkomen. Je maakt hoe dan ook een heleboel extra bloedcellen aan en de organen groeien, met name de baarmoeder en de nieren. Dit alles kost energie.

Het is, door deze extra inspanning die je levert, alsof je alles op een holletje doet. Dit merk je aan vermoeidheid en het feit dat je snel buiten adem bent. Dat je daarbij ook vaak last hebt van ochtendmisselijkheid werkt natuurlijk niet mee. Geen wonder dat je doodmoe bent.

- Neig je naar bloedarmoede, neem dan bovenop bovenstaande adviezen nog Roosvicee ferro of Floradix.
- Ben je snel na de vorige zwangerschap zwanger geworden of draag je een tweeling? Dan kan je voorraad foliumzuur uitgeput zijn. Neem rijkelijk broccoli, stevige groene groenten (kool), peulvruchten en eventueel een multivitaminetablet.

HOE KRIJG IK VOLDOENDE KALK BINNEN?

Kalk zit in de meeste groene groenten (broccoli!), schaaldieren, vis en zuivelproducten. Het Voedingscentrum adviseert om 400 milliliter melk(producten) per dag te nemen en 1 plak kaas. Als je daarnaast kalkrijke voeding neemt, hoef je niet bang te zijn voor een tekort.

Er zijn ook stoffen die kalk aan het lichaam onttrekken, de zogenoemde kalkdieven. Pindakaas bijvoorbeeld, maar ook suiker, chocola, thee en koffie. En een overmaat aan eiwit (vlees, vis, ei). Neem daarvan dus niet te veel.

Om kalk goed op te kunnen slaan, is vitamine D belangrijk. Zorg dat je voldoende buiten komt, zodat je huid 'zon kan vangen'. En neem dagelijks een vitamine D-tabletje. Je kunt overwegen om extra kalk te nemen. Uit onderzoek blijkt dat het de botten van de baby steviger maakt en hoge bloeddruk helpt te voorkomen, maar dat advies geldt alleen als je in je dagelijkse voeding weinig kalk binnenkrijgt, bijvoorbeeld doordat je weinig zuivelproducten neemt.

De beste vorm van kalk is calciumcitraat of calciumgluconaat. Dat wordt beter opgenomen en geeft minder bijwerkingen (verstopping) dan gewone kalktabletten (calciumcarbonaat). Vraag ernaar bij de apotheek. Dit is met name van belang voor vrouwen die weinig kalk in hun dieet hebben. Als je veel melkproducten gebruikt, krijg je voldoende kalk binnen.

Neem eventueel een combinatie van kalk en magnesium. Dat helpt tegen kuitkrampen, een hinderlijke zwangerschapskwaal.

IS VIS NU WEL ZO GEZOND, MET AL DIE GIFTIGE STOFFEN?

Vette vis bevat vetten die belangrijk zijn voor de hersenontwikkeling van de baby, vooral in de laatste twee maanden en tijdens de borstvoeding. Het gaat om de zogeheten omega-3-vetzuren (DHA en EPA). Hoewel vis tegenwoordig ook giftige stoffen bevat, zoals kwik, wegen de voordelen van vis eten nog steeds op tegen de nadelen.

IK EET VEGETARISCH, WAAR MOET IK OP LETTEN?

Als je vegetarisch bent – of veganistisch of macrobiotisch – let dan extra goed op of je alle benodigde voedingsstoffen binnenkrijgt, vooral

---

HOE GAAT HET MET DE BABY?

Hij krijgt handen en voeten

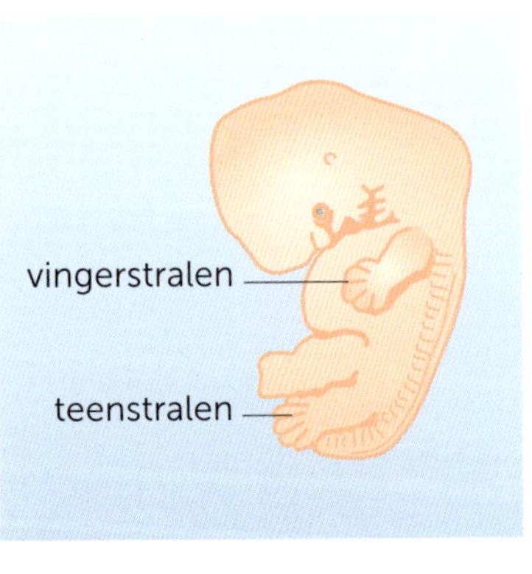

De 37e dag na de bevruchting krijgt de baby vingers en tenen

In de zesde week na de bevruchting (volgens de verloskundige of gynaecoloog ben je dan in de achtste week van de zwangerschap) kleuren de oogjes zwartblauw, de kleur die de ogen van alle pasgeborenen hebben. De oren verschijnen, het mondje is herkenbaar.

In de armen en de benen, de handen en de voeten verschijnt kraakbeen. De armpjes van het embryo krijgen ellebogen en verbreden zich aan het uiteinde. Daar komt de hand, met groefjes: vingers. Even later volgt het voetje met teengroeven.

eiwitten, mineralen en vitamine B12. Vitamine B12 komt nauwelijks voor in plantaardig voedsel. We hebben zwangere vrouwen in het ziekenhuis zien belanden omdat ze te nonchalant met hun vegetarische dieet waren omgegaan.

Zorg dat je bij elke maaltijd eiwit neemt: bonen, tofoe, vleesvervangers, noten, kaas, melk, yoghurt of kwark. Het is beslist aan te raden om voor de zekerheid multivitaminetabletten voor zwangere vrouwen te gebruiken, zodat je zeker weet dat je geen tekorten krijgt. Deze tabletten bevatten onder andere vitamine B12.

Ook een gebrek aan ijzer komt nogal eens voor bij vegetarische vrouwen. Neem de adviezen ter harte onder het kopje 'Hoe voorkom ik bloedarmoede?'. Overdrijf het eten van ijzerrijke voeding: peulvruchten, groene groenten, bieten, appelstroop, gedroogde abrikozen. Neem ze niet tegelijkertijd met koffie, thee of melkproducten. Laat er een uurtje tussen zitten.

LET OP

Neem twee keer per week vette vis. Niet veel vaker, dan krijg je weer te veel giftige stoffen binnen. Neem bijvoorbeeld haring en makreel. Dat zijn gezonde vette vissen, die geen heel hoge concentratie gif bevatten.

! Mijd zwaardvis, haai en marlijn; die bevatten te veel kwik. En gekweekte zalm en paling bevatten PCB's en dioxine: stoffen die zich in het bloed kunnen ophopen. Neem daar dus niet te veel van.

5

Mag ik in de zwangerschap...

In de zwangerschap moet je over allerlei zaken opnieuw gaan nadenken. Mag je je haar verven, skiën of diepzeeduiken, naar een popconcert of naar de zonnebank? Niet alles is meer vanzelfsprekend.

MAG IK ZONNEN?

Zonnen zonder goede beschermingsfactor op de huid te smeren is nooit goed of gezond. In de zwangerschap kan zonnen een 'zwangerschapsmasker' verergeren. Dat zijn pigmentvlekken in het gezicht waardoor het lijkt alsof je een masker draagt. Dat is op zichzelf onschuldig, maar het kan lang duren voordat de vlekken weer wegtrekken. Om die reden is het beter niet fanatiek te zonnen in de zwangerschap.

Er is nog een reden. Als je flink ligt te bakken in de zon, en verbrandt, trekt het bloed naar de huid in plaats van naar de baby. En je lichaamstemperatuur kan oplopen, wat in de zwangerschap niet goed is. Blijf, als de zon flink heet is, liever in de schaduw en kom naar buiten in de late namiddagzon. En mijd de zonnebank.

MAG IK NAAR DE SAUNA?

In Finland gaan vrouwen dagelijks naar de sauna, of ze nu zwanger zijn of niet. Toch zijn er aanwijzingen dat het niet gezond is als in de zwangerschap je lichaamstemperatuur te hoog wordt. In het begin zou dat mogelijk invloed hebben op het groeiende embryo, later in de zwangerschap op de hartslag van de baby. Als je graag naar de sauna wilt, laat dan de temperatuur niet te hoog oplopen, ga op tijd afkoelen. Overdrijf het niet. Hetzelfde geldt voor het nemen van een heet bad. En bedenk... na de bevalling kun je weer heerlijk naar de sauna.

Bewegen is altijd goed, maar verleg in de zwangerschap niet je grenzen

MAG IK SPORTEN?

Ongeveer de helft van alle zwangeren sport tijdens de zwangerschap. Daar is niets mis mee: sporten is in beginsel goed voor moeder en kind. Maar ben je zwanger, dan is het wel raadzaam om met een aantal zaken rekening houden.

Sport in de zwangerschap met beleid. Als je gewend bent aan stevige inspanning, kun je daar in het begin van de zwangerschap mee doorgaan. Overdrijf het niet, verleg niet je grenzen. Zorg voor voldoende vocht en brandstof (sportdrank) en kleed je koel, zodat je niet te veel verhit raakt.

Vanaf een maand of vier dijt de baarmoeder zover uit dat de buikspieren uitrekken. Het is dan niet goed ze nog te veel te belasten. Ze kunnen zich, doordat ze in een hoepeltje staan, moeilijk verkorten en gaan dan in plaats daarvan uiteen wijken. Zo verzwak je ze, in plaats van ze te versterken. Doe dus weinig buikspieroefeningen als de buik flink gaat uitzetten.

De baarmoeder hangt met banden aan het bekken. Hard springen (zoals je doet bij aerobics of bij tennis) is vanaf een maand of vier niet meer aan te raden. Het belast de banden te veel. Die kunnen daardoor uitrekken.

Zogenoemde anaerobe verbranding, die optreedt als je langer dan enkele minuten op je hardst sport, is ongezond in de zwangerschap. De spieren gaan dan over op verbranding zonder zuurstof. Dat verzuurt het bloed, wat ongezond is voor de baby. Sport daarom in een rustig tempo, neem voldoende brandstof (vruchtensap, druivensuiker, sportdrank) en neem af en toe pauze.

De beste sporten om te beoefenen in de zwangerschap zijn fietsen en zwemmen, waarbij je niet je eigen lichaamsgewicht hoeft te dragen. Hardlopen en aerobics zijn minder favoriet, maar met mate toegestaan. Hardlopen is beter dan aerobics, omdat de baby daar minder sterk op reageert met een versnelde hartslag. Trainen op een crosstrainer is weer beter dan aerobics omdat de gewrichten daarbij minder worden belast en de bewegingen minder schokkend zijn. Dat is minder belastend voor de banden van de baarmoeder. Een steunbroek of -band biedt de buik ondersteuning.

Checklist voor veilig sporten:

- Let op dat je lichaamstemperatuur niet boven de 38 graden komt. Vooral als het warm weer is, loop je die kans.
- Let op dat je voldoende en op tijd eet en drinkt om te voorkomen dat de baby te weinig glucose aangevoerd krijgt, en dat je zelf vochttekort en energietekort krijgt.
- Stop met sporten bij: pijn, baarmoederkrampen (harde buiken), vaginaal bloedverlies, verlies van vruchtwater, duizeligheid, kortademigheid, hartkloppingen, misselijkheid of braken, prikkelingen en minder goed zien. Ook als je je niet lekker voelt, te moe bent of gespannen, is het beter om niet te sporten.

HOE GAAT HET MET DE BABY?

Hij of zij verzekert zich van nageslacht

De zesde week na de bevruchting (de achtste week van de zwangerschap) verschijnen de geslachtsorganen, maar er is nog niet te zien of het kind een jongen of een meisje is. Wel komen deze week de primitieve geslachtscellen vanuit de wand van de dooierzak aan op de plaats van de geslachtsorganen. Ze hebben zich binnen het embryo verplaatst. De primitieve geslachtscellen blijven wachten tot ze eicellen of zaadcellen worden. Bij een meisje gebeurt dat al over een maand. Als aanstaande moeder draag je dan al de eicellen die kunnen uitgroeien tot je kleinkind – als je tenminste zwanger bent van een meisje. Bij een jongetje rijpen de primitieve geslachtscellen pas in de puberteit uit tot spermacellen.

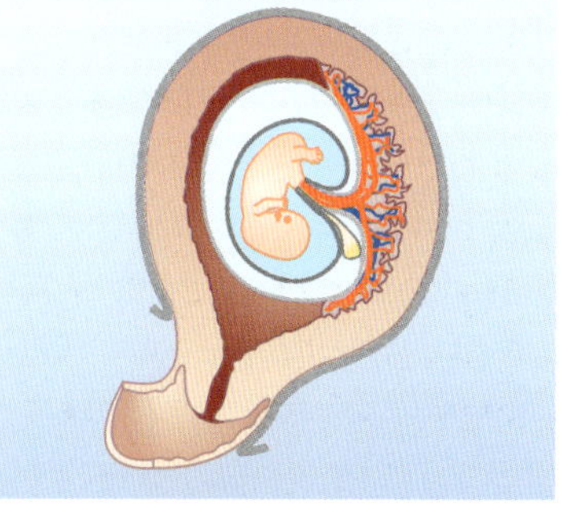

De 39e dag na de bevruchting verhuizen de geslachtscellen van de dooierzak naar de plaats van de geslachtsorganen

LET OP

Steun bij het sporten de buik met een stevige steunbroek of -band, en draag schokdempende schoenen.

! Diepzeeduiken in de zwangerschap is gevaarlijk, zelfs als je ondiep duikt! Er kunnen luchtbelletjes in de placenta komen, die de bloedtoevoer naar de baby afsluiten.

! Mijd risicosporten en contactsporten zoals boksen, en sporten waarbij je snel blessures oploopt. Doordat de gewrichten in de zwangerschap extra soepel zijn, ben je gevoeliger voor blessures. En hoewel de baby tot op zekere hoogte stootvrij is verpakt, moet hij toch niet een flinke stoot oplopen!

Bewegen, zoals fietsen, zwemmen, wandelen en yoga, is altijd goed. Maar verleg in de zwangerschap niet je grenzen, doe het rustig aan. Als je niet gewend was te bewegen of te sporten, bouw dat dan op. Begin met een kwartier per dag en voer dat op tot een halfuur per dag stevig wandelen, fietsen, zwemmen of iets soortgelijks. Probeer bovendien zo veel mogelijk de trap te nemen (zolang je geen last van je bekken hebt), lopend of met de fiets boodschappen te doen of naar je werk te gaan, kortom: de 'normale' beweging in het leven op te voeren.

* Doe na de eerste drie maanden geen buikspieroefeningen meer en geen grondoefeningen waarbij je plat op je rug moet liggen.
* Voorkom dat je tennisballen tegen je buik krijgt door minder aan het net te spelen en afspraken te maken met je tegenstander.
* Bouw na de bevalling het sporten weer geleidelijk op.

Je kunt in de zwangerschap beter niet aan sport doen als je:

* voor de zwangerschap ook niet aan sport deed;
* lijdt aan medische aandoeningen of complicaties (dan graag eerst overleggen met een arts).

MOGEN WE VRIJEN?

Vrijen kan nooit kwaad in de zwangerschap, tenzij je bloed verliest of de vliezen zijn gebroken. Sterker nog: vrijen ontspant, vermindert stress en versterkt de band tussen jou en je partner. Dat is juist nu erg belangrijk. Prettige seks is dus beslist aan te raden. Geniet van de extra rondingen en laat je het genoegen niet ontzeggen. Dat geldt voor allebei.

Sommige vrouwen hebben in de zwangerschap minder behoefte om te vrijen, andere juist meer. De tepels, schaamlippen en clitoris zijn beter doorbloed en daardoor gevoeliger. Dat kan het vrijen prettiger maken, maar ook onprettiger. Heb het erover en zorg dat jullie je er beiden goed bij voelen.

Sommige mannen vinden vrijen in de zwan-

WAT GEBEURT ER IN MIJN LICHAAM?
De baarmoeder groeit

De baarmoeder is, als je niet zwanger bent, zo groot als een stoofpeer en weegt zo'n 50 gram. Zodra je zwanger bent, gaat de baarmoeder groeien. Aan het eind van de zwangerschap weegt de baarmoeder een kilo. Ze is dan bovendien zo sterk uitgerekt, dat de spierwand dun is geworden. Zeker wanneer het een tweede kind betreft, is de spierwand op het eind soms zo zacht en dun dat de baby heel goed te voelen is en ook te zien – de buik lijkt wel van glas.

Tot de zestiende week groeit de baarmoeder harder dan het ei: de baby-met-vruchtzak. Vanaf de zestiende week verandert dat: de baby groeit harder, waardoor de baarmoeder uitrekt. Vanaf dat moment treden de harde buiken op: samentrekkingen van de baarmoeder. Deze komen tot het eind van de zwangerschap minder dan vier maal per uur en duren vaak meerdere minuten. Ze zijn soms ongemakkelijk maar horen geen pijn te doen.

Het grootste deel van de baarmoeder – je kunt het vergelijken met een 'ballon' – bestaat uit spierweefsel. Dat zal straks, als de bevalling begint, ritmisch gaan samentrekken.

De baarmoederhals, het 'tuutje'

van de ballon, bestaat voornamelijk uit bindweefsel. Het voelt als het puntje van je uitgestoken tong. De baarmoederhals moet straks, aan het begin van de baring, door de bevallingshormonen gaan verweken totdat het aanvoelt als de binnenkant van je (ontspannen) wang. Dan kan de baarmoederhals gaan verstrijken en opengaan. <

WAT GEBEURT ER IN MIJN LICHAAM?
De borsten groeien

Zodra je zwanger bent, worden je borsten gespannen en gevoelig. Vanaf de tweede maand gaan ze flink groeien. Dat gebeurt onder invloed van de hormonen oestrogeen en progesteron, maar ook door het hormoon HPL: het humaan placentair lactogeen. De tepelhof wordt groter en donkerder en de talgkliertjes tekenen zich af. De bloedvaten worden duidelijk zichtbaar onder de huid.

Je zult rond de zesde maand een minstens één, misschien wel twee maten grotere beha gaan dragen. Rond deze tijd hebben de borsten zo'n beetje hun uiteindelijke grootte bereikt. Alleen wanneer je vlak na de bevalling stuwing krijgt, als de borstvoeding op gang komt, worden ze eventjes nog wat groter. Voor de melkproductie maakt het niets uit of je grote of kleine borsten hebt. Maak je daar dus geen zorgen om.

WEETJE

Bij het vrijen kan de baarmoeder hard worden. Dat komt door het hormoon oxytocine, dat vrijkomt bij een orgasme. Het is niet alleen het bindingshormoon, maar ook het hormoon dat de baarmoeder doet samentrekken. Dat kan geen kwaad. Als de baarmoeder nog niet toe is aan bevallen, blijft ze potdicht. Zo'n harde baarmoeder wordt vanzelf weer zacht, hoewel dat soms wel een uur kan duren. Het doet geen pijn, maar kan wat strak aanvoelen.

gerschap eng. Dat is onnodig en jammer. De vrouw kan het als een afwijzing ervaren. Omgekeerd geldt hetzelfde. Het is belangrijk hierover met elkaar in gesprek te blijven en te zoeken naar manieren waarbij beide partners zich prettig voelen. Laat het vrijen in elk geval niet achterwege omdat je denkt dat het kwaad kan. De baby zit goed verpakt in vruchtwater, en zal er weinig meer van merken dan wanneer je in tempo de trap op loopt.

Als een van beiden niet wil vrijen, zoek dan andere manieren van intimiteit – tegen elkaar aanliggen, masseren, samen in bad of onder de douche. Ook daarbij komt *oxytocine* vrij: het bindingshormoon dat zowel tussen geliefden als straks tussen moeder (of vader) en kind de band verstevigt.

MAG IK PARACETAMOL NEMEN?

Zoals gezegd in het hoofdstuk 'De 10 geboden voor een gezonde baby' mag je paracetamol nemen als het nodig is. Als je koorts hebt boven de 38,5 graden is het zelfs aan te raden om een paracetamol te nemen, om je temperatuur te drukken. Koorts is ongezond voor de groeiende baby, zijn hartslag stijgt erdoor. Neem bij koorts altijd contact op met de verloskundige of de huisarts. En neem niet meer dan drie keer twee tabletten van 500 mg per dag (in totaal maxi-

---

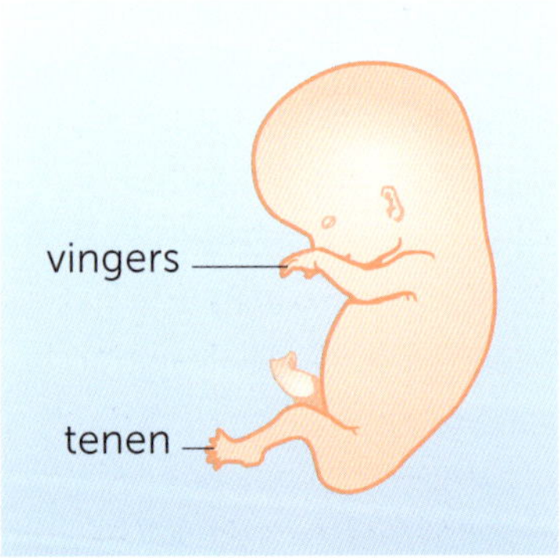

De 47e dag na de bevruchting geven de hersenen de eerste signalen af

HOE GAAT HET MET DE BABY?
Het kind beweegt

De zevende week na de bevruchting (de negende week van de zwangerschap) zijn op de echo de eerste, schokkerige bewegingen van het embryo te zien. Het is nu bijna 2 centimeter lang. De armen vouwen zich over het uitpuilende hart, dat 80 keer per minuut klopt. De kieuwbogen, de uitstulpingen vlak onder het oog, versmelten tot een gezichtje. De wijd open ogen liggen nog aan de zijkant van het hoofd, de neusgaten staan wijd uit elkaar. De oogleden beginnen zich te vormen, net als de oren, de lippen en het puntje van de neus. In het tandvlees liggen knopjes die tanden worden, op de tong liggen smaakpapillen. In de buik van het kind ligt de lever die bloedcellen gaat maken. De staart verdwijnt geleidelijk. De placenta heeft zich geworteld in de baarmoederwand.

maal 3.000 mg per dag). Er wordt nog steeds onderzoek gedaan naar schadelijkheid van geneesmiddelen bij zwangerschap, ook paracetamol. Neem dus alleen paracetamol in overleg met de verloskundige of arts.

MAG IK SKIËN?

Ga liever niet skiën boven de 2.150 meter. Als je hoger komt, bevat de lucht minder zuurstof voor jou en dus ook voor de baby.

Wil je wintersporten, realiseer je dan dat je minder stabiel bent dan normaal en slappere gewrichten hebt, dus sneller blessures. Skiën is een sport met een hoog risico om te vallen. In de zwangerschap is die kans nog vergroot. Doe het dus rustig aan. En ga niet voor de eerste keer skiën als je zwanger bent.

MAG IK NAAR DE TROPEN?

Als het niet nodig is, ga dan liever niet naar de tropen. In de zwangerschap heb je minder weerstand tegen (tropische) infectieziekten. Malaria verloopt bijvoorbeeld ernstiger in de zwangerschap.

Als je er niet aan ontkomt, informeer dan bij een tropencentrum in de buurt welke inentingen je nodig hebt. Meer informatie vind je ook op www.tropencentrum.nl en op de website van het Landelijk Coördinatiecentrum Reizigersadvisering: www.lrc.nl.

Vraag de apotheker naar een veilige muggenolie (zonder DEET). Nog beter: neem een klamboe mee en draag bedekkende kleding. En: muggen houden niet van wit.

MAG IK MIJN HAAR VERVEN?

Hoewel er geen schadelijke gevolgen van bekend zijn, luidt het officiële advies van het RIVM: liever geen haar verven. In (kleurechte) haarverf zitten bleekmiddelen, oplosmiddelen en soms agressieve kleurstoffen. Dat geldt niet voor henna en natuurlijke producten. Daarmee kun je wel je haar kleuren.

LET OP

! Neem géén ibuprofen of aspirine als pijnstiller of koortsverlager zonder overleg met een arts. Deze middelen zijn in de zwangerschap niet veilig. Vooral in de laatste drie maanden van de zwangerschap zijn ze schadelijk. Overigens wordt aspirine steeds vaker voorgeschreven in een lage dosis aan vrouwen die een hoog risico hebben op pre-eclampsie. Hiervoor ben je dan wel al onder controle van de gynaecoloog.

! Als je paracetamol wilt nemen tegen hoofdpijn en je bent meer dan 20 weken zwanger (dus over de helft), vraag dan eerst de verloskundige om de bloeddruk te meten. Hoofdpijn kan een signaal zijn van het HELLP-syndroom of van pre-eclampsie ('zwangerschapsvergiftiging').

MAG IK MIJN HUIS SCHILDEREN?

Laat het schilderen van je huis bij voorkeur door een ander doen en verlaat dan het pand. Ontkom je er niet aan, ventileer dan heel goed. Gebruik bij voorkeur verf op waterbasis. Latex muurverf vormt veel minder een probleem dan houtverf. In het algemeen geldt: chemische stoffen die je sterk ruikt, dringen gemakkelijk het lichaam binnen en kunnen de placenta passeren.

MAG IK IN DE ZWANGERSCHAP NAAR EEN POPCONCERT OF HOUSEPARTY?

Dat is niet aan te raden. Het geluid op een popconcert of een houseparty is zó hard dat het bijna onverminderd doordringt tot in de baarmoeder. Dat geldt vooral voor de bassen. Uit onderzoek is gebleken dat ongeboren baby's daar sterk op reageren: ze ervaren stress. Bij proefdieren kunnen zulke heftige geluiden zelfs de dood van de foetus veroorzaken.

In het Universitair Medisch Centrum Utrecht zijn proeven gedaan waarbij een elektronisch apparaatje op de buik van de moeder werd geplaatst waar hard, laag geluid uit kwam. De hartslag van de baby week af, de kinderen gedroegen zich anders en ook de moeders werden daar angstig van. Ze weigerden nog langer aan het onderzoek mee te doen. Hetzelfde geldt voor de discotheek. Moeders beschrijven dat hun baby zich zó anders gedroeg, dat ze daar niet meer naar toe wilden.

MAG IK RÖNTGENFOTO'S LATEN MAKEN?

Nee. Hoewel de hoeveelheid straling erg laag is, luidt het advies: wacht met röntgenfoto's tot na de bevalling.

MAG IK ME LATEN VERDOVEN BIJ DE TANDARTS?

Een verdoving bij de tandarts kan in de zwangerschap geen kwaad. Het is zelfs erg belangrijk om je gebit goed te laten onderhouden; je hebt in de zwangerschap sneller last van bloedend tandvlees en daardoor van tandbederf. Je kunt daarom beter een keer extra gaan dan een keer overslaan.

MAG IK AUTORIJDEN?

Je mag autorijden in de zwangerschap, maar vanzelfsprekend met een veiligheidsgordel om. Je bent verplicht de driepuntsgordel te dragen. Doe de onderste band *onder* je buik. Er komen nieuwe gordels speciaal voor zwangere vrouwen, maar deze worden nog getest. Als je aan het eind van de zwangerschap merkt dat je minder alert bent of nauwelijks nog achter het stuur past, laat dan iemand anders chaufferen.

MAG IK VLIEGEN ALS IK ZWANGER BEN?

Op lange afstanden (intercontinentale vluchten) is er meer kosmische straling dan op de grond. Die straling is te vergelijken met röntgenstraling en kán schadelijk zijn rond de bevruchting. Stewardessen hebben daardoor een licht verhoogd risico op aangeboren afwijkingen. Er zijn geen aanwijzingen dat één enkele verre reis de kans op afwijkingen verhoogt. Het valt dus allemaal wel mee. Toch zijn veel vrouwen, zeker als ze al meerdere miskramen achter de rug hebben, voorzichtig met verre reizen als ze zwanger zijn of proberen het te worden.

Als je verder in je zwangerschap bent of als het om korte vluchten gaat, is er weinig bezwaar tegen vliegen. Vlak na een vruchtwaterpunctie moet je het even niet doen, vanwege de onderdruk in de cabine en het lekje dat er in de vliezen is ontstaan. Op het eind van de zwangerschap willen vliegmaatschappijen je niet meer meenemen. Niet omdat dat schadelijk is voor de zwangerschap, maar omdat ze niet het risico willen lopen op een bevalling aan boord en eventueel een noodlanding… Informeer je daarover bij het reisbureau.

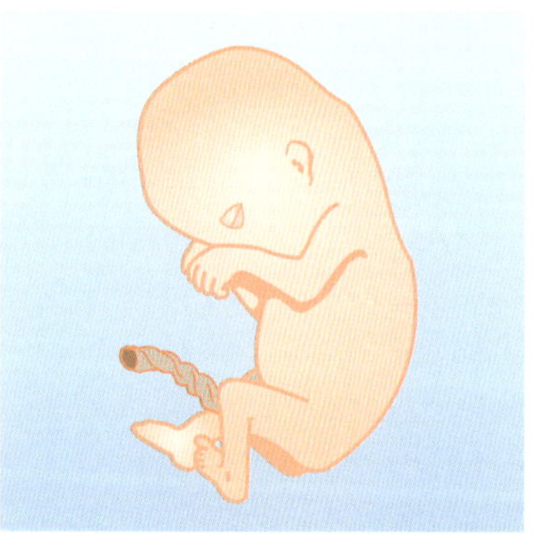

De 8e week na de bevruchting is de baby compleet

HOE GAAT HET MET DE BABY?

Het kind is compleet

De achtste week na de bevruchting (de tiende week van de zwangerschap) is de laatste week dat het kind embryo heet. Aan het eind van deze week zijn alle organen aangelegd. Het kind is dan compleet en meet van kruin tot stuitje bijna 3 centimeter. Het embryo kan een schrikbeweging maken: de Mororeflex, die hij ook na de geboorte zal laten zien. Het hoofd richt zich op. De ogen zijn wijd open en liggen nu aan de voorkant van het hoofd, in het gezicht. Het hart is gedaald en ligt in het lichaam verzonken. De maag maakt spijsverteringssappen, de darmen krijgen kronkels. De geslachtsorganen ontwikkelen zich in mannelijke of vrouwelijke richting. De ribbetjes zijn zichtbaar, daaronder liggen de longen. Door het flinterdunne huidje schijnen bloedvaatjes.

'Niemand wil het in haar eentje doen'

Marlies Rijnders is verloskundige en onderzoeker. Zij heeft *Centering Pregnancy* naar Nederland gehaald: een groep zwangeren deelt met de verloskundige hun kennis en ervaring. Want vrouwen weten zelf al veel...

Marlies: 'Een zwangere zou een tweeling krijgen. Ze moest over naar de gynaecoloog, maar wilde ook graag in de Centering Pregnancy-groep blijven. Toen ze bevallen was, gaf ze borstvoeding aan twee baby's. Ze was na een paar weken zo verschrikkelijk moe dat ze alleen nog maar kon huilen. Alle moeders uit de groep zijn voor haar gaan koken. Zo heeft ze het gered.

Ander voorbeeld: een hoogopgeleide Nederlandse vrouw leed onder werkstress en voelde zich depressief. Een Marokkaanse moeder-van-vier uit de groep stelde haar gerust. Ze gaf haar praktische tips en ging elke dag op bezoek. Dat heeft haar ontzettend geholpen.

Centering pregnancy is een nieuwe manier van zorg verlenen. Zwangeren praten, mét hun verloskundige, in een groep over voeding, leefstijl, huiselijk geweld, seks, de bevalling, borstvoeding, inentingen en wat er maar ter tafel komt. Negen bijeenkomsten van twee uur.

Dat werkt! Vrouwen weten zelf al veel. En op deze manier komt er véél meer ter sprake dan in individuele bezoeken bij de verloskundige. De verloskundige is erbij, maar ze vraagt en luistert vooral.

Wat is gezonde voeding? Is dat een snicker omdat er nootjes in de chocola zitten? Een hamburger met een beetje sla erop? Energy-drink omdat je daar energie van krijgt? Of een maaltijd met groenten en vlees, vis of een andere eiwitbron? Een boterham met kaas en sinaasappelsap? Dit zijn allemaal voorbeelden uit de praktijk. Vrouwen zoeken dit met elkaar uit.

De meeste informatie komt uit de groep. Zaken als bloeddruk meten, wegen, en zelfs ijzer prikken, dat kunnen vrouwen allemaal zelf leren. Alleen het voelen van de buik en de groei van de baby, dat blijft de verloskundige doen.

Dit levert veel op. Vrouwen die meedoen met Centering Pregnancy hebben minder vaak pijnstilling nodig en worden minder vaak tijdens de zwangerschap naar de gynaecoloog verwezen. Maar misschien wel belangrijker: vrouwen vinden het fijn. Ze hebben steun aan elkaar. Ze durven echt vragen te stellen. Ze weten op het eind veel meer. Het is geen toverkunstje. Ze doen het echt zelf.'

Wil je weten welke verloskundige in je buurt Centering Pregnancy aanbiedt? Kijk op Centeringhealthcare.nl

6

Zwangerschapskwalen

Vanaf het moment van de bevruchting word je geregeerd door hormonen. Je wordt een 'hormoondier'. Het zwangerschapshormoon hCG, maar ook oestrogeen en progesteron gieren door je lichaam. Nuttig, maar soms ook lastig. Ze kunnen bijwerkingen hebben: de zwangerschapskwalen.

KOMT MIJN KIND NIET TEKORT NU IK MISSELIJK BEN?

Sommige vrouwen zijn de eerste drie maanden zo misselijk dat ze afvallen. Dat is normaal gesproken niet gevaarlijk voor de baby. Omdat zoveel vrouwen misselijk zijn, is wel eens gedacht dat dit een 'truc' van de natuur is om te zorgen dat de moeder geen schadelijke stoffen binnenkrijgt. Dit is in de huidige tijd met alle hygiëne die betracht wordt bij het maken van eten niet meer zo nodig. Anderzijds hoef je jezelf niet te dwingen om van alles te eten omdat je anders je kind tekort zou doen. Je hebt voldoende reserves om de baby een veilige start te geven.

Zorg, als je veel misselijk bent, voor voldoende vitaminen (bijvoorbeeld door een multivitaminetablet voor zwangere vrouwen te nemen) en maak je verder geen zorgen. Als je veel last hebt van misselijkheid, kun je de huisarts vragen om Emesafene. Dat is een veilig geneesmiddel, maar verwacht er geen wonderen van. Gember (thee) helpt ook.

Gemberthee maak je zo:

* Rasp een stuk verse gemberwortel of snijd het in heel kleine stukjes.
* Kook de gember in 3 flinke koppen water gedurende 15 tot 20 minuten.
* Zeef de thee.

WAT KAN IK DOEN TEGEN VERSTOPPING?

Verstopping in de zwangerschap is net als brandend maagzuur een bijwerking van het hormoon progesteron. Progesteron houdt de baarmoeder koest. Het voorkomt dat de baarmoeder veel samentrekt en zo de baby eruit werkt. Op dezelfde manier houdt progesteron de darmen koest. Het voorkomt dat de darmen veel samentrekken; hun lading blijft dus ook langer zitten… Dat is vervelend – verstopping in de zwangerschap kan hinderlijke vormen aannemen. Maar je kunt er zelf veel aan doen. Het is de kunst om de darmen zo goed mogelijk aan de gang te houden. Dat doe je door vezelrijke voeding te nemen en verstoppende voeding te mijden. Er is nog weinig goed onderzoek gedaan naar wat je het best aan verstopping kunt doen in de zwangerschap. Er is wel ervaring uit de dagelijkse praktijk.

Dit zijn verstoppende producten:

* droge, hardgebakken producten, zoals beschuit, toast, biscuit, pizza, en knäckebröd;
* witmeel, witte rijst, witte pasta;
* (zwarte) thee;
* bananen;
* zwarte bessen;
* chocola.

Dit zijn laxerende producten:

* fruit, vooral kiwi's, citrusvruchten (met vruchtvlees!), en peren;
* volkorenproducten die al voldoende vocht hebben opgenomen (brintapap, geweekte muesli, zacht gekookte zilvervliesrijst, gaar gekookte volkorenpasta, ontbijtdrank met vezels;
* peulvruchten (linzen, bruine bonen).

Helpt dat nog niet, dan kun je lactulose nemen, die je bij de apotheek of de drogist kunt kopen.

LET OP

Neem appelsap en tomaten- of ander groentesap. Deze sappen bevatten veel kalium, wat goed is als je veel moet overgeven.

Gember helpt tegen misselijkheid. Je kunt een stuk verse gemberwortel kopen, dat met een hamer wat platslaan zodat je de houtvezels plet, en erop kauwen of zuigen. Je kunt ook gembercapsules kopen bij een drogist, natuurvoedingswinkel, vitaminewinkel of op internet. Of je kunt zelf gemberthee maken.

! Neem contact op met de verloskundige of gynaecoloog als je zoveel overgeeft dat je niets binnenhoudt en drastisch afvalt. Dan heb je geen last meer van een onschuldige zwangerschapskwaal maar van een complicatie: hyperemesis gravidarum, overmatig zwangerschapsbraken. In dat geval kan het zijn dat je wordt opgenomen in het ziekenhuis en dat je sondevoeding krijgt. Het beleid verschilt per ziekenhuis, er wordt in elk geval op gelet dat de baby alle belangrijke voedingsstoffen binnenkrijgt. Meer informatie vind je in het hoofdstuk 'Complicaties in de zwangerschap'.

Als je last hebt van verstopping, neem dan laxerende (vezelrijke) voeding: volkorenbrood, zilvervliesrijst, volkorenpasta. Kook pasta en rijst niet al dente maar eerder wat zacht en klef. Neem veel fruit (met schil! En dan vooral citrusvruchten, met het vruchtvlees erbij), groenten en peulvruchten. Probiotica lijken ook gunstig (capsules, poeders of melkdrankjes en yoghurt waar gezonde bacteriën aan zijn toegevoegd).

HOE GAAT HET MET DE BABY?

De baby heet foetus

De negende week na de bevruchting (de elfde week van de zwangerschap) hoeft de baby alleen nog te groeien en te rijpen. Aan het eind van deze week is de foetus van zijn kruin tot zijn stuitje 4,5 centimeter lang, en weegt hij ongeveer 8 gram. De foetus bestaat nu voor de helft uit hoofd. De komende maand groeit vooral de romp, waardoor het hoofdje in verhouding kleiner wordt. De armen worden lang, de nageltjes verschijnen en soms heeft hij de hik. En hij plast.

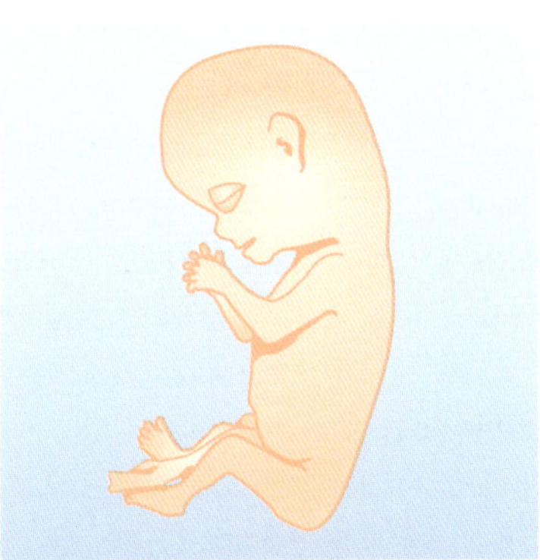

De 9e week na de bevruchting krijgt het gezichtje menselijke trekken

Lactulose bevat vezels die onverteerd de darmen weer verlaten en de ontlasting zacht maken.

Sietske: *'Ik was nog maar acht weken zwanger, en had al een dikke buik alsof ik vier maanden was. Ik begreep er niets van, zo groot kon het vruchtje nog niet zijn, zei de verloskundige. Ik moest zelfs wijde kleding aan, anders zouden ze op mijn werk al zien dat ik zwanger was. Tot ik ontdekte dat het vooral door de verstopping kwam. Ik at voortdurend de misselijkheid weg met crackertjes en bananen en dronk veel thee, earl grey. Ik had helemaal niet in de gaten dat dat nu juist verstopping in de hand werkte. Ik kon bijna niet meer naar de wc, had er af en toe buikpijn van.*

Totdat ik de kiwi's en de grapefruits ontdekte. Die bleken ook best aardig tegen de misselijkheid te helpen. De crackertjes liet ik achterwege. En 's ochtends at ik muesli die ik de avond ervoor al in de week had gezet, zodat de muesli goed zacht was geworden. Met yoghurt. De thee verving ik door kruidenthee – pepermunt- en gemberthee. Dat helpt tegen de misselijkheid. Ik neem nu ook volkorenpasta in plaats van witte spaghetti. En zilvervliesrijst met groenteprutjes. Ik ga nu weer behoorlijk goed naar de wc, en mijn buik is 's avonds niet meer zo opgezet. Een hele opluchting.'

LET OP

Als de verstopping niet verdwijnt, nemen sommige vrouwen sennapeulenthee. Die kun je kopen bij de natuurwinkel. Neem niet te veel, je kunt er darmkrampen en uiteindelijk ook baarmoederkrampen van krijgen. Begin met een kopje per dag en voer het langzaam op als het nodig is.

WAT KAN IK DOEN TEGEN BRANDEND MAAGZUUR?

Brandend maagzuur wordt veroorzaakt door het verslappingshormoon progesteron. De afsluiting van de maag naar de slokdarm is verwijd. Bovendien neemt de druk in de buikholte toe door de groeiende baarmoeder. Dit alles maakt dat de maag makkelijker overloopt en dat het maagzuur in de slokdarm terechtkomt. Dat brandt.

Melk drinken helpt om het zuur te binden. Een stukje brood eten ook. Of een pepermuntje. Helpt dat niet voldoende, neem dan een medicijn dat maagzuur bindt, zoals een Rennie of Maalox. Bij ernstige of hardnekkige klachten kun je aan de huisarts een recept vragen voor omeprazol, een krachtiger maagzuurremmer. Helpt dit alles niet, dan kun je vreemd genoeg baat hebben bij het tegenovergestelde: een zuur drankje. Sinaasappelsap bijvoorbeeld. Dat helpt om de galsappen te binden. Probeer

---

WAT GEBEURT ER IN MIJN LICHAAM?
De placenta als hormoonfabriek

Meer nog dan anders word je in de zwangerschap geregeerd door hormonen. De placenta is een grote hormoonfabriek. Naast HCG, dat al heel vroeg wordt geproduceerd, maakt de placenta, als het embryo een week of negen is, ook oestrogeen en progesteron aan. Dat wordt steeds meer naarmate de zwangerschap vordert. Oestrogeen en progesteron zijn nodig om de zwangerschap in stand te houden.

Om oestrogeen te maken, gebruikt de placenta als grondstof bijnierhormonen van de foetus. Dat kan dus pas als de bijnier van de foetus hormoon afscheidt. Oestrogeen zorgt voor een goede doorbloeding van de baarmoeder. Het zorgt ook voor extra haargroei: zwangere vrouwen krijgen een prachtige haardos.

Progesteron wordt gemaakt uit cholesterol. Progesteron is het verslappingshormoon: het voorkomt dat de baarmoederspier samentrekt en de 'indringer' naar buiten werkt. Maar progesteron werkt niet alleen op de baarmoeder, maar ook op bijvoorbeeld de darmen, de bloedvaten en de urineleiders, en op de gewrichten. De verslapping die in de zwangerschap in allerlei organen optreedt, is dus te danken aan progesteron. Voor sommige

LET OP

Strek je voeten 5 seconden, en trek daarna je tenen naar je neus, ook 5 seconden. Doe dit twee keer achter elkaar, en herhaal deze oefening elk uur. Zo pomp je de bloedvaten leeg en help je spataderen te voorkomen.

uit waar je het meeste baat bij hebt.

In alle gevallen is het belangrijk om niet voorover te buigen en 's nachts hoog in de kussens te liggen. Mijd daarnaast scherpe, prikkelende spijzen en te veel koffie. Als je rookt heb je een extra reden om te stoppen: roken verergert maagklachten.

Het verslappingshormoon progesteron werkt op alles door

IK KRIJG INEENS SPATADERS, WAT KAN IK DAARTEGEN DOEN?

Spataders zijn, net als verstopping, een bijwerking van het hormoon progesteron. Progesteron verslapt de baarmoeder, de maag en de darmen maar ook de wanden van de bloedvaten. Die gaan dus uitzetten. Als bovendien de buik dikker wordt en de bloedvaten een beetje worden afgekneld, dan kan dat alles spataderen veroorzaken: blauwe, kronkelende vaten op de benen of op de schaamlippen (ook daar komen ze voor).

Spataderen kun je verlichten met steunkousen. Die zijn er in soorten en maten. Bij een goede kousenwinkel of gewoon een warenhuis zijn steunkniekousjes en lichte steunpanty's te koop. Voor beginnende spataders heb je daar genoeg aan. Doe ze altijd aan vóór het opstaan, dus voordat het bloed in de benen heeft kunnen stromen. Heb je spataderen in de schaamlippen, druk daar dan een stevig maandverband tegenaan. Dat geeft tegendruk.

Bij ernstige spataders kun je jezelf serieuze steunkousen laten aanmeten in een winkel voor revalidatieproducten. Die zijn duur en worden verstrekt op recept van de huisarts.

Het kan zijn dat spataders gaan ontsteken. Neem dan direct contact op met de huisarts of gynaecoloog.

Na de zwangerschap zullen de spataderen een stuk verbeteren. Zijn ze negen maanden na de bevalling nog steeds aanwezig, dan kun je overwegen ze weg te laten spuiten of laseren. De huisarts kan je verwijzen naar een kliniek.

WAT KAN IK DOEN TEGEN AAMBEIEN?

Aambeien zijn een soort spataderen rond de anus. Net als 'gewone' spataderen worden ze veroorzaakt door het verslappingshormoon progesteron. Dat verslapt en verwijdt de bloed-

---

organen is dat handig: de baarmoeder moet zich koest houden zodat de baby blijft zitten en het bekken moet wat gaan meegeven zodat de baby er straks gemakkelijk langs kan. Voor andere organen is het onhandig: verslapping van de maag geeft misselijkheid, verslapping van de darmen geeft verstopping, verslapping van de vaatwanden verhoogt de kans op spataderen, en verslapping van de maagingang geeft brandend maagzuur. Progesteron legt dus het hele maagdarmkanaal een beetje lam. Progesteron heeft nog een effect: het is slaapverwekkend. Dat verklaart de moeheid in de zwangerschap.

Niets aan te doen, negen maanden lang zul je de lusten én de lasten van de zwangerschap beleven. Het is immers niet niks wat er gebeurt in je lichaam: in veertig weken tijd groeit er een heel nieuw mens.

vaten rond de anus, die daardoor met bloed gevulde, dus paarsblauwe 'bessen' kunnen vormen. Ze kunnen aan de buitenkant of aan de binnenkant van de anus zitten. Je ontdekt ze doordat je een bobbeltje voelt naast de anus, doordat het pijn doet als je ontlasting hebt of doordat er een beetje helderrood bloed aan het wc-papiertje zit. En ze doen pijn of jeuken.

Het progesteron verdwijnt pas na de bevalling – daar doe je niets aan. Bovendien wordt de baarmoeder steeds zwaarder, waardoor het bloed moeilijker terugstroomt naar het hart. De aambeien verdwijnen tijdens de zwangerschap dan ook nooit meer helemaal. (Daarna meestal weer wel.) Wel kun je de klachten verlichten en proberen erger te voorkomen.

Het allerbelangrijkste is zorgen voor zachte ontlasting door vezel- en vochtrijke voeding (zie: 'Wat kan ik doen tegen verstopping?', in dit hoofdstuk). Pers als het even kan niet of nauwelijks mee. Eventueel kun je eenmalig een miniklysma nemen: Microlax. Als je dat alleen af en toe gebruikt, kan het geen kwaad. De eerste, harde ontlasting raak je daarmee kwijt. Dan is het zaak de ontlasting zacht te houden. In plaats van afvegen met wc-papier kun je beter naspoelen met lauw of koud water en daarna zachtjes droogdeppen.

Als dit niet voldoende helpt, neem dan een neutrale aambeienzalf. Als dat nog niet voldoende helpt, vraag dan de huisarts om lidocaïne-vaselinecrème 3 procent. Dat is een pijnstillende zalf die op recept wordt geleverd.

IK HEB LAST VAN BLOEDEND TANDVLEES, KOMT DAT DOOR DE ZWANGERSCHAP?

Ja, ook bloedend tandvlees is een bijwerking van het verslappingshormoon progesteron: de bloedvaten zetten uit, het tandvlees wordt zachter, de tanden gaan losser zitten en door dat alles loop je gemakkelijker plaque op. Er zijn nog andere redenen waarom tandvleesproblemen relatief vaak voorkomen tijdens de zwangerschap (de helft van de vrouwen heeft er last van), zoals veranderde eetgewoonten (meer behoefte aan zoet) en minder aandacht voor de mondhygiëne door de perikelen van de zwangerschap.

Je kunt daar zelf veel aan doen door je gebit in de zwangerschap extra goed te verzorgen met een zachte tandenborstel. In de zwangerschap is dat extra belangrijk omdat bloedend tandvlees ook kan wijzen op een ontsteking; iedere ontsteking verhoogt de kans op een vroeggeboorte.

Eén ding staat vast: bij een goede mondhygiëne en behandeling kan een tandvleesontsteking altijd onder controle worden gehouden, zwanger of niet. Als je geen plaque hebt, krijg je ook geen ontsteking!

HOE GAAT HET MET DE BABY?

Zijn buik wordt dikker

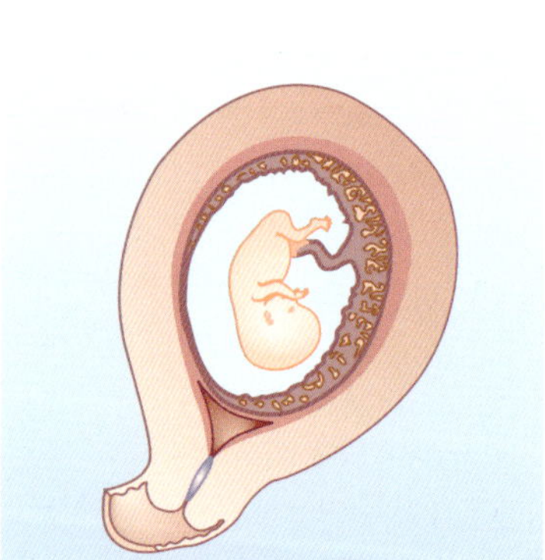

Aan het eind van de 3e maand vult de vruchtzak de baarmoederholte op

Het kind meet rond de tiende week na de bevruchting (de twaalfde week van de zwangerschap) van kruin tot stuitje zes centimeter. De vruchtzak vult de baarmoederholte nu geheel op. De navelstreng was aanvankelijk een dikke steel die uitmondde in een wijde opening in de buikwand van het kind. De buik was zo klein, dat niet alle organen erin pasten. Nu wel.

De navelstreng wordt een dunne streng met windingen. De streng is omwonden met een stevige gelei die de bloedvaten beschermt. De alvleesklier maakt al insuline.

De pluggen gaan uit de gekronkelde baarmoedervaatjes van de moeder. De placentacirculatie komt nu op gang. Er is nu een letterlijke bloedband ontstaan tussen moeder en kind.

LET OP

Ga minstens elk halfjaar naar de tandarts, maar bij problemen een keer extra.

Vraag een poetsinstructie aan de tandarts of mondhygiëniste, en eventueel een extra reiniging.

Gebruik dagelijks tandenstokers om het tandvlees te versterken (flossen doet dat niet...).

Gebruik na elke poetsbeurt ragertjes of tandenstokers om ook goed tussen de tanden en kiezen schoon te maken.

LET OP

! Neem geen vochtafdrijvende thee in de zwangerschap. Ook kruidenthee kan bijwerkingen hebben; dat is in de zwangerschap ongewenst.

! In het algemeen geldt: als je verder zwanger bent dan twintig weken en je hebt hoofdpijn, overleg dan met de verloskundige of het nodig is om je bloeddruk te laten meten voordat je ervan uitgaat dat het om 'gewone' hoofdpijn gaat. Heb je nog andere klachten? Het is belangrijk die ook te vermelden.

IK HOUD VOCHT VAST. KAN IK DAAR IETS AAN DOEN?

Vocht vasthouden is – alweer! – het gevolg van het zwangerschapshormoon progesteron. Het wordt versterkt doordat de zware baarmoeder de terugvloed van bloed naar het hart bemoeilijkt en je minder eiwit in het bloed hebt. De kwaal treedt meestal pas wat later in de zwangerschap op. Je merkt het doordat je plotseling veel aankomt, doordat ringen niet meer passen (op tijd afdoen: zeep op de vinger, arm boven je hoofd houden, ring eraf) of doordat je kuiltjes kunt drukken in je scheenbeen.

Vocht vasthouden is meestal onschuldig en er is weinig tegen te doen. Jezelf koel houden en steunpanty's dragen (trek ze aan voordat je 's ochtends opstaat) wil nog wel eens helpen. Neem geen overdreven zoute dingen – chips, pizza, zoute nootjes, drop. Ga geregeld een halfuurtje languit liggen, bij voorkeur op je linkerzij, zodat het bloed uit de benen kan stromen. Als je lang zit, sta dan telkens even op, loop een stukje of strek je benen en maak rondjes met je voeten.

Cathelijne: *'Ik leek wel een Michelinmannetje in de zwangerschap. Vooral aan het eind was ik helemaal opgezwollen. Het was allemaal vocht. Na de bevalling plaste ik het allemaal weer uit en slonk ik weer. Goddank.'*

WAT GEBEURT ER IN MIJN LICHAAM?
'Ik lijk wel een spons'

Tijdens de zwangerschap ga je meer vocht vasthouden. Je merkt dat je benen en voeten dik worden en dat je grote sportschoenen aan moet doen. Ongeveer de helft van alle zwangere vrouwen heeft hier last van. Dit komt onder meer doordat het bloed dunner is omdat het minder eiwit bevat, waardoor het vocht makkelijker vanuit de bloedvaten de weefsels inloopt. Het wordt versterkt doordat de zwangere baarmoeder de bloedvaten dichtdrukt die het bloed afvoeren uit de benen. Wanneer je rust in zijligging, worden je benen iets slanker. Daarnaast zijn de bloedvaten wijder door het progesteron. Je merkt dit ook bijvoorbeeld aan het slijmvlies in de neus. Sommige zwangeren zijn weken 'verkouden'. Dat is een loopneus zoals bij een allergie. Het slijmvlies is gezwollen, en je maakt meer speeksel aan. Ook de schaamlippen en de vagina zwellen. Soms ga je meer vocht uitscheiden uit de vagina. Dit kan helder zijn maar ook gekleurd. Als het bruinig is of als het ineens erg toeneemt, moet je overleggen met de verloskundige of de gynaecoloog. En ook als je ineens in korte tijd heel veel vocht gaat vasthouden in je gezicht, zeker als je ook klachten erbij krijgt.

LET OP

! Plotseling veel vocht vasthouden kán een uiting zijn van pre-eclampsie of het HELLP-syndroom. Het gaat dan samen met een hoge bloeddruk en soms ook met eiwit in de urine. Het HELLP-syndroom is de acute variant van pre-eclampsie. Als je een of meer van de onderstaande klachten hebt, bel dan meteen de verloskundige. Zij zal de bloeddruk meten en je zo nodig naar het ziekenhuis verwijzen.

De bekendste verschijnselen van HELPP of pre-eclampsie op een rijtje:

* hoofdpijn;
* bandgevoel rond de maag;
* maagpijn;
* misselijkheid;
* pijn tussen de schouderbladen;
* tintelende vingers;
* last van de ogen (flikkeringen, slecht zien, sterretjes zien);
* plotseling veel vocht vasthouden.

Het HELLP-syndroom of pre-eclampsie is een reden om opgenomen te worden in het ziekenhuis. Meer informatie hierover vind je in het hoofdstuk 'Complicaties in de zwangerschap'.

LET OP

Migraine komt in de zwangerschap minder vaak voor dan gewoonlijk. Gelukkig maar, want in de zwangerschap is medicatie tegen migraine niet toegestaan, behalve paracetamol. Daarvan kun je er maximaal 6 per dag nemen (3 keer per dag 2 tabletten van 500 milligram).

Eet niet overdreven veel maar wel vaak: neem tussen de drie maaltijden een 'tussenmaaltijd': een gezonde snack. En wees matig met suiker en honing. Zo voorkom je sterke schommelingen van de suikerconcentratie in het bloed. Die kunnen hoofdpijn veroorzaken.

IK HEB HOOFDPIJN, MOET IK ME ZORGEN MAKEN?

Hoofdpijn komt in de zwangerschap vaker voor dan anders. De oorzaak daarvan is meestal niet duidelijk. 'Gewone' hoofdpijn, veroorzaakt door moeheid of een griepje, kan geen kwaad. Als je veel last hebt, kun je een paracetamol nemen.

Anders is het als de hoofdpijn wordt veroorzaakt door een vorm van 'zwangerschapsvergiftiging': pre-eclampsie of HELLP-syndroom. Dat gebeurt alleen in de tweede helft van de zwangerschap, na twintig weken. In dat geval gaat de hoofdpijn samen met een hoge bloeddruk, met het vasthouden van vocht, met oogklach-

WAT GEBEURT ER IN HET LICHAAM?
De urinefabriek draait op volle toeren

De nieren voeren in de zwangerschap de afvalstoffen van de moeder af, maar ook die van de baby. Ze groeien dan ook, en filteren 50 procent meer bloed dan normaal. Door progesteron verslappen de urineleiders. Ook de nierbekkens verwijden zich. Door dat alles wordt de urine moeilijker afgevoerd en kan er een stuwmeertje ontstaan. Dat maakt zwangere vrouwen gevoeliger voor een blaasontsteking, of erger, een nierbekkenontsteking.

Door de druk van de zwangere baarmoeder op de blaas moet je vaak (pijnloos!) plassen. Vooral 's nachts is dat vervelend. Bovendien verlies je gemakkelijk een beetje urine als je moet hoesten of niesen. Omdat je dorstgevoel verandert in de zwangerschap gaan sommige vrouwen meer drinken. Dit is normaal. De moederkoek maakt een stof die het antidiuretisch hormoon (ADH) afbreekt. Dit hormoon zorgt dat je water in je lichaam kunt vasthouden. Soms wordt er zoveel afbraakstof gemaakt dat je het water niet meer goed kunt vasthouden. Dan moet je ook in de nacht grote porties plassen en heb je voortdurend dorst. Overleg in dat geval met de verloskundige. Er is een simpel medicijn voor.

LET OP

! Tintelende vingers kunnen ook horen bij hoge bloeddruk, ofwel pre-eclampsie. Heb je na twintig weken tintelende vingers, laat dan de bloeddruk meten. Let ook op eventuele andere verschijnselen, zoals maagpijn, sterretjes zien en vocht vasthouden.

Zodra de kuitkramp opkomt: strek je benen en trek je tenen naar de neus. Dat kan je partner ook voor je doen, bijvoorbeeld door tegen je voetzool te duwen.

ten (flikkeringen), met maagpijn of een bandgevoel in de bovenbuik. Als je vermoedt dat dat aan de hand kan zijn, is het zaak om meteen de verloskundige te bellen.

In de eerste helft van de zwangerschap komt hoofdpijn ook vaker voor. Daarvoor mag je paracetamol nemen, maximaal drie maal twee tabletten per dag. Daarnaast is het goed erop te letten dat je regelmatig iets eet: zes keer per dag, en dat je matig bent met suiker. Zo zorg je voor een gelijkmatige glucoseconcentratie in het bloed. Sterke schommelingen van de hoeveelheid glucose in het bloed kunnen hoofdpijn veroorzaken.

WAT KAN IK DOEN TEGEN TINTELENDE VINGERS?

Door het extra vocht kunnen de armzenuwen afgekneld worden. Dat geeft tintelende of pijnlijke vingers en armen: het *carpale-tunnelsyndroom*. Houd regelmatig de armen hoog om het vocht af te voeren. En draag 's nachts polsbeschermers (te koop bij skate- of sportwinkels) om je polsen te 'spalken' en zo de afknelling te beperken.

WAT KAN IK DOEN TEGEN NACHTELIJKE KUITKRAMPEN?

Nachtelijke kuitkrampen zijn een vervelende zwangerschapskwaal. Ze treden in de regel pas op in de tweede helft van de zwangerschap. Kuitkrampen kunnen maken dat je plotseling wakker schrikt van een scherpe pijn in de kuit.

Er zijn aanwijzingen dat kuitkrampen veroorzaakt kunnen worden door magnesiumtekort. Je kunt uitproberen of de klachten verminderen als je magnesium neemt. Daar heb je geen recept voor nodig. Vraag de apotheek om magnesiumcitraat of magnesiumlactaat. Neem nooit meer dan de voorgeschreven hoeveelheid, en neem de magnesium bij voorkeur voor het slapen gaan.

WAT KAN IK DOEN TEGEN JEUK?

Jeuk in de zwangerschap komt vaak voor en is bijna altijd onschuldig, maar hinderlijk. Je doet er weinig tegen. Mentholtalk (te koop bij de apotheek) brengt wat verkoeling en verlichting. Bedenk: jeuk gaat na de zwangerschap weer over.

Als de jeuk niet te harden is, als je er niet van slaapt en wellicht bruine urine hebt, bel dan de verloskundige. Het kan zijn dat je galstuwing hebt. De gal kan dan niet afgevoerd worden en de galzure zouten hopen zich op in je bloed. In ernstige gevallen word je naar de gynaecoloog of internist verwezen voor verder onderzoek. Ernstige galstuwing is schadelijk voor de baby. Het kan een vroeggeboorte veroorzaken. Er is een medicijn tegen: ursodeoxychol, in Nederland verkrijgbaar als Ursochol. Er is een Engelstalige website die meer informatie geeft: www.itchymoms.com en een richtlijn in Nederland.

Wanneer de jeuk ernstig is, neem dan weinig vet, veel vezels en veel water. Dat helpt om de concentratie galzure zouten te verminderen.

IK KAN MOEILIJK MIJN PLAS OPHOUDEN, WAT KAN IK DAARAAN DOEN?

In de zwangerschap zijn de urinebuis en het spierweefsel verslapt door het hormoon progesteron, waardoor je gemakkelijker urine verliest. Daar komt nog bij dat de zware baarmoeder drukt op de blaas. Dat alles maakt het moeilijker om plas op te houden. Wanhoop niet: de klachten verminderen sterk na de bevalling, en oefeningen helpen.

De bekkenbodemgymnastiek gaat zo:

- Span de spieren rond de vagina aan alsof je een plas of een wind ophoudt. Het is alsof je de vagina als een lift naar binnen trekt.
- Doe dat 10 keer achter elkaar gedurende 6 tot 8 seconden.

LET OP

Als je voelt aankomen dat je moet niesen, ontspan dan de bekkenbodemspieren, en span ze vervolgens zo hard mogelijk aan *tijdens* het niesen. Zo help je urineverlies te voorkomen.

! Onwillekeurig plas verliezen is iets anders dan heel veel moeten plassen. Als er pijn bij het plassen is of extreme dorst, overleg dan met de verloskundige of gynaecoloog bij wie je onder controle bent. Bij extreme dorst kunnen de hormonen de boosdoener zijn, met name het hormoon ADH (antidiuretisch hormoon). In de zwangerschap kan het voorkomen dat je daar te weinig van aanmaakt, waardoor je te veel vocht uitplast. In dat geval kun je pilletjes krijgen om het vele plassen tegen te gaan. Die zorgen dat je niet voortdurend naar de wc hoeft te gaan.

LET OP

Steun de buik met een stevige steunband of -broek.

Doe rustig aan en ga af en toe even op je zij liggen.

! Til niet of, als je er niet aan ontkomt, til verstandig (ga door de knieën, buig niet voorover). En doe de hoge hakken voorlopig de kast in!

- Span nu nog een keer maximaal aan en probeer daar bovenop 5 snelle, korte aanspanningen te doen zonder te ontspannen;
- Let op dat je daarbij de bil-, buik- en beenspieren ontspannen houdt.
- Herhaal deze hele oefening 2 tot 3 keer per dag. Dat kan overal en altijd, want niemand ziet het.

IK HEB RUGPIJN, KAN IK DAAR IETS TEGEN DOEN?

Ongeveer de helft van de zwangere vrouwen heeft in de zwangerschap lage rugpijn of bekkenpijn. Vooral als de buik flink dikker wordt en de buikspieren hun normale functie niet goed meer kunnen vervullen, krijgt de rug het zwaar te verduren.

Er hangt een flink gewicht aan de banden én spieren. Bovendien zijn de banden slapper en de gewrichten soepeler, waardoor het bekken met alles daaromheen minder stabiel is. Er zit speling in de gewrichten. Dat kan gemakkelijk rugpijn veroorzaken.

Rugpijn zit meestal laag, links of rechts ter hoogte van een van de kuiltjes. De pijn kan uitstralen naar de bil, de lies, het bovenbeen en een enkele keer zelfs tot in het onderbeen.

Ook het stuitje kan pijnlijk zijn – daar zitten veel gewrichten.

De rugpijn wordt in de regel erger bij vermoeidheid, maar vaak ook door bepaalde bewegingen – een draaibeweging, opstaan van

---

HOE GAAT HET MET DE BABY?
Hij maakt salto's

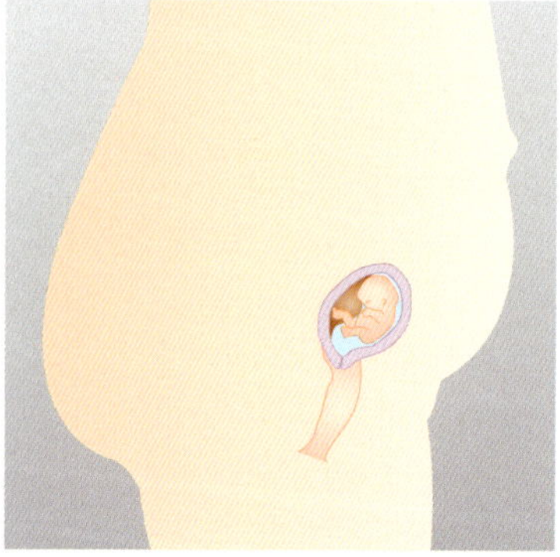

Aan het eind van de 3e maand komt de baarmoeder boven het schaambeen uit

Het kind maakt, nu de zwangerschap twaalf weken ofwel drie maanden gevorderd is, geregeld vloeiende bewegingen, al voelt de moeder daar nog niets van. Slapen doet de baby nog niet, hij ligt niet langer dan tien minuten stil. Hij rekt zich uit, rolt op zijn zij en maakt salto's, brengt zijn vingers naar de mond, heeft vaak de hik, gaapt en lijkt af en toe diep te zuchten.

De baby zweeft in de vruchtzak, die nu een eierdopje aan vruchtwater bevat. Zo heeft hij weinig last van de zwaartekracht en kan hij zijn relatief grote hoofd rechtop houden of opzij bewegen. Eigenlijk beweegt de baby nu al zoals hij na de geboorte zal doen.

Met de doptone is het hartje te horen. Het slaat zo'n 140 tot 160 keer per minuut, twee keer zo snel als het hart van de moeder.

een stoel of uit bed, hardlopen, traplopen.

Op de zwangerschapscursus krijg je oefeningen en adviezen voor de rug. Rustig aan doen (geen zwaar lichamelijk werk, niet zwaar tillen, niet te veel stress) is nuttig, al blijft het belangrijk om in beweging te blijven – te fietsen of te zwemmen bijvoorbeeld. Zo houd je je spieren stevig.

Als de rugklachten blijven overheersen, ga dan naar een fysiotherapeut of mensendiecktherapeut die zich gespecialiseerd heeft in zwangerschapsklachten.

IK HEB BEKKENPIJN, WAT KAN IK DAARAAN DOEN?

Bekkenpijn in de zwangerschap ontstaat – ja, alweer! – door het verslappingshormoon progesteron. Progesteron verweekt de gewrichten die de verschillende delen van het bekken met elkaar verbinden. Zijn de gewrichten te soepel, dan komt er speling in het bekken. De bekkendelen kunnen dan ten opzichte van elkaar bewegen. Dat maakt het bekken minder stabiel. Elke vrouw heeft dus een vorm van bekkeninstabiliteit.

Zwangeren krijgen dan, vooral bij vermoeidheid, een waggelend loopje. Asymmetrische bewegingen worden lastig: traplopen, omdraaien in bed, opstaan, gaan zitten en in en uit de auto stappen.

Bekkenpijn treedt vaak op bij het schaambeen, straalt uit naar de binnenkant van de bovenbenen, of zit in de lies, de stuit en de diepste bilspieren. Die moeten namelijk meer gaan aanspannen om het bekken 'bij elkaar te houden'. Daardoor raken ze overbelast.

Het beste advies is: doe het wat rustiger aan. Probeer als je zit of ligt je bilspieren echt te ontspannen en laat de benen wat naar buiten vallen. Probeer voor je wilt opstaan, omdraaien of tillen eerst je buik wat in te trekken zodat je de spieren rond het bekken stabiliseert. Als je te veel last krijgt, is het belangrijk om naar een bekkenfysiotherapeut of een hierin gespecialiseerde mensendiecktherapeut te gaan.

Neem niet te snel een bekkenband, die zorgt dat de bekkenspieren verslappen. Specifieke spieroefeningen, zoals bij ZwangerFit of een bekkenfysiotherapeut, helpen de spieren te verstevigen. En weet: hoewel de pijn heel heftig kan zijn, kan er niets kapot!

IK HEB PIJN IN MIJN LIEZEN. KAN DAT KWAAD?

Naast bekkenpijn kan er bandenpijn optreden. De baarmoeder is met banden bevestigd aan het bekken. Twee van die banden lopen vanaf de bovenkant van de baarmoeder, langs de zijkanten, door de liezen naar beneden. Als de

---

WAT GEBEURT ER IN MIJN LICHAAM?
De huid verandert

De huid is in de zwangerschap beter doorbloed doordat het hart meer bloed rondpompt. Dat maakt dat zwangeren het snel warm hebben en al gauw een gezonde blos op de wangen vertonen. In de zwangerschap maakt de huid meer pigment aan. Daardoor wordt de tepelhof donkerder, en vormt zich een donkere lijn tussen het schaambotje en de navel. Sommige vrouwen krijgen een 'zwangerschapsmasker': bruin pigment in het gezicht. Deze bruine verkleuringen verdwijnen weer na de zwangerschap, maar dat kan een poosje duren. De toename van pigment zorgt er niet voor dat je beter tegen de zon kunt. Het is meestal zo dat je juist minder tegen de zon kunt. Sommige zwangere vrouwen hebben zelfs een zonneallergie.

Doordat de vagina en de schaamlippen in de zwangerschap beter doorbloed zijn, gaan deze er in de zwangerschap wat blauwpaars uitzien. De handpalmen zijn vaak rood, ook door een versterkte doorbloeding. En vrouwen kunnen gesprongen adertjes hebben: 'spinnetjes' van ragfijne bloedvaatjes op de hals, de borst, de bovenarmen en het gezicht. Ook die zijn onschuldig.

baarmoeder groeit, rekken de banden mee. Dat kan gevoelig zijn en bandenpijn veroorzaken: pijn in de liesstreek of aan de zijkant van de baarmoeder. Dat is onschuldig.

IK HEB HARDE BUIKEN. KAN DAT KWAAD?

Vanaf het moment dat de baby harder groeit dan de baarmoeder, bij ongeveer vier maanden zwangerschap, rekt de baarmoeder uit. De baarmoeder reageert daarop door af en toe samen te trekken: de buik wordt hard. Deze harde buiken zijn nuttig voor de baby: ze werken als een soort massage. De longetjes worden een beetje samengeknepen, eventjes gaat er iets minder zuurstof naar de baby. Dat alles werkt als een stimulans waardoor zijn zenuwen extra verbindingen gaan maken. Harde buiken kunnen dus geen kwaad, integendeel.

Anders is het wanneer de harde buiken ritmisch komen en steeds heftiger worden, of als je bloed of slijm verliest. In dat geval zou het kunnen dat het geen harde buiken maar vervroegde weeën zijn, en is het zaak de verloskundige te bellen of, als je in het ziekenhuis onder controle bent, het ziekenhuis. Als er twijfel bestaat of het weeën zijn, dan kan er een echo gemaakt worden om lengte van de baarmoederhals te meten. Wanneer die aan de korte kant is, kan er ook wat vaginaal vocht getest worden: de fibronectinetest. Wanneer er te veel fibronectine aanwezig is, is er een verhoogde kans dat de bevalling binnen een week plaatsvindt. In dat geval word je behandeld tegen vroeggeboorte. Zie blz. 165 voor meer informatie.

Charlotte: *'Ik moest van de fiets afstappen, zoveel last had ik van een harde buik. Hij stond helemaal strak. Ik schrok er even van, dit had ik nog niet meegemaakt. Ik vroeg me af of het wel normaal was. Maar na een minuutje zakte het weer af en kon ik verder fietsen. Ik heb ze sindsdien regelmatig, maar schrik er niet meer van.'*

IK HEB AF EN TOE EEN STEKENDE PIJN IN DE ONDERBUIK. MOET IK ME ZORGEN MAKEN?

Aan het eind van de zwangerschap, als de baby al wat indaalt in het bekken, wil hij nog wel eens met het hoofdje draaien. Dat kan een snerpende, gemene, stekende pijn geven die je even in elkaar doet krimpen. Je voelt de pijn vlak boven de vagina, helemaal onder in de buik. De baarmoeder blijft zacht, de pijn verdwijnt weer snel. Zolang er geen andere verschijnselen zijn, is dit niets om je zorgen over te maken.

Marieke: *'Alsof er iemand met een mes in mijn plasbuis sneed, zo'n scherpe pijn was het af en toe aan het eind van de zwangerschap. Dan voelde ik de baby woelen met zijn hoofdje. Hij was al ingedaald in mijn bekken, zei de verloskundige. Hij zat al best diep. Dat heb ik geweten!'*

WAT KAN IK DOEN TEGEN ZWANGERSCHAPSSTREPEN (STRIAE)?

Striae zijn grillige strepen op de huid op plaatsen waar het onderhuidse bindweefsel is gescheurd. Dat gebeurt wanneer de huid sterk en plotseling oprekt onder invloed van hormonen. De huid rekt wel mee, maar het onderhuidse bindweefsel kan vaak de snelle groei niet bijbenen en gaat barsten vertonen. In de zwangerschap zijn de striae roodpaars van kleur, na de zwangerschap worden ze wit. Ze verdwijnen niet, maar worden wel minder zichtbaar.

Fabrikanten doen graag geloven dat smeren met olie of crèmes helpt, maar erg waarschijnlijk is dat niet. De smeersels kunnen nooit de diepe lagen bereiken waar de striae ontstaan.

Niet iedereen krijgt striae in de zwangerschap. Deels is het erfelijk bepaald. Jonge vrouwen, te zware vrouwen en vrouwen die veel aankomen in de zwangerschap hebben meer kans. Het enige dat je kunt doen om de schade te beperken, is zorgen dat je niet te veel aankomt. Hoe meer en hoe sneller je groeit, des te meer de huid moet oprekken.

WEETJE

Een incidentele, heftige gebeurtenis tijdens de zwangerschap, zoals een sterfgeval, verhoogt niet de kans op zwangerschapscomplicaties of problemen bij de baby. Dat is geruststellend.

LET OP

! Als je je voortdurend depressief en neerslachtig voelt, zoek dan hulp. Meld het bij de verloskundige of ga naar de huisarts en laat je verwijzen naar een psychotherapeut, een psychiater of het RIAGG. Het is belangrijk om te achterhalen waar je gevoelens vandaan komen. Soms kunnen een paar gesprekken al helpen, in sommige situaties is meer hulp nodig of bieden medicijnen uitkomst. Geneer je niet! Geen dokter of verloskundige die er vreemd van opkijkt. Je bent echt de enige niet.

IS HET NORMAAL DAT IK AF EN TOE DUIZELIG BEN?

Doordat de bloeddruk daalt, kun je vooral halverwege de zwangerschap last hebben van duizeligheid, en zelfs flauwvallen. Let erop dat je niet te snel overeind komt. Wanneer je ligt, blijf dan eerst even zitten voordat je gaat staan.

HOORT MIJN KORTADEMIGHEID BIJ DE ZWANGERSCHAP?

Zwangeren zijn vaak kortademig. De oorzaak ligt in het feit dat het middenrif platter wordt door de groeiende buik en je niet meer goed kunt doorademen. Ook ga je iets sneller ademen. Doordat het hart meer moet werken, ga je bij inspanning vlugger hijgen en vaak heb je bovendien wat ijzertekort. IJzer helpt om de rode bloedcellen zuurstof te laten transporteren. Soms heb je echt bloedarmoede.

Kortademigheid is meestal niet iets om je zorgen over te maken. Het helpt om niet te veel aan te komen en gezond te eten. Hoe zwaarder je bent, hoe zwaarder de zwangerschap lichamelijk voor je is. Plotselinge of snel ontstane kortademigheid waarbij je echt benauwd bent, is altijd een reden om de huisarts, de verloskundige of het ziekenhuis te bellen.

Monique: *'Ik voel me net een bejaarde. Als ik de trap op moet, sta ik boven te hijgen als een postpaard en moet ik echt even bijkomen. Gelukkig heb ik zwangerschapsverlof en kan ik het me veroorloven om alles heel rustig aan te doen. Dat helpt.'*

WAT KAN IK DOEN TEGEN SLAPELOOSHEID?

Slapeloosheid is een vervelende zwangerschapskwaal, vooral in de laatste weken van de zwangerschap. Je ligt niet lekker meer, je hebt het warm, de baby houdt je uit de slaap, je moet eruit om te plassen, je wordt wakker met kuitkramp, je ligt te malen over de bevalling en de periode daarna…

Het zal een schrale troost zijn je te realiseren dat je straks, als de baby er is, ook niet door zult slapen. De tijd van de onderbroken nachten is aangebroken, en houdt voorlopig niet meer op. Slaaptekort hoort tot op zekere hoogte bij het jonge ouderschap.

Probeer zo veel mogelijk huismiddeltjes uit om de slaap te vatten – medicijnen kun je nu immers beter niet nemen. Het prettigst is de foetushouding met extra kussens – een in de rug, een tussen de knieën, eventueel een onder de buik. Neem vanaf vier uur 's middags geen koffie meer en ook geen (groene of zwarte) thee of cola, vanwege de cafeïne en theïne. Een beker warme (chocolade)melk voor het slapengaan ontspant, een massage of een warm bad ook.

Als alle zorgen 's nachts een voor een aan je voorbijtrekken, schrijf ze dan op en werk ze de volgende dag punt voor punt af, eventueel door de verloskundige te bellen om brandende vragen te stellen, of door je hart te luchten bij je partner of met hem (haar) afspraken te maken over bijvoorbeeld de taakverdeling.

Ben je zo moe dat je overdag niet goed functioneert of heb je daarbij depressieve gevoelens, ga dan naar de huisarts. Ernstige slapeloosheid kan een depressie veroorzaken. Het is zaak om

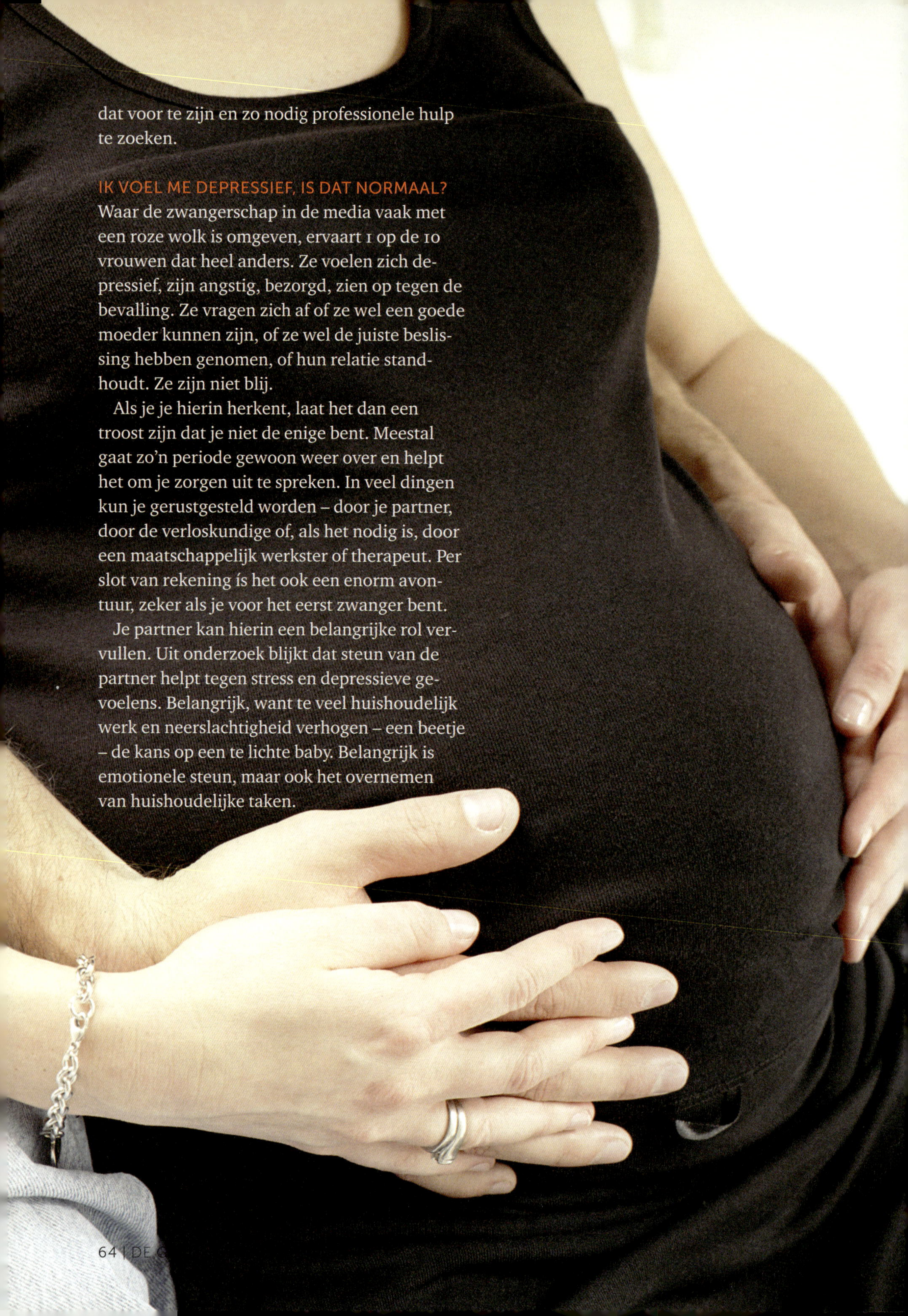

dat voor te zijn en zo nodig professionele hulp te zoeken.

IK VOEL ME DEPRESSIEF, IS DAT NORMAAL?

Waar de zwangerschap in de media vaak met een roze wolk is omgeven, ervaart 1 op de 10 vrouwen dat heel anders. Ze voelen zich depressief, zijn angstig, bezorgd, zien op tegen de bevalling. Ze vragen zich af of ze wel een goede moeder kunnen zijn, of ze wel de juiste beslissing hebben genomen, of hun relatie standhoudt. Ze zijn niet blij.

Als je je hierin herkent, laat het dan een troost zijn dat je niet de enige bent. Meestal gaat zo'n periode gewoon weer over en helpt het om je zorgen uit te spreken. In veel dingen kun je gerustgesteld worden – door je partner, door de verloskundige of, als het nodig is, door een maatschappelijk werkster of therapeut. Per slot van rekening ís het ook een enorm avontuur, zeker als je voor het eerst zwanger bent.

Je partner kan hierin een belangrijke rol vervullen. Uit onderzoek blijkt dat steun van de partner helpt tegen stress en depressieve gevoelens. Belangrijk, want te veel huishoudelijk werk en neerslachtigheid verhogen – een beetje – de kans op een te lichte baby. Belangrijk is emotionele steun, maar ook het overnemen van huishoudelijke taken.

7

Je zwangerschap en je relaties

Je zult merken dat de zwangerschap invloed heeft op het contact met vriendinnen, met je ouders, met je geliefde. Je gaat een generatie opschuiven, de hormonen werken door op je stemming, je voelt je kwetsbaar en moe, je kunt niet meer drinken op feestjes. Het leven wordt even heel anders.

WERKT DE ZWANGERSCHAP DOOR IN JE RELATIE?

Als vrouw ben je als het ware moeder zodra je zwanger bent: de hormonen veranderen waardoor je emotioneel of opvliegend kunt zijn, je mag een heleboel niet en moet ineens erg letten op de gezondheid van jezelf en je nog ongeboren kind, je bent vermoeid en vaak misselijk. Het dagelijks leven kost meer energie dan anders, je bent je de hele dag bewust van het zwanger zijn. Kortom: het moederschap begint eigenlijk nu al. Het kleurt je hele bestaan.

Voor een man ligt dat anders. Dat hij vader wordt, zit niet in zijn lijf maar 'tussen de oren'. Op het werk is alles bij het oude; zolang je er niet aan denkt, is het vaderschap voor een man nog tamelijk ver weg. Het is fijn als je je beiden kunt verheugen op het nieuwe leven, en als dat het samenzijn een nieuwe dimensie geeft. Als de aanstaande vader 's avonds nog op zoek gaat naar haring of taartjes voor plotseling opkomende zwangerschapslusten en een arm om zijn geliefde slaat als zij door loszittende tranen of een woede-uitbarsting wordt overmand.

Dat werkt niet voor alle stellen zo. Sommige aanstaande vaders schrikken van de verantwoordelijkheid die eigenlijk nu al begint en hebben de neiging de kroeg in te gaan en nog even de vrije jongen uit te hangen. Voor een zwangere vrouw kan dat bedreigend zijn. Zij kan voor haar gevoel geen kant op. Een zwangerschap kan dus zorgen voor stress in de relatie.

Stress is niet bevorderlijk voor de baby. Uit onderzoek blijkt dat vrouwen die veel huishoudelijke klusjes moeten verrichten, zich depressief voelen en veel stress ervaren in de eerste drie maanden van de zwangerschap, een grotere kans hebben dat de baby te klein blijft. De partner heeft dus al in deze periode een heel belangrijke taak: aanwezig zijn, geruststelling bieden, stofzuigen en andere klusjes overnemen.

Joris: '*Een relatie is één ding. Maar kinderen krijgen, dat kent zijn weerga niet. Je bent levenslang verantwoordelijk. Zodra de kinderen geboren zijn, moet je er echt voor zorgen, daar kun je niet meer voor weglopen.*

Je groeit daar in, tijdens de zwangerschap. Eerst is er al de positieve zwangerschapstest. Maar dan is er de eerste echo, dat was voor mij een belangrijk moment. Je ziet dan je kind, ik zag er zelfs twee, en dacht: ze leven!

Ik had altijd ouders begeleid die kinderen kregen met een aangeboren afwijking. Nu dacht ik ineens: het zal je maar overkomen. De werkelijkheid is als vader ineens heel anders dan als gynaecoloog.

Eerst is het wennen, langzaamaan wordt de verantwoordelijkheid een tweede natuur. Niet dat het alleen maar leuk is, je moet voor ze zorgen, en van tijd tot tijd heb je ook zorgen, dan loopt er even iets niet zoals je wilt. Maar met alles wat je meemaakt, is het toch heel bijzonder. Kinderen houden je een spiegel voor. Je ziet ineens jezelf als kind weer terug. Kinderen zijn ook genadeloos. Genadeloos eerlijk.

Nu denken we al weer na over de tijd dat ze de deur uit zullen gaan. Mijn vrouw zegt al: "Dan gaan we samen leuke dingen doen." Maar ik zal ze verschrikkelijk missen.

Wat ik aanstaande vaders zou willen meegeven? Go for it!'

Sommige aanstaande vaders schrikken van de verantwoordelijkheid

WIJ ZIJN TWEE AANSTAANDE MOEDERS, WAAR MOETEN WIJ OP LETTEN?

Steeds meer kinderen worden niet geboren bij een vader en een moeder, maar bij twee moeders, van wie er eentje zwanger is. Zo'n zwangerschap is in de regel goed voorbereid, en verloopt niet anders dan andere zwangerschappen. Toch is het goed om op een paar dingen te letten.

Heb je gekozen voor een bekende donor, dan is het belangrijk goede afspraken met hem te maken en verwachtingen van beide kanten uit te spreken. Er is een verschil tussen vader zijn en donor zijn, en de ideeën daarover komen niet altijd overeen. Een lesbisch stel heeft niet altijd behoefte aan een derde op de achtergrond die een actieve vaderrol vervult; zij vormen immers al een gezin met twee ouders. Maar voor een zaaddonor kan een kinderwens

---

HOE GAAT HET MET DE BABY?

Een jongen of een meisje

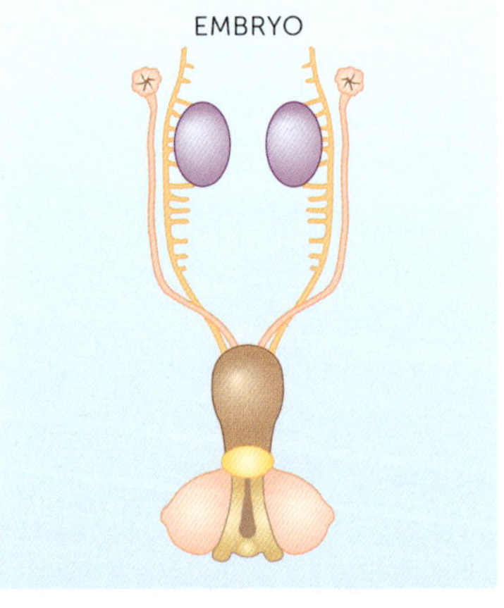

Bij een zwangerschapsduur van 13 weken meet het kind van kruin tot stuit 8 centimeter. Het weegt 45 gram. De afgelopen weken hebben de vrouwelijke hormonen van de moeder ervoor gezorgd dat een meisje een baarmoeder, een vagina en schaamlippen maakte. Op een jongetje hebben die vrouwelijke hormonen weinig invloed. Hij maakt in zijn zaadballen zelf mannelijke hormonen. Die zorgen dat zijn geslachtsorgaan zich ontwikkelt tot een penis.

Een jongetje heeft nu een herkenbare piemel en een balzak, hoewel de balletjes nog niet zijn ingedaald. Een meisje heeft schaamlippen. In haar eierstokken liggen primitieve eicellen. Veel eigenschappen van háár kinderen liggen al vast.

Over een week is het geslacht ook op de echo te zien.

het motief zijn om aan de zwangerschap mee te werken. Hij hoopt misschien dat hij het kind straks regelmatig bij zich heeft of veel ziet. Dat kan aanleiding geven tot nare misverstanden en conflicten.

Hetzelfde geldt voor adoptie door de tweede moeder. Veel lesbische stellen willen graag dat de tweede moeder dezelfde juridische rechten krijgt als een partner in een heteroseksuele relatie. Dat kan, maar het is soms tegen het zere been van de donor. Het is belangrijk dit soort dingen op voorhand door te spreken. Het opstellen van een contract kan daarbij veel verhelderen en ellende voorkomen. Meer informatie en contractvoorbeelden vind je op www.kidkids.nl.

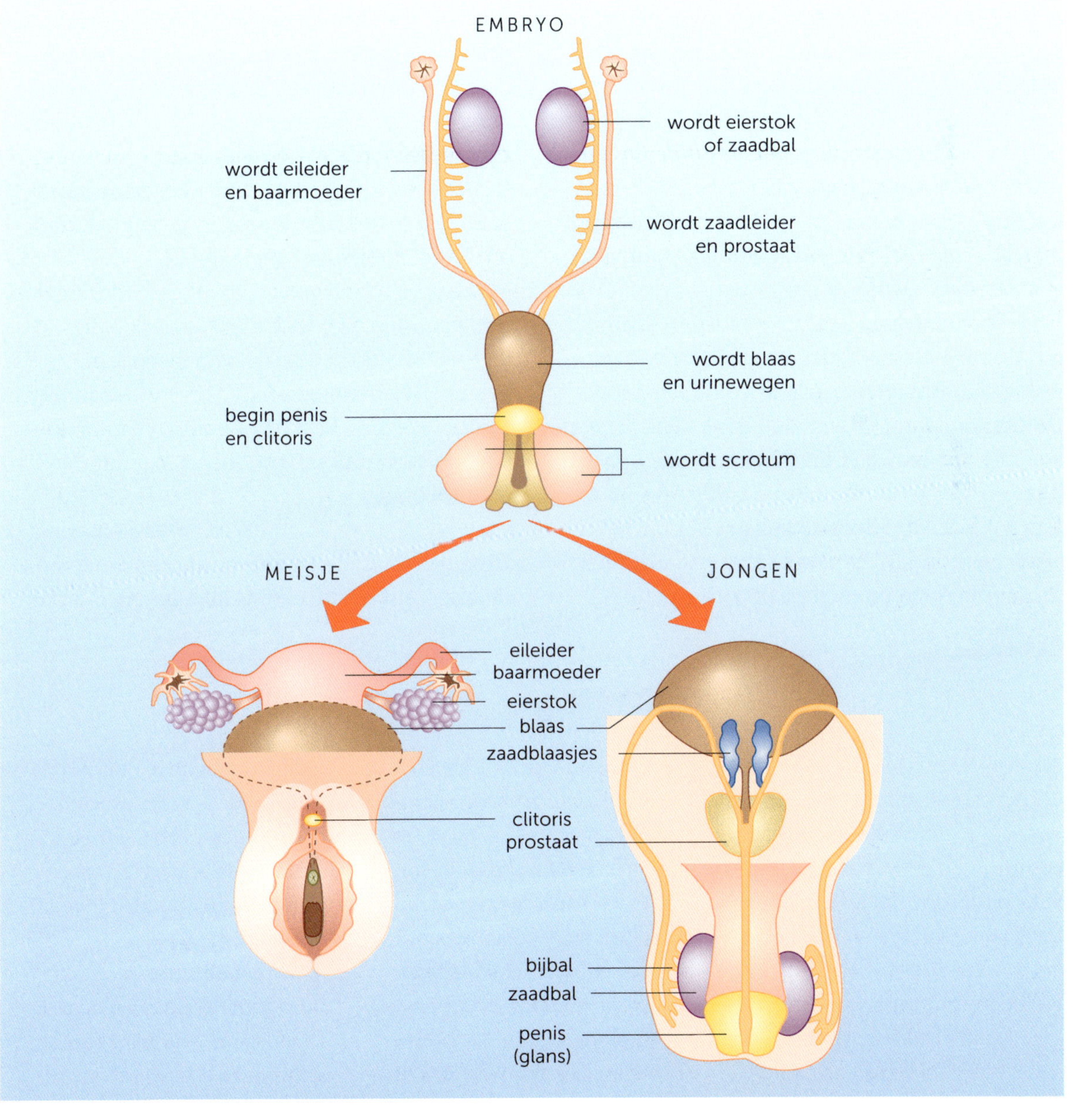

De geslachtsorganen zijn nu herkenbaar

IK BEN ZWANGER ZONDER PARTNER, WAT IS ER VOOR MIJ BELANGRIJK?

Wanneer je in je eentje zwanger bent, komt het er erg op aan dat je gaat werken aan je netwerk. Heb je al veel familieleden, vrienden en vriendinnen die je steunen, dan is dat meegenomen en kun je aan ze vragen of ze bereid zijn je in de zwangerschap en daarna regelmatig te helpen, al is het maar door belangstelling te tonen en je geregeld gezelschap te houden. Nog fijner is het als ze op zo'n moment ook even de stofzuiger ter hand willen nemen. En het zou fijn zijn als je iemand kunt vinden die straks 'peetvader' of 'peetmoeder' wil zijn en bijvoorbeeld wekelijks een dagje (en nachtje) wil oppassen. Zo iemand zou je ook kunnen vragen om voogd te worden voor het geval jou iets overkomt. Dat kun je bij de notaris vastleggen.

Heb je nog niet zo'n groot netwerk, probeer dat dan in de zwangerschap op te bouwen. Het is goed om vroeg te beginnen met een zwangerschapscursus, waar je andere aanstaande ouders zult ontmoeten met wie je wellicht straks de kinderen kunt uitwisselen. Investeer in bestaande en nieuwe vriendschappen. En haal de banden met je familie aan. Je zult straks merken dat je je kind het makkelijkst kunt achterlaten bij je ouders, broers of zussen – alsof het de geur herkent en meteen op zijn gemak is.

WERKT DE ZWANGERSCHAP DOOR IN DE RELATIE MET MIJN EIGEN OUDERS?

Veel vrouwen merken dat de band met hun eigen familie – moeder, vader, zussen – verandert in de zwangerschap. Je moet zelf een plaats opschuiven: er komt een nieuwe generatie aan die je plek gaat innemen. Dat geeft een aardverschuiving in jezelf. Kun je de verantwoordelijkheid aan? Zul je wel een goede moeder of vader zijn? Zul je je vrijheid niet heel erg missen? Zal het allemaal goed gaan?

Wellicht heb je meer behoefte dan anders aan steun van je ouders. Ook voor hen is het bijzonder dat er een nieuwe loot aan de stam komt. Als je niet zo'n goede band hebt met je ouders, brengt de zwangerschap daar vaak verandering in. Je eigen kindertijd komt weer naar boven, je fotoboek krijgt meer betekenis – zal het kind straks op mij lijken – en je denkt na over hoe jij graag de opvoeding wilt invullen. Heel anders dan je ouders? Of toch niet?

Hoe het ook zij – de meeste zwangere vrouwen hebben behoefte aan steun van hun familie en gaan zich op een nieuwe manier tot hen verhouden. Voor mannen geldt dat eigenlijk ook.

Gieneke: *'Ik had niet zo'n goede band met mijn moeder, had een niet erg gelukkige jeugd. Rond*

WAT GEBEURT ER IN MIJN LICHAAM?
Het lichaam accepteert een indringer

Eigenlijk is het heel bijzonder dat het lichaam in de zwangerschap een kind accepteert. Voor de helft is het immers een onbekende voor je lichaam, net als een getransplanteerd orgaan. Het bevat immers het erfelijk materiaal van de vader. Toch stoot het lichaam het vruchtje niet af.

Dat is te danken aan de binnenbekleding van de baarmoeder en de placenta, die op een bijzondere manier reageren op de innesteling van vaderlijke genen. Gewoonlijk zou het lichaam zo'n indringer afstoten, maar in de zwangerschap wordt ervoor gezorgd dat de placenta zodanig herkend wordt dat het lichaam plaatselijk 'tolerant' is tegenover het vreemde wezen. De afstotingsreactie wordt onderdrukt door hele specifieke cellen die in het 'bed van de placenta', de baarmoederwand, hun werk doen. Tegelijkertijd wordt het afweersysteem in het bloed van de moeder actiever zodat je goed beschermd blijft tegen infecties.

Dat gebeurt vooral effectief als de moeder al gewend is aan de vaderlijke genen. Bijvoorbeeld doordat ze al een tijdlang een seksuele relatie met hem heeft. Daarbij komt er immers telkens

mijn twintigste heb ik mijn moeder een jaar lang niet willen zien. Ook daarna verliep het contact altijd wat stroef. Maar nu ik zwanger ben, merk ik dat ik behoefte heb aan een moeder die er voor me is. Ik heb het haar gezegd. Ik heb veel vriendinnen die er voor me zijn, maar ik heb maar één moeder. Niemand anders kan die plek innemen. Langzaam groeit onze band. Ik ben aan het inhalen wat ik gemist heb. Zij ook.'

MIJN PARTNER IS AGRESSIEF. WAT KAN IK DOEN?

Helaas komen agressie en mishandeling (huiselijk geweld) nogal eens voor in Nederland. Ook tijdens de zwangerschap. Of misschien wel juist tijdens de zwangerschap. In alle culturen, rangen en standen.

Agressie en geweld in de zwangerschap zijn gevaarlijk. Niet alleen is de stress schadelijk voor de baby – die daardoor vaker achterblijft in groei of te vroeg geboren wordt – ook kan lichamelijk geweld de baby in gevaar brengen. Daarom is het van het grootste belang dat je hulp zoekt. Dat betekent niet meteen dat je weg moet bij je partner. Er wordt in elke situatie gezocht naar de beste oplossing voor beiden.

Volgens het Steunpunt Huiselijk Geweld herken je mishandelende partners hieraan:

- ze zijn snel jaloers;
- ze zijn eerst agressief en dan weer heel lief;
- ze behandelen je als hun bezit;
- ze maken thuis dingen kapot;
- ze beloven telkens dat het niet meer gebeurt;
- ze slaan je of zeggen je te willen slaan;
- ze laten je dingen doen die je niet wilt, ook seksueel;
- ze vernederen je waar anderen bij zijn;
- ze willen je op allerlei manieren laten weten wie de baas is;
- ze willen altijd weten waar je bent en wat je doet.

Rebecca: *'Ruim vier jaar geleden was ik zwanger van mijn toenmalige man. De zwangerschap was niet gepland, wel gewenst. We hadden vaak ruzie. Toen ik vierenhalve maand zwanger was, liep het een keer zo uit de hand dat hij mij een stomp in mijn buik gaf. Ik ben verdwaasd op de bank gaan zitten. Aan mijn buik was niets te zien.*

Ik kwam niet op het idee om aangifte te doen, en stond er op dat moment ook niet bij stil dat er iets met de baby aan de hand kon zijn. Dat besef kwam pas na een paar dagen. Ik voelde niets meer in mijn buik en kreeg een ongerust gevoel. Toen pas ben ik naar het ziekenhuis gegaan. Er

---

vreemd erfelijk materiaal haar lichaam binnen. Zo bouwt ze vast herkenning op. Dat komt in de zwangerschap goed van pas.

Als dit proces niet goed verloopt, kan er afstoting plaatsvinden en een miskraam volgen. Soms lijkt het goed te gaan maar treden er later in de zwangerschap complicaties op, zoals hoge bloeddruk of zwangerschapsvergiftiging (pre-eclampsie).

Zo hebben vrouwen die snel zwanger zijn van een nieuwe partner, een verhoogde kans op zwangerschapscomplicaties, zoals pre-eclampsie. Hoewel de precieze oorzaak van pre-eclampsie nog niet is opgehelderd, heeft het klaarblijkelijk iets te maken met een minder goede herkenning en acceptatie van de placenta.

LET OP

! Ben je slachtoffer van geweld, bel dan als het acuut is 112. Als het minder acuut is, bel dan de verloskundige, de huisarts en/of de politie.

Wil je advies over de juiste aanpak of praten over je probleem, bel dan het landelijke Steunpunt Huiselijk Geweld op nummer 0900 – 126 26 26. Het steunpunt is er om zowel slachtoffers als daders te helpen, en zoekt met jullie samen naar een passende oplossing. Het nummer is afgeschermd en verschijnt niet op de telefoonrekening. Wel op je telefoon. Meer informatie vind je op www.shginfo.nl.

werd een echo gemaakt, het kindje was dood.

De artsen hebben me nog drie weken met het dode vruchtje laten rondlopen. Toen hebben ze het onder narcose weggehaald. Ik ben meteen gescheiden.

Mijn ex-man vertelde aan iedereen dat ik een abortus had laten doen. Hij is een rechtszaak tegen mij begonnen wegens smaad, omdat ik aan vrienden en familie had verteld hoe het werkelijk zat. De smaadclaim heeft hij uiteindelijk ingetrokken. Achteraf heb ik spijt dat ik geen aangifte heb gedaan. Daarmee had ik sterker gestaan. Maar je denkt daar niet aan, het is je man.'

IK BEN VROEGER MISBRUIKT, MOET IK DAAR IETS MEE IN DE ZWANGERSCHAP?

Vrouwen die misbruikt zijn, zijn in de zwangerschap en tijdens de bevalling kwetsbaarder dan anderen. Een inwendig onderzoek in de zwangerschap, maar zeker tijdens de bevalling, kan flashbacks oproepen aan het misbruik. Je was inmiddels zover dat je wist dat je je grenzen mocht stellen die anderen niet mochten overschrijden, en nu moet je je min of meer overleveren aan een verloskundige of gynaecoloog die je in een kwetsbare positie moet onderzoeken of je moet helpen om je kind te krijgen, bijvoorbeeld door een vacuümverlossing te doen. Dat kan het misbruik weer naar boven halen, waardoor je verkrampt raakt, verdrietig wordt en meer pijn ervaart dan nodig.

Om deze reden is het erg belangrijk al in een vroeg stadium met de verloskundige of de gynaecoloog te spreken over je ervaringen. Zij kunnen daar dan rekening mee houden. Het is voor jou nog belangrijker dan voor een ander dat er rekening gehouden wordt met je wensen en je gevoelens, dat je zorgvuldig wordt ingelicht over wat je te wachten staat, dat er bij elke stap uitleg wordt gegeven. Als dat goed gebeurt, hoeft de bevalling geen nieuw trauma te veroorzaken, maar kan het zelfs een goede ervaring zijn.

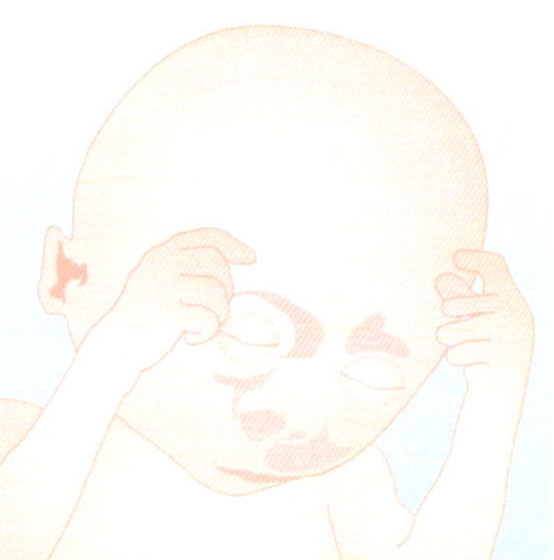

Het hoofdje wordt ronder, de baby krijgt familietrekken

HOE GAAT HET MET DE BABY?
Hij drinkt en plast

Na veertien weken meet de baby tien centimeter, de beentjes niet meegerekend. Het uitspringende voorhoofd wordt kleiner, het hoofd wordt ronder. De oren lagen aanvankelijk in de nek, maar hebben zich naar boven verplaatst. Hoewel het oor nog lang niet af is, zijn er sterke aanwijzingen dat de baby rond deze tijd al geluiden opvangt.

Het kind drinkt slokjes vruchtwater. De navelstreng, de vruchtvliezen en de plassende foetus maken voortdurend vruchtwater aan, dat vervolgens weer langs dezelfde weg wordt opgenomen. Elke drie uur wordt het helemaal ververst. De baby krijgt huidcellen binnen en later ook huidsmeer en donshaartjes. De afvalstoffen hopen zich op in zijn darmen en vermengen zich met gal tot *meconium* – de taaie, zwartgroene poep van pasgeboren baby's.

Heb je het misbruik niet goed kunnen verwerken, dan is het nuttig om een therapeut te zoeken die ervaring heeft met deze problematiek en bovendien ervaring heeft met cognitieve gedragstherapie en/of EMDR. Beide technieken helpen om nare ervaringen te verwerken. (www.emdr.nl) Je huisarts kan je verwijzen naar een therapeut.

Cathy: *'Ik ben als kind misbruikt, eerst op mijn zesde door een buurman, later, op mijn zeventiende, door mijn roeitrainer. Ik ben daarvoor in therapie geweest, waardoor ik er goed mee om kan gaan. Dat heeft wel even geduurd. Ik had er een mannenangst aan overgehouden, durfde nooit met een man alleen te zijn. In therapie leerde ik dat ik nee kon zeggen, grenzen kon stellen.*

Ik was heel blij dat ik zwanger was, maar ook bang. Vooral voor de bevalling. Ik wilde graag bij een verloskundige bevallen, en het liefst thuis. Ik had het gevoel dat ik dan meer controle had over de situatie. Een vreemde manlijke gynaecoloog in een ziekenhuis, dat leek me vreselijk. Ik heb dit met de verloskundige besproken. Zij vertelde dat ze niet kon garanderen dat de bevalling thuis plaats kon vinden, dat hing van de medische situatie af. Maar als ik toch naar het ziekenhuis zou moeten, zou een van de verloskundigen meegaan en bij me blijven. Dat heeft ze vastgelegd in mijn dossier en met de gynaecologen in het ziekenhuis besproken, en ik heb het zelf nog eens in het geboorteplan geschreven.

De verloskundige kwam vroeg en is gebleven. Ze zette een keukenstoel onder de douche en liet me daar, met mijn man, zo veel mogelijk alleen. Dat vond ik prettig, vooral omdat ik wist dat ze in de buurt was. Ze kwam telkens even binnen om naar het hartje te luisteren.

Ik wilde graag op de baarkruk bevallen. Zo had ik voor mijn gevoel meer controle over de situatie. Dat is wonderwel gelukt. Na een uur persen is Janne geboren.

Dat ik daarna nog gehecht moest worden, viel me tegen. Toen moest ik toch nog liggen en had ik genoeg van de pijn. Maar achteraf viel ook dat mee. Ik had mijn kind in mijn armen en na een kwartiertje was het klaar.

Voor mij was de bevalling een goede ervaring. Je zou kunnen zeggen dat het voor mij een transformatie was. Ik voel me niet langer een slachtoffer. Dankzij mijn dochter.'

HOE GAAT HET MET DE BABY?
Hij zuigt op zijn duim

Vijftien weken duurt de zwangerschap nu, en de baby vertoont reflexen, een teken dat het zenuwstelsel zich snel ontwikkelt. Hij slikt, zuigt op zijn duim, reageert op aanraking. Zijn spieren worden krachtiger. Hij kan zijn knieën, zijn ellebogen en ook zijn vingers buigen. De zachte botten, nu nog van kraakbeen, nemen kalk op uit het bloed en verbenen in hoog tempo. De ledematen en de ribben hebben een kern van stevig bot. Op een röntgenfoto is het skelet zichtbaar. Het laatste restje staart is verdwenen, de anus heeft zich gevormd. De baby maakt gal, die zijn eerste ontlasting zwartgroen zal kleuren. Hij groeit nu vijftien gram per week.

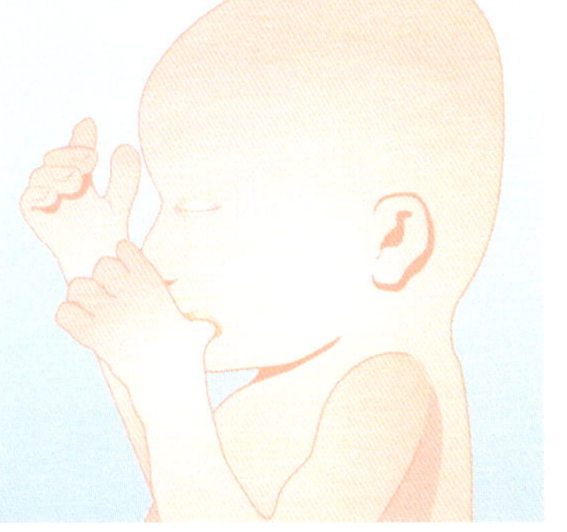

De baby kan zijn armen, benen en vingers buigen

8

Je zwangerschap en je werk

Zodra je weet dat je zwanger bent, is het nuttig om je werksituatie tegen het licht te houden. Je brengt per slot van rekening een groot deel van je tijd door met werken. Is je werksituatie veilig voor jou en de baby? Moeten er aanpassingen plaatsvinden? Wat zijn je rechten en plichten?

WANNEER VERTEL IK MIJN WERKGEVER DAT IK ZWANGER BEN?

Je bent zwanger en wilt dat eigenlijk nog niet met iedereen delen. Het kan immers nog misgaan, je wilt de echo even afwachten. Intussen ben je al misselijk en moe. Dat wreekt zich op je werk. Het liefst zou je 's ochtends een uurtje langer blijven liggen. Het is daarom nuttig om zo snel mogelijk aan je werkgever te vertellen dat je zwanger bent. Vanaf dat moment heb je namelijk recht op beschermende maatregelen. Voor jou en voor de baby.

Het is helemaal belangrijk je werkgever snel in te lichten als je risico loopt op je werk. Bijvoorbeeld als je met röntgenstraling werkt, of met giftige stoffen, of met kleine kinderen die infectieziekten kunnen hebben, of met kankerwerende medicijnen die aangeboren afwijkingen kunnen veroorzaken. In dat geval moeten er zo snel mogelijk maatregelen genomen worden om te zorgen dat de baby geen risico loopt.

Zodra je verteld hebt dat je zwanger bent, is de werkgever verplicht je informatie te geven. Over je verlof, maar ook over eventuele maatregelen die de werkgever neemt om jou en de baby te beschermen. Een gezonde moeder (en kind) is ook voor een werkgever belangrijk.

Vertel je werkgever zo snel mogelijk dat je zwanger bent en maak een afspraak met de bedrijfsarts

HOE WEET IK OF MIJN WERK VEILIG IS?

De werkgever is formeel verplicht om een risico-inventarisatie en -evaluatie (RI&E) te maken. Daarin staat welke risico's je loopt in je werk, en in het bijzonder tijdens de zwangerschap. Zoals gezegd, kan de bedrijfsarts je ook meer vertellen over je risico's, en een plan van aanpak maken. Werk je in een onveilige situatie,

LET OP

Maak zo snel mogelijk een afspraak met de bedrijfsarts. Hij is geheimhouding verplicht en kan je vertellen welke eventuele risico's je loopt en welke maatregelen daarvoor genomen kunnen worden. Vertel zelf de belangrijke dingen uit je medische voorgeschiedenis en je privésituatie. Die kunnen je extra kwetsbaar maken in de zwangerschap. Dat geldt bijvoorbeeld als je een hoge bloeddruk hebt, als je diabetes hebt, als je psychiatrische problemen hebt gehad, als je in je eentje zwanger bent of als je complicaties hebt gehad bij een vorige zwangerschap, zoals een vroeggeboorte of een te kleine baby. In dat geval is het nog belangrijker dat je niet overbelast wordt in de zwangerschap.

Als je twijfelt over de veiligheid van je werk, vraag dan bij je werkgever de risico-inventarisatie en -evaluatie (RI&E) op. Daarin staat wat de risico's zijn waaraan werknemers binnen het bedrijf blootstaan en wat eraan gedaan kan worden. Ook kun je je voor advies wenden tot de arbodienst, de bedrijfsarts, de ondernemingsraad of de vakbond.

Ben je zelfstandig ondernemer of werk je freelance, dan kun je advies vragen aan de huisarts of aan de vakbond voor zelfstandigen zonder personeel. De FNV heeft ook het Bureau Beroepsziekten, waar leden advies kunnen krijgen. Tegen betaling kun je ook zelf een arbodienst om advies vragen.

dan is de werkgever verplicht maatregelen te nemen of, als dat niet kan, je ander werk aan te bieden of vrij te geven.

In de RI&E staat of er in het bedrijf wordt gewerkt met stoffen die schadelijk zijn voor de vruchtbaarheid of voor het ongeboren kind. Daarvoor worden codes gebruikt, zoals 'kan de vruchtbaarheid schaden', 'kan het ongeboren kind schaden', 'mogelijk gevaar voor verminderde vruchtbaarheid' en 'kan erfelijke genetische schade veroorzaken'. Als een stof niet op de lijst voorkomt, wil dat overigens niet zeggen dat die niet schadelijk is. Er is nog lang niet van alle chemische middelen bekend wat ze precies teweegbrengen.

Risico's in de zwangerschap zijn:

- Lichamelijk zwaar werk, zoals zwaar tillen, trekken, duwen of dragen. Vooral in de laatste 3 maanden moet je dit niet te veel doen. Je mag in die periode ook niet verplicht worden vaker dan 1 keer per uur te hurken, knielen of bukken.
- Tillen. Je mag niet tillen boven de 10 kilo, en vanaf 20 weken niet boven de 5 kilo (maximaal 10 keer per dag, vanaf 30 weken maximaal 5 keer per dag).
- Staand werken. Je moet even kunnen zitten als je daar behoefte aan hebt.
- Stress. Is de werkdruk te hoog, overleg dan over aanpassing van de werktijden of de taken. Dat geldt ook als je agressie ervaart.
- Werken met chemische stoffen of straling.
- Werken met infectierisico. Dat geldt voor het risico op rodehond (kinderen, laboratorium), toxoplasmose (katten, tuinaarde), kinderziekten, zoals het parvovirus of de waterpokken (kinderdagverblijf).
- Extreme kou of hitte. De bloeddruk kan erdoor dalen waardoor er minder bloed naar de placenta stroomt.

- Hard geluid (maximaal 80 decibel, maximaal 8 uur per dag). De baby is heel gevoelig voor hard geluid, vooral voor bassen. Het is niet precies bekend vanaf welk moment.
- Werken onder overdruk.
- Sterke lichaamstrillingen of schokken. Dat geeft een risico op rugklachten, vroeg- en doodgeboorte.

Na 20 weken mag je:

- niet meer dan 5 x 10 kilo tillen;
- niet meer dan 25 keer bukken;
- niet meer dan 2 uur staan;
- niet meer dan 3 uur lopen;
- niet meer dan 5 x 15 treden traplopen;
- geen nachtdiensten doen;
- geen overwerk doen;
- niet langer dan 9 uur per dag, en 40 uur per week werken;
- alleen nog werken op regelmatige werktijden, met 12 uur hersteltijd ertussen.

Na 30 weken mag je:

- niet meer dan 5 x 5 kilo tillen;
- niet meer dan 10 keer bukken;
- niet meer dan 1 uur staan;
- niet meer dan 2 uur lopen.

Myrthe: *'Ik had net een nieuwe baan in een club. Hartstikke leuk, het verdiende goed. Ik werkte een paar nachten per week. Keiharde muziek natuurlijk, dat wel. Mijn verloskundige kende de club, ze was er wel eens geweest. Ze wist dus ook hoe hard de muziek er stond. En heeft me gezegd dat ik daar beter kon stoppen. Het geluid en de trillingen waren niet goed voor de baby. Mijn baas wist nog niet eens dat ik zwanger was, dat heb ik toen maar snel verteld. Ik kon administratief werk gaan doen, op kantoor. Dat was een goed alternatief.'*

Welke beroepen en functies zijn risicovol?

- Röntgenlaborant. Röntgenologen en röntgenlaboranten werken met röntgenstraling, die erfelijke afwijkingen kan veroorzaken. Ze kunnen het beste hun zwangerschapswens melden aan hun werkgever. Vrouwen krijgen dan extra bescherming, mannen vreemd genoeg niet.
- Stewardess en piloot. Vliegend personeel wordt blootgesteld aan kosmische straling in de atmosfeer, vooral bij intercontinentale vluchten. Rond de bevruchting en in de eerste weken van de zwangerschap verhoogt dat – enigszins – de kans op een kind met een aangeboren afwijking.
- Personeel op operatiekamers. Anesthesisten en anesthesieverpleegkundigen hebben een hogere kans op een miskraam, een kind met een aangeboren afwijking en een vroeggeboorte dan ander ziekenhuispersoneel. Dat komt door de narcosegassen waaraan ze worden blootgesteld. Veilig werken, met goede beschermende kleding, beperkt de blootstelling sterk.
- Verpleegkundige op een oncologieafdeling of apothekers(assistenten). Verpleegkundigen die werken met cytostatica (celgroeiwerende middelen) hebben een 1,5 tot 2 maal verhoogde kans op een kind met een aangeboren afwijking, een miskraam of een te lichte baby. Dat geldt ook voor apothekers of apothekersassistenten die in contact komen met deze stoffen. Goede bescherming is essentieel.
- Tuinder. Sommige pesticiden kunnen bij vrouwen vruchtbaarheidsproblemen veroorzaken en de kans op een kind met een aangeboren afwijking verhogen. Ook hier is goede bescherming belangrijk.
- Buitenwerksters in tuin, bos of plantsoen. Wanneer je in tuinen of bossen werkt, loop je risico op onder meer toxoplasmose en de ziekte van Lyme (door beten van teken). Draag bedekkende kleding en handschoenen.
- Personeel in de vleesverwerkende industrie. Als je werkt met rauw vlees loop je risico op toxoplasmose.
- Kattenverzorgster of dierenarts(assistente). Vrouwen die met katten werken, lopen het risico om toxoplasmose op te lopen en mogen niet worden gedwongen om door te werken, tenzij ze antistoffen tegen de ziekte hebben. Dierenartsassistentes kunnen ook met schade-

lijke medicijnen in aanraking komen. Dat een medicijn de vruchtbaarheid schaadt, staat niet altijd op het etiket. De apotheker of de dierenarts kan er meer informatie over geven.

* Laboratoriummedewerkster. Vrouwen die testen verrichten op toxoplasmose of rodehond mogen in de zwangerschap niet verplicht worden dit werk te doen, tenzij ze antistoffen hebben. Ook kunnen er op laboratoria chemicaliën gebruikt worden die schadelijk zijn voor de vruchtbaarheid.
* Kapster, kunstschilder, personeel in een chemische wasserij, een fotolaboratorium, de chemische industrie, de verfindustrie, een isotopenlaboratorium, drukkerij of autoreparatiebedrijf. Al deze werkers komen in aanraking met chemische stoffen die schadelijk kunnen zijn. Goede ventilatie en beschermende kleding zijn belangrijk. Zwangere vrouwen mogen niet werken met lood of loodwit (een verfkleurstof).
* Crècheleidster, kleuterleidster en kinderverpleegkundige. Rodehond is schadelijk voor de ongeboren vrucht, maar komt zelden meer voor. Bovendien zijn vrijwel alle vrouwen in de vruchtbare leeftijd daartegen beschermd door een vaccinatie. Alleen vrouwen die niet in Nederland zijn grootgebracht of om religieuze redenen niet zijn ingeënt, hebben niet altijd antistoffen. In het uitzonderlijke geval dat er tóch rodehond heerst op een crèche, een school of in een ziekenhuis, is het belangrijk dat een zwangere medewerkster stopt met werken totdat ze zeker weet dat ze antistoffen heeft. Er kunnen ook andere infectieziekten voorkomen op een crèche, zoals het parvovirus, waterpokken en cytomegalie. Als je daar geen antistoffen tegen hebt, is voorzichtigheid geboden. Goede hygiëne is heel belangrijk. Daarover lees je meer in het hoofdstuk 'Infecties in de zwangerschap'.

René: *'Ik werk vanaf mijn zestiende in een chemische wasserij. Sinds tien jaar heb ik mijn eigen bedrijf. Ik heb veel vrouwelijk personeel. We werken met* PER, *dat is de afkorting van perchloorethyleen. Dat is giftig. Toen ik mijn eigen bedrijf begon, heb ik meteen geïnvesteerd in veiligheidsmaatregelen. Dat is verplicht. We hebben geen open maar gesloten machines, en er is een goede afzuiginstallatie. Ik zie erop toe dat er geen onverpakte voedingsmiddelen in de werkruimte liggen.* PER *is zwaarder dan lucht en kan neerslaan op voedingsmiddelen. Zo kun je het binnenkrijgen. Er mag niet gerookt worden – sigarettenrook kan een verbinding aangaan met* PER, *dan ontstaan er weer andere giftige stoffen.*

We hebben een risico-inventarisatie laten maken, dat is verplicht. Als vrouwen zwanger zijn, laat ik ze voor alle zekerheid geen was meer uit

---

HOE GAAT HET MET DE BABY?

Hij schopt een deuk in de baarmoederwand

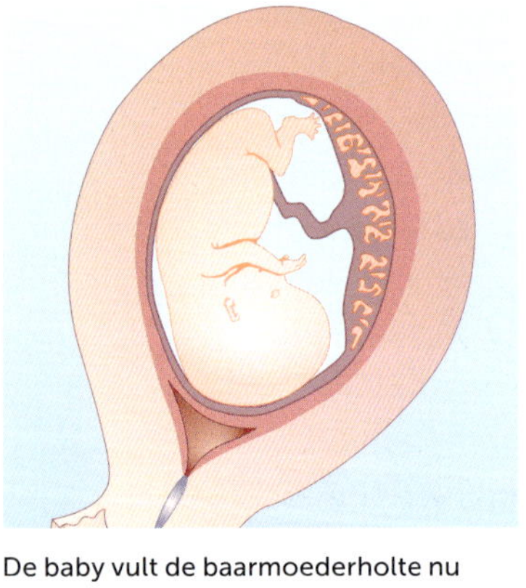

De baby vult de baarmoederholte nu helemaal op

Zestien weken nu, en geleidelijk vult de baby de holte in de baarmoeder helemaal op. Als het kind zich afzet, deukt de baarmoederwand in als een trampoline. Eindelijk zijn de benen langer dan de armen, zodat de baby flink kan schoppen.

Dat alles maakt dat de bewegingen van de baby de komende weken voor de moeder voelbaar worden. Vooral moeders die aan een eerdere zwangerschap een soepele baarmoeder hebben overgehouden, kunnen al vroeg leven voelen.

Intussen is de baby van kruin tot stuit 12 centimeter lang. Hij weegt 110 gram. Op het hoofdje groeit donshaar, de nageltjes zijn gevormd. De bovenrand van de baarmoeder reikt tot halverwege het schaambotje en de navel.

de machines halen. Zwangere vrouwen doen dan andere dingen – strijken, vouwen, op een plek waar je de PER *niet ruikt.*

Mijn medewerksters vertellen het meestal meteen als ze zwanger zijn. We zijn een klein, hecht team, en ze zijn meestal heel trots dat ze zwanger zijn. Ik vind het geen enkel probleem om dan het werk wat aan te passen.

Misschien scheelt het dat mijn eigen vrouw moeilijk in verwachting raakte. Daardoor weet ik dat zwanger worden niet vanzelfsprekend is en heb ik meer begrip. Overigens had haar vruchtbaarheidsprobleem niets met de stomerij te maken, haar eileiders waren moeilijk doorgankelijk. Toen dat probleem was opgelost, was ze zo zwanger. Ik heb nu twee gezonde kinderen. Ik ben erg wijs met ze.'

Als het werk je zwaar valt, kun je in overleg met de werkgever wellicht een uurtje later beginnen

LET OP

! Voor alle zwangere werkneemsters geldt: houd je strikt aan de veiligheidsmaatregelen en de hygiëne-eisen. Draag beschermende kleding, handschoenen en mondkapjes waar dat is aangegeven. Volg strikt de instructies over handen wassen en andere hygiënische maatregelen.

HEB IK NOG EXTRA RECHTEN IN DE ZWANGERSCHAP?

Vanaf het moment dat je zwanger bent, heb je recht op aanpassing van je werk. Dat geldt voor eventuele onveilige situaties, voor zwaar fysiek werk, maar ook voor werktijden. Je kunt daar

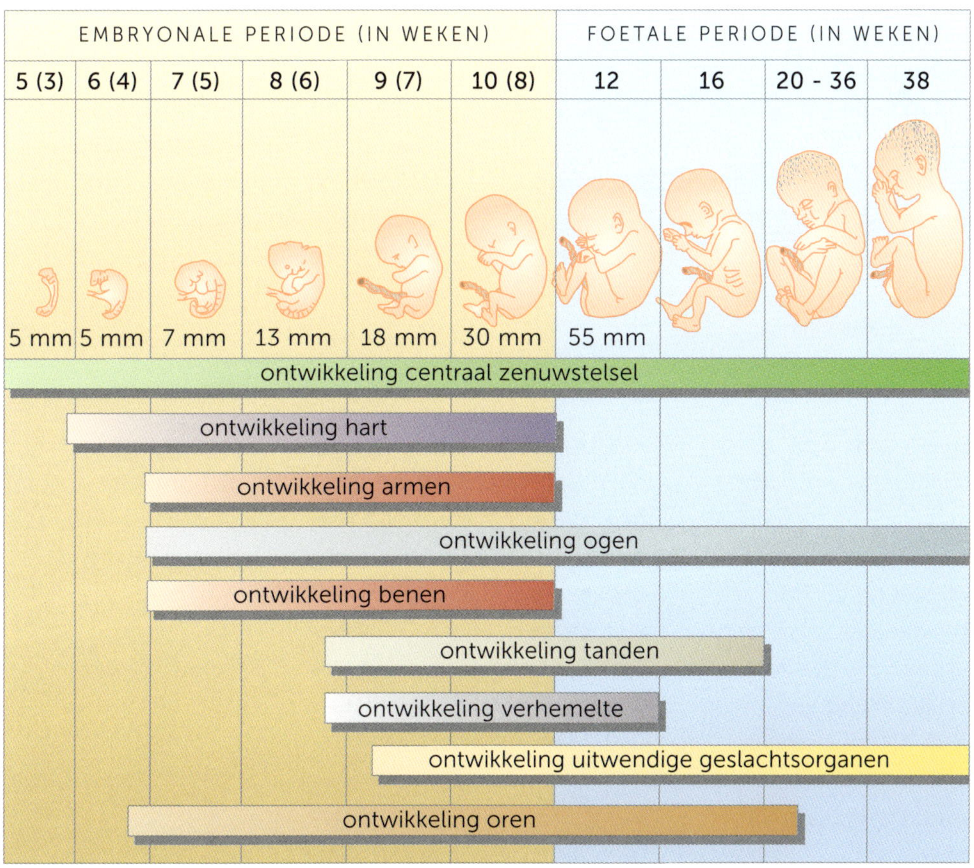

afspraken over maken met je werkgever als ze te belastend zijn. Zo heb je recht op extra pauze als het werk je zwaar valt. Je zou bijvoorbeeld kunnen overleggen met de werkgever of je een uurtje later zou kunnen beginnen als je in de eerste drie maanden last hebt van ochtendmisselijkheid.

In de zwangerschap en in de eerste twaalf weken na de bevalling mag je niet vanwege de zwangerschap ontslagen worden. Ook tijdens een sollicitatie mag je niet vanwege de zwangerschap afgewezen worden. Daarom hoef je niet te vertellen dat je zwanger bent.

In de zwangerschap heb je recht op:

* regelmatige werk- en rusttijden;
* extra pauzes (maximaal 1/8 deel van je werktijd);
* een (afsluitbare) rustruimte met bed of bank;
* een bezoek aan de verloskundige of het ziekenhuis in werktijd;
* ontheffing van overwerk en nachtdiensten.

Deze rechten – behalve die van het bezoek aan de verloskundige of het ziekenhuis – gelden tot een halfjaar na de bevalling.

Mirjam: *'Ik ben anesthesiemedewerkster op de operatiekamer van een ziekenhuis, en vond het heel zwaar om te werken toen ik zwanger was. Je staat uren achter elkaar te werken en weet nooit precies hoe lang een operatie duurt. In het begin was ik misselijk, dat was heel lastig op de OK. Even iets eten tussendoor, dat gaat niet. Ik moest vaak plassen – dat kon eigenlijk niet. Ik werd blootgesteld aan narcosegassen; dat is eigenlijk schadelijk in de zwangerschap. En als er tussentijds een röntgenfoto gemaakt moest worden, moest ik een loodschort aan. Dat gaat lastig met een dikke buik. Bovendien is het niet afdoende, eigenlijk had ik er helemaal niet bij mogen zijn. Maar zie dat maar eens geregeld te krijgen. Er is op dat moment geen vervanging voor jou, je kunt niet even weglopen. Mijn kind is gelukkig gezond geboren, maar ik heb flink in de rats gezeten.'*

Joris: *'Het verhaal van Mirjam is in alle opzichten een voorbeeld van hoe het* niet *moet. Bezwijk niet voor de druk van collega's en leidinggevenden om, zoals hier, toch röntgenfoto's te maken of lange dagen te staan. Zoek contact met de bedrijfsarts om een plan te maken voor aanpassingen op het werk!'*

Antoinette: *'Ik ben verpleegkundige in het* AMC *op de kraamafdeling. Mijn vorige zwangerschap eindigde in een spoedkeizersnede nadat ik bij 32 weken opgenomen was omdat de baby niet genoeg groeide. Ze waren bang dat de placenta een stukje*

HOE GAAT HET MET DE BABY?
Hij ademt

250 gram weegt de baby als hij 17 weken is, evenveel als een pakje boter. Van kop tot kont meet hij zo'n 15 centimeter. En hij ademt! Niet om zuurstof te vergaren – die krijgt hij via de navelstreng. Toch zijn de adembewegingen van de foetus van levensbelang. Ze zorgen dat de longen zich vullen met een laagje vruchtwater. Dat is nodig om de longen te laten groeien. Daarnaast zorgt het ademen dat de ademhalingsspieren sterk worden, zodat ze meteen na de geboorte in actie kunnen komen. En het is een oefening voor het ademhalingscentrum in de hersenen. Hoe meer oefening, des te meer zenuwuitlopers er naar de spieren zullen lopen.
Ademen in de baarmoeder vergt van het kind een flinke inspanning. Als hij te weinig voeding of zuurstof krijgt, of als de moeder alcohol heeft gedronken, houdt hij er een poosje mee op. Om energie te sparen.

had losgelaten. Gelukkig is het met mij en de baby helemaal goed gekomen. Mijn gynaecoloog heeft de tweede zwangerschap met de bedrijfsarts overlegd. Ik mocht geen onregelmatige diensten meer doen, en ben vrij snel overgeschakeld van patiëntenzorg naar werk achter de balie. Ze hebben benadrukt dat ik me absoluut aan het wettelijk toegestane extra uur rusttijd moest houden. Toen mijn bloeddruk iets opliep, ben ik halve dagen gaan werken. Zo heb ik kunnen doorwerken tot 34 weken, mijn bloeddruk is goed gebleven, de groei was nu ook beter en ik hoefde niet opgenomen te worden. Uiteindelijk is het een keizersnede geworden omdat de baby relatief groot was en niet was ingedaald.'

In de zwangerschap heb je recht op extra pauzes

HOEVEEL VERLOF KRIJG IK STRAKS?

Je hebt recht op 16 weken verlof. Daarbij kun je kiezen of je 4, 5 of 6 weken voor de uitgerekende datum wilt stoppen. Na de bevalling heb je dan nog 12, 11 of 10 weken verlof. Als de baby later geboren wordt, krijg je extra verlof. Na de bevalling heb je namelijk recht op minstens 10 weken.

Daarnaast heb je recht op ouderschapsverlof, maar dat is onbetaald. Jij of je partner kunt 3 maanden verlof opnemen of 13 keer het aantal uren dat je per week werkt. Die uren kun je ook uitsmeren over een halfjaar of een jaar. Als je het je kunt permitteren, is het zeer de moeite waard om ouderschapsverlof op te nemen. Je zult straks merken dat het ouderschap je leven op zijn kop zet.

Esther: *'Bij mijn eerste kind dacht ik er niet aan om ouderschapsverlof te nemen. Ik had een leuke baan en was ambitieus. Aan mij zouden ze niet merken dat ik moeder was geworden, ik zou zo snel mogelijk weer full speed aan het werk gaan.*

Dat viel tegen. Ik ben nog nooit in mijn leven zo moe geweest als tijdens die eerste weken na de geboorte van mijn oudste dochter. En vanaf het moment dat ze geboren was, dacht ik helemaal niet meer aan mijn werk.

Ik ben na drie maanden weer aan het werk gegaan, want dat had ik nu eenmaal zo afgesproken. Maar nog twaalf weken later zat ik ziek thuis: overspannen. Ik ben er drie maanden uit geweest en ben toen weer rustig aan begonnen.

Toen ik zwanger was van de tweede, heb ik meteen aangekondigd dat ik ouderschapsverlof zou nemen. Ik heb drie maanden fulltime ouderschapsverlof genomen. Zo kon ik een halfjaar borstvoeding geven zonder dat ik hoefde te kolven op het werk. Na dat halfjaar had ik echt weer zin om te gaan werken, heel anders dan de eerste

---

HOE GAAT HET MET DE BABY?

Hij wordt omhelsd in de baarmoeder

Achtien weken nu, en de baarmoeder trekt regelmatig samen: de moeder heeft harde buiken. Eventjes stroomt er minder bloed door de placenta en staat de zuurstoftoevoer op een laag pitje. De longen worden een beetje samengeknepen. De baby stopt met 'ademen'. Hij ondergaat een krachtige omhelzing. Dat stimuleert zijn zenuwstelsel om zich te ontwikkelen.

Het kind heeft nu bruin vet tussen de schouderbladen en rond de nieren, een goede brandstof. De eerste dagen na de geboorte kan hij zich daarmee warm houden.

De speekselklieren werken. Elke drie kwartier leegt de baby zijn blaas. Hij kan langzaam de ogen bewegen, achter de nog steeds gesloten oogleden. En hoewel het oor nog lang niet is volgroeid, kan het kind toch al reageren op geluid.

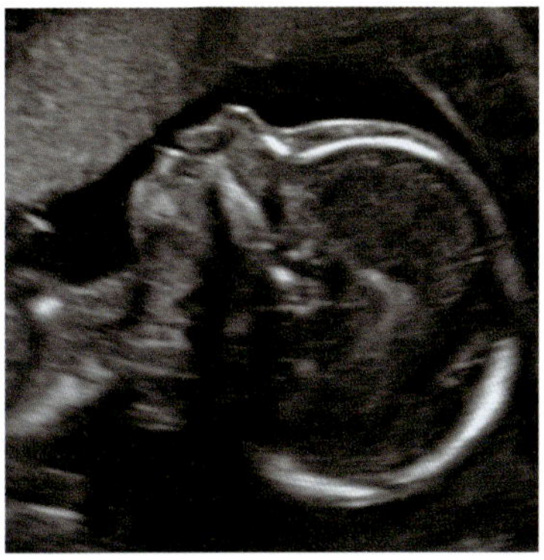

Het is bijna tijd voor de 20-wekenecho, ofwel het structureel echoscopisch onderzoek (SEO)

keer. Ik was er dit keer veel sneller weer bovenop en heb bovendien veel meer van de eerste maanden van mijn dochter kunnen genieten.'

HOE KUNNEN WE HET BESTE DE KINDEROPVANG REGELEN?

Je kunt niet vroeg genoeg beginnen om met je partner te bespreken hoe je de kinderopvang gaat regelen en de taken gaat verdelen. De ervaring leert dat Nederlandse stellen vrijwel nooit allebei fulltime blijven werken als er een baby is. We hebben van oudsher in Nederland een laag percentage werkende moeders, en hoewel inmiddels de meeste moeders een baan hebben, werken de meeste vrouwen met kinderen nu parttime. Steeds meer mannen doen dat ook, en nemen dan ook een dag de zorg op zich.

De vraag is dus: gaan jullie beiden een dag minder werken zodat er nog maar twee of drie dagen overblijven om oppas te regelen? Of blijft de meest verdienende ouder fulltime werken en levert de minst verdienende één of twee dagen in? Zijn er straks oma's of opa's of andere vertrouwde personen die met liefde een dag in de week willen komen oppassen? Zo niet, welke kinderdagverblijven zijn er in de buurt? Of kies je liever voor een oppas aan huis? Wanneer je je gaat inschrijven voor kinderopvang, kun je dat het beste vroeg doen. De wachttijden zijn vaak lang.

Maak vast een kostenplaatje voor straks. Hoeveel ben je kwijt aan kinderopvang? Hoeveel houd je over als je beiden een dag minder gaat werken? Kijk op www.belastingdienst.nl voor informatie over de kinderopvangtoeslag. Die ontvang je van de Belastingdienst bovenop de kinderbijslag als je aan bepaalde voorwaarden voldoet. Heb je een laag inkomen, dan heb je misschien recht op het kindgebonden budget, een extra toeslag bovenop de kinderbijslag. Ben je in je eentje zwanger, vraag dan je boekhouder of de Belastingdienst hoe het straks financieel voor je uitpakt. Voor alleenstaande ouders geldt een gunstiger belastingtarief. Dat geeft je wellicht de mogelijkheid een dag minder te gaan werken.

9

Prenataal onderzoek

Je kunt in deze tijd al in de zwangerschap veel te weten komen over de gezondheid en de groei van de baby. Dat kan door echo's, een bloedonderzoek bij de aanstaande moeder, de combinatie van echo en bloedtest, een vlokkentest van de moederkoek of een vruchtwaterpunctie. Voordat je hiertoe besluit, is het belangrijk te weten wat de voor- en nadelen zijn. En om te beseffen dat verreweg de meeste baby's in goede conditie worden geboren.

WAT VOOR PRENATAAL ONDERZOEK KAN IK LATEN DOEN?

Het eerste onderzoek in de zwangerschap, dat doe je zelf: de zwangerschapstest! De uitslag staat ongetwijfeld nog in je geheugen gegrift. Na deze test, die je leven verandert, zullen er nog wat onderzoeken volgen. Welke onderzoeken, dat is afhankelijk van je leeftijd of van andere risicofactoren, maar natuurlijk ook van wat je zelf graag wilt.

Het onderzoek dat iedereen krijgt aangeboden is de termijnecho, ook wel de dateringsecho genoemd. Daarbij wordt de uitgerekende datum vastgesteld. Deze echo is het meest betrouwbaar als je zo'n tien weken zwanger bent. De maten van de baby geven dan het meest exact weer hoe oud de baby is.

De onderzoeken die daarna volgen, als je ervoor in aanmerking komt, of als je er zelf voor kiest (en betaalt), kun je onderverdelen in twee groepen: risicobepaling en diagnostiek.

Risicobepaling wordt ook wel prenatale screening genoemd. Dat is een kansberekening, een onderzoek dat aangeeft of je een hoog of een laag risico hebt op een baby met een aangeboren afwijking. Daaronder vallen de combinatietest, de NIPT (niet-invasieve prenatale test) en de 20-wekenecho.

Daarnaast is er prenatale diagnostiek: onderzoek op indicatie. Dat is onderzoek waarbij met grote zekerheid een diagnose wordt gesteld: een vlokkentest, een vruchtwaterpunctie of een uitgebreid echoscopisch onderzoek.

Als je een verhoogd risico hebt op een kind met een aangeboren afwijking, dan kom je in aanmerking voor prenatale diagnostiek. Dat kan zijn door je leeftijd (boven de 36) of door de

LET OP

Bedenk bij elk onderzoek of je graag wilt dat het gebeurt. Weeg de voor- en de nadelen tegen elkaar af en besluit met je partner wat bij jullie past. Twijfel je, praat er dan over met de verloskundige of de gynaecoloog.

uitslag van de combinatietest, de NIPT of de 20-wekenecho. De diagnostiek geeft je uitsluitsel.

HOE WERKT EEN ECHO?

Bij een echo, voluit echoscopie genoemd, worden er onhoorbare geluidsgolven de buik in gestuurd. De weefsels en organen in het lichaam kaatsen die golven terug, maar elk weefsel doet dat op een andere manier. Al die verschillende geluidsfrequenties worden omgezet in beeld.

Als je vroeg in de zwangerschap een echo krijgt, bijvoorbeeld omdat je bloedverlies hebt, dan is dat meestal een vaginale echo. De baby is dan beter te zien. Daarvoor moet de blaas leeg zijn. De verloskundige, arts of echoscopist brengt een smalle transducer (een staafje) in de vagina in.

Wanneer de zwangerschap meer dan drie maanden gevorderd is, wordt een echo meestal via de buikwand gemaakt. Dan krijg je een kloddertje gel op je buik om te zorgen voor een goede geleiding.

Steeds meer echocentra hebben een 3D-echoapparaat waarmee de baby driedimensionaal zichtbaar is. Dat geeft een heel goed beeld van hoe het kindje er werkelijk uitziet.

WAT IS ER TE ZIEN OP DE TERMIJNECHO?

Van oudsher bepaalden we de uitgerekende datum door de eerste dag van de laatste menstruatie. Dat was de enige datum die met zekerheid was vast te stellen. De bevruchting had ongeveer twee weken erna plaatsgevonden, diep in het verborgene, dus het precieze moment van bevruchting bleef ongewis. De uitgerekende datum viel daarom veertig weken na de eerste dag van de laatste menstruatie. Zodra je over tijd was, was je al vier weken zwanger. Twee weken kreeg je als het ware cadeau. Vanaf die eerste dag van je laatste menstruatie duurt een zwangerschap gemiddeld veertig weken. Verloskundigen en artsen rekenen nog steeds zo. Ze spreken van 'amenorroe', ofwel: de tijd dat je niet meer ongesteld bent geweest. Dat is nu eenmaal geheel ingeburgerd geraakt.

De werkelijke zwangerschapsduur, vanaf de bevruchting tot de uitgerekende datum, bedraagt maar 38 weken. Dat is een gemiddelde.

De vroegere methode om de zwangerschapsduur te bepalen, op grond van je laatste menstruatie, is niet erg betrouwbaar. Daarom krijgt je in de eerste drie maanden van de zwangerschap een

---

HOE GAAT HET MET DE BABY?

Hij heeft een vingerafdruk

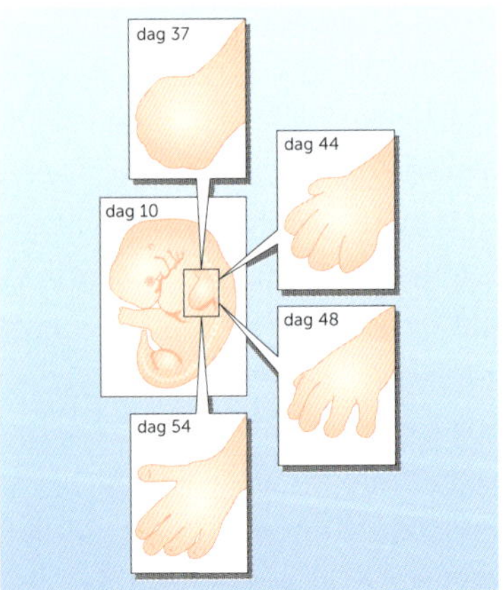

Over het hele lichaam van de baby verschijnen donshaartjes, de 'lanugoharen'. Ze zullen voor de geboorte weer verdwijnen. De talgkliertjes in de huid beginnen een kaasachtig huidsmeer aan te maken: *vernix caseosa* die de huid beschermt tegen het vruchtwater.

De baby heeft zijn unieke vingerafdruk. Die wordt niet bepaald door erfelijkheid, maar door voeding. Bij een foetus die karig te eten krijgt, doordat zijn moeder ondervoed is of doordat de placenta slecht werkt, zwellen de groeiende vingertoppen sterk op. Dat geeft een cirkelvormige vingerafdruk. Bij een goed doorvoede foetus zwellen de vingertoppen veel minder, zodat de lijntjes op de kussentjes van de vingertoppen de vorm van een boogje krijgen. Van kop tot kontje meet de baby zo'n 15 centimeter.

echo aangeboden: de termijnecho of de dateringsecho. Zo wordt de uitgerekende datum bepaald. Deze methode voorkomt dat er aan het eind van de zwangerschap, als je overdragen dreigt te raken, discussie is over de zwangerschapsduur. Het voorkomt ook dat de bevalling onterecht wordt ingeleid. Een ander voordeel van de termijnecho is dat, mocht het een tweeling zijn, in dit vroege stadium nog goed te zien is of het een eeneiige of een twee-eiige tweeling is.

Een termijnecho is het meest betrouwbaar rond de tiende zwangerschapsweek, maar moet in elk geval voor de twintigste week gemaakt worden. Tot die tijd groeien alle embryo's even snel. Daarna zijn er verschillen in grootte en is de echo niet meer zo betrouwbaar om de zwangerschapsduur te bepalen.

Wat bekijkt de echoscopist bij een termijnecho? Op de eerste plaats of er een levend vruchtje te zien is: een embryo met een kloppend hartje. Vervolgens kijkt hij hoe groot het embryo is. Vóór de 12e week wordt de kruin-romplengte gemeten: de lengte van hoofd tot stuitje. Daarmee wordt de zwangerschapsduur bepaald.

Vanaf 12 weken wordt ook de afstand tussen de oortjes gemeten: de breedte van het hoofdje. En ook de omtrek van het hoofdje. Als het hoofdje breder is dan 23 millimeter, of als de omtrek groter is dan 80 millimeter, dan wordt de zwangerschapsduur bepaald aan de hand van de hoofdomtrek. Die is dan het meest betrouwbaar.

Vindt de termijnecho pas plaats ná 18 weken, dan wordt naast de omtrek van het hoofdje ook de dwarsdoorsnede van de kleine hersenen gemeten. De echo wordt dan na twee weken nog een keer herhaald. Van beide metingen wordt het gemiddelde genomen om betrouwbaar de zwangerschapsduur vast te stellen.

Bij de termijnecho wordt er gekeken:

- of er een vruchtzak te zien is *in* de baarmoeder;
- of het hartje klopt;
- of het een eenling of een tweeling (of drieling) is;
- als het een tweeling is: of het een eeneiige of een twee-eiige tweeling is;
- hoe ver de zwangerschap gevorderd is (aan de hand van de grootte van het kind).

Wat zie je wanneer op de echo:

- Als je 4,5 à 5 weken zwanger bent (1 week over tijd), is er een ringetje te zien: de zwangerschapsring. Ligt het ringetje *in* de baarmoeder? Dan is het gelukkig géén buitenbaarmoederlijke zwangerschap.
- Als je 5,5 weken zwanger bent (1,5 week over tijd), dan is de dooierzak te zien – een ballonnetje aan een dunne steel dat het embryo van voeding voorziet en waar de geslachtscellen ontstaan. De zwangerschapsring heeft nu een doorsnede van 1 centimeter.
- Vanaf het moment dat je 6 weken zwanger bent (2 weken over tijd), is er met een vaginale echo een kloppend hartje te zien. Met een buikecho is dat het geval vanaf 6 à 7 weken (2 tot 3 weken over tijd).
- Vanaf het moment dat je 7 weken zwanger bent (3 weken over tijd), is de vorm van het embryo zichtbaar.
- Als je 11 tot 14 weken zwanger bent, dan is de nekplooi goed zichtbaar. Bij een verdikte nekplooi bestaat er een verhoogde kans op downsyndroom. De ligging van de placenta is vanaf dit moment ook te zien, net als de hoeveelheid vruchtwater en de ligging van de baby. En de breedte van het hoofdje, de omtrek van het hoofdje en de lengte van het dijbeen.
- Bij de 20-wekenecho worden de orgaansystemen van de baby nagekeken, om te kijken of alles in aanleg normaal is. In sommige verloskundigenpraktijken wordt ook de lengte van de baarmoederhals opgemeten om het risico op vroeggeboorte te voorspellen. Bij deze 20-wekenecho zijn het skelet, de zintuigen en de organen van het kind te zien (wervelkolom, oren, hersenen, hartje met hartkamers, bloedsomloop, nieren, lever en niet te vergeten: het geslacht van de baby). En de omtrek van het hoofd, de buikomtrek en de lengte van het dijbeen.
  Ook kan de echoscopist kijken of de navelstreng van de baby netjes in de placenta uitkomt en

niet in de vruchtvliezen. Dat laatste komt gelukkig zelden voor, maar áls er kinderlijke bloedvaten door de vliezen lopen, dan kan dat bij de bevalling een gevaarlijke situatie opleveren. *Vraag daarom of de echoscopist wil kijken naar de plaats waar de navelstreng is aangehecht: de navelstrenginsertie.* Als deze afwijkend is, word je verwezen naar de gynaecoloog.

- Als je ongeveer 30 weken zwanger bent, kan worden bekeken of de baby goed gegroeid is en of de placenta goed werkt. We zien dat aan de grootte van het hoofd, de benen en de buik en de geschatte hoeveelheid vruchtwater. En de plaats van de placenta is goed te zien: ligt deze niet voor de baarmoedermond? Als dat toch het geval is, krijg je een verwijzing voor de gynaecoloog. Vaak wordt bij een groei-echo de doorbloeding van de placenta gemeten, en soms ook de doorbloeding in het hoofd. Zo kun je zien of de placenta het kind nog van voldoende voeding kan voorzien. Een kind dat onvoldoende voeding krijgt via de placenta, stuurt vaak relatief veel bloed naar het hoofd omdat dat het belangrijkste orgaan is. Overigens is een groei-echo geen routine. Bij twijfel over de groei van de baby worden één of meer echo's gemaakt. Als je in het verleden een te klein kind hebt gekregen, dan worden vaak bij bijvoorbeeld 28 weken en 32 weken echo's gemaakt voor de groei.
- Als er twijfel is over de ligging, dan kun je bij 36 weken met de echo kijken hoe de baby ligt. Meestal is het gemakkelijk met uitwendig onderzoek vast te stellen en is deze echo niet nodig.
- Bij alle termijnen is te zien of het één kind is of een tweeling, maar vaak is alleen in het eerste trimester te zien of het een eeneiige of een twee-eiige tweeling is.

PRENATALE SCREENING: HOE GROOT IS JE KANS?

Prenatale screening is een kansberekening. Een risicobepaling die je vertelt hoe groot de kans is op een kind met downsyndroom of een andere aangeboren of erfelijke afwijking. Er zijn diverse vormen van kansberekening.

Zo is er de combinatietest waarbij bepaalde hormoonwaarden in het bloed van de moeder worden gemeten. Die uitslag wordt gecombineerd met bijvoorbeeld de dikte van de nekplooi van het kind bij twaalf weken. De nekplooi wordt met de echo gemeten. De combinatie van deze gegevens geeft aan hoe groot de kans is op een chromosomale afwijking, zoals het syndroom van Down, het syndroom van Patau en het syndroom van Edwards. Verderop worden ze uitgelegd.

Prenatale screening geeft dus géén uitsluitsel. Bij een verhoogde kans moet alsnog diagnostiek plaatsvinden: een chromosoomonderzoek van de baby. Dat gebeurt door erfelijk materiaal van

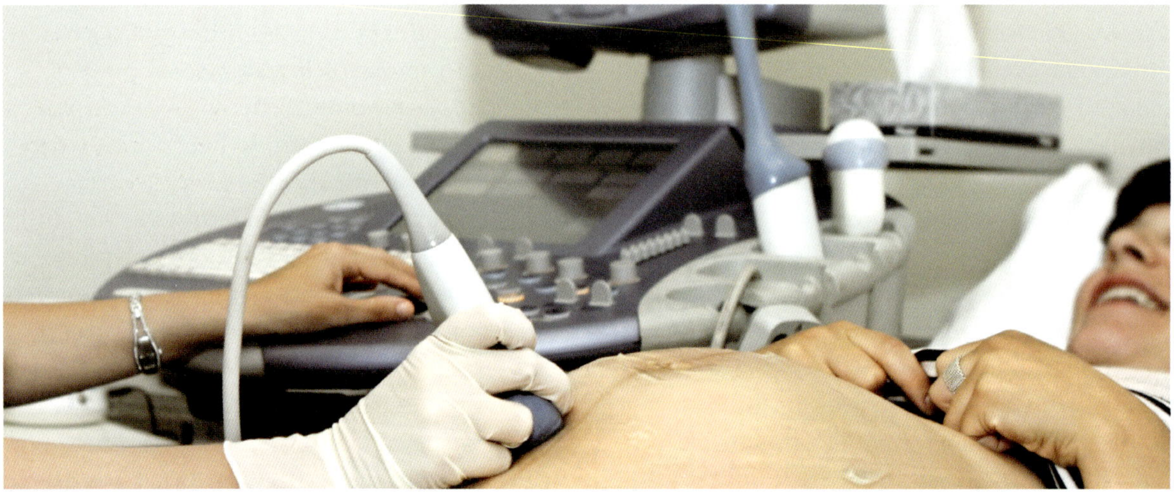

LET OP

! De combinatietest geeft géén kansberekening voor de geslachtschromosomale afwijkingen, zoals het syndroom van Klinefelter en het syndroom van Turner. De NIPT doet dat wel.

de baby af te nemen uit de placenta (vlokkentest) of het vruchtwater (vruchtwaterpunctie).

Ook de NIPT is een optie, al is dat strikt genomen geen diagnostiek. Bij de NIPT wordt erfelijk materiaal van de baby gewonnen uit het bloed van de moeder. De NIPT is een kansberekening met een hoge mate van zekerheid, hoewel een afwijkende uitslag altijd nog bevestigd moet worden door een vlokkentest of vruchtwaterpunctie.

Of je kiest voor prenatale screening of prenataal onderzoek, dat is vanzelfsprekend geheel aan jou en je partner. Het is belangrijk om hierover op tijd het gesprek aan te gaan en te bespreken wat past bij jouw of jullie levensovertuiging en bij je persoonlijke situatie. Realiseer je daarbij dat elk onderzoek onzekerheid met zich meebrengt. Weet je zeker dat je de zwangerschap niet zou laten afbreken bij een afwijkende uitslag, dan is het niet verstandig om je te laten testen. Het onderzoek brengt immers stress met zich mee, zeker als je een verhoogd risico blijkt te hebben. Dan zul je vervolgonderzoek laten verrichten, wat weer nieuwe stress en onzekerheid met zich meebrengt.

Prenatale screening:

* De combinatietest tussen de 9 en 14 weken. Hiermee bepaal je de kans op een kind met downsyndroom, patausyndroom en edwardssyndroom. Kosten: ongeveer 160 euro. Ben je jonger dan 36, dan moet je dit onderzoek meestal zelf betalen (check je polis).
* De NIPT: bloedonderzoek van de moeder op chromosoomafwijkingen van de baby, vanaf 10 weken. Alleen bij een verhoogd risico (op medische indicatie) in onderzoeksverband, bij een academisch ziekenhuis. Heb je geen verhoogd risico, dan kun je in het buitenland een NIPT laten verrichten voor eigen rekening (circa 700 euro).
* De 20-wekenecho om te kijken of de baby zichtbare afwijkingen heeft. Dit onderzoek krijgt iedereen aangeboden.

LET OP

Hoewel je een echo laat maken in de hoop en eigenlijk ook verwachting dat je gerustgesteld wordt en te horen krijgt dat alles er goed uitziet, kan het zijn dat er iets afwijkends wordt gevonden. Soms betekent dit dat het kind een afwijking heeft. Maar heel vaak betekent het dat je later in de zwangerschap terug moet komen voor een nieuwe echo. Vaak is er dan niets meer aan de hand. Toch ben je ongerust geweest. Dat is vervelend. Houd er rekening mee dat dit kan gebeuren.

WAAR KUN JE JE OP LATEN SCREENEN IN DE ZWANGERSCHAP?

Prenatale screening is vooral bedoeld om een chromosoomafwijking op te sporen, en dan met name een zogenoemde trisomie. Dat wil zeggen dat er vlak na de bevruchting iets is fout gegaan in de celdeling. Daardoor dragen alle cellen geen twee, maar drie exemplaren van één bepaald chromosoom. De meest bekende is de trisomie 21, ofwel downsyndroom. Maar ook de trisomie 13 komt voor (patausyndroom) en de trisomie 18 (edwardssyndroom).

Het kan zijn dat er van het geslachtschromosoom (X of Y) een te veel of een te weinig voorkomt. Ook dat is een delingsfout.

De kans op zo'n fout in de celdeling neemt toe naarmate de moeder ouder is. Daarom komen vrouwen boven de 36 in aanmerking voor een combinatietest op kosten van de zorgverzekeraar. Zij kunnen ook meedoen aan een NIPT-onderzoek in een van de academische ziekenhuizen.

Als daarbij blijkt dat ze inderdaad een verhoogd risico hebben, volgt nog een vlokkentest of een vruchtwaterpunctie. Die geeft uitsluitsel.

WAT IS DOWNSYNDROOM?

Downsyndroom is een trisomie 21. Dat wil zeggen dat het kind 3 in plaats van 2 exemplaren van het 21e chromosoom heeft; dat is er dus 1 te veel. Downsyndroom komt voor bij 1 op de 500 kinderen. De kans neemt toe naarmate de moeder ouder is. De kans op een delingsfout na de bevruchting is dan verhoogd. In 5 procent van de gevallen wordt downsyndroom veroorzaakt door een chromosoomafwijking bij een van de ouders. Dat is de erfelijke variant. Twee stukjes chromosoom zijn dan van plaats verwisseld. Dat geeft bij de ouder meestal geen problemen, maar bij zijn of haar kinderen wel. Zo'n kind heeft dan een stukje chromosoom te veel of te weinig. Als dat net het 21e chromosoom betreft, krijgt een kind downsyndroom.

WAT IS HET PATAUSYNDROOM?

Het patausyndroom is een trisomie 13. Dat wil zeggen dat het kind een te veel heeft van het 13e chromosoom: 3 in plaats van 2. Het komt voor bij 1 op de 9.500 kinderen. Net als bij downsyndroom neemt deze kans toe naarmate de moeder ouder is. De kans op een delingsfout is dan verhoogd. Bij 5 tot 10 procent van de kinderen met een trisomie 13 heeft een van de ouders een erfelijke afwijking: twee stukjes chromosoom die van plaats zijn verwisseld. Net als bij downsyndroom.

Bij een trisomie 13 treedt meestal een miskraam op. Is dat niet het geval, dan wordt het kind geboren met ernstige afwijkingen in de hersenen, het hart, en vaak ook de nieren en het gezicht. De meeste baby's met trisomie 13 overlijden binnen een paar weken na de geboorte. Slechts 5 tot 10 procent van de kinderen wordt ouder dan een jaar. Zij hebben een ontwikkelingsachterstand.

WAT IS HET EDWARDSSYNDROOM?

Het edwardssyndroom is een trisomie 18. Dat wil zeggen dat het kind 3 in plaats van 2 exemplaren van het 18e chromosoom heeft. Het komt voor bij 1 op de 8.500 kinderen. Net als bij downsyndroom en het patausyndroom neemt de kans erop toe naarmate de moeder ouder is, en ook hier bestaat een erfelijke vorm waarbij stukjes chromosoom van plaats zijn verwisseld.

LET OP

Niet alle afwijkingen worden op de echo gezien. De echo biedt dus geen garantie op een gezond kind. Hartafwijkingen zijn bijvoorbeeld vaak erg moeilijk zichtbaar en worden in ongeveer 60 procent van de gevallen gezien op de echo. 40 procent van de aangeboren hartafwijkingen wordt dus niet ontdekt met de echo. De positieve kant van de echoscreening is dat kinderen met een geconstateerde hartafwijking weliswaar ziek zijn, maar een betere kans hebben gezond te leven omdat ze in een gespecialiseerd ziekenhuis worden geboren.

Als een ouder zo'n verhaspeld chromosoom doorgeeft aan zijn of haar kind kan dat een trisomie krijgen.

Van de kinderen met trisomie 18 overlijden 9 van de 10 kinderen in het eerste levensjaar. Zij blijven al in de zwangerschap achter in groei en hebben vaak een hartaandoening, nieraandoeningen, een neurale-buisdefect, een gespleten gehemelte, een open buik en een slokdarmafsluiting. Kinderen met een trisomie 18 hebben altijd een ontwikkelingsachterstand.

WAT IS HET KLINEFELTERSYNDROOM?

Het klinefeltersyndroom wil zeggen dat een jongetje een extra vrouwelijk chromosoom heeft. Hij heeft dan niet, zoals gebruikelijk, de geslachtschromosomen XY, maar XXY. Klinefelter komt voor bij 1 op de 500 à 1.000 jongens. Ook hiervoor geldt dat de kans toeneemt met de leeftijd van de moeder.

Jongens met klinefeltersyndroom zijn in principe gezond, maar vrijwel altijd onvruchtbaar. Ze hebben vaak gedrags- en leerproblemen, een iets afwijkende lichaamsbouw (ze zijn lang en hebben vaak wat vet rond de heupen), maar hebben in de regel een normale intelligentie. Zonder hormonen krijgen jongens met klinefeltersyndroom vaak een wat vrouwelijke borstontwikkeling. Ook blijven de andere manlijke puberteitsverschijnselen achterwege. Daarom krijgen ze vanaf de puberteit manlijke hormonen toegediend.

LEEFTIJD MOEDER	RISICO OP KIND MET DOWN
15 jaar	1:1580
20 jaar	1:1530
25 jaar	1:1350
30 jaar	1:901
35 jaar	1:385
36 jaar	1:305
40 jaar	1:110
45 jaar	1:28
50 jaar	1:6

Kans op een kind met downsyndroom bij de geboorte
Bron: www.erfelijkheid.nl (prof.dr. M.C. Cornel, drs. J. Verheij, dr. C.A. Dorrepaal)

In de praktijk laat ongeveer de helft van de ouders de zwangerschap afbreken als ze weten dat hun kind klinefeltersyndroom heeft.

WAT IS HET TURNERSYNDROOM?

Het turnersyndroom is een chromosoomafwijking waarbij meisjes geen 2 X-chromosomen hebben maar 1. Turnersyndroom komt voor bij 1 op de 2.000 tot 5.000 meisjes. En net als bij andere chromosoomafwijkingen neemt de kans toe met de leeftijd van de moeder.

Meisjes met turnersyndroom zijn klein, hebben een korte nek, vaak een wat afwijkend gezicht, gehoorafwijkingen, nierafwijkingen en een hartafwijking. Ook zijn ze onvruchtbaar. Ze hebben een normale intelligentie, maar vaak wat meer problemen met wiskunde en planning.

In de praktijk laat ongeveer de helft van de ouders de zwangerschap afbreken als ze weten dat hun kind turnersyndroom heeft.

PRENATALE SCREENING: DE COMBINATIETEST.

De combinatietest is een vorm van prenatale screening. Daarbij worden een aantal gegevens gecombineerd in een computerprogramma. De dikte van de nekplooi van de baby, gemeten tijdens een echo, is een van die gegevens. De computer berekent een risico, een kans op downsyndroom of op het patausyndroom of edwardssyndroom.

De combinatietest combineert:

* de leeftijd van de moeder;
* een aantal stoffen in het bloed van de moeder. Om precies te zijn: de concentratie van het eiwit PAPP-A en van het vrije bèta-hCG;
* de dikte van de nekplooi van de baby. Een verdikte nekplooi kán wijzen op downsyndroom of een andere afwijking. Soms is er ook niets aan de hand met de baby!

Als uit de computertest blijkt dat de kans op downsyndroom verhoogd is, dat wil zeggen hoger dan 1 op 200 *bij 3 maanden zwangerschap*, dan kan er NIPT worden verricht bij een normale nekplooi. Is de nekplooi van de ongeboren baby verdikt en is de kans verhoogd, dan wordt dat beschouwd als echoafwijking en dekt een NIPT-test misschien de lading niet. De NIPT geeft (nog) niet de mogelijkheid om te kijken of er kleine stukjes chromosoom te veel of te weinig zijn. De aanbeveling is dan om een vlokkentest of vruchtwaterpunctie te verrichten.

Als de NIPT-test een afwijkende uitslag laat zien, moet deze uitslag ook altijd nog eens worden bevestigd met een vlokkentest of vruchtwaterpunctie.

Een combinatietest wordt door de meeste verzekeraars alleen vergoed als je ouder bent dan 36. Ben je jonger, dan moet je het onderzoek zelf betalen. Als uit de combinatietest blijkt dat je een verhoogd risico hebt, dan vergoedt de verzekeraar wel het vervolgonderzoek: de NIPT, de vlokkentest of de vruchtwaterpunctie.

In de tabel zie je wat de kans op een kind met downsyndroom is bij de geboorte. Deze kans is lager dan de kans bij drie maanden omdat er bij downsyndroom ook vaker spontaan een miskraam of een doodgeboorte optreedt.

LET OP

! Een combinatietest geeft een kans op loos alarm, maar ook op onterechte geruststelling. Dat komt doordat downsyndroom bij jonge vrouwen heel weinig voorkomt. Dat maakt de test minder betrouwbaar. Voor vrouwen boven de 36 is de combinatietest een stuk betrouwbaarder doordat downsyndroom bij hen vaker voorkomt.

PRENATALE SCREENING: DE NIPT

De niet-invasieve prenatale test (NIPT) is een vorm van prenatale screening. Vanaf tien weken is het mogelijk om uit het bloed van de moeder erfelijk materiaal van de baby te halen. Zo kun je kijken of de baby donwsyndroom (trisomie 21) heeft, het edwardssyndroom (trisomie 18), het patausyndroom (trisomie 13) of een geslachtschromosomale afwijking (klinefelter- of turnersyndroom).

De test geeft een hoge mate van zekerheid, maar geen 100 procent (voor downsyndroom meer dan 99 procent, edwardssyndroom 97 procent en patausyndroom 92 procent).

De uitslag is na twee tot drie weken bekend. Bij een afwijkende uitslag wordt voor de zekerheid óók nog een vruchtwaterpunctie verricht. Bij een goede uitslag is dat niet nodig.

Sinds april 2017 komen alle vrouwen in aanmerking voor een NIPT. Er zijn wel wat voorwaarden en vaak ook kosten aan verbonden. Zo kun je alleen een NIPT krijgen als je meedoet aan een onderzoek: de TRIDENT1- of de TRIDENT2-studie.

De TRIDENT1-studie is bedoeld voor vrouwen met een verhoogd risico op een kind met downsyndroom. Dat zijn vrouwen ouder dan 36, vrouwen die eerder een kind hebben gekregen met een chromosoomafwijking (down-, edwards- of patausyndroom) of vrouwen met een verhoogd risico zoals blijkt uit de combinatietest. Zij kunnen kiezen uit: geen vervolgtest, een vlokkentest of vruchtwaterpunctie of de NIPT. De test wordt voor hen vergoed uit de basisverzekering.

De TRIDENT2-studie is bedoeld voor alle vrouwen zonder verhoogd risico op een kind met een chromosoomafwijking. Dus iedereen die niet in aanmerking komt voor TRIDENT1 kan meedoen met TRIDENT2. Je betaalt daarvoor 175 euro, die je niet vergoed krijgt van de zorgverzekeraar. In het hele land zijn prikpunten waar je bloed kunt laten afnemen. Je vindt ze, zoals alle informatie over de NIPT, op de website meerovernipt.nl. Zwangeren kunnen nog wel blijven kiezen voor de combinatietest.

Er zijn enkele uitzonderingen op de regel dat alle vrouwen in aanmerking komen voor een NIPT. De NIPT is bijvoorbeeld niet geschikt voor tweelingzwangerschappen. Ook vrouwen onder de 18 komen niet in aanmerking. Meer informatie hierover vind je op onderzoekvanmijnongeborenkind.nl.

Als de uitslag van de NIPT niet goed is, bestaat er een heel kleine kans dat dit niet klopt. Voor de zekerheid onderga je daarom nog een vlokkentest of een vruchtwaterpunctie. Die geeft zekerheid.

Als de uitslag van de NIPT wel goed is, wordt vervolgonderzoek afgeraden. De kans dat het kind dan toch een chromosoomafwijking heeft is kleiner dan 1 op de 1000.

PRENATALE SCREENING: DE 20-WEKENECHO

De 20-wekenecho valt onder de prenatale screening en wordt ook wel structureel echoscopisch onderzoek genoemd: SEO. Deze echo vindt plaats tussen de 18e en de 20e week, de gunstigste termijn om de baby te bekijken. De baby is dan nog in zijn geheel zichtbaar en de organen zijn goed te zien. Daardoor zijn veel afwijkingen juist in deze periode in principe zichtbaar. Een open rug bijvoorbeeld, of een hartafwijking. Gelukkig worden de meeste kinderen gezond geboren. Slechts 5 procent van de kinderen heeft een aangeboren afwijking, variërend van iets kleins tot iets ernstigs.

Bij de 20-wekenecho kan de echoscopist ook

een baarmoedermondmeting doen. Als de baarmoedermond verkort is, geeft dat een grotere kans op een vroeggeboorte. Dan kan de gynaecoloog kiezen voor een behandeling met progesteron of een pessarium. Er wordt onderzoek gedaan om te kijken of deze behandelingen een vroeggeboorte kunnen uitstellen.

Plan dit onderzoek niet te laat; als het niet lukt om alles in één keer te zien is er nog de mogelijkheid om een deel van het onderzoek later te doen.

Mocht er op de 20-wekenecho een afwijking gevonden worden, dan volgt er een uitgebreid ofwel geavanceerd echoschopisch onderzoek (GUO) in een gespecialiseerd centrum zoals een academisch ziekenhuis. Als daar de afwijking ook wordt gezien, kunnen de ouders samen met de gynaecoloog en eventueel de kinderarts besluiten wat er gaat gebeuren.

Het opsporen van afwijkingen heeft als doel dat je als aanstaande ouders een geïnformeerde keuze kunt maken om de zwangerschap voort te zetten of af te breken, maar ook om de plaats te bepalen waar een kind met de betreffende afwijking het beste geboren kan worden. Een kind met een gat in het middenrif moet bijvoorbeeld worden opgevangen in een academisch ziekenhuis waar de ademhaling door een machine kan worden overgenomen.

Sommige afwijkingen, zoals verwijde nierbekkens, vragen om vervolgonderzoek later in de zwangerschap, maar zijn in de regel niet ernstig. Een enkele keer komt er een echt ernstige afwijking aan het licht, zoals een ernstige vorm van een open rug. De ouders kunnen dan overwegen om de zwangerschap af te breken. Dat is mogelijk tot de 24e week.

WAT IS PRENATALE DIAGNOSTIEK?

Prenatale diagnostiek wil zeggen dat je onderzoekt of de ongeboren baby een afwijking heeft. Prenatale diagnostiek vindt enkel plaats op indicatie: wanneer uit screening is gebleken dat de kans op een afwijking is verhoogd. Diagnostiek geeft dan zekerheid. Met de uitslag wordt een beslissing genomen, bijvoorbeeld om de zwangerschap af te breken als de baby een ernstige aangeboren afwijking heeft.

Onder prenatale diagnostiek vallen de vlokkentest en de vruchtwaterpunctie waarbij het erfelijk materiaal van de baby wordt onderzocht. Ook het geavanceerd echoscopisch onderzoek (GUO) in een gespecialiseerd echocentrum is een vorm van prenatale diagnostiek. Zo'n uitgebreide echo vindt plaats als de 20-wekenecho een afwijking laat zien.

De meest voorkomende afwijking waarnaar gezocht wordt bij een vlokkentest of vruchtwateronderzoek zijn downsyndroom, edwardssyndroom en patausyndroom. Maar ook zeldzamer chromosoomafwijkingen kunnen hiermee opgespoord worden.

Een vlokkentest of vruchtwaterpunctie levert een klein risico op voor de ongeboren baby: er kan een miskraam optreden. Het risico op een miskraam is ongeveer 1 op 200 vlokkentesten, en 1 op 300 vruchtwaterpuncties. Daarom wordt zo'n onderzoek alleen gedaan bij een verhoogd risico op een aangeboren afwijking. Vrouwen komen dus alleen in aanmerking voor een vlokkentest of vruchtwaterpunctie als ze eerst prenatale screening hebben ondergaan: een combinatietest of een NIPT.

Er zijn dan op de echo al afwijkingen gezien, zoals de verdikte nekplooi. De gynaecoloog kan je hierover voorlichten. Staat de afwijking op zichzelf of is er een kans dat die samengaat met een chromosoomafwijking? Die kan, als je dat wilt, opgespoord worden met een vlokkentest of vruchtwaterpunctie.

Zijn er geen afwijkingen op chromosoom 13, 18, 21 en de geslachtschromosomen, dan heb je als ouder de keus of er vervolgonderzoek wordt gedaan waarbij er dieper op de chromosomen wordt ingezoomd (array-onderzoek). Dit array-onderzoek kan aantonen of er niet een stukje ontbreekt of juist een stukje te veel zit aan de rest van de chromosomen. Dit soort kleine chromosoomafwijkingen komt voor en kan grote gevolgen hebben.

PRENATALE DIAGNOSTIEK: DE VLOKKENTEST

Een vlokkentest vindt plaats tussen de 11e en de 14e week van de zwangerschap. Wanneer de vlokkentest via de buikwand wordt verricht, wordt de buik ontsmet, en wordt er met de echo gekeken waar de gynaecoloog met de naald kan insteken om wat placentamateriaal op te zuigen. Dat gaat snel.

Wanneer de vlokkentest vaginaal plaatsvindt, brengt de gynaecoloog een eendenbek (speculum) in de vagina in. Via de eendenbek plaatst hij een dun slangetje in de baarmoedermond, dat hij opschuift tot de placenta, waar hij wat cellen opzuigt. Ook dit gebeurt op geleide van de echo.

Als de bloedgroep resusnegatief is, krijg je na de ingreep antistoffen toegediend om te voorkomen dat je antistoffen maakt tegen het bloed van de baby. De dagen na de ingreep kun je een kramperig gevoel hebben, alsof je ongesteld moet worden.

De uitslag komt na ongeveer twee weken. Een deel van de uitslag kun je sneller krijgen, al na twee tot vijf dagen. Dit is in sommige situaties belangrijk.

Een enkele keer is de uitslag bij de vlokkentest niet zeker. Dan heeft de baby of de placenta twee verschillende chromosoomtypen: een mozaïekpatroon. Er moet dan alsnog een vruchtwaterpunctie verricht worden om zekerheid te krijgen.

De kans op een miskraam door de vlokkentest is, zoals gezegd, 1 op 200 vlokkentesten.

PRENATALE DIAGNOSTIEK: DE VRUCHTWATERPUNCTIE

Een vruchtwaterpunctie vindt plaats vanaf de 16e week van de zwangerschap. Daarbij wordt met een naald, door de buikwand en op geleide van de echo, wat vruchtwater opgezogen. Daar zitten cellen in van de baby. Die cellen worden vermeerderd door ze te kweken. Dat duurt een week of drie. Dan worden de cellen onderzocht om te kijken of de baby een chromosoomafwijking heeft. Dat kan downsyndroom zijn, edwardssyndroom of patausyndroom. Of een extra X-chromosoom.

De kans op een miskraam is 1 op 300 vruchtwaterpuncties.

WAT IS GUNSTIGER, EEN VLOKKENTEST OF EEN VRUCHTWATERPUNCTIE?

Anders dan de combinatietest, geven een vlokkentest en een vruchtwaterpunctie zekerheid. Ze geven beide een diagnose: het antwoord op de vraag of het kind downsyndroom heeft of niet. Ook andere chromosomale afwijkingen kunnen ermee aangetoond worden, zoals een extra X-chromosoom. Beide onderzoeken kennen voor- en nadelen.

Voor- en nadelen van een NIPT, een vlokkentest en een vruchtwaterpunctie

NIPT

- vindt plaats vanaf 10 weken;
- uitslag na 2 tot 3 weken;
- eventuele zwangerschapsafbreking rond 13 weken.

Nadeel:

- niet 100 procent betrouwbaar, bij afwijkende uitslag alsnog vlokkentest of vruchtwaterpunctie.

Voordelen:

- geen verhoogde kans op miskraam door de ingreep;
- indien nodig kan de zwangerschap redelijk vroeg afgebroken worden.

Vlokkentest

- vindt plaats tussen 11e en 14e week;
- uitslag na 2 weken (soms sneller);
- zwangerschapsafbreking rond 14 tot 15 weken;
- miskraamrisico 1 per 200.

Nadeel:

- een enkele keer geen zekere uitslag door mozaïekpatroon, dan alsnog vruchtwaterpunctie.

Voordeel:

- indien nodig kan de zwangerschap redelijk vroeg afgebroken worden.

Vruchtwaterpunctie

- vindt plaats rond de 16e week;
- uitslag na 3 weken;
- zwangerschapsafbreking rond 19 tot 20 weken.

Nadeel:

- indien nodig moet de zwangerschap in een laat stadium afgebroken worden.

Voordeel:

- altijd zekerheid over de uitslag.

WAT GEBEURT ER ALS DE UITSLAG NIET GOED IS?

Als blijkt dat de baby een chromosoomafwijking heeft, zoals downsyndroom, krijg je telefonisch bericht. Waarschijnlijk heb je na deze uitslag behoefte aan meer uitleg over de aandoening. De gynaecoloog kan je hier meer over vertellen. Soms kan het nodig zijn iemand van de erfelijkheid te consulteren (een klinisch geneticus).

Soms wordt er vervolgonderzoek gedaan. Als je bijvoorbeeld zwanger bent van een kind met downsyndroom en twijfelt of je de zwangerschap wilt laten afbreken, dan kan er met de echo gekeken worden of het kind ook nog andere afwijkingen heeft. Een kind met downsyndroom heeft vaak ook een hartafwijking of een darmafsluiting. Deze wetenschap geeft misschien de doorslag in je beslissing.

DE ZWANGERSCHAP AFBREKEN

Als je na goed overleg met je partner en de gynaecoloog en eventueel de kinderarts de moeilijke beslissing hebt genomen de zwangerschap af te breken, dan kan dat op verschillende manieren gebeuren.

HOE GAAT HET MET DE BABY?

De placenta werkt op volle kracht

Bij 20 weken, halverwege de zwangerschap pompt de baby per dag zo'n 25 liter bloed door de navelstreng. De twee slagaders in de navelstreng monden uit in ragfijne bloedvaatjes binnen in de placenta. Daar worden ze omspoeld door bloed van de moeder. Samen beslaan alle vaatwanden aan het eind van de zwangerschap wel 10 vierkante meter. Alleen bepaalde moleculen kunnen die wand passeren. Zo neemt de baby zuurstof, glucose en bouwstoffen op. Hij geeft koolzuurgas en afvalstoffen terug aan de moeder. Ook worden afweerstoffen van de moeder aan de baby gegeven.

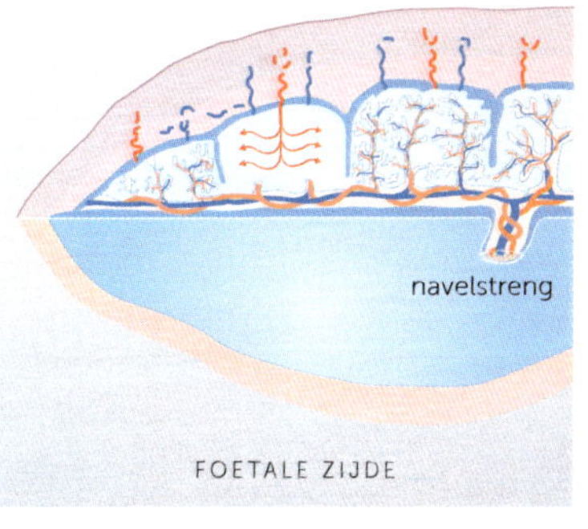

Doorsnede van de placenta

Deze week kan de placenta zijn taak als leverancier aan de baby beter gaan vervullen. De scheidingswand tussen moeder en kind wordt dunner, de uitwisseling verloopt makkelijker. Dat is nodig omdat de baby snel groeit en veel voeding vraagt. De placenta heeft ook voeding nodig voor zijn eigen verbranding. Daarbij komt warmte vrij. Zo dient de placenta als kruik voor de baby, en is het kind altijd een graadje warmer dan zijn moeder.

Alweer 1 centimeter erbij: 16 centimeter van kop tot kontje, 20 tot 25 centimeter van top tot teen. De baby weegt 300 gram.

Het meest bekend zijn een zuigcurettage en de mogelijkheid de baby geboren te laten worden met medicijnen.

Het voordeel van medicijnen is dat in drie kwart van de gevallen er geen verdere ingreep nodig is en de baby normaal wordt geboren. Bij medicatie krijg je eerst een medicijn dat de werking van het hormoon progesteron tegengaat. Daarmee mag je weer naar huis. Een kleine twee dagen later wordt er een medicijn gegeven dat de baarmoedermond verweekt en weeën veroorzaakt: een zogenoemde prostaglandine. Bij 70 procent van de vrouwen wordt de baby dan binnen zes uur geboren.

Meestal is de baby overleden bij de geboorte, soms overlijdt hij snel na de geboorte. Het is goed heel zorgvuldig afscheid te nemen van de baby en van tevoren afspraken te maken met de verloskundige, de gynaecoloog en de verpleegkundigen of je foto's wilt en of je de baby wilt begraven of cremeren. In ziekenhuizen is vaak de mogelijkheid van een collectieve crematie.

Het voordeel van de zuigcurettage is dat het na een paar uur voorbij is. Meestal wordt dit tot zo'n 14 weken toegepast. Een paar uur voor de ingreep krijg je een hormoonpil toegediend, een prostaglandine die de baarmoedermond verweekt. Vlak voor de ingreep word je plaatselijk verdoofd en krijg je eventueel een rustgevend middel. Dan vindt de curettage plaats.

In beide gevallen mag je, als alles goed is en je weinig bloed verliest, een paar uur na de ingreep weer naar huis.

HET VERLIES VERWERKEN?

Hoe weloverwogen je, samen met je partner, je beslissing ook hebt genomen om de zwangerschap af te breken, het blijft een heel verdrietige gebeurtenis. De baby was gewenst, je had al voor je gezien hoe het zou zijn met een nieuw gezinslid erbij. En als de zwangerschapsafbreking laat plaatsvindt, had je de baby al voelen bewegen. Het is dan moeilijk om de zwangerschap actief af te breken, hoezeer je ook achter je keuze staat.

Vrouwen vertellen meestal dat ze het prettig vonden om het kindje te zien. Soms is de baby gaaf, en is nauwelijks een afwijking te zien. In andere gevallen is dat duidelijk. Dat maakt de verwerking iets makkelijker.

Het is belangrijk de tijd te nemen voor het rouwproces dat je ontegenzeggelijk ingaat na de bevalling. Je lichaam moet plots wennen aan de dalende hormoonspiegels, je buik is leeg, je borsten kunnen melk gaan aanmaken,

---

HOE GAAT HET MET DE BABY?
Een vernuftig hart

21 weken duurt de zwangerschap nu. Het hart van de foetus zit vernuftig in elkaar. Tussen de linker- en de rechterhelft bevindt zich een opening, het *foramen ovale*.

Vlak boven het hart zit nog zo'n 'kortsluiting', een verbinding tussen twee grote bloedvaten. Door deze twee sluizen stroomt het bloed van rechts naar links, en slaat het de longen over. Die werken immers nog niet. In plaats daarvan pompt het kind bloed door de placenta waar het zuurstof en voeding opneemt.

Het verse, zuurstofrijke bloed neemt door de twee sluizen de kortste weg naar het brein. De hersenen zijn immers het allerbelangrijkste. Ze verzekeren zich zo van voldoende zuurstof en brandstof.

Vlak na de geboorte sluiten de sluizen zich in en boven het hart, zodat het bloed volop door de longen kan stromen.

Van hoofd tot stuitje meet de baby nu 18 centimeter, van top tot teen 23 centimeter.

maar er is geen kindje. Blijf hierover in gesprek, uit bij elkaar je verdriet, praat erover met je intimi. Dat helpt.

Een volgende zwangerschap zal na deze ervaring nooit meer zorgeloos zijn. Niet omdat je een verhoogde kans hebt op herhaling van wat er is gebeurd, maar doordat je een verdrietige ervaring hebt gehad, en weet wat er mis kan gaan. Ook daarvoor geldt: praat erover. Met je naasten, je verloskundige of gynaecoloog, en als het nodig is: zoek hulp.

Bregje: *'In mijn tweede zwangerschap bleek het kindje downsyndroom te hebben. Daarnaast had het een hartafwijking en een darmafsluiting. We besloten de zwangerschap af te breken.*

Snel daarna werd ik weer zwanger. We waren heel blij. De vlokkentest wees uit dat het meisje gezond was.

De eerste keer was ik vrij vlot bevallen. De tweede bevalling, van het kindje met downsyndroom, was ingeleid.

Bij mijn derde kind begonnen de weeën spontaan. Al snel had ik zeven centimeter ontsluiting, het ging heel vlot. Maar toen de verloskundige me had onderzocht, en had verteld dat het snel ging, werden de weeën ineens veel minder. Mijn man vertelde me later dat ik helemaal in mezelf gekeerd was, hij kon me niet bereiken.

De verloskundige is gebleven, dat was fijn. Maar het duurde een paar uur voordat er weer schot in de bevalling kwam. 'Moet je aan je vorige bevalling denken,' vroeg ze me na een tijdje.
Ik begon te huilen. Ik zag inderdaad steeds die bevalling voor me in het ziekenhuis, van dat veel te kleine, maar helemaal gave kindje dat er niet mocht zijn. Ik voelde me schuldig. Maar was ook bang. Zou dit kind nu wél gezond zijn? Ik zag op tegen het moment dat ze eruit zou komen, dat ik haar zou zien. De vorige keer was dat een traumatisch moment geweest.

Nadat ik dit had uitgesproken, en een potje had gehuild, kon ik me meer ontspannen. Ik ben onder de douche gegaan. Daar kwamen de weeën terug. Toen ik persdrang had, ben ik weer in bed gaan liggen. Ook toen had ik nog de neiging om de persweeën tegen te houden. Ik was bang voor de confrontatie.

Pas toen ze eruit was, en ik haar van top tot teen had bekeken, durfde ik haar in mijn armen te sluiten. Letterlijk en figuurlijk.
Onze Hannah.

Deze bevalling, dit kind, heeft heel veel goed gemaakt. Maar onze tweede zal ik nooit vergeten. Niet dat ik spijt heb van mijn beslissing. Dat niet. Maar het blijft een krasje op mijn ziel.'

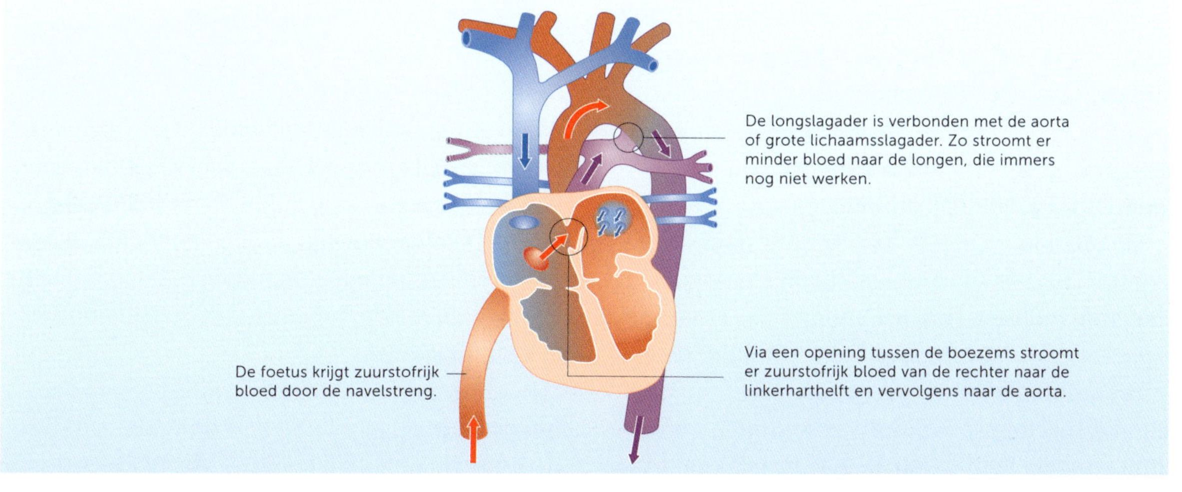

10

Als het onverhoopt een miskraam wordt

De eerste 3 à 4 maanden van de zwangerschap kan er nog een miskraam optreden. De gemiddelde kans daarop is 1 op 7. Het is goed dat in het achterhoofd te houden.

WAT IS DE OORZAAK VAN EEN MISKRAAM?

Meestal treedt een miskraam op doordat het embryo in aanleg niet goed is. Vaak is er bij de allereerste celdelingen iets misgegaan, waardoor het embryo een chromosoom te veel of te weinig heeft. De kans op zo'n delingsfout neemt toe met je leeftijd. Daarom is de kans op een miskraam groter bij 35- of 40-plussers dan bij 20-plussers.

Zo'n delingsfout kan maken dat het embryo al in een vroeg stadium niet verder kan groeien. Ook kan zo'n fout leiden tot een 'windei': waarbij er wel een vruchtzak is ontstaan, en een placenta, maar geen embryo. Een windei leidt altijd tot een miskraam.

De precieze oorzaak van de miskraam wordt meestal niet bekend. Pas als stellen twee of meer miskramen hebben ondergaan, wordt er gekeken of er sprake is van een erfelijke chromosoomafwijking of van andere afwijkingen. Er zijn speciale spreekuren in sommige ziekenhuizen waar je hiervoor een afspraak kunt maken en er wordt veel onderzoek naar gedaan want het is een nare aandoening. In een enkel geval wordt een oorzaak gevonden. Stollingsafwijkingen, schildklieraandoeningen of een afwijking aan de baarmoeder zijn bekende aandoeningen die met een herhaalde miskraam zijn verbonden. Helaas is er niet altijd iets aan te doen. Onlangs is bekend geworden uit een groot Nederlands onderzoek dat het geven van antistollingsmiddelen niet helpt.

IK HEB BLOEDVERLIES, WAT NU?

Als je vaginaal bloed verliest in de zwangerschap, schrikt je je rot. Bloedverlies kan immers een miskraam inluiden. Maar dat hoeft niet. 1 op de 5 vrouwen krijgt in de eerste 4 maanden van de zwangerschap bloedverlies. Bij de helft is het onschuldig, bij de andere helft leidt het tot een miskraam.

In elk geval is bloedverlies altijd een reden om contact op te nemen met de verloskundige, de huisarts of het ziekenhuis. Als het bloed-

WEETJE

Een miskraam wordt *niet* veroorzaakt doordat je te druk was, gevallen bent, gevreeën hebt, zwaar hebt getild of over een hobbelweg met grote keien bent gefietst, zoals wel eens wordt gedacht. Je kunt een miskraam dus ook niet voorkomen door al deze dingen te laten. Als er een miskraam dreigt op te treden, kun je daar niets tegen doen.

LET OP

Neem naar de echo iemand mee, bij voorkeur je partner, maar als die niet in de gelegenheid is, iemand anders bij wie je je vertrouwd voelt. Het kan zijn dat je slecht nieuws te horen krijgt; dan heb je steun nodig én iemand die met je meeluistert. Want veel van de informatie zal dan door alle emoties langs je heen gaan.

verlies hevig is, moet dat zelfs met spoed en kan het nodig zijn om naar het ziekenhuis te gaan. De verloskundige of de huisarts kan thuis met een metalen 'eendenbek' kijken of de baarmoedermond open of gesloten is. Staat de baarmoedermond open, dan is dat een slecht teken: de miskraam is in gang. Is de baarmoedermond gesloten, dan weet je eigenlijk nog niets. Misschien is er niets aan de hand, misschien komt er toch een miskraam op gang.

Je vraagt je van alles af. Voelde je je nog zwanger de laatste tijd? Of was je minder misselijk, misschien een teken dat de zwangerschap geen stand hield? Rust heb je in elk geval niet meer, de onzekerheid over je zwangerschap is zenuwslopend. Vandaar dat er bij bloedverlies bijna altijd op korte termijn een echo wordt afgesproken. Daarop is te zien of er een vruchtje aanwezig is, of dat groot genoeg is voor de zwangerschapsduur en of het hartje klopt.

Als het hartje klopt, en als het vruchtje groot genoeg is, dan is de kans heel groot dat het goed gaat. Als het hartje niet klopt, is dat slecht nieuws. Je kunt er dan van uitgaan dat je een miskraam doormaakt. Heel zelden is de zwangerschap minder ver gevorderd, en is dát de reden dat het hartje (nog) niet klopt. In dat geval kan het toch nog goed komen.

Een enkele keer wordt het bloedverlies veroorzaakt door een buitenbaarmoederlijke zwangerschap. Vaak gaat het dan om een beetje bruin bloed en om zeurderige buikpijn. Een echo geeft daarover zekerheid. Een buitenbaarmoederlijke zwangerschap is gevaarlijk. Meestal volgt er daarbij snel een operatie.

Als er een miskraam optreedt, is dat meestal omdat er iets in de aanleg niet goed is

OP DE ECHO WAS GEEN LEVEND VRUCHTJE TE ZIEN, HOE GAAT HET NU VERDER?

Wanneer je slecht nieuws hebt gehad tijdens een echo, ben je op de eerste plaats verdrietig. Je hoopte gerustgesteld te worden, maar krijgt een rotbericht. Tegelijkertijd moet je allerlei medische informatie in je opnemen. Want hoe gaat het nu verder?

Als je bloedverlies hebt, en op de echo blijkt dat het vruchtje dood is, dan weet je dat er een miskraam aan de gang is. Als het bloedverlies niet meer is dan bij een flinke menstruatie, met stolseltjes (bloedklontjes) en stukjes weefsel (baarmoederslijmvlies), kun je thuis afwachten tot het doorzet. Je zult waarschijnlijk flinke buikkrampen krijgen, zoals bij een hevige ongesteldheid. Het kan zelfs zijn dat je weeën weg moet zuchten. Hoe verder je zwanger bent, hoe groter het vruchtje en hoe meer de baarmoedermond open moet gaan. Een miskraam kan dan lijken op een minibevalling.

Doe in alle gevallen een groot maandverband in (geen tampon), blijf in de buurt van je huis en doe het rustig aan. Zucht of 'loei' de krampen weg en probeer tussentijds te ontspannen en tot rust te komen. Je mag gerust paracetamol nemen, twee per keer, maximaal zes per dag (hoewel het weinig helpt als de krampen hevig zijn).

Als het goed is, verlies je na korte of langere tijd het vruchtje. Dat komt meestal in de wc terecht. Haal het eruit en stop het in een jampotje of glas met water. Zo kun je zien of het inderdaad het vruchtje is (dat weefsel bevat) en geen stolsel (dat je fijn kunt knijpen). En de verloskundige of huisarts kan zien of het vruchtje compleet is.

Als het vruchtje niet compleet is, zal het vloeien doorgaan. Je moet dan naar het ziekenhuis voor een curettage, om ook het laatste weefsel weg te halen.

Als het vruchtje nog klein is, kan het ook ongemerkt met wat bloed in de wc terechtkomen en wegspoelen. Je kunt dan niet zien of het compleet is, maar wel merken of het bloeden minder wordt. Na een complete miskraam, wordt het bloedverlies onmiddellijk minder. Is de miskraam niet compleet, dan gaat het bloedverlies onverminderd door.

HET HARTJE KLOPTE NIET, MAAR IK HEB GEEN BLOEDVERLIES. WAT GAAT ER NU GEBEUREN?

Wanneer je voor een echo naar de kliniek gaat, bijvoorbeeld om te kijken hoever de zwangerschap gevorderd is, dan kan het zijn dat je onverhoopt en onverwacht slecht nieuws krijgt. Het hartje klopt niet, het vruchtje is dood. Vaak is het al een poosje geleden misgegaan, het vruchtje is dan kleiner dan het had moeten zijn.

De klap is in zo'n geval nog groter dan wanneer je wegens bloedverlies naar de kliniek was gegaan. Het slechte nieuws komt volslagen onverwachts. Bovendien merk je niets aan je lijf. Achteraf voelde je je misschien al een tijdje minder zwanger. Maar dat hoefde immers niets te betekenen. Je stond er niet zo bij stil, of je vond het wel prettig dat de misselijkheid wat minder werd.

Bloedverlies heb je niet, dus is er geen sprake van een miskraam in gang. Toch loop je met een dood vruchtje in je buik. Dat het misgaat, is zeker. Maar hoe, dat hangt voor een deel van jezelf af. Wat is wijsheid?

LET OP

Bewaar de maandverbanden en de stolsels. Zo kan de verloskundige of de huisarts zien of je veel bloed hebt verloren.

Als het 'vruchtje' uit elkaar valt als je het oppakt, is het een bloedstolsel. Dat wordt nog wel eens aangezien voor een vruchtzakje.

! Wanneer je om de haverklap een doordrenkt maandverband moet verwisselen, en bovendien grote bloedklonten (stolsels) verliest, of als je duizelig wordt, dan verlies je te veel bloed en moet je de verloskundige of de huisarts bellen. Die zal je als het nodig is naar het ziekenhuis verwijzen. In dat geval moet daar een curettage plaatsvinden om de miskraam te bespoedigen. Blijf liggen. Zodra je opstaat, kun je duizelig worden en flauwvallen. Zorg dat er iemand bij je is.

AFWACHTEN TOT HET VANZELF KOMT

Je kunt afwachten totdat de miskraam vanzelf op gang komt. Dat kan al snel het geval zijn, maar ook een poos duren.

Het voordeel van wachten is dat de miskraam natuurlijk verloopt. Dat geeft de minste kans op complicaties. Bovendien heb je tijd om afscheid te nemen van de zwangerschap.

Het nadeel van wachten is dat je in onzekerheid verkeert. Je bent niet meer zwanger en toch ook weer wel. En je moet in de buurt van je huis blijven, niet ver weg op vakantie gaan.

DE MISKRAAM IN GANG ZETTEN MET MEDICIJNEN

Als je niet wilt afwachten, zijn er twee mogelijkheden: het in gang zetten van de miskraam met medicijnen of een curettage onder plaatselijke verdoving. In het eerste geval krijg je prostaglandine toegediend, een soort hormoon dat de baarmoedermond verweekt en krampen opwekt. Dat kan thuis of poliklinisch gebeuren. In de regel komt de miskraam dan vlot op gang. Meestal is de miskraam dan compleet. Een enkele keer is dat niet het geval en moet er nog een curettage achteraf plaatsvinden.

WEETJE

Als een miskraam later op gang komt, is het vruchtje vrij stevig geworden, als een opgerold pannenkoekje. De baarmoedermond moet een paar centimeter opengaan voordat het er doorheen kan. Daar zijn wat weeën voor nodig.

Wanneer er op de echo geen kloppend hartje te zien is en het blijkt dat de zwangerschap is misgegaan, vindt bij 1 op de 3 vrouwen de miskraam spontaan binnen een week plaats. In de weken daarna volgen er meer.

EEN CURETTAGE LATEN VERRICHTEN

De andere mogelijkheid is het vruchtje weg te laten halen door een curettage. Daarbij wordt onder narcose of onder plaatselijke verdoving de baarmoeder leeggezogen of met een metalen spateltje leeg gemaakt.

Het voordeel van de curettage is dat het snel voorbij is. Het nadeel is dat zo'n curettage niet zonder risico is. Een enkele keer verkleven daarna de baarmoederwanden, wat kan leiden tot onvruchtbaarheid. Ook vergroot een curettage de kans op een vroeggeboorte bij een volgende zwangerschap. Om die reden zijn gynaecologen steeds terughoudender met het verrichten van een curettage. De voorkeur is afwachten of de miskraam opwekken met medicijnen.

Emilie: *'Dat ik minder misselijk was dan in het begin, dat vond ik niet zo vreemd. De zwangerschap ging immers richting de drie maanden, dan nemen de zwangerschapsverschijnselen af. Maar toen ik op een ochtend een spatje bloed verloor, was ik meteen gealarmeerd. Op de echo in het ziekenhuis bleek dat het vruchtje al een poos dood was.*

Ik besloot af te wachten tot de miskraam zou doorzetten. Een curettage leek me niks. Bovendien wilde ik zo snel mogelijk naar huis om een potje te janken. Ik was zo blij met deze zwangerschap geweest. Nu moest ik er afstand van doen.

Twee dagen duurde het voordat de miskraam doorzette. Toen pas kreeg ik krampen. Flinke krampen, eigenlijk net als de weeën die ik bij de bevalling van mijn zoon had gehad. Ik moest puffen en kreunen om ze weg te werken. Hoewel de pijn naar was, had ik het gevoel dat ik nu pas echt afscheid kon nemen van de zwangerschap. De weeën hielpen me daarbij. Ze duurden uren.

Op een zeker moment zat ik even op de wc, er drukte iets van onderen. Ik perste en hoorde een plons. Er lag iets vreemds in de wc. Ik heb het eruit gevist. Het leek een ei van vlees. Doordat het vruchtje al zo lang dood was, was het een stevig ding geworden. Het bloeden stopte meteen, de pijn ook. Wat een opluchting.

Na de miskraam was ik behoorlijk somber. Mijn lichaam had me in de steek gelaten, zo voelde het. Ik moest weer helemaal opnieuw beginnen. Als het nu maar weer zou lukken… Mijn omgeving begreep niet dat ik nog zo bezig was met de miskraam. Mijn man eigenlijk ook niet. Kon gebeuren, vond iedereen. Het hoorde erbij. Maar zo voelde dat voor mij niet. Ik had al namen verzonnen, hemdjes gekocht, in gedachten was ik al moeder van dit kind. Nu bleek dat allemaal een illusie te zijn geweest.

Ik heb één menstruatie afgewacht. Toen zijn we meteen weer gaan proberen om zwanger te worden. Gelukkig was dat in één keer raak. Mijn somberheid was vanaf dat moment over. Niet mijn onzekerheid. Ik hield dit keer een slag om de arm, vertelde nog niemand dat ik zwanger was, hield met alles rekening. Pas toen ik met elf weken de termijnecho achter de rug had, en een gezond, bewegend kindje had gezien, kon ik weer genieten van het zwanger zijn.'

DE MISKRAAM IS AL EEN PAAR WEKEN GELEDEN, MAAR IK BEN ER NOG STEEDS VERDRIETIG OM. MIJN MAN EN MIJN VRIENDINNEN BEGRIJPEN DAT NIET. WAT MOET IK ERAAN DOEN?

Een aanstaande moeder heeft haar lichaam en ook haar geest al na twaalf weken bijna volledig veranderd zodat de baby goed kan groeien. Het is geen wonder dat bij het verlies van je kind, ook na bijvoorbeeld tien weken, je je alleen, moe en somber kunt voelen. Alle hormonen ben je ook ineens kwijt!

Een miskraam is een rouwproces. Je had je erop verheugd om moeder te worden van dit kind, in gedachten was je het al. Je had plannen gemaakt voor de bevalling, de babykamer, de kinderopvang. Je had misschien al wat spullen gekocht voor de baby. Je zag het als een bezegeling van jullie relatie, of je was juist dolgelukkig dat het je in je eentje was gelukt om zwanger te worden. En nu liggen je hoop en je blijde verwachting in gruzelementen. Dat is verdrietig.

Voor de meeste vrouwen is dat niet in een weekje voorbij. Voor veel mannen trouwens ook niet, maar zij uiten dat minder.

Het verdriet gaat het snelst over als je weer zwanger bent. Dan heb je opnieuw alle kansen op een goede afloop en kun je je weer verheugen op het ouderschap. Helemaal onbezorgd zul je dit keer niet zijn gedurende de eerste maanden. Maar als die gepasseerd zijn en je een goede echo-uitslag hebt, is de bezorgdheid in de regel geweken.

Voor vrouwen die meer miskramen achter elkaar achter de rug hebben, of die beduidend ouder zijn, ligt het wat anders. Zij hebben bij een volgende zwangerschap een verhoogde kans dat er opnieuw een miskraam optreedt. Als dan een nieuwe zwangerschap lang op zich laat wachten of weer uitloopt op een miskraam, kan een rouwproces lang duren.

Kost het je moeite de miskraam te verwerken, dan helpt het om contact te zoeken met lotgenoten. Op de website www.babyopkomst.nl is een forum voor vrouwen die een miskraam hebben doorgemaakt. Zij begrijpen wat je doormaakt, het kan helpen om je hart te luchten. Op www.freya.nl vind je ook ervaringen van lotgenoten.

HOE SNEL MAG IK WEER ZWANGER WORDEN?

In principe mag je na een miskraam meteen weer zwanger worden. Toch is het raadzaam een menstruatie af te wachten. Je hebt dan beter in de gaten of en hoe lang je zwanger bent – dat is handig. En er zijn aanwijzingen dat het de gezondheid van de baby ten goede komt om even af te wachten. Laat het afhangen van je leeftijd en de haast die je hebt. Blijf intussen foliumzuur gebruiken.

LET OP

! Als je hevige buikpijn links of rechts onder in de buik hebt en/of wat bruinige afscheiding of bloedverlies, bel dan meteen de verloskundige, de huisarts of het ziekenhuis. Een echo moet dan zekerheid geven. Wees extra alert als je ooit een chlamydia- of eileiderinfectie hebt doorgemaakt, of als je van een gynaecoloog hebt gehoord dat je vocht in de eileider hebt: een hydrosalpinx. En als je lijdt aan endometriose of ooit een operatie in de buurt van de eierstokken hebt ondergaan. Je hebt in al deze gevallen een verhoogde kans op een buitenbaarmoederlijke zwangerschap. Als je eenmaal eerder een buitenbaarmoederlijke zwangerschap hebt doorgemaakt, ben je hier zelf vanzelfsprekend erg alert op, evenals de behandelend gynaecoloog.

IK HEB BLOEDVERLIES, KAN DAT BETEKENEN DAT IK EEN BUITENBAARMOEDERLIJKE ZWANGERSCHAP HEB?

Een buitenbaarmoederlijke zwangerschap wil zeggen dat het vruchtje zich niet innestelt in de baarmoeder, maar in de eileider of ergens anders in de buik. Ergens tijdens het transport tussen de eierstokken en de baarmoeder is iets misgegaan. In de eileider kan het embryo een poosje groeien, totdat de eileider te veel onder spanning komt te staan en barst. Dat gebeurt meestal rond de vijfde tot achtste zwangerschapsweek. Deze complicatie is gevaarlijk omdat je veel bloed verliest *in* de buikholte.

Bij een buitenbaarmoederlijke zwangerschap zijn de klachten meestal niet meteen duidelijk. Er is vaak bruine afscheiding of wat helderrood bloedverlies, maar niet heel veel. Wel is er buikpijn, meestal rechts of links onder in de buik

WEETJE

Het goede nieuws is: wanneer er bij alle onderzoeken niets gevonden wordt, en je wordt opnieuw zwanger, dan is de kans op een goede uitkomst (een doorgaande zwangerschap) in vrijwel alle gevallen veel groter dan de kans op weer een miskraam. Dat verandert pas als je de 45 gepasseerd bent en meer dan 3 miskramen achter de rug hebt.

doordat er daar een eileider onder spanning staat.

Soms wordt een buitenbaarmoederlijke zwangerschap behandeld met medicijnen, zodat het vruchtje verschrompelt. Bij een volgende zwangerschap moet er dan goed met de echo gekeken worden of je niet opnieuw een buitenbaarmoederlijke zwangerschap hebt. Vaak moet een buitenbaarmoederlijke zwangerschap geopereerd worden, soms zelfs met grote spoed. Dan wordt het vruchtje met eileider en al verwijderd. Je hebt dan nog één eileider over om zwanger te worden. Dat lukt in de regel prima.

Myrna: *'Ik had helemaal niet in de gaten dat ik zwanger was. Mijn cyclus is niet erg regelmatig en ik gebruikte al jaren geen anticonceptie, maar was nooit eerder zwanger geworden. Ik had telkens buikpijn, ging ervoor naar de huisarts, maar ook bij hem ging geen lampje branden. Hij dacht aan een prikkelbare darm, ik kreeg dieetadviezen. Totdat ik heel veel pijn kreeg en flauwviel. Mijn vriend heeft een ambulance gebeld. In het ziekenhuis wist niemand dat ik zwanger was, dus ook daar duurde het nog een tijd voordat de artsen in de gaten hadden dat het ging om een buitenbaarmoederlijke zwangerschap. Ik heb drie liter bloed verloren, het was heel ernstig. Nu ben ik een eierstok kwijt, maar volgens de artsen kan ik met de andere eierstok prima zwanger worden. Dat ben ik nu aan het proberen. Dit keer zal ik op tijd een test doen en een echo laten maken!'*

HOE GROOT IS MIJN KANS OP WEER EEN MISKRAAM?

Wanneer je 1 miskraam hebt gehad, is de volgende keer de kans op een miskraam niet verhoogd. Je hebt dan, afhankelijk van je leeftijd, opnieuw een kans van ongeveer 15 procent.

Als je 2 miskramen hebt gehad, is de kans op een miskraam bij een volgende zwangerschap iets verhoogd: 23 procent. Na 3 miskramen is de kans 28 procent bij een leeftijd van 35.

Wanneer je twee miskramen achter elkaar hebt doorgemaakt, kan er chromosoomonderzoek verricht worden. Of dit wat oplevert is ook afhankelijk van je leeftijd. Hier zijn landelijke

LEEFTIJD MOEDER	AANTAL EERDERE MISKRAMEN			
	2	3	4	5
20 jaar	92%	90%	88%	85%
25 jaar	89%	86%	82%	79%
30 jaar	84%	80%	76%	71%
35 jaar	77%	73%	68%	62%
40 jaar	69%	64%	58%	52%
45 jaar	60%	54%	48%	42%

Gemiddelde kans op een doorgaande volgende zwangerschap

LET OP

Voor een volgende zwangerschap: stop met roken (als je dat onverhoopt nog doet), neem foliumzuur en ga eventueel naar een miskraamspreekuur. De meeste academische ziekenhuizen hebben zo'n spreekuur, net als enkele andere grote klinieken. Vraag de huisarts waar in je omgeving je daarvoor terecht kunt.

Heb niet te hoge verwachtingen van onderzoek bij een herhaalde miskraam. Bij de meeste stellen wordt er niets gevonden en blijft het onduidelijk wat de oorzaak is van de terugkerende miskramen.

richtlijnen voor. Een enkele keer geeft een kleine chromosoomafwijking bij een van de ouders geen problemen bij die ouder zelf, maar wel bij het nageslacht.

Na drie miskramen wordt er gesproken van een herhaalde miskraam. Dan kan er meer onderzoek verricht worden. Soms is er bijvoorbeeld sprake van een stollingsafwijking, waardoor er in de placenta kleine stolseltjes ontstaan die tot een miskraam leiden.

11

Infecties in de zwangerschap

In de zwangerschap reageer je anders op infecties dan anders. Dat betekent dat je meer moet letten op hygiëne, op het koel bewaren van voedingsmiddelen en op het goed doorkoken of bakken van vlees, vis en kliekjes. Als er een infectieziekte heerst in je omgeving, moet je ook waakzamer zijn dan anders.

BEN IK IN DE ZWANGERSCHAP VATBAARDER VOOR INFECTIES?

Door de zwangerschap verandert je afweer. Dat betekent dat sommige infecties, zoals griep en malaria, vaker en ernstiger kunnen toeslaan bij zwangere vrouwen. Daar komt bij dat bepaalde infecties de baby kunnen bereiken, zelfs zonder dat de moeder er last van heeft. Dat kan bijvoorbeeld bij listeriose (door rauwe melk), toxoplasmose (door rauw vlees, ongewassen groente of via de kattenbak) en rodehond. Infecties, zoals een ontsteking van de urinewegen, kunnen ook een vroeggeboorte in gang zetten.

Wanneer je naar de tropen moet reizen, is het belangrijk de reisadviezen ter harte te nemen en, in de gebieden waar dat nodig is, medicijnen te nemen om malaria te voorkomen. Raadpleeg bijvoorbeeld het Koninklijk Instituut voor de Tropen, de GG&GD of het tropencentrum in de buurt om te weten welke medicijnen je moet nemen voor het specifieke gebied waar jij naartoe gaat.

Informatie over hiv, lues en hepatitis vind je in het hoofdstuk 'Waarom wordt er bloed geprikt?'

Informatie over toxoplasmose en listeria vind je in het hoofdstuk 'Eten voor twee'.

IS RODEHOND OOK IN DEZE TIJD NOG GEVAARLIJK IN DE ZWANGERSCHAP?

Rodehond is een virusziekte die veel voorkwam bij kinderen voordat er op grote schaal tegen werd ingeënt. Hij veroorzaakt koorts en rode vlekjes, en is voor kinderen verder onschuldig. Maar wanneer zwangere vrouwen er voor het eerst mee in aanraking komen, dus zonder dat ze antistoffen hebben, is rodehond gevaarlijk voor het kind. Het virus kan aangeboren afwijkingen veroorzaken. Het bekendste geval daarvan is prinses Christina, die een oogafwijking

LET OP

! Ben je niet ingeënt tegen rodehond, bijvoorbeeld omdat je in het buitenland opgroeide of omdat je ouders religieuze of principiële bezwaren hadden, laat dan via de huisarts onderzoeken of je voldoende antistoffen in je bloed hebt. Heb je geen antistoffen, dan kun je je *na de bevalling* laten vaccineren. Het is dan belangrijk in de zwangerschap voorzichtig te zijn als de ziekte ergens heerst, bijvoorbeeld op een crèche. En de eerste drie maanden na de vaccinatie kun je beter niet zwanger worden.

heeft doordat haar moeder Juliana in de zwangerschap rodehond kreeg.

Om deze reden werden meisjes vanaf 1974 op 11-jarige leeftijd ingeënt. En vanaf 1987 worden alle kinderen ingeënt als ze 14 maanden zijn, tegelijk met de inenting tegen mazelen en de bof. Sindsdien is de ziekte bijna uitgeroeid in Nederland.

Een inenting biedt in 95 procent van de gevallen levenslange bescherming. Hoewel de ziekte in Nederland niet veel meer voorkomt, was er in 2004 een epidemie. Daarbij werden 30 zwangere vrouwen besmet met rodehond. Het ging daarbij vooral om vrouwen die in het buitenland waren opgegroeid of die niet ingeënt waren om religieuze of principiële redenen.

OP DE CRÈCHE IS EEN KIND MET EEN CYTOMEGALIE-INFECTIE. LOOP IK GEVAAR?

Cytomegalie is een virusinfectie, ook wel CMV genoemd: cytomegalovirus. En cytomegalie-infectie lijkt op een griepje, waarbij je moe of hangerig wordt. De ziekte wordt overgedragen via speeksel en urine.

Als je in de zwangerschap besmet raakt, kun je de ziekte overbrengen op de baby. In Nederland worden 9 op de 1.000 kinderen geboren met een CMV-infectie: zo'n 160 kinderen per jaar. In 85 tot 90 procent van de gevallen wordt de baby gezond geboren, maar 10 tot 15 procent van deze op het eerste gezicht gezonde kinderen krijgt in de kindertijd alsnog verschijnselen, zoals doofheid of een achterstand in de geestelijke ontwikkeling.

Bij een deel van de in de baarmoeder besmette kinderen verloopt cytomegalie dus ernstig. De baby kan er een gehoorstoornis of een andere neurologische stoornis aan overhouden, of er voor de geboorte aan doodgaan. Er worden nog altijd meer kinderen geboren met gevolgen van een CMV-infectie dan met downsyndroom of een open rug.

Van de Nederlandse zwangeren heeft 60 procent antistoffen tegen CMV. Zij zijn niet volledig beschermd, maar de kans dat zij het virus aan de baby overdragen is erg klein. 80 procent van

---

HOE GAAT HET MET DE BABY?

Hij hoort

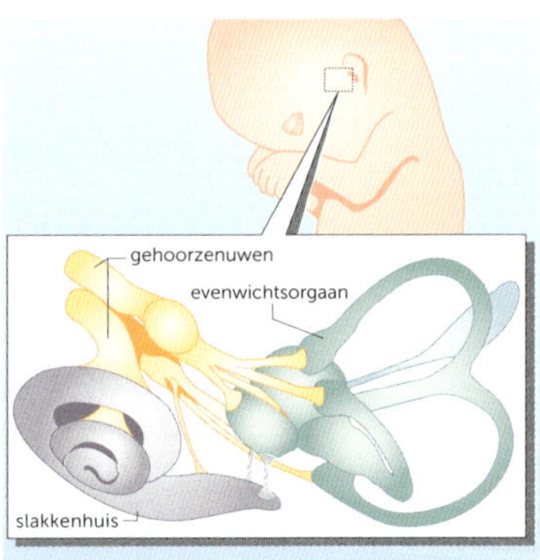

Het binnenoor heeft zich ontwikkeld

22 weken zwanger. In de baarmoeder dringen geluiden door – de hartslag van de moeder, het geborrel van haar darmen, haar stem en ademhaling en haar suizende bloed. Maar ook geluiden van buiten, vooral de lage tonen. Klinkers dringen beter door dan medeklinkers, een mannenstem beter dan een vrouwenstem.

Deze week is het vrijwel zeker dat hij kan horen, maar waarschijnlijk kon hij dat al eerder. Hij begint te bewegen als er een zoemer op de buik wordt gelegd. En hij schrikt van een plotseling hard geluid: vuurwerk, een popconcert. Hij krijgt er hartkloppingen van die uren kunnen aanhouden.

De baby weegt bijna een pond en meet 19 centimeter van kruin tot stuitje.

alle cytomegalie-infecties bij pasgeboren baby's komt door een eerste infectie in de zwangerschap, waarbij de moeder via de crèche van een ouder kind besmet is geraakt. Een kind dat besmet is, kan 18 maanden lang het virus uitscheiden in de urine en het speeksel. Bij een eerste infectie in de zwangerschap is de kans dat de moeder het virus aan de baby overdraagt 50 procent.

Er zijn geen geneesmiddelen tegen cytomegalie. In het uiterst zeldzame geval dat de baby al vroeg in de zwangerschap is besmet en er zichtbare, ernstige afwijkingen aan heeft overgehouden, is de enige mogelijkheid een zwangerschapsafbreking.

Als je zeker weet dat je (oudere) kind cytomegalie heeft, neem dan de volgende maatregelen:

* Verschoon het kind met handschoenen aan en/of was grondig je handen na elk intensief contact met urine of speeksel.
* Kus je kind niet op de mond, doe niet zijn speentje in je mond.
* Laat bloed afnemen bij de huisarts om te kijken of je al oude antistoffen tegen cytomegalie had, of nieuwe antistoffen, of geen van beide.
* In het eerste geval (oude antistoffen) is de kans dat je de ongeboren baby besmet heel klein, hoewel je niet helemaal beschermd bent. Het virus in je lichaam kan opnieuw geactiveerd worden.
* In het tweede geval (nieuwe antistoffen) heb je op dit moment de infectie en zijn er extra controles nodig van de baby (echo's, vruchtwaterpunctie).
* In het laatste geval ben je niet beschermd en moet je zo veel mogelijk voorzorgsmaatregelen nemen om besmetting te voorkomen.

LET OP

! Als je crècheleidster bent, neem dan *altijd* de hygiënemaatregelen in acht: was grondig je handen na intensief contact met een kind (verschonen, luiers afvoeren, voeren) of desinfecteer je handen met alcohol. Als je dat zorgvuldig doet, is het voldoende om besmetting te voorkomen. Bij 10 tot 30 procent van alle peuters en kleuters is het cytomegalovirus aantoonbaar in het speeksel of de urine. Daarom zijn deze voorzorgmaatregelen altijd belangrijk.

OP DE CRÈCHE VAN MIJN OUDSTE KIND HEERST WATERPOKKEN. IS DAT GEVAARLIJK NU IK ZWANGER BEN?

Waterpokken is een virusinfectie, een infectie met het *varicella-zostervirus*. Wanneer je als zwangere voor het eerst waterpokken krijgt in

---

HOE GAAT HET MET DE BABY?

De baby flitst met zijn ogen heen en weer

23 weken, de baby weegt een pond (2 pakjes boter) en meet van top tot teen 25 centimeter. Bij zijn geboorte zal hij 2 keer zo lang zijn, en 7 keer zo zwaar. De baarmoeder reikt tot de navel. Het kind ziet er rimpelig uit. Zijn huid groeit harder dan zijn spieren en hij heeft nog geen onderhuids vet. De donshaartjes worden donkerder. Op het hoofd is de spiraalvormige kruin zichtbaar.

Deze week beginnen de gesloten ogen op gezette tijden heen en weer te flitsen. Het kind maakt de oogbewegingen die we kennen van de REM-slaap, de periodes van *rapid eye movements*. Ze geven aan dat het zenuwstelsel een nieuwe fase is ingegaan. De REM-periodes zijn nodig voor de verdere ontwikkeling van het zenuwstelsel.

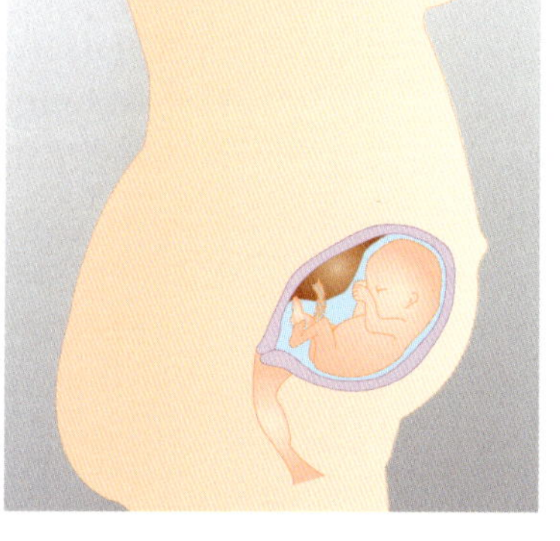

Aan het eind van week 23 reikt de baarmoeder tot de navel

LET OP

Als je geen waterpokken hebt gehad of als je dat niet zeker weet, laat dan in het begin van de zwangerschap in het bloed bepalen of je antistoffen tegen waterpokken hebt.

! Ben je in contact geweest met een waterpokkenpatiënt en weet je niet of je waterpokken hebt gehad? Laat dan zo snel mogelijk bepalen of je antistoffen hebt. Zo ja: dan heb je niets te vrezen. Zo nee: dan moet je binnen vier dagen antistoffen toegediend krijgen.

! Heerst er vijfde ziekte ofwel parvovirus op de crèche? Laat dan via de huisarts of de gynaecoloog een bloedtest doen waaruit blijkt of je het al een keer hebt gehad en er niet meer bang voor hoeft te zijn. Anders kun je misschien beter je kind een tijdje van de crèche weghouden en er niet zelf langsgaan.

! Als er Q-koorts heerst in je eigen (veeteelt)bedrijf en je bent zwanger, mijd dan het contact met de dieren en met andere huisdieren. Voor de zekerheid kun je behandeld worden met antibiotica, ook al heb je de infectie nog niet opgelopen.

de eerste helft van de zwangerschap, bestaat er een *heel kleine* kans dat de baby ermee besmet raakt en er aangeboren afwijkingen aan overhoudt. De eerste 3 maanden krijgen 4 op de 1.000 besmette baby's het aangeboren waterpokkensyndroom, daarna is dat 2 op de 100. In de tweede helft van de zwangerschap houdt de baby er geen aangeboren afwijkingen meer aan over.

Je kunt als zwangere zelf wel erg ziek worden van waterpokken en er een longontsteking van krijgen. Om dat te voorkomen, krijgen zwangere vrouwen die geen antistoffen hebben en wel in contact zijn geweest met waterpokken, soms medicijnen. Als ze eenmaal waterpokken hebben dan krijgen ze medicijnen om het virus te onderdrukken, vergelijkbaar met antibiotica.

Als je binnen een week voor tot vijf dagen na de bevalling waterpokken oploopt, kan de baby besmet raken en ernstig ziek worden. Je hebt dan nog geen antistoffen gemaakt waarmee je de baby kunt beschermen. Daarom krijgt de baby dan na de geboorte antistoffen toegediend, en soms ook medicijnen om het virus te onderdrukken.

Heb je vroeger waterpokken gehad, dan ben je in principe levenslang beschermd, en loopt je ongeboren kind geen gevaar. Maar als je dat niet zeker weet, is het verstandig waakzaam te blijven wanneer er in de omgeving waterpokken heerst.

OP DE CRÈCHE HEERST DE VIJFDE ZIEKTE, IS DAT VOOR MIJ GEVAARLIJK?

De vijfde ziekte is een vlekjesziekte met koorts, vergelijkbaar met rodehond. Net als rodehond en waterpokken wordt de vijfde ziekte veroorzaakt door een virus, het parvovirus, voluit *Humaan parvovirus B19* genaamd. Net als voor rodehond en waterpokken geldt dat dit virus in de eerste helft van de zwangerschap de ongeboren baby kan bereiken, en dan gevaarlijk kan zijn. De baby kan ernstige bloedarmoede oplopen en soms zelfs daaraan overlijden. Om dat te voorkomen, is het belangrijk op tijd vast te stellen of je besmet bent met het parvovirus, en om de baby te behandelen in het Leids Universitair Medisch Centrum. De behandeling kan pas plaatsvinden in de tweede helft van de zwangerschap.

IS Q-KOORTS GEVAARLIJK IN DE ZWANGERSCHAP?

Q-koorts is een infectieziekte die wordt overgebracht door besmette rauwe melkproducten en door het inademen van 'besmette' stofdeeltjes. In ernstige gevallen kun je er een longontsteking of een leverontsteking van krijgen.

In de zwangerschap is Q-koorts riskant omdat zwangere vrouwen een verhoogde kans lopen om er ernstig ziek van te worden. Bij een besmetting word je daarom behandeld met antibiotica, ook als je geen verschijnselen hebt.

Q-koorts wordt niet van mens op mens overgebracht, dus de kans dat de baby besmet raakt, is bijzonder klein. Wel zou de infectie misschien overgedragen kunnen worden via de borstvoeding. En als je een actieve Q-koorts-infectie hebt, komt er bij de bevalling besmet materiaal vrij, waar alle aanwezigen mee in aanraking komen. Die kunnen dat weer verspreiden.

Wees alert op mensen met een koortslip als je baby is geboren

IK HEB HERPES, IS DAT GEVAARLIJK VOOR DE BABY?

Herpes is een blaasjesinfectie aan de mond (koortslip) of aan de geslachtsorganen (*herpes genitalis*). Na de eerste infectie verschanst het virus zich in de zenuwen, om weer actief te worden bij een verminderde weerstand of door bepaalde voedingsmiddelen.

Het virus kan de baby niet bereiken tijdens de zwangerschap, maar wel tijdens of na de bevalling. Dat is vooral gevaarlijk als de moeder rond die tijd voor de eerste keer een herpesinfectie doormaakt. Ze heeft dan nog geen antistoffen gemaakt die het kind beschermen. Om die reden wordt er vaak besloten tot een keizersnede als de moeder kort voor de bevalling voor het eerst een genitale herpesinfectie heeft doorgemaakt.

Als het alleen gaat om een hernieuwde uitbarsting van het virus, is het minder gevaarlijk als de baby besmet raakt. Het kind krijgt dan antistoffen mee van de moeder, hoewel die niet voor 100 procent beschermen. Om die reden wordt het kind wel goed in de gaten gehouden. Zo nodig krijgt het medicijnen. Een herhaalde infectie is in ieder geval geen reden voor een keizersnede – de bevalling mag vaginaal plaatsvinden. Eventueel worden de blaasjes afgeplakt of met jodium ontsmet.

Als je voor het eerst een koortslip hebt, is het belangrijk voorzichtig te zijn als de baby eenmaal geboren is. Dat geldt voor iedereen met een koortslip die bij de baby in de buurt komt, zeker wanneer je zelf als kraamvrouw niet eerder een koortslip hebt gehad. Het gevaar is na een maand of twee wel voorbij, dan is de afweer van de baby goed genoeg om het zelf op te vangen. (Hoewel het ook dan niet fijn is als je kind herpes oploopt, hij komt er nooit meer vanaf.)

LET OP

Mijd contact met mensen die Mexicaanse griep hebben.

Als je koorts hebt door griep, neem dan paracetamol om de temperatuur te laten dalen. Je mag maximaal 6 tabletten van 500 milligram per dag nemen. Dat is vroeg in de zwangerschap extra belangrijk, maar ook tijdens de bevalling. Koorts is dan een belasting voor de baby.

Als je koorts hebt vroeg in de zwangerschap, neem dan foliumzuur (0,5 milligram per dag).

Was voortdurend goed je handen. Snuit je neus in een papieren zakdoek die je weggooit. Was ook daarna je handen.

Doe geen speentje van het kind in je mond.

Geef bij voorkeur borstvoeding, omdat dat de baby beschermt tegen de Mexicaanse griep.

! Als je naar de tropen gaat, overleg dan van tevoren met de GG&GD of het tropencentrum over welke noodzakelijke medicatie je moet nemen. Het is geen optie om deze adviezen in de wind te slaan, want malaria is in de zwangerschap een gevaarlijke ziekte en zwangeren zijn gevoeliger voor het krijgen van malaria.

De belangrijkste tips om besmetting van de baby met herpes te voorkomen:

- Wees alert op blaasjes bij je schaamlippen of aan je mond. Heb je tijdens de zwangerschap blaasjes, licht dan de verloskundige of de gynaecoloog in. Samen kijk je dan of het nodig is om maatregelen te treffen voor de bevalling. Als de bevalling nog ver weg is, zal dat niet nodig zijn.
- Als de baby geboren is, wees dan alert op mensen met een koortslip. Dat kun jij of je partner zijn, broertjes of zusjes, de kraamverzorgster of het bezoek. Zorg dat mensen met een koortslip

de baby niet knuffelen en alleen aanraken met net gewassen handen.

- Als je wel eens een koortslip hebt, doe dan voor de zekerheid geen speentje in je eigen mond en dan in de mond van de baby. Doe dat zeker niet als je een actieve koortslip hebt!

MOET IK LETTEN OP MEXICAANSE GRIEP?

Een zwangere vrouw die mogelijk Mexicaanse griep heeft (een H1N1-infectie), kan worden behandeld met oseltamivir (Tamiflu). Dit middel werkt specifiek op het virus en lijkt niet erg schadelijk te zijn voor het kind. Het is het beste zo snel mogelijk na het ontstaan van de griep met de behandeling te beginnen, maar ook later kan het middel nog helpen.

Een griepbehandeling wordt alleen aangeraden als je verder zwanger bent dan 28 weken, als je een grote buik hebt, bijvoorbeeld door een tweelingzwangerschap of doordat je extra veel vruchtwater hebt, en als je een risicozwangerschap hebt of toch al in aanmerking kwam voor de griepprik.

IK GA OP REIS NAAR DE TROPEN, MOET IK MEDICIJNEN NEMEN TEGEN MALARIA?

Voor veel tropische bestemmingen geldt het advies om medicijnen tegen malaria te gebruiken. In de zwangerschap verloopt malaria vaak veel ernstiger dan normaal. De ziekte kan dan levensbedreigend zijn. Hoeveel gevaar je loopt, hangt af van de vorm van malaria die in de regio van bestemming voorkomt. Hierover kan het tropencentrum of de GG&GD informatie verstrekken.

De antimalariamiddelen proguanil (Paludrine) en chloroquine (Nivaquine) zijn veilig in de eerste drie maanden van de zwangerschap. Maar deze middelen zijn niet voor alle landen afdoende. Mefloquine (Lariam) mag de eerste drie maanden van de zwangerschap niet gebruikt worden. Maar als dat toch gebeurt, is het geen reden om de zwangerschap af te breken. Na drie maanden kan mefloquine wel worden gebruikt. Van het steeds meer gebruikte middel artemisinin is de veiligheid in de zwangerschap nog onvoldoende vastgesteld.

Het is belangrijk om je in te smeren met antimuggenmelk en te slapen onder een klamboe, geïmpregneerd met een antimuggenmiddel. Informeer welke middelen in de zwangerschap mogen worden gebruikt.

HOE VERLOOPT DE ZWANGERSCHAP ALS IK BESMET BEN MET HET AIDSVIRUS?

Een zwangerschap kan vrijwel normaal verlopen als je besmet bent met hiv, het aidsvirus. Wel moet je je in een gespecialiseerd zieken-

HOE GAAT HET MET DE BABY?

De longen krijgen blaasjes

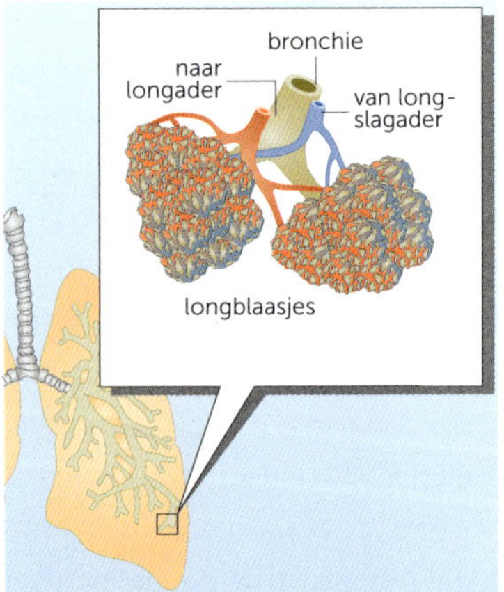

24 weken. De longen groeien als een boom. De stam is de luchtpijp waaruit buisjes (bronchiën) ontspringen die zich steeds verder vertakken, zodat de longen steeds verder uitdijen. Rond deze tijd beginnen de takjes van de luchtboom blaasjes te vormen. Er lopen ragfijne bloedvaatjes overheen, zodat de longen, als ze zich straks vullen met lucht, zuurstof doorgeven aan het bloed.

Toch zijn de longen nog lang niet rijp. Eerst moet zich een zeepachtig stofje vormen, *surfactant*. Dat moet voorkomen dat de longblaasjes na de geboorte met elkaar verkleven.

De baby weegt 600 gram en meet van top tot teen 30 centimeter. Hij is nu in principe levensvatbaar maar heeft nog zeker 12 weken nodig om te rijpen.

huis laten behandelen. Dan is de kans dat je kind met hiv wordt besmet tijdens de zwangerschap of de bevalling erg klein.

Hiv-1 is verreweg de meest voorkomende infectie. Bij de milder verlopende hiv-2-infectie is de behandeling anders en wordt die op de persoon afgestemd. Bijna alle zwangeren met hiv, zijn besmet geraakt door heteroseksuele contacten.

Het hiv-virus kan tijdens de bevalling of de borstvoeding overgaan op het kind. De kans op besmetting van hiv naar het kind hangt sterk samen met de hoeveelheid virus in je bloed, je eigen weerstand (ofwel hoeveel zogenoemde CD4-cellen je hebt), de manier waarop je bevalt en het gebruik van virusremmers, ofwel aidsmedicatie.

Voor 24 tot 28 weken zwangerschap raakt de baby zelden of nooit besmet. De baby loopt vooral risico tijdens de bevalling en tijdens de borstvoeding. Zonder medicijnen, die de hoeveelheid virus in het bloed zo verlagen dat er nauwelijks meer virus aantoonbaar is, is de kans dat de baby besmet raakt bij de bevalling 25 procent en bij de borstvoeding 14 procent. Het gebruik van medicijnen is dus erg belangrijk.

Als je door het hiv-virus een lage weerstand hebt, kunnen eerder doorgemaakte infecties weer de kop opsteken. Toxoplasmose bijvoorbeeld, of cytomegalie (CMV), of waterpokken of gordelroos, beide veroorzaakt door het varicella-zostervirus (VZV). Deze infecties kunnen dan weer van moeder op kind overgaan. Ook hepatitis C wordt bij vrouwen met hiv gemakkelijker op de baby overgedragen bij de geboorte. Dat kan zelfs een reden zijn om een keizersnede te doen.

Medicijnen zijn dus cruciaal om de hoeveelheid virus in het bloed terug te brengen en de afweer te verhogen. Ze voorkomen infectie van het kind. Maar langdurig gebruik van één medicijn kan het virus resistent maken. Om resistentie te voorkomen, worden er meerdere middelen tegelijk gegeven (highly active antiretroviral therapy, HAART). Dat heeft als bijwerking dat de zwangerschap gemiddeld een week korter duurt en dat de baby iets vaker aan de kleine kant is.

Als je medicijnen gebruikt tegen hiv, is het ongelooflijk belangrijk dat je ze *altijd* neemt, en dat je *altijd* de voorgeschreven hoeveelheid neemt. Neem je te weinig, of sla je af en toe over, dan loop je het risico dat het virus resistent wordt.

Als je daarentegen trouw de medicijnen gebruikt, vanaf 24 weken, en de hoeveelheid virus in het bloed is niet meer te meten tegen de tijd dat je gaat bevallen, dan mag je gewoon, vaginaal, bevallen. De kans dat de baby besmet raakt is dan minder dan 1 op de 100. Als er toch virus in het bloed te meten is, bijvoorbeeld doordat je de medicijnen niet trouw genoeg gebruikte, dan wordt er meestal een keizersnede gedaan. Dat vermindert de kans op besmetting met 80 procent.

12

Vaginale perikelen

De binnenbekleding van de vagina wordt in de zwangerschap wat blauw van kleur door de toegenomen doorbloeding. Ook het 'milieu' van de vagina kan veranderen: de bacteriën, de afscheiding, de zuurgraad. Het is belangrijk de vagina gezond te houden en te weten wat normaal is en wat niet.

IK HEB MEER AFSCHEIDING, IS DAT NORMAAL?

In de zwangerschap kan de vaginale afscheiding veranderen. Ze kan overvloediger worden, wateriger. Dat is normaal. Als het nodig is, kun je daarvoor een inlegkruisje gebruiken.

Hoewel meer afscheiding normaal is, heb je tegelijkertijd een verhoogde kans op een verstoord evenwicht in de vagina. De zuurgraad kan te hoog of te laag zijn, waardoor ongezonde bacteriën of gistcellen de overhand kunnen krijgen. Dat kan zich uiten door een gistinfectie (candida, dikke, kwarkachtige afscheiding en jeuk) of door onaangenaam, naar vis ruikende, grijs-witte afscheiding (bacteriële vaginose). Daarover vind je verderop meer.

HOE WEET IK OF IK AFSCHEIDING, URINE OF VRUCHTWATER VERLIES?

Het is altijd lastig om vast te stellen of je vruchtwater verliest of urine of waterige afscheiding uit de baarmoedermond. Om een idee te krijgen wat voor vocht je verliest, helpt het om een wit inlegkruisje in te doen en daaraan te ruiken. Als de geur licht zurig is, weet je dat het waarschijnlijk gaat om afscheiding, en niet om urine of vruchtwater. Afscheiding is bovendien vaak een beetje plakkerig.

Urine daarentegen, is waterdun en droogt kleurloos of lichtgeel op. En ruikt natuurlijk naar urine, vooral als het is opgedroogd. Urineverlies komt geregeld voor in de zwangerschap doordat alle spieren en weefsels verslappen en er bovendien meer druk op de blaas staat. De scheutjes urine kunnen aanvoelen als afscheiding. Als je wat urine verliest, vooral bij lopen of rennen, is dat niet ernstig, maar wel een reden om veel bekkenbodemgymnastiek te doen. Zo maak je de bekkenbodem steviger. De oefeningen vind je in het hoofdstuk 'Zwangerschapskwalen'.

Een heel enkele keer verlies je geen afscheiding maar vruchtwater. Ook dat herken je aan de geur: het ruikt zoetig en wee. Vruchtwater droogt op een wit verbandje kleurloos of heel lichtroze op. Bovendien blijft het voortdurend met kleine scheutjes lopen.

HOE KAN IK MIJ VAN ONDEREN HET BESTE WASSEN?

De vagina is een kwetsbaar orgaan. Als de vagina gezond is, leven er gezonde bacteriën die zorgen dat de vagina zichzelf reinigt. Van binnen moet de vagina dan ook *niet* gewassen worden.

De buitenkant, de schaamlippen, kun je wassen met enkel water of met een zeepvrij wasproduct met een zuurgraad (pH) lager dan 7. Er zijn wasproducten voor de intieme hygiëne met een pH van bijvoorbeeld 3,5 of 4,7. Die zijn prima om de schaamlippen mee te wassen.

MAG IK EEN VAGINALE DOUCHE GEBRUIKEN (IRRIGEREN) IN DE ZWANGERSCHAP?

Nee! Vaginaal douchen, ook wel irrigeren genoemd, of vaginaal spoelen, is in de zwangerschap – maar ook daarbuiten – ernstig af te raden. Vaginaal spoelen tast de gezonde bacteriën aan, en die zijn nu juist belangrijk om

LET OP

! Als de afscheiding ineens erg veel wordt, dan is het verstandig te overleggen met de verloskundige. Een plotselinge toename van afscheiding kan een teken zijn van vroeggeboorte.

! Als je denkt vruchtwater te verliezen, is dat altijd een reden om de verloskundige te waarschuwen, of, als je daar onder controle bent, het ziekenhuis. Als je verder bent dan 37 weken, is het geen probleem, de bevalling mag dan immers doorzetten. Toch is het ook dan belangrijk dat je niet te lang rondloopt met gebroken vliezen zonder dat de bevalling doorzet. Doordat de vliezen gebroken zijn, kan er een infectie optreden.

! Als je twijfelt of je vruchtwater verliest, is dat ook een reden om de verloskundige of het ziekenhuis te waarschuwen. Er zal dan onderzocht worden of het inderdaad om vruchtwater gaat.

! Als de vliezen (misschien) gebroken zijn en je vruchtwater verliest, is de vagina verboden terrein geworden vanwege infectiegevaar. Dat betekent: niet vrijen en niet in bad. De verloskundige zal ook terughoudend zijn om je inwendig te onderzoeken als de weeën nog niet goed op gang zijn. Zo'n inwendig onderzoek kan een infectie veroorzaken als de vliezen zijn gebroken.

! Gebruik geen intiemspray of spoelmiddel in de vagina!

HOE GAAT HET MET DE BABY?

Het hoofdje is te voelen

25 weken. De baarmoeder reikt tot boven de navel, het kind weegt aan het eind van deze week bijna 800 gram. Uitgerekt is hij haast 30 centimeter lang. Het hartje van de baby is door de buikwand heen te horen met een speciale stethoscoop, een houten 'toeter'.

De handen van de baby waren voortdurend open, maar zijn nu knuistjes. Hij raakt er dikwijls zijn gezicht mee aan, brengt zijn handen naar zijn mond. Twee tot drie keer per dag heeft hij de hik, vaak wel vijf of tien minuten achter elkaar. Als de baby schopt, is dat nu ook aan de buitenkant te voelen, maar als de baby met zijn handjes friemelt, merkt zijn moeder dat niet op.

De verloskundige kan nu het hoofdje van het kind als een pingpongbal tussen haar vingers laten 'dansen'. Daardoor weet ze of het kind met het hoofd naar beneden of naar boven ligt, of zelfs dwars. De baby heeft ruimte om alle kanten op te draaien, maar zal steeds vaker met het hoofdje naar beneden of naar boven gaan liggen. Hij zweeft niet meer vrij in het vruchtwater, en is onderhevig aan de zwaartekracht. Het evenwichtsorgaan werkt.

LET OP

Neem probiotica als je last hebt van een gist. Je vindt ze in allerlei speciale probioticadrankjes en probioticayoghurt in de supermarkt (Yakult, Activia, Actimel). Bij de drogist of de apotheek zijn ook probioticacapsules te koop. Als de klachten hevig zijn, mag je er gerust flink wat van nemen. Vind uit wat voor jou de goede hoeveelheid is. Probiotica zijn veilig, je kunt er niet te veel van nemen.

het vaginale milieu gezond te houden en de vagina te reinigen.

Er zijn aanwijzingen dat vaginaal douchen in de zwangerschap de kans op een vroeggeboorte verhoogt. In veel culturen is vaginaal spoelen een gewoonte omdat vrouwen denken dat ze zichzelf zo reinigen. Het tegendeel is waar: het tast het milieu van de vagina aan waardoor deze gevoeliger wordt voor infecties.

Vaginaal douchen is verboden in de zwangerschap!

IK HEB JEUK EN DIKKE WITTE AFSCHEIDING, WAT IS DAT?

Hoogstwaarschijnlijk heb je een gistinfectie: *Candida albicans*. Candida is eigenlijk geen echte infectie maar een verstoring van het evenwicht in de vagina. In de zwangerschap ben je daar gevoeliger voor dan normaal. Een gist is heel hinderlijk maar niet schadelijk voor de ongeboren baby.

Je kunt naar de huisarts voor een recept voor een gistdodend middel: vaginale capsules die je kunt inbrengen. Daarnaast is het goed om probiotica te gebruiken in de vorm van capsules of drankjes. Dat zijn gezonde bacteriën die gewoonlijk rijkelijk in je darmen aanwezig zijn, maar door onze moderne voeding vaak te weinig voorkomen. Veel vrouwen die last hebben van een telkens terugkerende vaginale schimmel kunnen er baat bij hebben. Als je klachten met medicijnen en probiotica niet verdwijnen, ga dan opnieuw naar de huisarts om te laten onderzoeken of er iets anders aan de hand is. Candida komt vaker voor bij patiënten met suikerziekte.

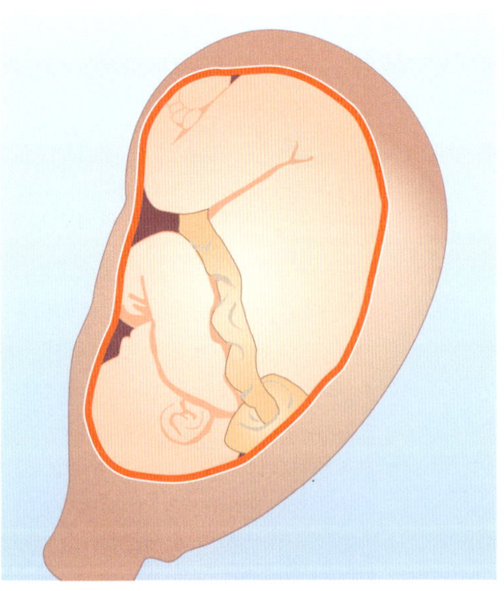

De baby ligt nu meestal in de lengteligging

MIJN AFSCHEIDING RUIKT ONAANGENAAM, HOE KOMT DAT?

Veel vrouwen hebben vaak of af en toe last van onprettig ruikende afscheiding. Bijna altijd is er dan sprake van bacteriële vaginose (BV). Je herkent BV aan een nare geur (vislucht), en vaak aan grijs-witte afscheiding. De klachten worden meestal erger na het vrijen of na de menstruatie.

Net als candida kun je BV zien als een verstoring van het evenwicht in de vagina. De gezonde melkzuurbacteriën zijn verdrongen door minder gezonde bacteriën. Je hoeft je partner dus niet kwaad aan te kijken en hij jou ook niet. Het gaat niet om een SOA. Vervelend is het wel. Door de onaangename geur voelen veel vrouwen zich geremd bij het vrijen. In de zwangerschap hebben vrouwen met BV een (iets) verhoogde kans op een vroeggeboorte, vroeg gebroken vliezen en een infectie van de baarmoeder (en de baby).

Heb je eerder een vroeggeboorte meegemaakt dan is het verstandig BV te behandelen met antibiotica, bijvoorbeeld clindamycine. Zo niet dan kun je overwegen BV zelf te behandelen met een vaginale gel, zoals Balance Activ.

Dat middel bevat melkzuur en voedingsstoffen om je eigen melkzuurbacteriën er weer bovenop te helpen. Als je erg gevoelig bent voor BV, kun je je vaginale evenwicht op peil houden door geregeld een tubetje te gebruiken, bijvoorbeeld na het vrijen of na de menstruatie. Blijf je klachten houden, dan wordt vaak metronidazol voorgeschreven.

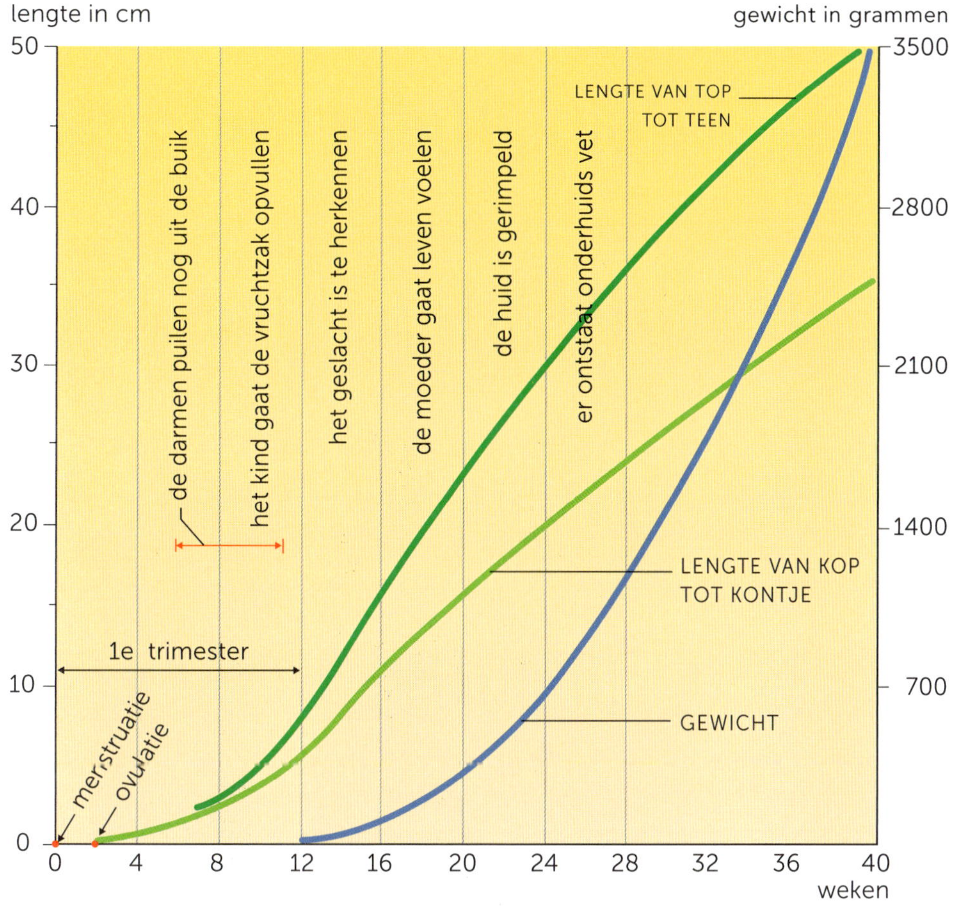

HOE GAAT HET MET DE BABY?

De eerste oogopslag

26 weken, 6 maanden is de baby nu. Zijn ogen gaan open. Het kind reageert op fel licht, maar niet zo sterk als op geluid. Als zijn moeder in bikini ligt te zonnebaden, zal hij een oranje gloed waarnemen.

De baby begint onderhuids vet te maken. Zijn gerimpelde huid vult zich op, hij wordt langzaamaan ronder.

De longen vormen steeds meer longblaasjes. De stembanden werken. Als de baby deze week geboren zou worden, zou hij zachte geluidjes maken.

Tot nu toe bewoog de baby vrijwel voortdurend, maar vanaf deze week ontwikkelt hij perioden van rust en van activiteit – een teken van rijping van het zenuwstelsel.

De baby 'ademt' nu vaker. Vooral nadat de moeder heeft gegeten en veel glucose in haar bloed heeft, ademt hij fanatiek. De baby krijgt dan volop brandstof aangevoerd. De adembewegingen geven aan dat de baby het goed maakt.

13

Wat moet ik regelen in de zwangerschap?

In de zwangerschap moet er veel geregeld worden: kraamzorg, kinderopvang, en eventueel juridische zaken. In dit hoofdstuk zetten we een aantal zaken op een rijtje.

WANNEER MOET IK KRAAMZORG AANVRAGEN?

Het is belangrijk dat je op tijd kraamzorg regelt, zodat je verzekerd bent van goede zorg rond de bevalling. Als je te laat bent, loop je kans dat het kraambureau van je keuze geen plek meer heeft.

Kraamzorg wil zeggen dat er tijdens en na de bevalling een kraamverzorgende komt om assistentie te verlenen. Tijdens de bevalling assisteert zij de verloskundige als de bevalling thuis plaatsvindt. Na de bevalling begeleidt zij het kraambed. Dat wil zeggen dat ze de jonge ouders leert om de baby te verzorgen, dat ze helpt bij de borstvoeding en dat ze in de gaten houdt of de baby goed groeit, goed poept en plast en of zijn kleur goed is. Als er iets met de baby is – hij heeft ondertemperatuur, is te geel, poept of plast niet goed – dan zal ze de verloskundige bellen. Hetzelfde geldt voor de moeder. Als er medisch iets niet in orde is, zal de kraamverzorgende hulp inroepen.

Afhankelijk van het aantal uren kraamhulp dat je afspreekt, helpt de kraamverzorgende ook met de verzorging van moeder en kind en met lichte huishoudelijke taken. Ze maakt dan bijvoorbeeld de lunch voor de kraamvrouw, doet een was en houdt de kraamkamer en het sanitair schoon. Maar ze doet niet de afwas van de dag ervoor, gaat geen ramen lappen en is geen schoonmaakster.

Kraamzorg is geen luxe maar een noodzaak

Kraamzorg is geen luxe maar een noodzaak. Vandaar dat het belangrijk is op tijd in te schrijven. Dat moet bij voorkeur voor de vierde maand gebeuren. De verloskundige kan je vertellen welke kraambureaus er in de omgeving zijn. Sommige verzekeraars regelen zelf de kraamzorg voor hun verzekerden. Kijk op de site van je verzekeraar wat het beleid is.

WANNEER GEEF IK ME OP VOOR EEN ZWANGERSCHAPSCURSUS?

Er zijn zwangerschapscursussen die pas rond de zesde of zevende maand beginnen. Er zijn er ook waarmee je meteen kunt starten. Met zwangerschapsstretching, yoga of ZwangerFit bijvoorbeeld. Dat heeft als voordeel dat je vanaf het begin van de zwangerschap aan je conditie kunt werken en je spieren kunt versterken. We hebben de indruk dat het vrouwen helpt als ze fit zijn en in de zwangerschap spierversterkende oefeningen hebben gedaan, zoals stretch- en yogaoefeningen. Daarbij werk je aan lenigheid en kracht, wat van pas komt bij het opvangen van de weeën en bij het persen. Het helpt ook tegen zwangerschapskwalen zoals rug- en bekkenpijn.

Er zijn cursussen gebaseerd op mensendiecktherapie, dans, zwemmen, yoga, stretching of (bekken)fysiotherapie. Er zijn cursussen voor zwangere vrouwen alleen en voor zwangere vrouwen en hun partners ('Samen bevallen'). Zoek een cursus die bij je past; in de meeste plaatsen is veel aanbod. Informeer bij de verloskundige welke cursus zij aanbeveelt. Als dat een populaire cursus is, geef je dan op tijd op.

Als de cursus van je keus pas later in de zwangerschap begint, probeer dan in het begin zelf te blijven bewegen – met beleid. Zie voor meer informatie de paragraaf 'Mag ik sporten?' in het hoofdstuk 'Mag ik in de zwangerschap…'.

LET OP

! Een erkenningsakte regelt niet automatisch het gezag over het kind. Dat moet de rechtbank toewijzen. Meer informatie hierover lees je op de website van het ministerie van Veiligheid en Justitie.

WANNEER REGEL IK DE KINDEROPVANG?

Ook voor het regelen van kinderopvang geldt: hoe vroeger hoe beter. Meestal kun je je inschrijven vanaf drie maanden. Omdat er nogal eens een wachtlijst is, loont het de moeite dat vroeg te doen, zelfs als je nog niet helemaal zeker weet of je ervan gebruik zult maken. Je kunt je zelfs bij meerdere kinderopvangverblijven opgeven. Afzeggen kan altijd nog. Meer hierover vind je in het hoofdstuk 'Je zwangerschap en je werk'.

WANNEER KAN DE BABY ERKEND WORDEN?

Als je getrouwd bent, is de echtgenoot automatisch de wettige vader van het kind. Daarvoor hoef je het kind niet te erkennen.

Als je niet getrouwd bent, en wilt dat de baby erkend wordt, dan kan dat op het gemeente-

---

HOE GAAT HET MET DE BABY?

De avond valt in de baarmoeder

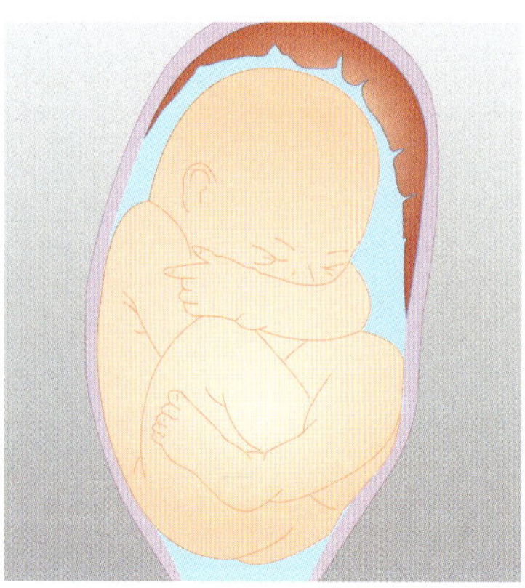

De baby weegt een kilo

27 weken. De baby 'weet' of het dag of nacht, winter of zomer is. Niet dat hij zelf een biologische klok heeft. Die ontwikkelt zich pas na de geboorte. Nu volgt hij de biologische klok van de moeder. Als de avond valt, maakt de moeder het hormoon *melatonine* aan. 's Ochtends verdwijnt dat weer uit haar bloed. Door deze 'hormoongetijden' weet de baby welk moment van de dag – of nacht – het is. Niet dat hij 's nachts rustiger is – rond middernacht beweegt hij het meest. Maar zijn hartslag is om vier uur 's nachts het laagst.

Van een vliegreis krijgt niet alleen de moeder maar ook haar ongeboren kind een jetlag. Regelmaat is belangrijk voor de groei en de hersenontwikkeling van de ongeboren baby. Duisternis ook.

WEETJE

Als een kind binnen een huwelijk geboren is, is de echtgenoot de wettige vader. Ook als hij niet de biologische vader is. Een andere man kan dan niet het kind erkennen, tenzij de echtgenoot officieel het vaderschap ontkent.

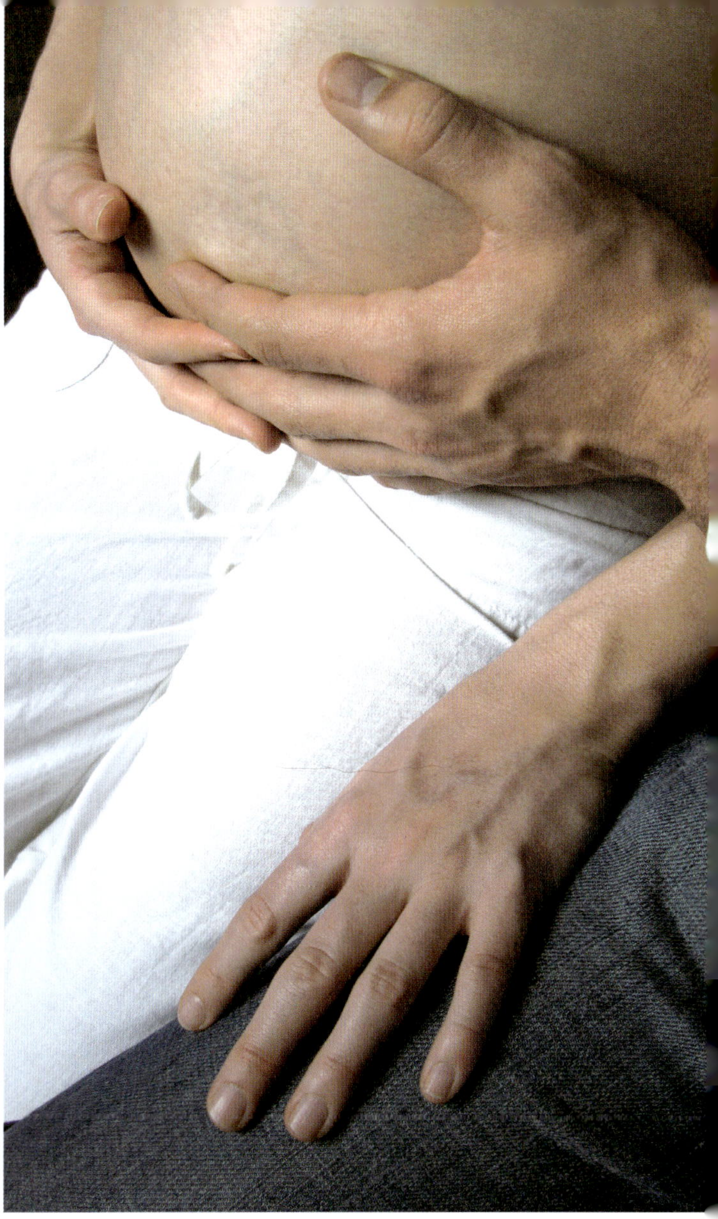

huis. Dat kan in de zwangerschap, bij het aangeven van de baby en eigenlijk ook later, op elk moment in het leven van het kind. Als de moeder niet meekomt, moet ze schriftelijk toestemming geven en haar identiteitsbewijs meegeven. De toestemmingsverklaring moet beginnen met: 'Hierbij verklaar ik dat…'

Heb je vragen over hoe het geregeld is met de erfenis, of wil je vastleggen wie je het liefst voor je kind laat zorgen als je onverhoopt komt te overlijden, vraag dan een informatief consult bij een notaris. Daar krijg je nuttige tips en word je gewezen op addertjes onder het gras. Het kan nuttig zijn een testament te laten maken.

HOE REGEL IK MIJN ZWANGERSCHAPSVERLOF?

Als je werkneemster bent en je bent zwanger, dan meld je dat bij de werkgever. Die krijgt doorbetaald voor je zwangerschapsverlof.

HOE GAAT HET MET DE BABY?

Hij weegt meer dan een kilo

28 weken. De baby weegt 1.200 gram en meet zo'n 35 centimeter. Wekelijks groeit hij 1 centimeter in de lengte en 150 tot 200 gram in gewicht. De baby krijgt minder ruimte in de baarmoeder, die tot de maag reikt en voor de helft met kind en voor de helft met vruchtwater is gevuld.

Op het hoofd van de baby zijn stevige haren zichtbaar. Ze zijn al langer dan de vlassige donshaartjes, die beginnen uit te vallen. Het aantal longblaasjes neemt nog telkens in aantal toe, net als de hoeveelheid surfactant in de longen. De kans dat de baby bij een vroeggeboorte gezond overleeft, wordt met de week groter.

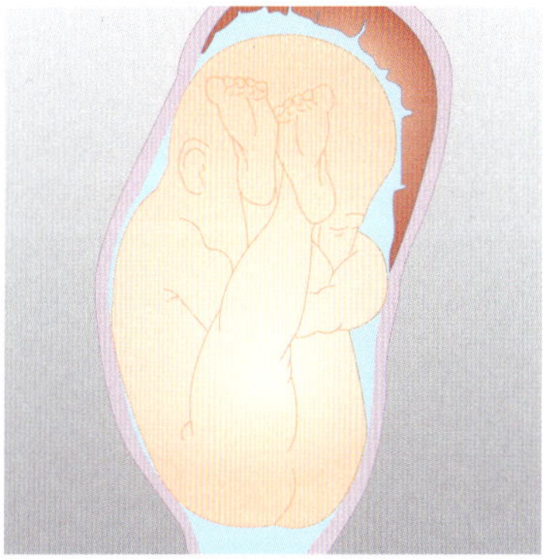

De baby ligt hier in onvolkomen stuitligging

Als je werkt als zelfstandige, en je bent verzekerd via de Wet arbeidsongeschiktheidsverzekering zelfstandigen (WAZ), dan heb je net als werknemers recht op zestien weken zwangerschapsverlof. Je moet je dan uiterlijk drie maanden voor de uitgerekende datum melden bij de uitvoeringsorganisatie, het UWV.

Dat laatste doe je ook als je een werkloosheidsuitkering hebt of tijdens de zwangerschap werkloos wordt. Je hebt dan recht op een zwangerschapsuitkering, maar moet zelf de zwangerschapsverklaring inleveren bij het UWV. Als je niet snel iets hoort van het UWV, ga er dan zelf achteraan, zodat je straks niet zonder geld komt te zitten en je je daar in het kraambed mee bezig moet houden.

Meer informatie vind je op: www.arbo-advies.nl/zwangerschap.htm.

WANNEER MOET IK ME INSCHRIJVEN BIJ EEN ZIEKENHUIS ALS IK POLIKLINISCH WIL BEVALLEN?

Wanneer je poliklinisch wilt bevallen, maak je een keuze voor een ziekenhuis. In sommige regio's is er maar één ziekenhuis, dan valt er weinig te kiezen. Maar in een grote stad zijn meestal meer mogelijkheden. Je kunt een rondleiding vragen op de kraamafdeling van het ziekenhuis. Je geeft je keuze door aan de verloskundige.

Er is echter niet de garantie dat je ook werkelijk in het ziekenhuis van je keus bevalt. Als het vol is, moet je uitwijken naar een ander ziekenhuis.

Als je thuis wilt bevallen, kun je in je bevalplan aangeven naar welk ziekenhuis je wilt als je toch wordt verwezen. Ook daarvoor geldt: dat lukt alleen als er plaats is.

WANNEER MOET IK DE BABY AANGEVEN?

Als de baby is geboren, moet hij binnen drie werkdagen aangegeven worden bij de gemeente waar hij is geboren. Je kunt daarbij kiezen of de baby de naam krijgt van de moeder of van de vader. Bij de geboorteaangifte wordt er een geboorteakte opgesteld die je moet ondertekenen. Daarna kan de akte niet meer zomaar gewijzigd worden. Let dus op dat je de namen goed spelt!

De aangifte kan gedaan worden door:

* de vader of de moeder van de baby;
* iemand die bij de geboorte aanwezig was;
* iemand bij wie de baby in huis is geboren;
* het hoofd van de kliniek waar de baby is geboren.

HOE GAAT HET MET DE BABY?

Het brein krijgt voorrang

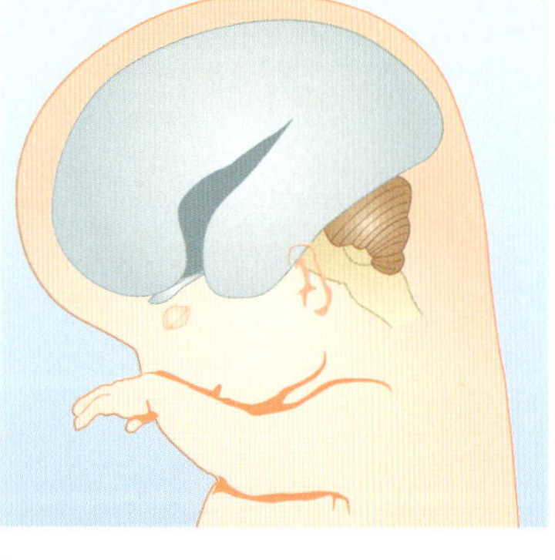

De komende weken zullen vooral de hersenen zich ontwikkelen

29 weken. Als de ongeboren baby genoeg te eten krijgt, zal hij een vetlaagje maken en glucose opslaan in zijn spieren en zijn lever. Zo legt hij een voorraadje brandstof aan. Daarmee kan hij de eerste dagen na de geboorte, als hij nog weinig moedermelk krijgt, overleven.

Krijgt de baby te weinig zuurstof en voeding, doordat de placenta slecht werkt of doordat zijn moeder rookt, dan stuurt hij mogelijk bloed naar het hoofd, ten koste van de buik, armen en benen. Het brein van de baby groeit dan zo lang mogelijk in normaal tempo door, maar voor een voorraadje brandstof in de lever schiet niets over.

Als eerste blijven de buik en de benen achter in groei. De navelstreng en de vliezen maken minder vruchtwater en het kind zal

Voor het aangeven van de baby moet het volgende worden meegenomen:

- een legitimatiebewijs van degene die aangifte doet;
- een legitimatiebewijs van de moeder;
- eventueel een geboortebericht van de verloskundige of arts;
- als het kind al voor de geboorte is erkend: een afschrift van de erkenningsakte;
- als er eerder een naam is gekozen: een bewijs van naamskeuze;
- als je de baby op dat moment wilt erkennen: een verklaring van de moeder (zie de paragraaf hiervoor 'Wanneer kan de baby erkend worden?').

WANNEER MOET IK DE BABY INSCHRIJVEN BIJ MIJN ZIEKTEKOSTENVERZEKERAAR?

Als de baby geboren is, moet je hem binnen vier maanden inschrijven bij de zorgverzekeraar. Je betaalt voor je kind geen premie, maar dat betekent niet dat hij automatisch is ingeschreven. Ouders die dat vergaten te doen, kwamen voor hoge kosten te staan.

Nog even alle regelzaken op een rijtje die je moet of kunt doen:

- aanmelden bij verloskundige praktijk of in het ziekenhuis (rond zes weken);
- aanmelden bij Moeders voor Moeders (zo vroeg mogelijk);
- werkgever of UWV inlichten (zo snel mogelijk voor eventuele aanpassing van je werk);
- bezoek bedrijfsarts (zo snel mogelijk);
- kraamzorg regelen (vanaf twaalf weken);
- inschrijven zwangerschapscursus;
- nadenken over de achternaam van de baby;
- eventueel de baby erkennen;
- eventueel naar de notaris om zaken voor de baby te regelen (voogdij bij overlijden);
- uitzet voor de baby aanschaffen (kinderkamer, kinderwagen, kleertjes, luiers...);
- inschrijven in een ziekenhuis als je poliklinisch wil bevallen;
- kraampakket aanvragen of kopen bij de drogist;
- bed omhoog (bij 37 weken);
- ziekenhuiskoffertje klaar hebben (bij 37 weken);
- telefoonlijst bij de telefoon leggen (verloskundige, ziekenhuis, ouders, oppas voor oudere kinderen);
- foto's van je zwangere buik laten maken;
- alle babykleertjes en dergelijke wassen;
- geboortekaartjes uitzoeken en envelopjes schrijven;
- geboorteaangifte doen (binnen 3 werkdagen na de geboorte);
- baby inschrijven bij de ziektekostenverzekeraar.

---

zo weinig mogelijk bewegen, om energie te sparen. Als de baby onvoldoende groeit, zal dat de komende weken blijken. Dit alles kun je goed zien op de echo. De bloedvaten in de hersenen staan wijd open om te zorgen dat er zo veel mogelijk bloed naar dit belangrijke orgaan gaat. De buik van de baby is kleiner dan je zou verwachten.

De hersenen zijn nu aan de buitenkant nog glad. De komende weken zullen ze groeven gaan vertonen – een teken van rijping.

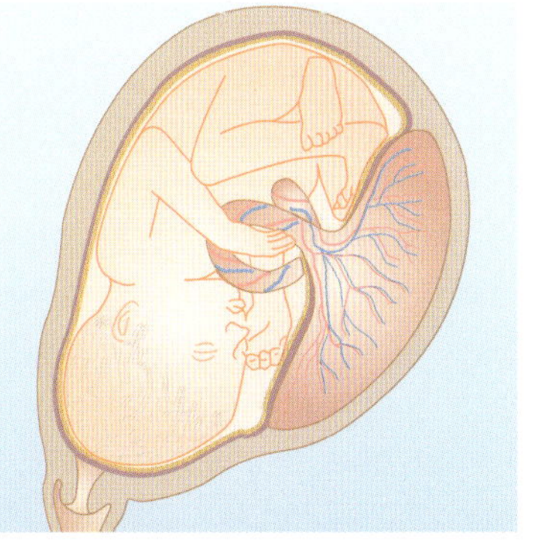

De periodes van rust worden langer maar echt slapen doet de baby nog niet.

HOE GAAT HET MET DE BABY?

Hij loopt in de baarmoeder

30 weken. De baby weegt bijna 1½ kilo en zwemt in ¾ liter vruchtwater. Het kind wordt molliger en heeft een roze huid, die met wit, plakkerig huidsmeer is bedekt. De parelmoeren vingernageltjes bereiken de vingertoppen. Sommige baby's zijn vrijwel kaal, andere hebben al flink wat hoofdhaar, blond of juist donker.

Met zijn voeten kan de baby de buikwand laten uitstulpen, vooral als hij met het hoofdje naar beneden ligt. Soms zet hij zich met gestrekte benen af. Dan verschijnt vlak onder de ribben links en rechts een bobbel: aan de ene kant het kontje en aan de andere kant de voetjes. Zo traint het kind zijn beenspieren en zijn loopreflex.

Hij zal nu nauwelijks meer dwars liggen, maar met het hoofd naar beneden of naar boven. Regelmatig draait hij ondersteboven of om zijn as. Hij grijpt af en toe de navelstreng, strijkt met zijn vingers over de vliezen. De periodes van rust worden langer, maar écht slapen doet de baby nog niet. Daarvoor moet zijn zenuwstelsel nog een paar weken rijpen.

14

Zwanger van een tweeling

Als je een tweeling verwacht, word je met extra zorg en aandacht omgeven. Door de gynaecoloog, door je omgeving en ook... door de babyspeciaalzaken. Je komt in aanmerking voor korting en krijgt een VIP-behandeling.

IK BEN ZWANGER VAN EEN TWEELING, WAT STAAT MIJ TE WACHTEN?

Een van de grote voordelen van een echo vroeg in de zwangerschap, die inmiddels is ingeburgerd om te kijken hoever je bent, is dat we al vroeg weten of het een meerling is. Een meerlingzwangerschap is vrijwel altijd een tweelingzwangerschap; drielingen zijn zeldzaam en vier- of vijflingen nog zeldzamer. De laatste zijn vrijwel altijd veroorzaakt door vruchtbaarheidsbehandelingen, en in Nederland zijn we daar voorzichtig mee. We willen een grote meerling voorkomen, zo'n zwangerschap brengt te veel risico's met zich mee.

Wanneer je tijdens de echo te horen krijgt dat er niet één maar twee hartjes kloppen, of dat er twee vruchtzakken zijn, en dat je een tweeling krijgt, is de opwinding groot. Dat overkomt in Nederland ongeveer 2 op de 100 vrouwen (en hun partners). De meeste stellen zijn heel blij, want als je graag een baby wilt, wat is er dan leuker dan twee baby's! Maar er zijn er ook die schrikken. Eén baby is al een hele verantwoordelijkheid, maar twee! Dat is een hele klus. En ineens moet je je uitzet uitbreiden: geen een maar twee wiegjes en een plek waar ze kunnen staan. Geen gewone maar een tweelingkinderwagen. En niet een maar twee plaatsen op de crèche. Misschien op termijn een groter huis.

Een tweeling heeft veel gevolgen, maar als alles goed gaat, is het natuurlijk ook heel fijn om twee kinderen in één keer te krijgen. Het vervelendst van een tweelingzwangerschap en -bevalling is dat het risico op complicaties is verhoogd. Reden voor extra zorg en waakzaamheid.

Een tweelingzwangerschap wordt dan ook vanaf het begin begeleid in het ziekenhuis. En er worden regelmatig echo's gemaakt om de groei van de kinderen te volgen. Dat is bij een tweeling beslist noodzakelijk.

Joris: 'Georgine werkte in de mode, vier keer per jaar werd er een collectie opgeleverd, dat gaf veel stress. Mijn baan als gynaecoloog in opleiding was ook razend druk. We hebben daarom lang nagedacht over kinderen krijgen. Toch maar wel, besloten we uiteindelijk.

Toen Georgine elf weken zwanger was, maakte mijn baas Kees een echo. Hij zette de transducer op haar buik, keek op het scherm en trok hem als door een adder gebeten weer terug. We keken elkaar verschrikt aan, hij en ik. Georgine dacht dat we iets vreselijks hadden gezien, een afwijking of zoiets. Maar het was gewoon een tweeling.

Kees dacht meteen aan de complicaties. Ik niet. Ik was op dat moment gewoon vader. Zelf ben ik er ook een van een tweeling, ik maakte me geen zorgen. Georgine vond het ook leuk. Het veranderde wel het hele plaatje. We gingen versneld kijken naar een groter huis. En we moesten natuurlijk van alles twee hebben. Overal kregen we korting, dat was erg leuk. We voelden ons in de watten gelegd.

Toen Georgine 35 weken zwanger was, hadden we een verjaardag. We stonden op het punt om weg te gaan. "Het lijkt wel of ik af en toe vruchtwater verlies," zei Georgine. Ik ving wat druppels op een microscoopglaasje op. Na een uur was het toch wel opgedroogd, en dan kon ik onder de microscoop kijken of het vruchtwater was. Vruchtwater droogt op in de vorm van een varenblad. Achteraf moet je dat natuurlijk bij de behandelend gynaecoloog melden, maar als vader had ik er alle vertrouwen in dat het goed ging.

Georgine werd opgenomen omdat de vliezen gebroken waren. Maar er kwamen geen weeën. Na een week werd ik onrustig en vond ik dat we moesten ingrijpen. Georgine is toen ingeleid. De timing was perfect, want ik had die week dienst. Zo kon ik werken en toch bij mijn vrouw en kinderen zijn – die lagen de eerste week in het ziekenhuis. Mijn dienst opzeggen vanwege de bevalling? Nee, zo werkte dat toen niet. Maar na die week was ik vrij, dan konden we samen thuis zijn.

Zo zaten we met kerst thuis met twee baby's,

WEETJE

De kans op een twee-eiige tweeling is verhoogd bij 'oudere' moeders (en dus ook bij vrouwen die al meer kinderen hebben), bij vrouwen met twee-eiige tweelingen in de familie en bij vrouwen die een vruchtbaarheidsbehandeling hebben ondergaan: ivf of een behandeling met eicelstimulerende hormonen.

Opmerkelijk genoeg is de kans op een eeneiige tweeling bij ivf óók verhoogd. De ivf-behandeling maakt klaarblijkelijk dat het embryo zich makkelijker splitst.

WAT GEBEURT ER IN MIJN LICHAAM?
Hogere kans op complicaties

Doordat je bij een tweeling extra veel van het zwangerschapshormoon HCG in je bloed hebt, zul je meer last hebben van de normale zwangerschapsverschijnselen: in het begin vooral misselijkheid en moeheid, de hele zwangerschap veel plassen, verstopping en kortademigheid, op het eind de waggelgang door de bekkenverweking en dikke enkels. Het hart moet nog wat meer bloed rondpompen dan bij een eenlingzwangerschap. Je hebt een grotere kans op een tekort aan ijzer en foliumzuur. Dat alles is lastig maar te doen.

Vervelender is het dat je ook een hogere kans hebt op complicaties, waarvan vroeggeboorte de meest voorkomende is. Ook zwangerschapsbraken, een hoge bloeddruk, pre-eclampsie ('zwangerschapsvergiftiging') en groeivertraging komen iets vaker voor. Om die reden word je nauwlettend in de gaten gehouden in het ziekenhuis.

Tweelingen worden vrijwel altijd vroeger geboren dan eenlingkinderen. Bovendien laten we tweelingen soms expres vroeger geboren worden, om grote problemen te voorkomen. Als je op weeën zou wachten, zou de helft van de tweelingen na 39

LET OP

Als je klachten hebt die kunnen passen bij een vroeggeboorte, zoals bloedverlies, pijnlijke harde buiken, meer vaginaal slijm of meer afscheiding dan normaal, neem dan snel contact op met het ziekenhuis. Als je snel behandeld wordt bij een dreigende vroeggeboorte is de uitkomst voor de kinderen vaak 50 procent beter!

en hadden we een week de tijd om te wennen. De meisjes wogen 2.300 en 2.900 gram. Georgine gaf borstvoeding, dat ging heel goed.

Na zes weken ging Georgine een week skiën met haar zus en haar moeder. Ze had het twee jaar daarvoor al afgesproken, en vond dat je dat dan gewoon maar deed. Ik bleef thuis met de twee baby's, en heel veel afgekolfde melk. Georgine nam een kolf mee, zodat ze bij thuiskomst weer borstvoeding kon geven. Huilend hing ze uit het treinraampje. Ze heeft de week volgehouden, maar het was een drama – ze miste de kinderen vreselijk. Dat was een les.

Ook voor mij. Ik had een week vrij, maar moest thuis hard aan de slag. Twee baby's die dag en nacht elke drie uur een flesje moesten – ik had geen moment rust.

Na die hectische periode is het allemaal goed verlopen. Georgine heeft een halfjaar borstvoeding gegeven. Af en toe, als ze wat weinig melk had, kregen ze er een flesje bij.

De meiden zijn nu 18. Nog even, en ze zijn al weer de deur uit.'

Een tweelingzwangerschap wordt vanaf het begin begeleid in het ziekenhuis

HOE WEET IK OF DE TWEELING ÉÉN- OF TWEE-EIIG IS?

Een tweeling kan één- of twee-eiig zijn. Tegenwoordig is dat vaak al vroeg te zien op de echo. Als de twee kinderen één vruchtzak delen, of als er een heel dun tussenschot is tussen twee vruchtzakken, is het een eeneiige tweeling. Dit kunnen we alleen vroeg in de zwangerschap goed zien. Mede daarom is het belangrijk om een termijnecho te maken.

Eeneiige tweelingen hebben altijd hetzelfde geslacht. Maar als ze elk een eigen vruchtzak hebben, dan kan het een twee-eiige tweeling zijn (verreweg de grootste kans) of een eeneiige. In dat geval is dus op de echo niet met zekerheid te zien of de tweeling een- of twee-eiig is. Als de kinderen een verschillend geslacht hebben, is dat wel weer duidelijk; ze zijn dan natuurlijk twee-eiig. Maar dat is pas weer wat later in de zwangerschap te zien.

De meeste tweelingen (70 procent) zijn twee-

weken geboren worden. Maar waar eenlingkinderen gemiddeld na 40 weken komen, ligt het gemiddelde bij tweelingkinderen op 37 weken. Veel kinderen komen dus zelfs al daarvoor. Ook een vroege vroeggeboorte (voor 32 weken) komt nogal eens voor.

LET OP

Laat zwaar werk, sjouwen, tillen, tuinieren, stofzuigen, dweilen en kinderen tillen aan anderen over als je de 20 weken gepasseerd bent. Of eerder als de situatie daartoe aanleiding geeft.

Probeer zo vaak mogelijk een poosje op je linkerzij te liggen. Tv kijken kun je beter liggend op je zij doen dan zittend. In zijligging is de doorbloeding van de placenta beter, evenals de terugstroom van bloed naar het hart.

! Trek bij klachten aan de bel. Heb je buikkrampen, hoofdpijn, bovenbuikpijn, last van je ogen, heb je plots een dik gezicht (vocht), wordt je buik plotseling heel veel dikker of voel je de kinderen minder bewegen, bel dan het ziekenhuis.

! Bespreek altijd bij de controles welk nummer je het beste kunt bellen en markeer dit apart op de zwangerschapskaart.

eiig. Daarbij zijn bij de eisprong twee eicellen vrijgekomen. Deze kinderen groeien tijdens hun voorgeboortelijke bestaan al samen op, maar zij lijken op elkaar als 'gewone' broertje(s) en zusje(s).

Een eeneiige tweeling is ontstaan uit één eicel en één zaadcel. Het embryo is na de bevruchting in een heel vroeg stadium gesplitst. De kinderen hebben precies hetzelfde erfelijk materiaal, dus zijn ze van hetzelfde geslacht, hebben dezelfde kleur ogen, huid en haar en veel van hun karaktereigenschappen zijn – voor zover die erfelijk zijn – gelijk.

Een heel zeldzame vorm van eeneiige tweelingen zijn tweelingen die gedeeltelijk met elkaar vergroeid zijn: de Siamese tweeling. Dit hoor je wel eens in het nieuws. Wees gerust, dit kun je vroeg zien met de echo en is gelukkig heel zeldzaam.

MOET IK ERGENS SPECIAAL OP LETTEN NU IK ZWANGER BEN?

Gezond leven en eten was nog nooit zo belangrijk als nu, met niet één maar twee (of een heel enkele keer drie of meer) kinderen in je buik. Vaak krijg je extra ijzer en foliumzuur voorgeschreven.

Daarnaast is het nog belangrijker dan bij een eenlingzwangerschap dat je jezelf in acht neemt. Vanaf de 20e tot 24e week van de zwangerschap, afhankelijk van de zwaarte van je werk en het advies van de gynaecoloog, moet je bijvoorbeeld niet meer dan 4 uur werk verrichten.

VOORKOMEN VAN VROEGGEBOORTE

Het grootste risico bij een tweeling is vroeggeboorte. Daarom wordt rond de 20ste week van de zwangerschap met de echo de lengte van

---

HOE GAAT HET MET DE BABY'S?
De kinderen delen de buit

Bij een tweelingzwangerschap verloopt de ontwikkeling van de kinderen, als het goed is, niet heel anders dan bij een eenlingzwangerschap. Maar er is een grotere kans op bijvoorbeeld een groeiachterstand van beide, of van een van beide kinderen. Ze moeten immers de 'buit' delen. Ook de kans op sterfte is bij alle tweelingkinderen verhoogd. Om die reden wordt de zwangerschap nauwlettend gevolgd.

Al voor de 14e week kijken we met de echo of de baby's één of twee vruchtzakken hebben. Dat bepaalt het risico van de zwangerschap. Kinderen die één vruchtzak delen, zijn altijd eeneiig en hebben meer risico op complicaties en zelfs sterfte dan kinderen die twee geheel gescheiden vruchtzakken en placenta's hebben. Het probleem is dat zij vaak niet alleen met de moeder bloed uitwisselen maar ook met elkaar vaatverbindingen hebben. Soms stroomt er meer bloed van het ene kind naar het andere dan er terugkomt. Dan kan een van de kinderen in de problemen komen.

Deze vaatverbindingen tussen de kinderen kunnen goed behandeld worden, maar dan moeten we al vroeg in de zwanger-

de baarmoederhals gemeten. Wanneer die te kort is, bestaat de mogelijkheid om een rubberen ring in te brengen in de vagina: een pessarium dat helpt om de baarmoeder te ondersteunen. Onderzoek heeft aangetoond dat zo'n ring de kans op een vroeggeboorte bij een tweelingzwangerschap met de helft vermindert.

KAN IK BIJ EEN TWEELING WEL PRENATAAL ONDERZOEK DOEN, ZOALS EEN COMBINATIETEST, EEN VLOKKENTEST OF VRUCHTWATERPUNCTIE?

Ja, je kunt bij een tweelingzwangerschap in principe dezelfde prenatale onderzoeken laten verrichten als bij een eenlingzwangerschap. Bij een combinatietest wordt er in het bloedonderzoek rekening mee gehouden dat het om een tweelingzwangerschap gaat. En op de echo wordt bij elk kind gekeken naar de nekplooi. Een vlokkentest of vruchtwaterpunctie is ook mogelijk.

In de zeldzame situatie dat je zwanger bent van een grotere meerling is het verstandig te overleggen met de gynaecoloog over de kans op problemen. Het is mogelijk de zwangerschap van een van de kinderen af te breken om de kans op problemen voor de andere kinderen te verkleinen. Dit kan in enkele ziekenhuizen in Nederland. Je moet hiervoor verwezen worden.

WAT KAN IK VAN DE BEVALLING VERWACHTEN?

Als beide kinderen gezond zijn en jij ook, dan wordt er afgewacht totdat de bevalling zich vanzelf aandient. Soms is zwanger zijn van een tweeling zo zwaar aan het einde dat je je afvraagt of de gynaecoloog je niet beter kan laten bevallen. Als alles goed is met de kinderen lijkt het beter dit niet voor 38 weken zwangerschapsduur te doen. Bespreek van tevoren met de gynaecoloog hoe je gaat bevallen als de eerste baby in stuit ligt: met een keizersnede of vaginaal. Je kunt de baby namelijk niet van tevoren draaien zoals met een eenlingbaby.

De bevalling vindt vanzelfsprekend plaats in het ziekenhuis. Je krijgt de instructie om in een vroeg stadium van de bevalling naar het ziekenhuis te komen. Vanaf het begin van de bevalling worden beide kinderen bewaakt met het CTG-apparaat. Bij het kind dat voor de uitgang ligt, kan dat door een elektrode aan het hoofdje of de bil te bevestigen. Dat gebeurt tijdens een inwendig onderzoek. Het andere kind wordt gecontroleerd met een transducer die met een band om de buik op zijn plaats wordt gehouden.

Omdat de baarmoeder bij een tweeling enorm is uitgezet, zijn de weeën minder sterk. De bevalling zal daardoor in de regel langza-

schap weten of de kinderen dit risico lopen. In Leiden is een gespecialiseerde kliniek waar al deze tweelingen in nood behandeld worden, soms al bij 17 weken (4 maanden) zwangerschapsduur. Vandaar dat een vroege echo belangrijk is.

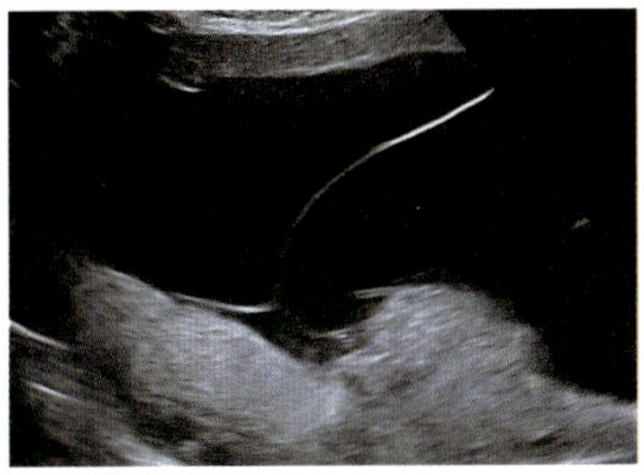

Deze tweeling (12 weken) deelt slechts een heel dun tussenschot, dat op de echo te zien is als de poot van een hoofdletter T, een 'T-sign'. De tweeling is dus eeneiig.

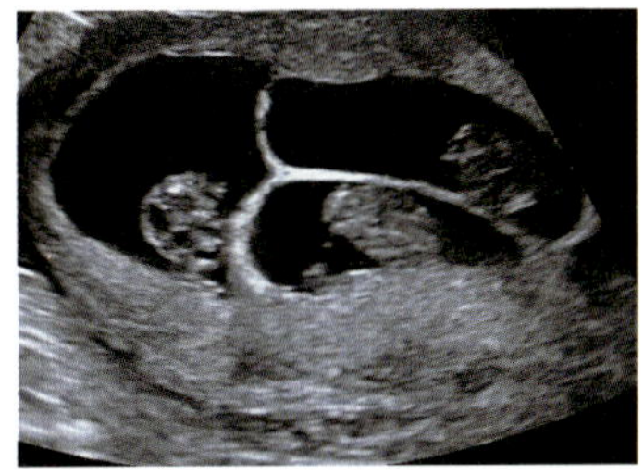

Van deze drieling (9 weken) hebben alle vruchtjes een eigen placenta. Dat is te zien aan het tussenschot, dat de vorm van een Λ heeft, de Griekse letter lambda, een soort omgekeerde y. Ze hebben elk een eigen binnenste vlies (amnion), en een eigen buitenste vlies (chorion).

mer verlopen dan bij een eenling. Vaak is het nodig om een infuus bij te geven om de weeën te versterken.

Vervolgens doorloop je de ontsluitingsweeën op dezelfde manier als bij een eenlingzwangerschap. De persweeën eigenlijk ook.

De geboorte van de eerste baby is eigenlijk een heel normale geboorte. Je mag echter niet twee uur persen zoals met een eenling, omdat er ook nog tijd moet zijn voor het tweede kind.

Zodra het eerste kind geboren is, zal de gynaecoloog aan de buitenkant en inwendig voelen hoe de tweede baby ligt, en als het nodig is, de baby netjes voor de uitgang leggen, met het hoofd of de stuit in het bekken. Vaak kijkt hij of zij ook nog even met de echo. Dan mag ook het tweede kind geboren worden, meestal binnen een halfuur na het eerste kind. De weg is dan immers al gebaand.

Bij een tweeling is de kans op een keizersnede verhoogd. Daartoe kan al tijdens de ontsluiting besloten worden, bijvoorbeeld omdat de bevalling niet doorzet en de kinderen, gezien hun conditie, vlot geboren moeten worden. Het kan ook tijdens het persen besloten worden. Soms is het eerste kind al geboren en is het voor het tweede kind nodig om alsnog een keizersnede te doen, bijvoorbeeld als het kind dwars ligt en niet meer recht gelegd kan worden. Soms kiest de gynaecoloog er dan voor de baby bij de voeten te pakken en geboren te laten worden. Dan is er dus geen keizersnede nodig. Voor deze ingreep word je wel verdoofd op de operatiekamer.

Na de bevalling krijg je een injectie met oxytocine om de baarmoeder te laten samentrekken. De kans op een forse nabloeding is bij een tweeling flink verhoogd, doordat de baarmoeder sterk is uitgerekt en minder krachtig kan samentrekken.

KAN IK BORSTVOEDING GEVEN MET TWEE KINDEREN?

Ja, je kunt als tweelingmoeder borstvoeding geven. De hoeveelheid melk past zich automatisch aan de vraag aan. En omdat tweelingkinderen vaak te vroeg geboren zijn en daardoor kwetsbaar, zijn de antistoffen in de moedermelk voor hen nóg belangrijker dan voor eenlingen. Het is dus erg aan te raden om borstvoeding te geven als je een tweeling hebt gekregen. Eventueel kun je, als het nodig is, de moedermelk aanvullen met flesvoeding. Als je een beetje handig bent geworden met voeden, kun je prima twee baby's tegelijk aan de borst nemen. Dat scheelt tijd.

15

De trappelkaart

De trappelkaart is een hulpmiddel waarmee je zelf kunt controleren of je baby het goed maakt. Je kunt hem vanaf dertig weken dagelijks invullen door één keer per dag, op een moment dat de baby actief is, te gaan zitten en schopjes te tellen. Bij tien schopjes kun je stoppen.

MOET IK ME ZORGEN MAKEN ALS IK MINDER LEVEN VOEL?

4 tot 15 procent van de zwangere vrouwen belt de verloskundige of het ziekenhuis omdat ze minder leven voelen in de laatste 3 maanden van de zwangerschap. Gelukkig blijkt meestal, nadat er bijvoorbeeld in het ziekenhuis een CTG en een echo zijn gemaakt, dat alles goed is. Vaak beweegt de baby al weer als zijn moeder op de onderzoeksbank ligt.

Toch blijkt bij onverwachte babysterfte tijdens de zwangerschap – dat komt twee keer zo vaak voor als sterfte tijdens en na de bevalling – dat vrouwen daarvoor al minder leven hebben gevoeld. Daarom is minder leven voelen een klacht die je serieus moet nemen.

De trappelkaart lijkt een hulpmiddel dat je daarbij kan helpen. Deze methode moet in Nederland nog onderzocht worden, we weten niet zeker of het ook daadwerkelijk de babysterfte terugdringt – sterfte komt zo weinig voor dat het lastig is om aan te tonen dat de trappelkaart daar invloed op heeft. Toch is het een manier om het aantal bewegingen van je baby goed in kaart te brengen.

Wanneer je minder leven voelt, en het CTG en de echo zijn goed, dan hoeft er verder niets te gebeuren. Maar wanneer vrouwen blijvend minder leven voelen of als de onderzoeken niet goed zijn, wordt er vaak voor gekozen de bevalling in te leiden als je de 37 weken gepasseerd bent.

Wat weten we over kindsbewegingen in de zwangerschap?

* De baby beweegt het meest tussen de 28 en de 34 weken.
* Aan het eind van de zwangerschap gaat de baby wat minder bewegen, dat is normaal.
* Moeders voelen ongeveer 40 procent van de kindsbewegingen, de rest blijft onopgemerkt.
* Een gezond kind beweegt 4 tot soms wel 100 keer per uur.

Trappeltelling

HOE GAAT HET MET DE BABY?
De placenta verschaft hem een startkapitaal

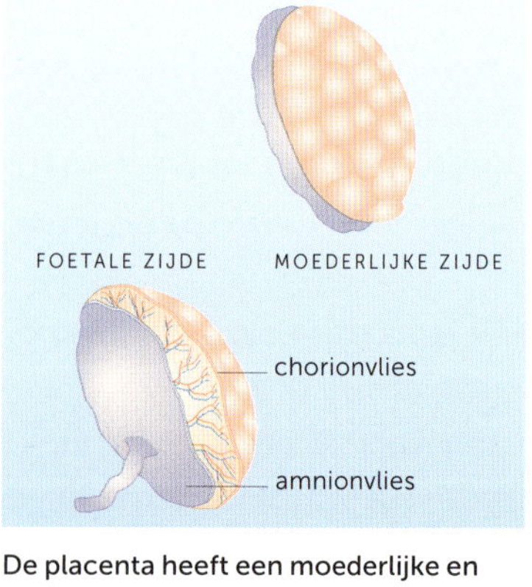

De placenta heeft een moederlijke en een kinderlijke zijde

31 weken. De moederkoek of placenta is een onmisbaar orgaan. Hij weegt nu rond de 300 gram, iets meer bij jongetjes dan bij meisjes, en bevat ongeveer 150 milliliter bloed dat 3 of 4 keer per minuut wordt ververst. De binnenkant, waar de baby tegenaan kijkt, ziet eruit als het geaderde blad van een rode kool. Vandaar de uitdrukking dat kinderen uit de rode kool komen.

De placenta is tamelijk kieskeurig in wat hij doorlaat en wat niet. Wat hij wel doorgeeft, zijn de antilichamen tegen infecties die de moeder in het verleden heeft doorgemaakt. Ze dienen als 'startkapitaal' voor de pasgeboren baby. Samen met antistoffen in de moedermelk beschermen ze hem de eerste tijd tegen besmettelijke ziekten, zoals mazelen en griep. Dat

HOE WERKT EEN TRAPPELKAART?

Met een trappelkaart kun je dagelijks bijhouden of je voldoende leven voelt. Leven voelen is een goed teken. Het idee erachter is dat een baby die voldoende zuurstof en voeding heeft, elke dag een aantal perioden flink beweegt. Je voelt hem dan binnen een uur minstens tien keer schoppen, draaien of schuiven. Als je dat voelt, ben je gerustgesteld: de baby heeft voldoende energie om een halfuur flink actief te zijn.

Andersom geldt: een baby die zich om enige reden niet goed voelt, heeft geen energie om een potje te voetballen en houdt zich heel rustig. Zo spaart hij energie.

De methode van de trappelkaart is gebaseerd op het feit dat de baby perioden van rust heeft en perioden van activiteit. Zo'n actieve periode duurt 20 tot 40 minuten. In die periode beweegt hij, als het goed is, minstens 10 keer. Dus als je binnen een uur tijd de baby 10 keer voelt bewegen, kun je gerust zijn. De baby is dan energiek.

Zo'n 10-schoppen-binnen-1-uur-score is 24 uur 'geldig'. Dat wil zeggen dat als je de baby binnen 1 uur 10 keer voelt bewegen, je je de komende 24 uur geen zorgen hoeft te maken. Uiterlijk 24 uur later doe je opnieuw een telling.

HOE HOUD IK EEN TRAPPELKAART BIJ?

We geven je hier een voorbeeld van een trappelkaart die je zou kunnen gebruiken, vanaf 30 weken of 7 maanden. Je zou dan dagelijks een trappeltelling kunnen doen. Dat doe je niet op een moment dat het jou uitkomt, maar op een moment dat je de baby voelt bewegen. Op dat moment ga je zitten met je handen op de buik. Je telt de bewegingen die je voelt. Bij 10 bewegingen kun je stoppen. Je hebt dan je score voor de dag behaald.

Op de trappelkaart die je hier aantreft, zie je 12 weken, van maandag tot en met zondag. Ook zie je minuten en uren staan. Elke dag zet je 1 kruisje. Als je de baby binnen 15 minuten 10 keer voelt bewegen, zet je het kruisje bij de 15 minuten. Als het 40 minuten duurt voordat je de 10 bewegingen voelt, zet je het kruisje bij de 45. Duurt het langer dan een uur, dan zet je daar het kruisje en probeer je het later nog eens of, als de 24 uur verstreken zijn, bel je de verloskundige.

Heb je 's ochtends om 10 uur je score behaald, dan moet je uiterlijk na 24 uur opnieuw gaan zitten tellen op een moment dat je de baby voelt bewegen. Lukt het niet binnen 24 uur om je score te behalen, bel dan de verloskundige of het ziekenhuis waar je onder controle bent.

geeft het kind de tijd om zijn eigen afweersysteem op te bouwen.

De placenta is het hardst werkende orgaan in het lichaam, maar doet dat niet voor niets. Een derde van alle zuurstof en voeding die hij aan de moeder onttrekt, houdt hij voor zichzelf.

Aan het eind van de week weegt de baby 1.800 gram en meet hij van top tot teen 40 centimeter. Het oor is nog zacht en buigzaam, de voetzooltjes zijn nog tamelijk glad. De baarmoeder reikt vanaf de navel tot halverwege de ribbenboog. <

HOE GAAT HET MET DE BABY?

De hersenen gaan 'wortel schieten'

32 weken. De stervormige zenuwcellen in de hersenen van de baby gaan 'wortel schieten', en zullen daar de komende 25 jaar mee doorgaan. Uit elke zenuwcel ontspringen ragfijne uitlopers die zich een weg banen door de hersenen en verbinding maken met andere zenuwen. Zo ontstaat er een web van zenuwcellen die signalen naar elkaar kunnen sturen. Hoe meer verbindingen, hoe >

VOORBEELD TRAPPELKAART

					WEEK: 31									WEEK: 32									WEEK: 33	
DAGEN		**M**	**D**	**W**	**D**	**V**	**Z**	**Z**		**M**	**D**	**W**	**D**	**V**	**Z**	**Z**		**M**	**DI**	**W**	**D**	**V**	**Z**	**Z**
TIJD		19:30	18:30	17:30	16:30	16:30	16:30	15:30																
Minuten	15				X				15								15							
	30		X			X	X		30								30							
	45	X		X				X	45								45							
	60								60								60							
Uren	1								1								1							
	1.5								1.5								1.5							
	2								2								2							
	2.5								2.5								2.5							

Voorbeeld van een ingevulde trappelkaart

HOE GAAT HET MET DE BABY?
De hersenen gaan 'wortel schieten'

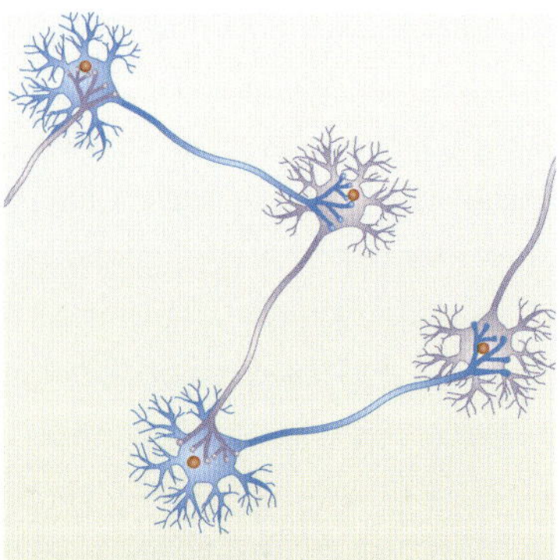

De zenuwcellen in de hersenen vormen steeds meer verbindingen

< complexer het netwerk, des te voorspoediger zal het kind zich later ontwikkelen.

Gedrag en intelligentie worden niet alleen erfelijk bepaald, maar ook door de omstandigheden in de baarmoeder. Juist nu de hersencellen snel groeien, zijn ze kwetsbaar voor giftige stoffen, zoals alcohol. Als de moeder alcohol drinkt, remt ze de groei van de hersenen. Als ze vette vis eet en na de geboorte borstvoeding geeft, stimuleert ze juist de hersenontwikkeling. Vette vis en borstvoeding bevatten vetzuren waaruit de zenuwuitlopers worden opgebouwd.

De hersenen wegen bij de geboorte 350 gram. Toch zijn de hersenen 6 maanden later 2 keer zo zwaar. Dat komt doordat de zenuwuitlopers groeien en telkens nieuwe verbindingen aangaan.

TRAPPELKAART

		WEEK:								WEEK:								WEEK:						
DAGEN		M	D	W	D	V	Z	Z		M	D	W	D	V	Z	Z		M	DI	W	D	V	Z	Z
TIJD																								
Minuten	15								15								15							
	30								30								30							
	45								45								45							
	60								60								60							
Uren	1								1								1							
	1.5								1.5								1.5							
	2								2								2							
	2.5								2.5								2.5							

TRAPPELKAART

		WEEK:								WEEK:								WEEK:						
DAGEN		M	D	W	D	V	Z	Z		M	D	W	D	V	Z	Z		M	DI	W	D	V	Z	Z
TIJD																								
Minuten	15								15								15							
	30								30								30							
	45								45								45							
	60								60								60							
Uren	1								1								1							
	1.5								1.5								1.5							
	2								2								2							
	2.5								2.5								2.5							

Op deze trappelkaart kun je de bewegingen van je eigen baby bijhouden.

TRAPPELKAART

		WEEK:								WEEK:								WEEK:						
DAGEN		M	D	W	D	V	Z	Z		M	D	W	D	V	Z	Z		M	DI	W	D	V	Z	Z
TIJD																								
Minuten	15								15								15							
	30								30								30							
	45								45								45							
	60								60								60							
Uren	1								1								1							
	1.5								1.5								1.5							
	2								2								2							
	2.5								2.5								2.5							

TRAPPELKAART

		WEEK:								WEEK:								WEEK:						
DAGEN		M	D	W	D	V	Z	Z		M	D	W	D	V	Z	Z		M	DI	W	D	V	Z	Z
TIJD																								
Minuten	15								15								15							
	30								30								30							
	45								45								45							
	60								60								60							
Uren	1								1								1							
	1.5								1.5								1.5							
	2								2								2							
	2.5								2.5								2.5							

Op deze trappelkaart kun je de bewegingen van je eigen baby bijhouden.

16

De laatste weken

De laatste weken van de zwangerschap is het grote wachten aangebroken. Het zou al kunnen beginnen, maar het kan ook nog weken duren. De baby krijgt een ander ritme. Hij doet echte slaapjes en is tussentijds wakker. Zelf heb je last van alle zwangerschaps-ongemakken. Hoe kun je deze laatste weken optimaal benutten? Hoe kun je je het beste voorbereiden op wat er komen gaat?

IK SLAAP SLECHT, IS DAT NORMAAL?

De meeste zwangere vrouwen slapen slecht, zeker de laatste weken. De baby beweegt veel, dat merk je ook in de nacht, want hij heeft geen dag-nachtritme. Een drukke baby kan je uit je slaap houden.

Je kunt niet meer elke houding aannemen die je prettig vindt. Op de buik liggen gaat niet meer, plat op de rug liggen is ook niet goed (zie de volgende paragraaf). Eigenlijk blijft alleen de 'foetushouding' over: op je zij liggen met opgetrokken benen.

Kuitkrampen kunnen je met een scherpe pijn uit je slaap halen (trek je tenen naar de neus!). Het is vaak erg warm onder de dekens, je bent in de zwangerschap warmbloediger dan anders.

Soms spelen muizenissen je parten: zal het allemaal wel goed gaan? Hoe zal de bevalling verlopen? Zal je partner een goede ouder zijn? Zul je zelf het ouderschap aankunnen? Zal de baby gezond zijn? Hoe moet dat straks allemaal?

Maak je geen zorgen: het hoort erbij, vrijwel alle zwangere vrouwen hebben er last van. Stel jezelf geen hoge eisen, doe het overdag rustig aan en doe een middagslaapje. Dat is straks ook heel prettig in de kraamperiode.

Op de buik liggen gaat niet meer, plat op de rug liggen is ook niet goed

IK MOET RUSTIG AAN DOEN, MAAR IS HET NIET OOK BELANGRIJK OM MET EEN GOEDE CONDITIE AAN DE BEVALLING TE BEGINNEN?

Als je medische situatie het toelaat en je geen bedrust hoeft te houden vanwege een hoge bloeddruk of te kleine baby, is het aan te raden om elke dag een halfuur matig intensief te bewegen. We hebben het al eerder gezegd: als je voor de zwangerschap meer sportte of aan beweging deed, kun je daarmee doorgaan. Is dat niet het geval, dan kun je deze laatste weken, nu je verlof hebt, benutten om je conditie nog wat op te bouwen. Begin met een kwartier per dag en bouw dat uit tot een halfuur. Probeer het als een ontspanning te zien: even het hoofd leeg maken. Het bewegen moet geen stress worden. Als je ontspannen beweging combineert met veel slapen of regelmatig even op je (linker)zij liggen, zonder dat je jezelf de hele dag afpeigert, dan zijn rust en activiteit mooi in balans en bouw je een goede conditie op om aan de bevalling te beginnen.

Manieren om fit te blijven in de laatste weken:

- Fietsen, zwemmen en trainen op de hometrainer, de roeimachine of de crosstrainer kun je tot het einde van de zwangerschap blijven doen.
- Wandelen kun je ook tot het einde blijven doen, tenzij je dat onprettig vindt. Als je bijvoorbeeld bekkenpijn hebt, is wandelen niet prettig meer om te doen. Vind je je buik zwaar, ondersteun deze dan met een stevige band of steunbroek. En draag schoenen met een goede vering, om je gewrichten niet te veel te belasten. Je torst immers aardig wat gewicht met je mee.
- Yoga-oefeningen of andere oefeningen van de zwangerschapscursus zijn goed om dagelijks te doen. Met yoga- of rekoefeningen kun je je lenigheid vergroten, zodat je tijdens de bevalling allerlei houdingen aan kunt nemen om de weeën op te vangen. Bovendien kun je, door je grens telkens een stukje te verleggen, oefenen om met de pijn om te gaan. Die kun je wegzuchten bijvoorbeeld, net als je straks bij de weeën kunt doen. Kreunen mag ook!

IK MOET RUSTIG AAN DOEN, MAAR HOE ZIT HET MET DE NESTDRANG?

Nestdrang is een biologisch gegeven dat we zien bij bijna alle dieren. Vogels, honden, katten, konijnen, muizen én mensen, allemaal gaan ze wanneer de bevalling nadert hun nest bouwen. Dat is een kwestie van instinct.

Bij mensen begint de nestdrang vaak al in de vijfde of zesde maand van de zwangerschap. Misschien ben je dan nog niet met de grote schoonmaak bezig, maar de meeste stellen beginnen dan al wel te denken over de babykamer en de aanschaf van een wieg of ledikant, of misschien zelfs wel over een groter huis.

Naarmate de bevalling dichterbij komt, neemt de nestdrang toe. Zelfs vrouwen die gewoonlijk niet erg begaan zijn met het huis-

---

HOE GAAT HET MET DE BABY?

8 pakjes boter

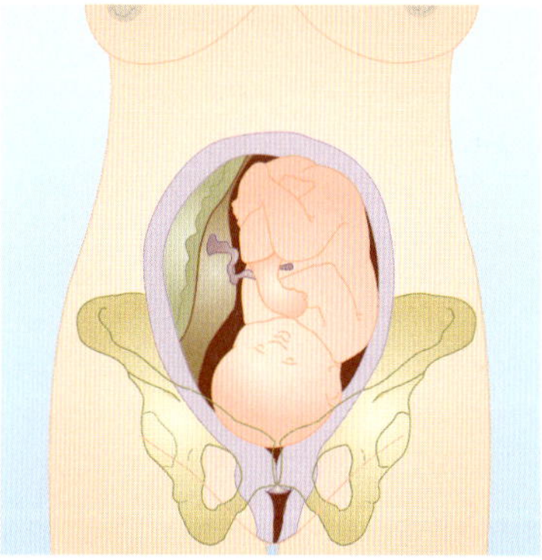

De baby kan al gemakkelijk een stukje indalen in het bekken

33 weken. De baby weegt bijna twee kilo, evenveel als 8 pakjes boter, hoewel de verschillen tussen de kinderen nu groter worden. De baby maakt in zijn longen meestal voldoende surfactant om in de buitenwereld te kunnen leven. Daarmee heeft hij een nieuwe mijlpaal bereikt. Hij heeft nog wel intensieve zorg in de couveuse nodig – om zich warm te houden, om hem van extra zuurstof en voeding te voorzien.

De donshaartjes vallen uit. Bij een jongetje dalen de zaadballen geleidelijk in.

Het gedrag van het kind is aan het veranderen. Het hart klopt 110 tot 150 keer per minuut, iets minder snel dan in de derde maand van de zwangerschap. De vrijwel voortdurende bewegingen, die weinig op elkaar

houden, krijgen de drang om hun huis op te ruimen, de spullen voor de bevalling op orde te hebben of de woonkamer opnieuw te verven.

Nestdrang is een gezonde drang. Als alles klaar is voor de komst van de baby, hoef je daar straks, tijdens de bevalling en het kraambed, geen energie meer in te steken. Je kunt er dan ook rustig aan toegeven, met inachtneming van een paar regels. Dat wil zeggen dat je zwaar werk niet zelf moet doen maar beter kunt uitbesteden aan je partner, een professional of liefhebbende familieleden of vrienden. En dat je beter niet in de weer kunt gaan met sterk ruikende schoonmaak- of verfproducten. Het schoonmaken van een aangekoekte oven met een agressieve ovenspray, het schilderen of het wassen van de ramen met ammonia, kun je daarom beter aan iemand anders overlaten. Sterk ruikende chemicaliën dringen snel en gemakkelijk door tot de bloedbaan en bereiken ook de baby.

Het goede nieuws is dat uit Belgisch onderzoek is gebleken dat veel mannen ook een vorm van nestdrang vertonen. Ze storten zich graag op de babykamer en de klussen in huis.

Mariël: *Judith (25) was per ongeluk zwanger geworden van haar ex-vriend Bas (22). Ze waren toch allebei blij dat er een baby kwam en besloten*

LET OP

Zorg dat je in je hoofd en je huis de zaken op orde hebt. Hecht 'losse eindjes' af, maak een lijst van zaken die nog af moeten of geregeld moeten worden en werk die puntsgewijs af. Dat geldt ook voor het oplossen van conflicten of akkefietjes met je partner of de mensen om je heen. Als tijdens de bevalling dingen je dwars zitten, kan dat de weeën verstoren.

Deze ninjahouding is prettig om straks weeën op te vangen.

waren afgestemd, veranderen in telkens terugkerende patronen. De baby doet nu regelmatig een slaapje.

Vaak daalt de baby al een stukje in het bekken in, al zit het hoofdje (of stuitje) nu nog niet 'vast'. <

WAT GEBEURT ER IN MIJN LICHAAM?
Ik begin te waggelen

Sommige vrouwen hebben er al last van als ze halverwege de zwangerschap zijn. Maar op het eind moet bijna iedereen eraan geloven: de waggelgang. De gewrichten zijn nu zo verslapt dat het bekken soepeler is dan ooit. Dat is fijn voor de bevalling, maar lastig voor je eigen stabiliteit. Het lopen gaat moeizamer, net als opstaan uit bed, traplopen, op één been staan, hardlopen en dansen. Doe het rustig aan, draag eventueel een steunband of steunbroek.

het zo veel mogelijk samen te gaan doen. Judith was al ruim een week over tijd. Op een avond ging ik bij haar langs om te strippen: de vliezen wat los te woelen. Dat kan de bevalling op gang helpen. Judith had al wat krampen, ik had goede hoop dat het zou doorzetten. Ik ging beneden in de keuken een kopje koffie drinken met de aanstaande oma terwijl Judith met Bas boven bleef. Zo kon ik even kijken wat er zou gebeuren.

Ineens hoorde ik gehuil uit de slaapkamer komen. Toen ik boven kwam, was Judith overstuur. En er was geen wee meer te bekennen. Wat was er aan de hand? Judith wilde graag dat er een gezamenlijke huishoudpot kwam voor de uitgaven in het kraambed en om de geboortekaartjes te betalen. Zij en Bas hadden het allebei niet breed, het was voor haar belangrijk dat dit goed geregeld was. Maar Bas voelde daar niets voor.

Ik heb hem uitgelegd dat dit nu voor Judith heel belangrijk was, en dat ik wilde dat de bevalling zou doorzetten. Dus dat hij maar beter geld in het potje kon doen. Voor Judiths gemoedsrust. Zonder gemoedsrust geen weeën, is mijn overtuiging.

Bas ging overstag. Zodra het geregeld was, zetten de weeën door. Bizar snel zelfs, voor een eerste kind. Bas steunde Judith fantastisch. Binnen een paar uur had ze volledige ontsluiting, en na twintig minuten persen had ze een zoon.

Bas belde zijn moeder. "Je hebt een kleinzoon," zei hij tegen zijn verbaasde moeder die hij een paar uur daarvoor nog aan de lijn had gehad toen er nog niets aan de hand was. "Maar ik moest eerst geld in een potje doen, en toen kon er gebaard worden." Iedereen moest erg lachen, inclusief Bas. Zo werd het toch nog een vrolijke geboorte.'

WAAROM KUN JE BETER OP JE ZIJ LIGGEN IN DE ZWANGERSCHAP?

De laatste twee à drie maanden van de zwangerschap, wanneer de baarmoeder groot en zwaar is geworden, kun je het beste op je zij liggen. Een klein kussentje onder je (rechter)heup is ook al voldoende. De zware baarmoeder kan je grote bloedvaten dichtdrukken, waardoor je duizelig kunt worden. De bloedtoevoer naar de placenta is dan ook iets minder.

Maak je geen zorgen als je je in je slaap omdraait en op je rug wakker wordt – niks aan de hand. Maar als je een middagdutje doet, op de bank een film ligt te kijken of 's avonds gaat slapen, probeer dan zoveel mogelijk de zijligging aan te houden. Dan stroomt het bloed het makkelijkst.

DE BABY IS NOG NIET INGEDAALD, WAT NU?

Rond de 36e week vinden we het prettig als de baby is ingedaald, vooral als het een eerste kind betreft. Maar niet alle baby's doen dat. Vooral

---

Een mooi geboortegewicht geeft een goede start in het leven

HOE GAAT HET MET DE BABY?
Groeien of rijpen

Groeien of rijpen, dat is de keuze die de baby telkens weer moet maken. Als hij genoeg te eten krijgt, zullen zijn organen doorgroeien tot het einde van de zwangerschap. Dan pas zal hij extra *cortisol* maken en zet de rijping in. Cortisol is het hormoon dat de organen doet rijpen en toerust voor het landleven. Cortisol is ook het hormoon dat vrijkomt bij stress, honger of kou.

Als de ongeboren baby honger lijdt, gaan zijn bijnieren extra cortisol maken. Als de moeder óók honger lijdt, of last heeft van stress, gaat ook zij meer cortisol maken. Een gezonde placenta beschermt de baby daartegen. Maar een slecht werkende placenta laat het hormoon passeren. De organen van de baby gaan dan versneld rijpen en blijven altijd aan de kleine kant.

baby's van donkere (Creoolse) vrouwen blijven nogal eens met hun hoofd boven het bekken dobberen. Dat komt waarschijnlijk doordat de stand van het bekken bij Creoolse vrouwen anders is. Het levert in de regel geen probleem op.

Als het hoofdje niet is ingedaald, wachten we af of dat tijdens de ontsluitingsweeën alsnog gebeurt. Dat is meestal het geval. Verder kun je er weinig aan doen.

Als de baby niet is ingedaald en de vliezen breken, bel dan de verloskundige of het ziekenhuis.

DE BABY IS AL INGEDAALD, GA IK NU SNEL BEVALLEN?

Nee, of de baby al dan niet is ingedaald, zegt niets over het moment dat je zult bevallen. Sommige baby's zijn al ingedaald bij dertig weken, andere doen dat pas tijdens de bevalling.

DE BEWEGINGEN VAN DE BABY VERANDEREN. IS DAT NORMAAL?

Het ritme van de baby verandert in de laatste weken. Hij heeft nu een waak-slaapritme, met perioden dat hij actief is en perioden dat hij slaapt. Als hij slaapt, zul je hem weinig voelen bewegen, wel als hij wakker is. Zeker als het je eerste baby is, zal hij de laatste weken wat minder bewegingsvrijheid hebben. De buikspieren houden hem stevig op zijn plaats, het hoofdje is meestal al in het bekken ingedaald. Koppeltje duiken is er nu niet meer bij.

Dat alles maakt niet dat de baby minder beweegt. Wel anders. Als je de baby een etmaal lang geen 10 keer binnen 1 uur voelt (dat zie je op de trappelkaart), dan is het goed om de verloskundige of het ziekenhuis te bellen. De conditie van de baby zal dan gecheckt worden. Meestal kun je gerustgesteld worden. Dan weet je dat deze verandering in het bewegingspatroon normaal is. In het enkele geval dat er echt iets aan de hand is met de baby wordt er natuurlijk ingegrepen.

Voor een partner is het alsof hij voetbal moet spelen in de eredivisie terwijl hij nog nooit een training heeft bijgewoond

WAT HEB IK AAN EEN GEBOORTEPLAN?

Een geboorteplan is een document waarin je duidelijk maakt wat je graag wilt en wat je juist niet wilt tijdens de bevalling. Dit bespreek je met de verloskundige of de gynaecoloog, die het geboorteplan bij je dossier zal voegen. Het biedt je een goede gelegenheid om je verwachtingen, angsten en zorgen door te spreken en het helpt de verloskundige of gynaecoloog om op je wensen in te spelen. Op deze manier houd je de regie over de bevalling. Dat geeft rust.

HOE GAAT HET MET DE BABY?

De nestgeur dringt door in de baarmoeder

Al in de baarmoeder leert de baby geuren, smaken, geluiden en stemmen herkennen. Hij proeft knoflook, specerijen, koffie, de smaak van sigaretten, maar ook vetzuren, urine en aminozuren in het vruchtwater. Zo eet hij al vroeg 'met de pot mee', en raakt hij gewend aan de smaak die de moedermelk straks zal hebben. Aan de smaak en de 'nestgeur' zal hij zijn moeder herkennen. Zo groeit de hechting tussen moeder en kind.

35 weken. De baby nadert de 5 pond en de 45 centimeter. Zijn rozerode huid vertoont nauwelijks nog donshaartjes, maar zit nog wel onder het huidsmeer. De voetzolen en handpalmen zijn glad, de fontanellen en schedelnaden wijd. Het hoofdje kan gemakkelijk vervormen om straks soepel het geboortekanaal te passeren.

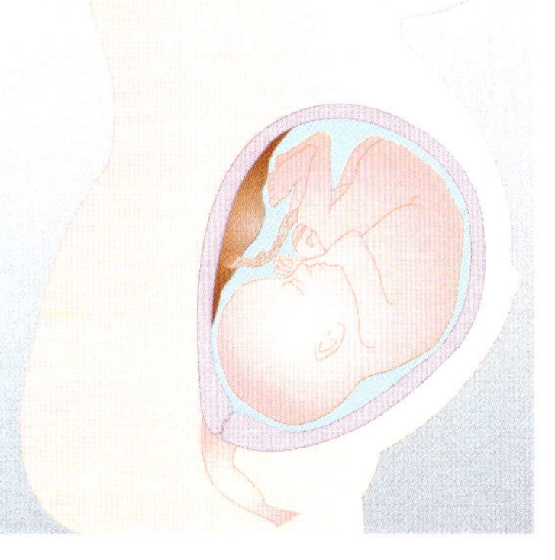

De baarmoeder reikt nu bijna tot de ribbenboog

Wat vrouwen vooral vast willen leggen, is dat ze tijdens de bevalling goed geïnformeerd worden over wat er gaat gebeuren. Ook willen ze afspreken hoe de eerste kennismaking met de baby verloopt – dat ze even met rust gelaten willen worden of dat de baby nog een poosje aan de navelstreng blijft zitten en niet onmiddellijk wordt nagekeken. Ook over pijnbestrijding kun je vaak afspraken maken.

Het geboorteplan is geen eisenlijst. Medische ingrepen kun je niet vastleggen – je weet immers niet van tevoren of er een kunstverlossing of een keizersnede nodig is. Maar met een geboorteplan kan de verloskundige of de gynaecoloog beter rekening houden met je wensen.

WAT IS EEN DOULA EN HEB IK DAAR IETS AAN?

Een doula is een vrouw die de aanstaande moeder en vader steunt bij de bevalling. Ze heeft geen medische rol, maar ze wijkt niet van de zijde van de aanstaande moeder. Ze helpt haar de weeën op te vangen, weet manieren om de pijn te verminderen en de weeën te versterken, stelt beide ouders gerust, masseert, spreekt moed in en helpt daardoor de bevalling zo vlot mogelijk te laten verlopen.

Dat helpt, zo blijkt uit onderzoek. Met een doula heb je minder behoefte aan pijnbestrijding, verloopt de bevalling sneller en is de kans op een kunstverlossing of keizersnede kleiner. Een doula kan zowel bij een thuis- als bij een ziekenhuisbevalling aanwezig zijn.

Wie graag een doula bij de bevalling wil, doet er goed aan dat met de verloskundige door te spreken en tijdig op zoek te gaan. Een doula wordt niet vergoed door de zorgverzekeraar. De tarieven verschillen. Meer informatie vind je in *Het doulaboek* van Marshall & Phyllis Klaus en John Kennell en op www.doula.nl.

Lukt het niet om een doula te vragen, dan kan een kraamverzorgende deze rol ook vervullen. Je kunt met de verloskundige bespreken of de kraamverzorgster tijdens de bevalling vroeg kan komen, zodat ze je bij kan staan bij het opvangen van de weeën. Dat ontlast de partner, die tijdens de bevalling vaak nog nerveuzer is dan zijn vrouw… Marshall en Phyllis Klaus, de 'ontdekkers' van de doula, zeiden het zo: voor een partner is het alsof hij voetbal moet spelen in de eredivisie terwijl hij nog nooit een training heeft bijgewoond…

IK BEN BANG VOOR DE BEVALLING, WAT TE DOEN?

Zeker als je voor het eerst bevalt, is het normaal als je daar een zekere angst voor hebt. Het ís ook spannend: je weet niet hoe het zal gaan,

---

HOE GAAT HET MET DE BABY?
Hij krijgt een waak-slaappatroon

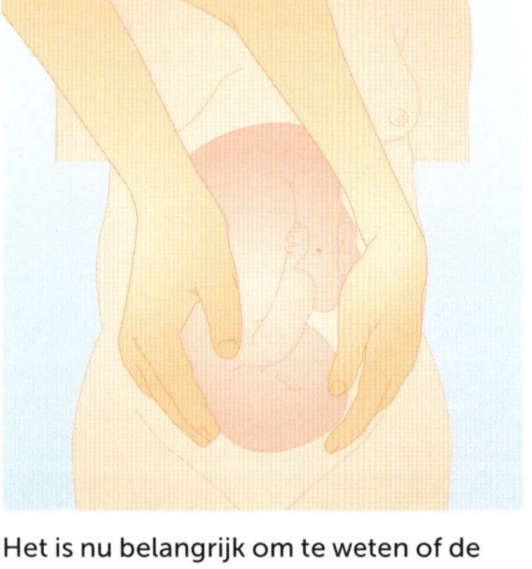

Het is nu belangrijk om te weten of de baby met het hoofdje naar beneden ligt

36 weken. Het gedrag van de baby maakt weer een duidelijke verandering door. Het grootste gedeelte van de dag vertoont hij een actieve slaap, waarbij zijn ogen snel heen en weer flitsen. Een kwart van de dag ligt hij stil ligt te slapen, maar nooit langer dan een halfuurtje. Dan maakt hij af en toe kauwende bewegingen met zijn mond of zuigt hij vruchtwater op. De adembewegingen gaan door.

Ongeveer 15 procent van de tijd is de baby wakker. Soms ligt hij daarbij stil, soms is hij actief. Hij huilt in de baarmoeder nog niet. De moeder merkt dat de baby krachtiger, maar minder vaak schopt. Aan het eind van deze week is de baby in staat zichzelf warm te houden en te voeden.

hoe de pijn zal zijn, of alles vlot verloopt of dat er hulp van de gynaecoloog nodig is. Het is belangrijk om je angsten te bespreken op de zwangerschapscursus en met de verloskundige. Zij kan vaak al een stuk van de angst wegnemen. Je kunt vragen om een langere afspraak met de verloskundige zodat je de tijd hebt om hierover te spreken.

Vrouwen die al een keer zijn bevallen en toen een onprettige ervaring hebben gehad, kunnen daardoor erg tegen de bevalling opzien. Ook dat is belangrijk om met de verloskundige of gynaecoloog te bespreken. Je kunt met hem of haar afspraken maken over wat je wel of juist niet wilt. Die afspraken worden vastgelegd in je dossier. Zo kun je met een rustiger gevoel de bevalling ingaan, en houd je gemakkelijker zelf de regie. Een geboorteplan kan je daarbij houvast geven. Meer daarover vind je verderop.

Overigens kan een tweede bevalling een 'helende' ervaring zijn, omdat die meestel heel vlot verloopt. Als je de eerste keer vaginaal bent bevallen – ook al was het een langdurige ontsluiting of een vacuüm- of een tangverlossing – dan heb je de tweede keer alle goede kansen dat de bevalling vlot en spontaan verloopt. De eerste keer is de weg gebaand voor alle volgende keren. Het is heel belangrijk dat in gedachten te houden.

Sommige vrouwen maken gebruik van zelf-

Liggen op je linkerzij is goed voor de zuurstofvoorziening van de baby

hypnose om te ontspannen. Hiervan weten we niet of vrouwen het beter vinden dan andere vormen van pijnstilling; daar is nog geen onderzoek naar gedaan. Wel is het bekend dat de verwachtingen over pijn je uiteindelijke ervaring zullen beïnvloeden.

IK BEN BANG VOOR DE PIJN, WAT KAN IK DAARAAN DOEN?

Bespreek je angst en zorgen met de verloskundige of gynaecoloog. Zij kan dan beter rekening houden met je wensen en zorgen. Dat helpt. Als de angst groot is en je je pas veilig voelt als je de pijnbestrijding op voorhand hebt geregeld, dan is dat mogelijk. Elke vrouw heeft tegenwoordig recht op pijnbestrijding wanneer ze dat wil, ook als er geen medische reden voor is.

Toch is één ding het allerbelangrijkste wanneer je bang bent voor bevallingspijn: dat de communicatie met de verloskundige of de gynaecoloog goed verloopt. Uit onderzoek blijkt dat vrouwen niet zozeer getraumatiseerd raakten door de pijn, maar doordat er over hun hoofd werd besloten, doordat ze niet wisten wat er ging gebeuren of doordat er geen rekening werd gehouden met hun wensen. Het is dus belangrijk je angst te bespreken met de verloskundige of de gynaecoloog. Wanneer het niet klikt, is ook dat iets om te bespreken, of eventueel een reden om over te stappen naar een andere verloskundige praktijk of een ander ziekenhuis.

WANNEER MOET IK ALLES KLAAR HEBBEN VOOR DE BEVALLING?

Als je 37 weken zwanger bent, 3 weken voor de uitgerekende datum, 'mag' je bevallen. Dat is het moment dat je alles in huis moet hebben: spullen voor de bevalling (een kraampakket), babykleertjes en klossen onder het bed. Ook als je van plan bent in het ziekenhuis te bevallen, is het nuttig om een kraampakket in huis te hebben.

Een babykamer is veel minder belangrijk. Kinderartsen adviseren om je kind in het begin bij je op de kamer te nemen, totdat het zich goed kan omrollen. Je kunt het dan in de gaten houden. De komende periode heb je een babykamer dus nog niet echt nodig. Het beste kun je de wieg of het ledikant naast je bed zetten, zodat je goed zicht hebt op je baby. Je zou een *co-sleeper* kunnen kopen: een bedje dat je aan je eigen bed vast kunt maken, zodat je gemakkelijk borstvoeding kunt geven zonder dat je eruit hoeft. De baby slaapt daarin veilig, omdat hij niet onder je dekbed kan komen of te warm kan worden.

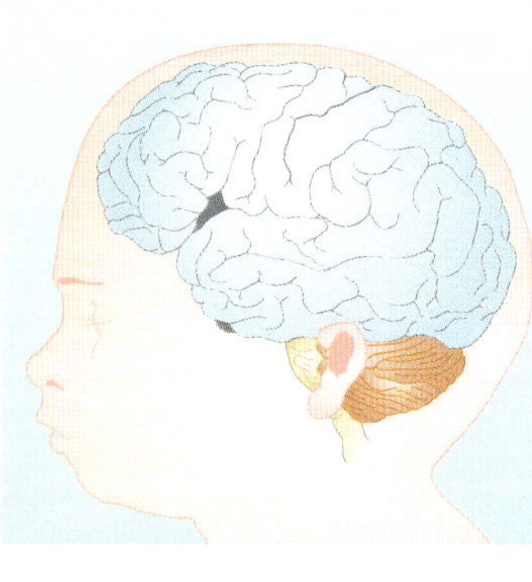

De hersenen vertonen nu windingen

HOE GAAT HET MET DE BABY?
Hij leert zijn moerstaal

37 weken, de baby mag geboren worden. Hij is klaar voor het landleven. De hersencellen verfijnen hun netwerk, maken meer onderlinge verbindingen. Ze vertonen nu groeven en windingen. En de baby leert al in de baarmoeder. Zijn moedertaal bijvoorbeeld. Het ritme van zijn moeders stem en haar intonatie dringen voortdurend door in de baarmoeder. Pasgeboren baby's reageerden tijdens een onderzoek enthousiast op verhaaltjes die op een vrolijke toon werden voorgelezen, maar alléén als het verhaaltje in hun eigen taal werd verteld. Baby's horen liever de stem van hun moeder dan van een andere vrouw. Al in de baarmoeder hebben ze die stem leren kennen. Dat blijkt, want nog liever dan hun moeders heldere stem, horen ze haar gedempte stem, misschien zoals die geklonken

Als je 37 weken zwanger bent, is het belangrijk dat:

* je staat ingeschreven bij een kraambureau;
* de bel het doet en je naam erbij staat;
* je een kraampakket in huis hebt (ook als je poliklinisch bevalt);
* het bed op klossen staat (dat moet minimaal 70 centimeter hoog zijn);
* het matras is beschermd met plastic;
* er een flink stuk plastic is om de vloer te beschermen als je thuis wilt bevallen;
* er twee emmers en vuilniszakken in huis zijn als je thuis wilt bevallen;
* er twee metalen kruiken met kruikenzakken in huis zijn;
* je een tas klaar hebt staan voor het geval je naar het ziekenhuis wilt of moet gaan;
* je een foto- of filmcamera klaar hebt liggen (met batterijen);
* je druivensuiker, honing en lichte snacks in huis hebt;
* er een lijst met belangrijke telefoonnummers klaar ligt.

WAT MOET IK KLAAR HEBBEN VOOR ALS IK NAAR HET ZIEKENHUIS GA?

Het is handig om al voor de bevalling een koffertje klaar te hebben met spullen voor als je naar het ziekenhuis gaat.

Dit bevat je ziekenhuiskoffertje:

* kleertjes voor de baby (rompertje, trui, broek, sokjes, jasje, mutsje);
* kleren en een toilettas voor jezelf;
* foto- of videocamera met extra batterijen;
* een lijst met telefoonnummers;
* eventueel een ponsplaatje van het ziekenhuis;
* druivensuiker en eventueel wat snacks, ook voor de vader;
* en zet naast het koffertje de maxi-cosi klaar.

IK VOEL WATERIG VOCHT UIT MIJN VAGINA LOPEN. IS DAT VRUCHTWATER?

Aan het eind van de zwangerschap kan door de hormonen de vaginale afscheiding dun en waterig worden. Maar het kan ook vruchtwater zijn dat je verliest.

Checklist 'Verlies ik vruchtwater?'

* Vruchtwater blijft telkens met scheutjes uit de vagina lopen – als je perst of op de buik drukt, komt er weer een golfje. Het ruikt zoetig en droogt lichtroze op. Het trekt in een verbandje en laat geen witte, plakkerige sporen na.
* Afscheiding is iets dikker en draderiger dan vruchtwater, en loopt dus wat minder in scheutjes af. Het laat bij het opdrogen witte sporen na. De geur is zurig.
* Urine, vooral opgedroogd, herken je aan de geur.

---

moet hebben toen ze nog in het vruchtwater vertoefden. Er zijn veel grappige verhalen over geluiden die baby's al in de baarmoeder zouden leren herkennen, zoals de tune van een soap waar hun moeder wekelijks naar kijkt.

Maaiky: 'Ik ging in de zwangerschap altijd naar het gratis lunchconcert in het Concertgebouw. Als de muziek begon, werd de baby wakker. Dan bewoog hij even flink en ging vervolgens doodstil naar de muziek liggen luisteren.

Toen Benjamin geboren was, ging ik opnieuw met hem naar het lunchconcert. Let op, zei ik tegen Martijn. Nu wordt hij wakker en dan gaat hij stil liggen luisteren. De muziek begon, Benjamin deed zijn ogen open, bewoog met zijn handjes en ging stil liggen luisteren. Een paar weken later ging ik weer. Of ik niet bang was dat hij ging huilen, vroeg de mevrouw naast mij. Nee, zei ik. Benjamin huilt niet. Het concert zou beginnen, de hele zaal was doodstil, de dirigent had zijn stokje al opgeheven. Ineens begon Benjamin te poepen, keihard. Iedereen hoorde het, de musici ook. De mevrouw naast mij keek me vernietigend aan. Tsja, dat deed hij dan weer wel.'

LET OP

Als je vocht verliest, bel dan altijd even met de verloskundige of het ziekenhuis!

IK HEB TELKENS HARDE BUIKEN, DIE SOMS ZELFS PIJN DOEN. HOE WEET IK WANNEER HET WEEËN ZIJN?

Harde buiken zijn normaal in de zwangerschap. Op het eind van de zwangerschap kunnen ze sterker en soms wat pijnlijk worden. Ze houden je misschien zelfs uit je slaap. Vooral vrouwen die van hun tweede of derde baby zwanger zijn, hebben vaak al weken voor de bevalling harde buiken die lijken op beginnende weeën. Soms worden ze daar elke nacht wakker van.

Deze oefen- of voorweeën onderscheid je van echte weeën doordat ze *niet* steeds sterker en pijnlijker worden, en *niet* steeds vaker komen. Ze blijven op dezelfde sterkte doorrommelen, en zijn *niet* zo pijnlijk dat ze je het spreken onmogelijk maken. Als je 's nachts wakker wordt van oefenweeën, merk je vaak de volgende ochtend dat je na verloop van tijd toch gewoon weer in slaap bent gevallen.

Echte (beginnende) weeën houden niet meer op maar gaan door, en komen steeds vaker: eerst elke tien of zeven minuten, dan elke vijf minuten en dan nog sneller. Ze worden hoe langer hoe pijnlijker en gaan vaak samen met wat bloederige afscheiding. Op een zeker moment kun je niet meer praten als je een wee hebt. Je moet dan alle zeilen bijzetten om hem op te vangen. Op dat moment twijfel je niet meer, en weet je dat je echte weeën hebt.

Barbara: '*Voor de geboorte van Yente was ik al dagen onrustig en kwam moeilijk in slaap. Ik had voorweeën die behoorlijk pijnlijk waren, ik moest ze wegzuchten. Elke avond dacht ik dat het ging beginnen, zo hevig was het. 's Nachts zakte het dan weer af, en 's ochtends werd ik tot mijn verbazing zonder weeën gewoon weer wakker. Dan was ik toch in slaap gevallen. Bij mijn oudste kind had ik geen voorweeën gehad. Dit was een nieuwe ervaring.*

Pas na een paar dagen zette de bevalling door. Vanaf dat moment twijfelde ik niet meer en wist ik weer hoe het geweest was de vorige keer: heftig! Alsof ik in een achtbaan zat, het leek wel één grote wee. Ik hoorde mezelf kreunen, maar was behoorlijk stoned van de hormonen. Ik zag de verloskundige een tankje klaarzetten. Geef maar hier dat lachgas!, riep ik. Maar het was natuurlijk geen lachgas, maar een zuurstoftankje dat ze uit voorzorg klaarzette voor de baby. Haha. Een

---

WAT GEBEURT ER IN MIJN LICHAAM?

De bevalling komt op gang

Als het goed is, komt de bevalling pas op gang als de baby klaar is voor het landleven. De hormonen die zorgen voor 'rijping' van de baby zijn ook de hormonen die geleidelijk de baarmoeder klaarmaken voor de bevalling. Wanneer de baby zo groot wordt dat de placenta niet meer voldoende voedsel en zuurstof doorgeeft en de moeder merkt dat het haar te veel energie gaat kosten de baby in haar buik te laten groeien, maakt de baby meer stresshormoon aan zoals cortisol. Bovendien laat de placenta nu moederlijk cortisol door. Dat alles zorgt ervoor dat de baby gaat rijpen. Deze rijpingsstoffen van de baby prikkelen de baarmoeder, die *prostaglandinen* gaat maken. Dit hormoon zorgt dat de baarmoedermond verweekt en dat de baarmoeder gaat samentrekken. Intussen wordt de baarmoeder extra gevoelig voor het hormoon oxytocine, dat weeën veroorzaakt. Aanvankelijk geleidelijk, maar als de baarmoedermond voldoende is verweekt, treedt er een lawine in werking waarbij de weeën steeds krachtiger worden. De baarmoeder is dan een van de sterkste spieren van het lichaam. De actieve fase van de bevalling is nu aangebroken.

kwartier later had ik mijn baby in mijn armen. Ik was de pijn op slag vergeten. Het is zo'n mooi meisje. 7½ pond was ze.

Zes dagen na de bevalling zat ik al weer op de fiets. Mijn vriendinnen vonden dat zwaar overdreven, maar ik ben niet het type om lang binnen te zitten en bezoek te ontvangen. De hele zwangerschap door heb ik heel veel gefietst. Dat ben ik meteen weer gaan doen. Mijn moeder fietst met de beide kinderen in de bakfiets, ze is een stoere oma en woont vlakbij. Ik ga op de racefiets. Lekker hard.'

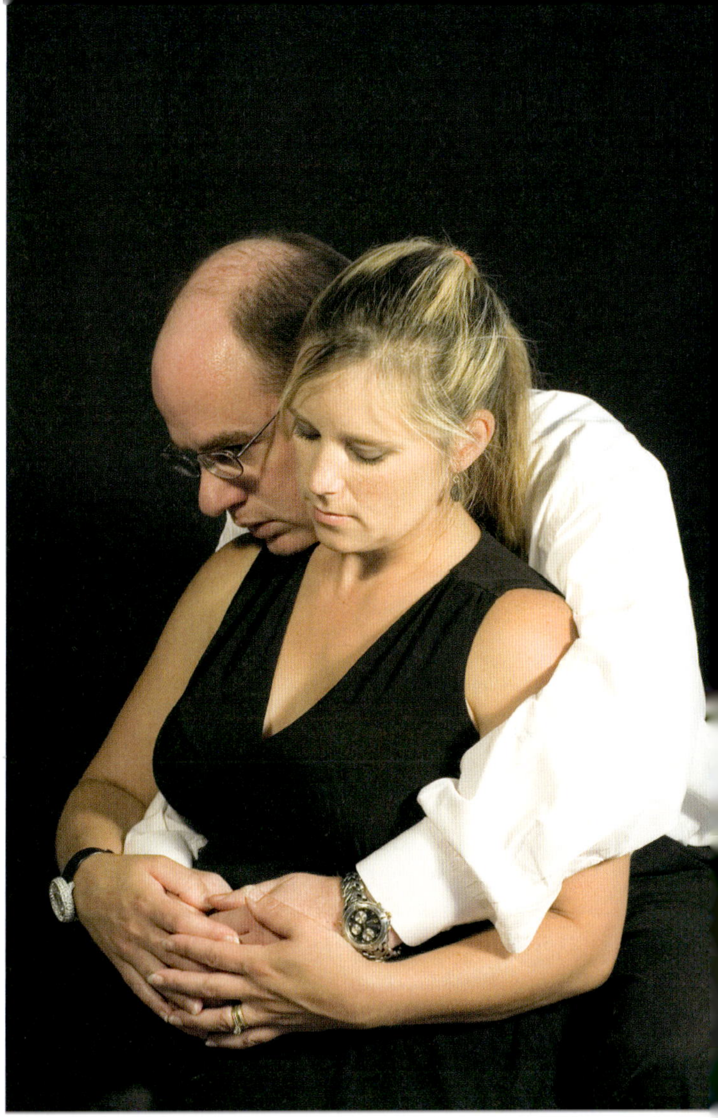

IK DENK DAT IK DE SLIJMPROP HEB VERLOREN, GA IK NU BEVALLEN?

Dat kan, maar het hoeft niet. Je kunt aan het eind van de zwangerschap een flinke dot slijm verliezen, soms vermengd met wat bloed. Dat wil niet altijd zeggen dat de bevalling dan ook gaat doorzetten. Daar kunnen nog dagen, een enkele keer zelfs weken, tussen zitten.

HOE GAAT HET MET DE BABY?
's Nachts komt hij tot leven

38 weken. Deze week vertoont het kind een duidelijk dagritme. Hij slaapt en 'speelt' op gezette tijden, het laatste bij voorkeur 's nachts. Dat is ook de tijd dat de baarmoeder regelmatig gaat samentrekken. Deze oefenweeën betekenen niet dat de bevalling snel begint. Wel dat de baarmoeder steeds gevoeliger wordt voor oxytocine, het hormoon dat de weeën veroorzaakt. Tot nog toe was de baarmoeder 'ongevoelig' voor oxytocine.

Dat baby's in de baarmoeder mogelijk al geluiden of trillingen opvangen kan blijken uit het feit dat pasgeboren baby's die tijdens een onderzoek een bandje met het geluid van een kloppend hart te horen kregen, sneller in slaap vielen dan kinderen die naar een metronoom of wiegeliedjes luisterden. De baby weegt nu ongeveer drie kilo.

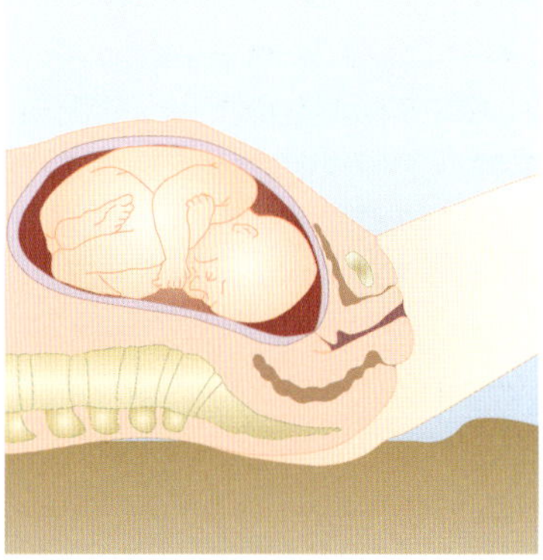

De baby is waarschijnlijk al wat ingedaald

© Govert de Roos

'De bevallingen zijn me bijgebleven als drie fantastische ervaringen'

Tooske Ragas is presentatrice en moeder van vier kinderen, van wie ze er drie zelf heeft gebaard: Sem, Leentje, Fien en Catoo. Haar man, Bastiaan Ragas, is zanger en acteur.

Tooske: 'Bij mijn eerste kind ging ik ervan uit dat ik thuis zou bevallen. Mijn oma was thuis bevallen en mijn moeder ook, althans, bij mijn oudste broer. Hij heeft downsyndroom, daarom zijn de volgende kinderen in het ziekenhuis geboren. Ik wilde graag rust en privacy, moest er niet aan denken dat er een ritsje mensen langs zou komen om te kijken hoe Tooske aan het bevallen was.

Aan mijn moeder had ik gevraagd hoe ik weeën kon herkennen. "Maak je geen zorgen," zei ze, "als je een wee krijgt dan wéét je dat!" Ik was ruim een week over tijd en stond het bed op te maken. Bas zat beneden een liedje te schrijven, samen met een collega. Ik belde mijn moeder. Mam, zei ik, dit was een wee! Ik liep de trap af, had onderweg nog twee weeën en tien minuten later was ik al zes weeën verder.

Bas kiepte de koffie van zijn verbouwereerde collega in een plastic bekertje en zette hem pardoes buiten de deur. De weeën stopten niet. Dit stond niet in onze boekjes. Bas belde de verloskundige, die was er snel. Binnen drie kwartier bleek ik al 4 centimeter ontsluiting te hebben. Ik ging in een warm bad zitten, dan zou de heftigheid van de weeën misschien wat afnemen, dacht de verloskundige, maar ik vond het ellende, binnen 10 seconden vloog ik er weer uit, naar bed. Ik lag doodstil op mijn zij in foetushouding en hield Bas zijn arm vast. Die wilde na een poosje even naar beneden om een broodje te pakken, maar ik kneep hem in zijn pols, hij moest niet weggaan. Bas bleef.

Ik heb niets gezegd, de weeën in stilte opgevangen, alles was te veel. Ik ga dood, dacht ik, zo heftig was het. Verschrikkelijk, dit had niemand me verteld. Toch was dit een onherkenbare pijn. Ik was ervan onder de indruk maar heb me er niet tegen verzet. Ik had trouwens ook niet geweten hoe. Ik was helemaal overgeleverd aan de weeën.

In no time had ik 10 centimeter ontsluiting. Ik voelde dat mijn kind kwam. Ik voelde het oprekken en branden. Deze pijn herkende ik wel! Daarvan raakte ik in paniek. Dit wil ik niet, dacht ik. Maar het kind was er al bijna. De verloskundige zag al haartjes. Toen was ik zó nieuwsgierig! Het moet er nu uit, dacht ik. Om 5.20 uur had ik een baby. In 5,5 uur tijd. Leentje.

Tip van Tooske:

Raak niet in paniek, het komt goed. Je denkt dat je doodgaat, maar dat ga je niet. Laat het gebeuren.

Aan het eind van de tweede zwangerschap lag de baby in stuitligging. Mijn hoop was gevestigd op Riet-met-de-gouden-handjes, een verloskundige die veel ervaring heeft in het draaien van kinderen in stuitligging. Het was best moeilijk, Riet deed een aantal pogingen, maar de baby glipte telkens terug. Tussendoor maakte ze steeds een hartfilmpje. Bij de laatste poging, poef! De baby draaide en daalde meteen in. We konden dus weer thuis bevallen.

Het was nog maar 15 maanden geleden dat Leentje was geboren. Ik had bekkenpijn, kon al een week niet lekker meer lopen. Het weekend zou ik uitgerekend zijn. Omdat het de vorige keer zo snel was gegaan, vroeg ik op woensdag, tijdens de controle, of de verloskundige even wilde voelen. Ik had het gevoel dat het kind al half geboren was. Het was tien uur 's ochtends. Zij deed haar handschoentje aan, voelde en zei: "Waar is je man?" Die was in Hilversum. "Bel hem maar," zei ze, "je hebt al 5 centimeter ontsluiting."

Ik belde Bas, die stomverbaasd was, maar met gierende banden naar huis kwam rijden. 's Ochtends had ik nog gewoon broodjes gemaakt, ik was lopend naar de verloskundige gegaan, zo goed en zo kwaad als het ging. Mijn moeder had me altijd gezegd dat ik veel moest lopen op het eind van de zwangerschap. Dat deed ik, ondanks de bekkenpijn. En ik had net die ochtend alle bedden afgehaald, mijn favoriete dekbedovertrek was nog niet schoon. Bas belde vanuit de auto. "Lig je in bed?" vroeg hij. Nee, zei ik, ik sta de was te doen. "In bed!" riep hij.

De verloskundige kwam, net als de kraamverzorgster. Ik ging vast aan de goede kant van het bed liggen, zodat de verloskundige er gemakkelijk bij kon. Met een soort haaknaald brak ze de vliezen. Daar zaten we dan met z'n allen. Wat nu, dacht ik. Maar binnen twee seconden: Paff! Daar kwam de eerste wee. O mijn hemel, dacht ik, dit was het. Nu wist ik het weer. Ik wilde zó graag in paniek raken, wegrennen voor wat er komen ging. Ik heb mezelf echt moeten toespreken: Get a grip! Het moet! Huilen had geen zin.

Ik ben weer heel stil op mijn zij gaan liggen, in foetushouding. Ik ging in de terugtrekhouding. Als ik uit het raam keek, zag ik de boom die ik altijd zag, dat gaf me rust.

43 minuten na het breken van de vliezen had ik een baby: Fien.

Bij de zwangerschap van Catoo was ik bij 38 weken al panisch dat de baby zomaar geboren zou worden. Het was de vorige keren zo snel gegaan. Ik durfde niet goed meer de straat op. Elke dag ging ik even naar de verloskundige om het te laten checken. Op woensdag, een halve week voordat ik uitgerekend was, had ik 4 centimeter ontsluiting. Ik wilde heel graag dat de verloskundige die dag weer mijn vliezen zou breken. Ik ben blij dat ze mijn verzoek heeft ingewilligd en niet moeilijk heeft gedaan. Het is tenslotte mijn kind en mijn lijf.

Maar na het breken van de vliezen kwamen er niet meteen weeën. Bas zat naast me op bed en zocht filmpjes op YouTube van stand-upcomedians, over de bevalling. Ik moest ontzettend lachen. Na een halfuur kwam de eerste wee. En na anderhalf uur had ik Catoo in mijn armen.

Het leek alsof de pijn bij elke bevalling afnam. Bij de derde kon ik het veel beter aan. Eigenlijk is het jammer dat we nu gestopt zijn, mijn lijf is gemaakt om goed te bevallen. Mijn man zegt dat ik de meest ontspannen mens ben die hij kent. Misschien heeft dat ermee te maken. Mijn oma is vlot bevallen, net als mijn moeder; die stond ook nog bedden op te maken toen ze weeën kreeg. Ik hoop dat mijn dochters het ook zo kunnen doen.

Bas realiseert zich pas achteraf hoe eng hij het vond. Als je het hem had gevraagd, dan had hij voor het ziekenhuis gekozen. Dat komt door alles wat je leest. Daar word je bangig van. Ik was niet bang. Ik had er echt zin in die eerste keer. Straks hoor ik erbij, dacht ik. Bij de ge-

schiedenis. Wij vrouwen geven het leven door. Ik vond het heel stoer.
Wat ik niet zo goed geregeld vind van de natuur, is dat je zo kapot bent na de zwangerschap en de bevalling. En dan begint het pas! Zeker bij de tweede en de derde kun je niet gaan liggen in het kraambed. "Ben je ziek mam," vroeg Leentje toen ik na de bevalling in bed lag. "Je mag wel naar beneden!"
Bij een pasgeboren baby moet je elk uur wat. Controles, temperaturen, aan de borst leggen, in bad, zelf eten, weer aanleggen... Het is zo druk. Na de geboorte van Leentje zat ik elke dag om vijf uur op de bank te janken van moeheid. Dan zei ik maar tegen Sem: Ik ben zó gelukkig, daarom moet ik huilen. Maar eigenlijk was ik volledig van de kaart. De borstvoeding kwam niet goed op gang, ik had een huilend kind na vier weken. Toen kwam mijn moeder. Ze zei: "Jij weet wat voor jouw kind het beste is. Maar ik weet wat voor mijn kind het beste is. En met mijn kind gaat het nu niet goed. Weet dat je zelf nooit borstvoeding hebt gehad. Daar had ik geen tijd voor met een mongool van 5 en nog een kleintje van 2,5 thuis." Ik ben op de fles overgestapt, toen had ik een tevreden baby.
Toen Leentje een jaar werd, was ik zó blij! Ik dacht: ik heb haar een jaar in leven gehouden! Dat vond ik een hele prestatie. Bij de tweede en de derde ging alles makkelijker. Bij elk kind krijg je meer vertrouwen in jezelf. Bij hen is de borstvoeding wel gelukt. Fien heeft vier maanden borstvoeding gehad en Catoo zes maanden. Met tranen ben ik gestopt. De voeding bleef maar komen, en nu moest ik gaan afbouwen! Het voelde onnatuurlijk, maar de borstvoeding was lastig te combineren met werk en een gezin met nog drie kinderen. Gek genoeg was het dezelfde worsteling als de eerste keer toen ik op de fles overging. Ook hormonaal werkt dat door, ik voelde me verschrikkelijk.

Terugkijkend ben ik zo blij dat het allemaal is gelopen zoals het is gelopen. De bevallingen zijn me bijgebleven als drie fantastische ervaringen, grandioos. Ik zal niet schuwen om te vertellen dat ook de pijn groots is. Maar ik dacht: dit doet mijn lichaam, dat heeft niets met mij te maken. Het is een wonder dat het kan, je hebt een kind gemaakt, en je lichaam weet zelf hoe het eruit moet. Dat ging buiten mij om. Heel funky. Bijna dierlijk. Ik lag op mijn zij te wachten op wat komen ging. Als een olifant, die weet ook wat hij moet doen. Niet praten in elk geval. Ik zou bij mijn bevalling dan ook niemand uitnodigen. Op het eind maakt het niet meer uit, maar tijdens de weeën trekt elk contact je eruit. Alles leidt af. Hoe dieper je erin zit, hoe beter de hormonen hun gang kunnen gaan.
Ik heb vriendinnen die het samen willen doen met hun man, maar ik begrijp niet hoe ze dat dan precies voor zich zien. Bas moest er zijn, hij mocht niet weggaan, maar meer ook niet. Voor mannen moet dat verschrikkelijk machteloos voelen. Je vrouw heeft pijn en je kunt niets doen. Hij probeerde het wel, dat was lief van hem, maar ik had eerder het gevoel dat ik hém gerust moest stellen.
Op de zwangerschapscursus zat een meisje dat met 32 weken al naar het ziekenhuis ging om zich te oriënteren. Ze wilde alles weten over pijnbestrijding. Dat wordt hel, dacht ik. Ze was zó bezig met controleren. En inderdaad: ze had een rotbevalling. Alles waar ze zich op voorbereid had, dat gebeurde. Wat ik ervan heb begrepen, is dat je los moet laten.
Ik realiseer me dat ik achteraf een mooi verhaal heb: alles is goed gedaan. Al zou ik een ruggenprik gewild hebben, ik zou er te laat voor zijn geweest, het ging zó snel. Ik had de tweede keer binnen 43 minuten een kind. Cold turkey. Maar als ik moet kiezen, dan toch liever weer cold turkey.'

17

De plaats van de bevalling: thuis of in het ziekenhuis

Als je om medische redenen in het ziekenhuis moet bevallen, dan heb je vanzelfsprekend geen keus. Dan is het ziekenhuis echt nodig en een uitkomst. Maar als je zonder complicaties de zwangerschap door bent gekomen, en ook je medische voorgeschiedenis levert geen risico's op, dan kun je kiezen waar je wilt bevallen: thuis of poliklinisch in het ziekenhuis, onder begeleiding van de verloskundige of (soms) de huisarts. Wat is de beste keus?

WAAR KAN IK HET BESTE BEVALLEN, THUIS OF IN HET ZIEKENHUIS?

Als je medische voorgeschiedenis geen risico's voor de zwangerschap en de bevalling oplevert, dan ben je in de regel onder controle van de verloskundige, of in een enkel geval van de huisarts. Je kunt dan kiezen waar je wilt bevallen. In Nederland bevalt ongeveer een kwart van de vrouwen thuis. Dat is een hoog percentage vergeleken met het buitenland, waar de bevalling vrijwel altijd in het ziekenhuis plaatsvindt.

Er is door de jaren heen telkens veel ophef geweest over de thuisbevalling. Er lijken voor- en tegenstanders te zijn. Dit komt omdat de onderzoeken niet allemaal hetzelfde laten zien. Er zijn onderzoeksresultaten gepubliceerd die aangaven dat de thuisbevalling even veilig is als de poliklinische bevalling, en andere onderzoeksresultaten die de ziekenhuisbevalling als veiliger vaststelden. De babysterfte bij een thuisbevalling zou, hoewel laag, toch hoger zijn dan bij een ziekenhuisbevalling.

Wat moet je nu geloven? En waar kun je het beste bevallen? Belangrijk is dat je bevalt waar je je veilig voelt en in een omgeving waar je vertrouwen in hebt.

En dit zijn de feiten:

* Na een ongecompliceerde zwangerschap is een thuisbevalling even veilig als een poliklinische ziekenhuisbevalling onder leiding van de verloskundige (of huisarts). De kans op babysterfte is in beide situaties even hoog.
* Een verwijzing kan tijdens de zwangerschap

LET OP

Als je *zonder medische reden* graag in het ziekenhuis wilt bevallen, is het, als je dat prettig vindt, nog steeds mogelijk om een tijdlang thuis weeën op te vangen. Wanneer je te vroeg vertrekt, loop je het risico dat je in het ziekenhuis nog een lange tijd te gaan hebt. Spreek in ieder geval goed met de verloskundige of het ziekenhuis af wanneer je moet komen en bel gerust bij twijfel. We vinden het nooit vervelend om voor advies gebeld te worden maar wel als je te laat belt!

Als je in het ziekenhuis gaat bevallen, spreek dan goed met het ziekenhuis af wanneer je het beste kunt komen. Als je bijvoorbeeld de vorige keer een keizersnede hebt gehad, waardoor je een litteken in je baarmoeder hebt, dan is het belangrijk al vroeg tijdens de bevalling te komen.

Het is goed om te weten dat de verloskundige getraind is om thuis de moeder en de baby op te vangen. De verloskundige kan thuis een infuus inbrengen, eventueel de baby beademen en zuurstof toedienen. Zij neemt regelmatig deel aan trainingen om deze vaardigheden op peil te houden, vaak samen met de ziekenhuizen waar ze naar verwijst.

LET OP

Heb een flexibele instelling. Misschien besluit je in het ziekenhuis of kraamhotel te bevallen, maar verloopt de bevalling zo vlot dat je alsnog besluit om thuis te blijven. Of andersom: misschien besluit je om thuis te bevallen, maar wil je uiteindelijk toch naar het ziekenhuis. Zo lang er geen medische indicatie bestaat, heb je die keuzevrijheid. Als er wel een medische indicatie optreedt, dan is het ziekenhuis een uitkomst, en geen reden voor teleurstelling.

Als je met alles rekening houdt, kun je je keuzes op elk moment aanpassen aan de omstandigheden en ben je nooit teleurgesteld omdat het anders liep dan je aanvankelijk in je hoofd had.

De overdracht van verloskundige naar gynaecoloog, maar ook van (assistent-)gynaecoloog naar gynaecoloog binnen het ziekenhuis, is een kwetsbaar moment. De overdracht van informatie is niet altijd compleet, en een nieuwe zorgverlener wil vaak eerst weer zelf zijn oordeel vellen. Houd met je partner zelf de regie. Check of alle informatie goed is overgebracht. Trek aan de bel als je ongerust bent. Vraag of je de dokter kunt spreken als je niet gerust bent.

plaatsvinden, bijvoorbeeld als de baby onvoldoende groeit of als je bloeddruk te hoog is. Maar het kan ook tijdens de bevalling nodig zijn om uit te wijken, bijvoorbeeld als de baby in het vruchtwater heeft gepoept of als de bevalling te lang duurt. Je wordt dan tijdens de bevalling naar het ziekenhuis verwezen. In de meeste gevallen is er gelukkig geen sprake van spoed, omdat de baby in goede conditie is. Toch is er dan een goede reden om te gaan, omdat de kans hoger is dat dit later kan gaan optreden.

HOE GAAT HET MET DE BABY?
Tijd voor de geboorte

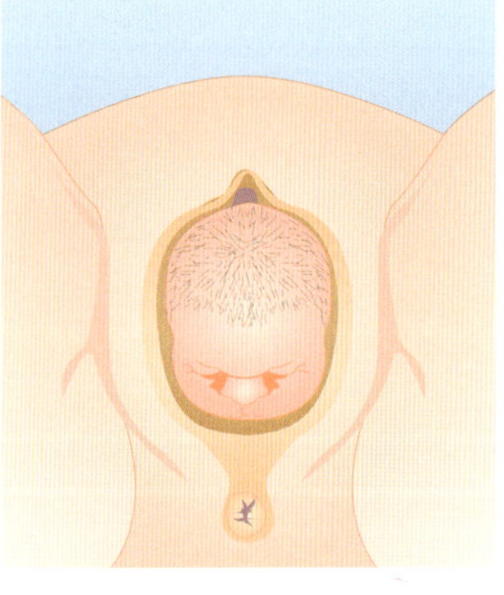

Wanneer de baby te veel voedingsstoffen van de moeder gaat vragen, is het tijd om geboren te worden. De placenta gaat zijn assortiment aan hormonen veranderen. De concentratie progesteron wordt minder; de baarmoeder wordt hierdoor niet langer belet om samen te trekken. De placenta gaat meer oestrogeen maken, wat de weeën bevordert. En er komen prostaglandinen vrij die de baarmoedermond zacht en rijp maken. Als de baby de weg heeft bereid, bepaalt uiteindelijk de biologische klok van de moeder wanneer de geboorte *precies* begint. Meestal dient de bevalling zich 's avonds laat aan. Eerste kinderen worden dikwijls in de ochtend geboren. Baby's die al een broertje of zusje hebben, komen vaak in de nacht, doordat hun geboorte sneller verloopt.

Meestal ga je met je eigen auto. Is er toch sprake van nood, dan ga je met de ambulance.

- Van de vrouwen die voor het eerst bevallen, krijgt 50 procent een medische indicatie tijdens de zwangerschap. Dus 50 procent van de eerstbarende vrouwen begint met de verloskundige aan de bevalling. De helft daarvan wordt op enig moment tijdens de bevalling alsnog naar het ziekenhuis verwezen. Uiteindelijk bevallen 3 van de 4 van de vrouwen die van hun eerste kind bevallen op medische indicatie in het ziekenhuis. Ongeveer een kwart bevalt thuis of poliklinisch bij de verloskundige.
  Van de vrouwen die al eens bevallen zijn, bevalt uiteindelijk 40 procent bij de verloskundige, dus zonder medische indicatie. Dat is bijna 2 keer zoveel, want de kans is dan maar 10 procent dat je tijdens de bevalling moet worden verwezen naar de gynaecoloog.
- Het is in principe niet vervelender om tijdens de bevalling verwezen te worden dan om uit eigen beweging naar het ziekenhuis te gaan. In beide gevallen moet je met weeën in de auto, soms tijdens de ontsluiting, soms tijdens het persen. Als er een medische reden is, is iedereen overtuigd van de noodzaak.

Joris: *'Overal in de medische wereld wordt continu gekeken of we veilig genoeg handelen. Dit geldt ook voor de verloskunde en de bevalling, thuis of in het ziekenhuis. Er wordt op dit moment erg goed gekeken hoe overdrachten van de verloskundige naar de gynaecoloog het best kunnen plaatsvinden. Dat is een moment waarop het echt aankomt. Weten we als gynaecoloog bij de overname van een patiënte precies waar het om gaat? Staan we klaar als het nodig lijkt om een keizersnede te doen? Of hebben we nog de tijd om de patiënte rustig te laten wennen aan de nieuwe situatie? Hoe beter het overleg tussen de verloskundige en de gynaecoloog is geregeld, hoe veiliger dit is. Daarom werken nu alle verloskundigen samen met gynaecologen in verloskundige samenwerkingsverbanden, de zogenoemde vsv's. Vraag je verloskundige hoe een en ander geregeld is.*

Omdat de ziekenhuizen veel zwangere vrouwen zien met een hoog risico, zijn ze geneigd vaker in te grijpen. Dit betekent dat ze vaker iets doen dat achteraf gezien niet nodig was. Sommige ouders kiezen daarom liever voor de thuissituatie. Andere nemen deze kans op ingrijpen op de koop toe omdat ze zich in het ziekenhuis veiliger voelen.'

Mariël: *'De ervaring heeft mij geleerd dat de meeste vrouwen betere weeën hebben in hun eigen omgeving. Thuis, onder hun eigen dekbed of douche, waar ze ongestoord kunnen rondlopen, puffen of geluid te maken. En hoe beter de weeën,*

HOE GAAT HET MET DE BABY?

Hij wordt wakkerder

40 weken, de uitgerekende datum. Toch kan de geboorte nog best een poosje op zich laten wachten. Dat geeft de baby de tijd om zijn organen te laten rijpen.

Na de geboorte zal de baby de speciale, foetale rode bloedlichaampjes afbreken. Ze worden vervangen door normale rode bloedlichaampjes. Bij de afbraak komt gele kleurstof vrij. Om die af te voeren, moet de lever van de baby op volle kracht werken. Vaak is de lever na de geboorte nog wat onrijp, zodat de gele kleurstof niet meteen verdwijnt. De baby krijgt dan lichte, meestal onschuldige geelzucht.

Hoe later de baby geboren wordt, des te kleiner de kans dat hij geelzucht krijgt. Des te wakkerder de blik waarmee hij na zijn geboorte de wereld inkijkt, en de kracht waarmee hij kan zuigen.

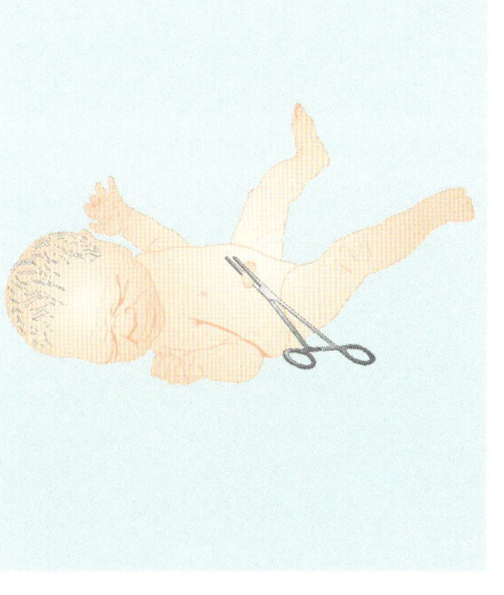

WEETJE

Bevallen bij de verloskundige – thuis of poliklinisch – is even veilig voor de baby als bevallen bij de gynaecoloog in het ziekenhuis. Vrouwen die bij de verloskundige bevallen hebben beduidend minder ingrepen nodig, zoals een vacuümverlossing of een keizersnede. Dat blijkt uit een onderzoek van het AMC en het VUmc onder 80.000 Amsterdamse zwangere vrouwen die tussen 2005 en 2008 bevielen van een voldragen baby.

des te kleiner de kans op een kunstverlossing of keizersnede. Ik zou dan ook iedereen aanraden om op zijn minst een deel van de weeën thuis op te vangen en bij een eerste kind niet te vroeg naar het ziekenhuis te gaan – zo je dat al wilt.'

WAT IS PRECIES EEN KRAAMHOTEL, EEN GEBOORTEHUIS EN EEN BEVALCENTRUM?

Een kraamhotel, geboortehuis of bevalcentrum is eigenlijk de kraamkliniek van vroeger in een nieuw jasje. Een bevalling houdt hier het midden tussen een thuis- en een poliklinische bevalling. Je bevalt in een soort hotelkamer met allerlei faciliteiten – soms zelfs een bad om in te bevallen. Als er een medische indicatie ontstaat, moet je alsnog naar het ziekenhuis.

WEETJE

Het percentage thuisbevallingen in Nederland, rond de 25 procent, is het hoogste in de westerse wereld, waar bevallingen standaard plaatsvinden in het ziekenhuis. Toch pleiten gezaghebbende gynaecologen in Groot-Brittannië ervoor dat ook daar meer vrouwen thuis, of in elk geval onder leiding van een verloskundige, bevallen.

Een derde van de vrouwen heeft een verloskundige nodig, een derde een gynaecoloog, en een derde heeft allebei nodig, stelt de voorzitter van de Engelse gynaecologenvereniging (RCOG) Anthony Falconer. Hij vindt het huidige systeem, waarbij alle vrouwen een hightechbevalling krijgen, niet houdbaar op de lange termijn. Vrouwen met een laag risico zouden in geboortecentra of thuis moeten bevallen, zegt hij, zodat de vrouwen die het écht nodig hebben, de hightechzorg kunnen krijgen.

Ook in Groot-Brittannië worden op het platteland steeds meer klinieken gesloten en stijgt tegelijkertijd het geboortecijfer. Om vrouwen toch nog goede zorg te kunnen geven, pleit Falconer ervoor vrouwen met een laag risico in hun eigen omgeving te laten bevallen in een geboortecentrum of thuis, en ze niet op voorhand te transporteren naar een ver weg gelegen, hooggespecialiseerd ziekenhuis dat te weinig capaciteit heeft. Nu bevalt in Groot-Brittannië nog geen 10 procent bij de verloskundige. Als het aan Falconer ligt, wordt dat 30 procent.

HOE GAAT HET MET DE BABY?
Hij heeft geen huidsmeer meer

41 weken. De baby heeft nu geen huidsmeer meer. Het vruchtwater wordt telkens troebeler wit, door alle vernix die erin is opgelost. De huid van de baby wordt droog en schilferig. Zijn nagels zijn zo lang dat hij zichzelf er krasjes mee op zijn gezicht bezorgt. Het schedeltje wordt steviger, de fontanellen worden kleiner, waardoor het hoofdje tijdens de geboorte minder vervormt.

De moederkoek begint witte kalkspatjes te vertonen, die overigens niets om het lijf hebben. Het vruchtwater zal langzamerhand wat in hoeveelheid afnemen. Het blijft belangrijk dat de moeder regelmatig leven voelt.

Als de baby deze week niet vanzelf komt, zal de bevalling in het ziekenhuis worden ingeleid.

foto Robin Smit

'Ik ging rondjes lopen en zei voortdurend mijn mantra: Ja, ja, kom maar!'

Anne-Marie Jung is actrice en zangeres. Haar vriend Burt is acteur. Ze hebben samen een dochter: Sue Bella, van acht maanden.

Anne-Marie: 'Het was tijdens mijn tour met André van Duin dat ik zwanger werd. Als actrice moet je zoiets plannen. Deze tournee was belangrijk voor mijn carrière, dus na een eerdere miskraam ben ik toch eerst nog maar even aan de pil gegaan. Toen ik daarmee kon stoppen, was ik blij dat het snel lukte.

Ik zocht een verloskundigenpraktijk in Den Haag, daar woont Burt, mijn vriend. Het was een groepspraktijk met vier vrouwen, alle vier even leuk. De zwangerschap verliep voorspoedig. Hoe ik me heb voorbereid op de bevalling? Door *niet* op een cursus te gaan. Als zangeres en actrice ken ik mijn lichaam goed, ik beheers de buikademhaling dus ik had er alle vertrouwen in dat het goed zou komen. En ik had geen zin om met andere vrouwen over zwangerschapsongemakken te gaan praten. Dus ik kocht een stapel boeken en bladerde daar elke avond in. Boeken over de zwangerschap, de bevalling, de baby.

Je groeit letterlijk naar de bevalling toe. Dat gaat geleidelijk. Ik dacht na over pijnbestrijding, hoorde veel bevallingsverhalen, ook van vrouwen die een pijnpompje of ruggenprik hadden gehad. Maar als medisch alles goed is, moet ik in staat zijn om een kind te baren, vond ik.

Ik ben niet tegen pijnbestrijding, maar wilde daar niet te snel voor kiezen. Bovendien maak je zelf allerlei hormonen aan tijdens de weeën die je helpen om erdoorheen te komen. Ik wilde graag in het ziekenhuis bevallen. Daar was een bad, dat leek me fijn. Mijn ouders werkten in de eerste sauna van Nederland, dus ik ben zo'n beetje opgegroeid in water en in bubbelbaden. Op mijn achttiende las ik het boek *Waterkinderen*. Vanaf dat moment was ik gefascineerd door waterbevallingen. Het leek me fijn dat een kind niet meteen lucht hoeft te happen in een iets te koude en iets te harde omgeving, maar geleidelijk de overgang kan maken.

De nacht dat de vliezen braken en de weeën begonnen, heb ik Burt gevraagd in bed te blijven liggen. Ik wilde het alleen doen, dan hoefde ik me om hem geen zorgen te maken. Ik ging rondjes lopen in de kamer. En zei voortdurend mijn mantra: "Ja, ja, ja. Kom maar!" Dat had ik niet van tevoren bedacht. Maar zodra ik "Nee, au" zei, me ging beklagen of bezorgd bedacht dat het straks allemaal nog erger zou worden, werd de pijn erger! Dat was heel apart om te merken. Ik moest dus positief en rustig blijven, de weeën verwelkomen. Ooit had ik een ongeluk gehad met de fiets, waarbij ik behoorlijk gewond ben geraakt. Toen merkte ik dat ik heel rustig kon blijven wanneer het er echt op aan kwam. Nu deed ik dat ook.

Ik was moe, had nauwelijks geslapen. Dus af en toe ging ik liggen dommelen op de bank.

Maar toen de weeën elkaar sneller opvolgden, moest ik blijven lopen.

Om tien voor vijf belde ik de verloskundige. Ze vroeg of ik het nog aankon - dat was het geval. Om acht uur zou ze langskomen. Ik ging douchen, stak kaarsjes aan. Het ging goed zo. Om acht uur had ik drie tot vier centimeter. Ik mocht naar het ziekenhuis, maar wilde zo lang mogelijk thuis blijven. Om elf uur zou de verloskundige terugkomen.

"Ik ga echt lekker hè?", zei ik tegen Burt. Ik had geen angst, wat kon er gebeuren? Ik was prettig beneveld. De wetenschap dat je lichaam hormonen maakt om je door de pijn heen te helpen, en om dat dan ook te ervaren, dat geeft zo'n kick!

Om tien uur voelde ik een sterke drang, alsof ik poepen moest. We belden de verloskundige, die ons rechtstreeks naar het ziekenhuis liet gaan. Zij zou daar ook naartoe komen. Maar Burt nam zijn tijd - kopje koffie, nog even douchen. De verloskundige belde ongerust op waar we bleven. In de auto kon ik niet echt meer zitten, ik voelde het hoofdje al.

Het was de eerste maandag van de maand om twaalf uur, de sirenes gingen af terwijl ik het ziekenhuis in liep. De rolstoelen waren er op, terwijl Burt al wekenlang met een muntje in zijn zak liep voor zo'n stoel. Maar ik wilde helemaal geen rolstoel. "Ik wil lopen!" riep ik. Ik had zoveel energie.

Om tien over twaalf liep ik een rustgevende verloskamer in die naar lavendel rook en uitkeek over heel Den Haag. Ik ging op bed liggen, had al volledige ontsluiting. Ik deed een persje, de verloskundige vroeg of ik nog in bad wilde. Eigenlijk lag ik wel lekker op dat bed, maar Burt zei: "Je wilde zo graag in bad!" Wijdbeens ben ik er toch naartoe gewaggeld. Heerlijk was het, dat warme water. De weeën stopten eventjes, maar gingen al snel weer door. De verloskundige vertelde me wanneer ik te hard perste, we werkten heel goed samen. De sfeer was fijn, het voelde vertrouwd zo, met ons kleine clubje. Ik kan me voorstellen dat mensen dit ook thuis zo zouden doen.

Tien minuten heb ik in bad geperst. Om 12.38 was Sue er. Burt zag eerst haar haartjes wapperen in het water. De schoudertjes kostten even moeite. Toen was ze geboren en bleef ze nog eventjes onder water. Ze kon haar beentjes strekken. Pas daarna kwam ze aan land - op mij! Ze had een lief huiltje en keek ons aan. Daar was ze, ons cadeautje.

We hadden alle tijd om aan elkaar te snuffelen. Ze kroop een beetje omhoog. Burt moest huilen. Op de foto's ziet hij eruit alsof hij in een chloorbad heeft gelegen.

Ik was niet ingescheurd, voelde me goed. Om vier uur 's middags stond ik weer buiten met mijn kind. Ik heb nog nooit ergens zo hard in geknepen als in de maxi-cosi! Ineens was het griezelig, met zo'n pasgeboren kindje op straat.

De borstvoeding lukte aanvankelijk niet, ondanks alle pogingen. Totdat we op de negende dag de lactatiekundige erbij haalde. Die deed een paar handgrepen en hop, daar dronk ze. Toen moest ik huilen. Van geluk.

Sue is heel beweeglijk en vrolijk, maar ook een heerlijk relaxte baby. Of het door de waterbevalling komt, zal ik nooit weten. Maar het was een topverhaal. Dat persen, dat mag je best even voelen. Door de stoffen die je zelf maakt, kun je ver komen. Zó kan het ook.'

Tips van Anne-Marie:

- Koester positieve gedachten. Verwelkom de pijn.
- Gebruik water: de douche of het bad, dat is heel heilzaam.

18

Complicaties in de zwangerschap

Wanneer je zwanger bent, lever je een topprestatie. Je maakt en voedt een nieuw mens. Alles moet perfect verlopen, dat wil je voor je kind. Bij zo'n topprestatie kunnen er complicaties optreden. Voor alle problemen geldt eigenlijk: voorkomen is beter dan genezen en als je er vroeg bij bent, vallen de gevolgen vaak mee. Dit betekent dat je zelf alert moet zijn op tekenen van je lichaam die wijzen op problemen en waarvoor je soms extra controle en zorg nodig hebt. Het allerbelangrijkste om problemen te voorkomen is dat je goed voor jezelf zorgt en overlegt met de verloskundige als je vragen hebt of je niet goed voelt.

WAT IS EEN MEDISCHE INDICATIE?

Gedurende de hele zwangerschap en bevalling houdt de verloskundige in de gaten of alles goed verloopt. Zodra er iets afwijkt – de baby lijkt te groot of te klein, de bloeddruk is te hoog – verwijst de verloskundige je naar het ziekenhuis. Als het meevalt, verwijst de gynaecoloog je weer terug. Zo niet, dan blijf je in het ziekenhuis onder controle en zul je ook daar bevallen. Je hebt dan een medische indicatie, of, zoals het in de volksmond heet, je wordt 'medisch'.

Het kan zijn dat je vanaf het begin van de zwangerschap een medische indicatie hebt. Bijvoorbeeld als je diabetes hebt, een hoge bloeddruk, een chronische ziekte, een hartafwijking. Vaak weet je dat al, omdat je al onder behandeling bent van een specialist. Zo niet, dan verwijst de verloskundige of de huisarts je aan het begin van de zwangerschap naar de gynaecoloog. De controles vinden dan plaats in het ziekenhuis – door de gynaecoloog, de artsassistent of door de verloskundige in dienst van het ziekenhuis.

Dit systeem behoedt je voor onnodige medische ingrepen en verzekert je tegelijkertijd van alle medisch-technische zorg voor zover je die nodig hebt. Elke ingreep brengt immers een risico op complicaties met zich mee, zoals ook elk geneesmiddel bijwerkingen heeft. Te veel ingrepen en medische zorg zijn daarom niet altijd gunstig. Te weinig vanzelfsprekend ook niet. Het gaat erom dat je zorg op maat krijgt.

IK MOET ZOVEEL OVERGEVEN DAT IK NIETS BINNENHOUD. WAT MOET IK DOEN?

Als je zoveel overgeeft dat je niets meer binnenhoudt en daarbij drastisch afvalt, is dat een reden om de verloskundige te bellen. De misselijkheid is dan geen onschuldige zwangerschapskwaal meer maar een complicatie. Dat kan een reden zijn voor een ziekenhuisopname. Altijd wordt met de echo gekeken of je niet toch zwanger bent van een tweeling en of er een probleem is met de moederkoek (zie: 'Wat is een molazwangerschap'). In die gevallen maak je meer zwangerschapshormoon aan, waardoor de misselijkheid heviger is.

In het ziekenhuis verschilt verder het beleid per kliniek. Vaak helpt de verandering van omgeving al om minder te braken. In alle gevallen wordt er gecontroleerd of je niet uitdroogt en of je voldoende vitaminen en mineralen binnenkrijgt. Soms zijn er extra vitaminen nodig, of voeding via een sonde of een infuus.

Meestal houdt overmatig braken op na drie, hooguit vier maanden. Een enkele keer houden vrouwen de hele zwangerschap last.

WAT IS EEN MOLAZWANGERSCHAP?

1 op de 2.000 zwangere vrouwen blijkt zwanger te zijn van een mola. Dan is er bij de aanleg van het vruchtje geen embryo ontstaan, maar alleen placentaweefsel dat in hoog tempo doorgroeit en blaasjes vormt in de baarmoeder. Op de echo ziet het eruit als een druiventros. De volledige naam, *mola hydatidosa*, betekent: 'massa waterdruppels'. Bij een molazwangerschap is de baarmoeder groter dan normaal. En de zwangerschapstest is positief. Een mola werkt als een enorme hormoonfabriek, dus vrouwen met een mola zijn vaak erg misselijk en moe. Ze lijken bijzonder zwanger. Pas bij de echo blijkt dan dat er geen embryo is. Er zijn alleen witte vlekjes te zien, als een sneeuwstorm. Soms is er wat bloedverlies.

De gebruikelijke behandeling bij een molazwangerschap is een zuigcurettage. Daarbij wordt er een dun slangetje in de baarmoeder gebracht waarmee de gynaecoloog de blaasjes wegzuigt uit de baarmoeder. Dat gebeurt onder narcose.

Wat een mola extra vervelend maakt, is dat je na de zuigcurettage niet meteen van alles af bent. Om te controleren of de mola echt is verdwenen, zal de gynaecoloog adviseren om een tijd de pil te gaan gebruiken zodat je niet meteen weer zwanger wordt. Als het goed is, is het zwangerschapshormoon na een maand of drie, vier uit het bloed verdwenen. Dan moet je nog een halfjaar wachten met zwanger worden. In die periode wordt maandelijks het hCG bepaald.

Van de 150 vrouwen die jaarlijks in Nederland een mola krijgen, zijn er zo'n 25 bij wie de mola na de curettage verder groeit. Dan wordt een zwangerschapstest opnieuw positief, en steken zwangerschapsklachten als misselijkheid en moeheid weer de kop op. In een enkel geval verbreiden de blaasjes zich zelfs naar de longen. Als de mola verder groeit, wordt die behandeld met celgroeiwerende middelen, een vorm van chemotherapie. Gelukkig zijn de

LET OP

Zoals gezegd helpt gember tegen de misselijkheid. Hoe je gember kunt gebruiken of gemberthee kunt maken, lees je in het hoofdstuk 'Zwangerschapskwalen'.

Er is een middel dat de misselijkheid vermindert en dat in de zwangerschap is toegestaan: Emesafene. Voordat het tot een ziekenhuisopname komt, kun je eerst dat middel uitproberen. Het neemt de misselijkheid niet weg, maar vermindert wel de klachten. De huisarts kan het voorschrijven. Je kunt er wat suf en moe van worden, dus kijk uit met autorijden.

vooruitzichten uitstekend: als de mola op tijd wordt ontdekt, geneest iedereen. Maar na zo'n behandeling mag je een jaar niet zwanger worden. Dit alles maakt een mola tot een ingrijpende complicatie.

Lilian: *'Ik voelde me ontzettend zwanger, was misselijk en doodmoe. Dat vond ik niet erg, het was immers voor het goede doel. Bij de termijnecho zei de verloskundige dat mijn baarmoeder erg groot was. Ze keek bezorgd. Ik zag op het scherm enkel witte vlekjes. Het bleek een mola te zijn. Ze legde me uit dat de placenta hard was gaan groeien en dat er geen vruchtje was. Het was een klap in mijn gezicht. Mijn misselijkheid was voor niks geweest. Ik werd naar de gynaecoloog verwezen en kreeg een zuigcurettage. Daarna moest ik weer aan de pil, dat was nóg een teleurstelling. Ik mag zeker een halfjaar niet zwanger worden.'*

IK HEB PIJN BIJ HET PLASSEN. WAT NU?

Pijn bij het plassen wijst meestal op een blaasontsteking. Je plast dan vaak maar weinig en het brandt verschrikkelijk. In de zwangerschap ben je daar gevoeliger voor dan normaal. Pijn bij het plassen is een reden om de urine te laten onderzoeken, ofwel door de huisarts, ofwel via de verloskundige in het laboratorium.

Was jezelf van onderen, breng een tampon of een natte wat in de vagina in, plas een klein beetje in de wc, en vang daarna wat urine op in een schoon potje. De rest plas je weer uit in de wc, waarna je de wat of tampon verwijdert. Zo komt er geen afscheiding bij de urine.

Als je inderdaad een blaasontsteking hebt, krijg je antibiotica voorgeschreven. Je moet de kuur antibiotica goed afmaken want een blaasontsteking in de zwangerschap kan een ontsteking van de nieren worden als je deze niet goed herkent en behandelt. *Als je pijn in je rug krijgt of koorts, ga dan onmiddellijk naar de huisarts of gynaecoloog. Je hebt waarschijnlijk een nierbekkenontsteking. Dat is een risico voor vroeggeboorte.*

Veel drinken wordt ook aanbevolen. Sommige vrouwen nemen vitamine C of cranberrysap of -capsules. Of dit laatste helpt weten we niet.

LET OP

! Een infectie, *zeker een infectie met koorts*, kan een vroeggeboorte veroorzaken. Let op of je meer afscheiding hebt of bloedverlies. Bij twijfel kan de baarmoedermond gemeten worden. Aarzel niet om contact op te nemen met de verloskundige, huisarts of gynaecoloog.

IK HEB ASTMA, HOE GAAT DAT IN DE ZWANGERSCHAP?

De zwangerschap heeft weinig invloed op astma, hoewel er vrouwen zijn die zeggen meer of juist minder klachten te hebben tijdens de zwangerschap. De meeste vrouwen hebben astma in een milde vorm, waarbij ze inhalatiemedicijnen gebruiken tegen benauwdheid: medicijnen die acuut verlichting geven (salbutamol) en inhalatiesteroïden die preventief werken. Deze medicijnen kunnen in de zwangerschap geen kwaad. Het is dan ook belangrijk ze te blijven gebruiken als het nodig is. Door benauwdheid van de moeder kan ook de baby zuurstoftekort krijgen en dat is schadelijker dan medicijnen.

Bij een lichte vorm van astma kan de verloskundige de zwangerschap en de bevalling thuis of poliklinisch begeleiden. Vrouwen krijgen het zelden benauwd tijdens de bevalling; en als dat toch zou gebeuren, kan de zwangere of barende vouw medicijnen inhaleren. De puftechniek, die op de zwangerschapscursus wordt geleerd, geeft extra zuurstof en is prima voor astmapatiënten om tijdens de bevalling toe te passen.

Vrouwen die ernstige astmaklachten hebben, doen er goed aan al voor de zwangerschap te overleggen met hun longarts. Die kan de minst schadelijke medicijnen voorschrijven. Sommige vrouwen gebruiken langdurig inhalatiesteroïden voor hun astma. Hoewel dit medicijn de placenta passeert, is het toch verstandig het te blijven gebruiken. Het kind kan een niet te hoge dosis in de regel goed verdragen. Een heel hoge dosis kan echter de groei van de baby remmen.

Bij ernstige vormen van astma, of als er korter dan een jaar voor de zwangerschap nog een *ernstige* astma-aanval is opgetreden, zullen de zwangerschap en de bevalling in het ziekenhuis begeleid worden.

De kans dat het kind van een astmatische moeder ook aanleg heeft om astma te krijgen, is 50 procent. Als beide ouders astma hebben, is de kans 70 procent.

KAN HET ZIJN DAT IK VRUCHTWATER VERLIES?

Het komt af en toe voor dat je vruchtwater verliest voordat je mag bevallen. Dat kan zich bij elke zwangerschapsduur voordoen. Je merkt dan dat je voortdurend beetjes helder water verliest, dat kleurloos of lichtroze opdroogt op een wit verbandje en zoetig ruikt – niet naar urine en niet zurig.

Wanneer je denkt dat je mogelijk vruchtwater verliest voordat je 37 weken zwanger bent, dan is dat altijd een reden om de verloskundige te bellen of, als je bij de gynaecoloog onder controle bent, de gynaecoloog. Die zal uitzoeken of het inderdaad vruchtwater is dat je verliest.

Als je te vroeg vruchtwater verliest, word je opgenomen in het ziekenhuis. Soms sluit het lekje zich weer. Het kan ook zijn dat de bevalling – te vroeg – op gang komt. En een enkele keer blijft het vruchtwater aflopen zonder dat de bevalling op gang komt. Dat kan dan weken duren. Voor de baby is een vroeggeboorte bedreigend omdat zijn longen nog niet goed ontwikkeld zijn voor de 34^e^ week. Wanneer de vliezen heel vroeg zijn gebroken (voor 24 weken), komen soms de spieren en longen niet goed tot ontwikkeling. De gynaecoloog kijkt dan ook altijd of er nog een beetje vruchtwater aanwezig blijft rond het kind. Meestal is dit zo. Op het eind van de zwangerschap, als de bevalling niet lang meer op zich laat wachten, is weinig vruchtwater geen probleem meer. De spieren en longen hebben zich dan al gevormd.

WAT BETEKENT BLOEDVERLIES IN DE ZWANGERSCHAP?

Bloedverlies in de zwangerschap kan onschuldig zijn, maar is *altijd* een reden om de verloskundige te bellen, of, als je bij de gynaecoloog onder controle bent, het ziekenhuis. Na 16 weken maar vóór 37 weken is bloedverlies altijd een reden voor nader onderzoek. De verloskundige zal je dan ook altijd naar het ziekenhuis verwijzen.

De meest onschuldige oorzaak van bloedverlies is een bloedend bloedvaatje aan de rand van de placenta. Dat is pijnloos en meestal onschuldig. Maar bloedverlies kan ook een vroeggeboorte inluiden. In dat geval gaat het gepaard met baarmoederkrampen die komen en gaan: weeën.

Een andere mogelijke oorzaak van bloedverlies is een placenta die geheel of gedeeltelijk voor de uitgang ligt: een voorliggende placenta of *placenta praevia*. Als de baarmoeder door de groei van de baby uitrekt, kan dat voorliggende stukje placenta loslaten en gaan bloeden. Die bloedingen zijn pijnloos en komen onverwachts. Ze gaan meestal niet gepaard met een harde buik of krampen, maar kunnen hevig zijn.

Als de placenta in zijn geheel voor de uitgang ligt, kan de baby niet indalen. De gynaecoloog zal je dan op een zeker moment opnemen om je in de gaten te houden. De bloedingen kunnen namelijk onverwachts optreden en zo hevig zijn dat een bloedtransfusie noodzakelijk is. Een paar weken voor de uitgerekende datum zal de gynaecoloog een keizersnede plannen. Soms krijg je corticosteroïden om de longen van de baby vroeg te laten rijpen als de gynaecoloog de kans op een vroeggeboorte te hoog vindt.

Een enkele keer wordt het bloedverlies veroorzaakt door een placentaloslating. Het bloedverlies gaat dan gepaard met een harde baarmoeder die niet meer soepel wordt. Je hebt dan meestal veel pijn. Het is dan zaak met spoed de verloskundige of het ziekenhuis te bellen. Hierover meer bij de volgende vraag.

WAT ZIJN DE VERSCHIJNSELEN VAN EEN PLACENTALOSLATING?

Een placentaloslating, ook wel *solutio* of *abruptio placentae* genoemd, is een ernstige complicatie in de zwangerschap die gelukkig niet vaak voorkomt. De baarmoeder wordt en blijft daarbij hard en pijnlijk. De zwangere vrouw voelt zich beroerd.

Wanneer de placenta gedeeltelijk loslaat, gaat dat gepaard met vaginaal bloedverlies. De baarmoeder is dan hard, maar niet altijd zo hard als bij een volledige placentaloslating. Het is dan zaak zo snel mogelijk – meestal met de ambulance – naar het ziekenhuis te gaan. Vaak – niet altijd – is het nog op tijd om een keizersnede te doen en de baby te redden.

Als de placenta helemaal loslaat, gaat dat vaak *niet* met vaginaal bloedverlies gepaard. De buik is dan keihard en pijnlijk. Soms is het te laat om nog een keizersnede te doen. Het is dus belangrijk vroeg te komen wanneer er bloedverlies is!

Na een placentaloslating is er bij een volgende zwangerschap een verhoogde kans op herhaling. Vaak laat de gynaecoloog je dan vervroegd bevallen.

MIJN PLACENTA LIGT VOOR DE UITGANG, WAT STAAT ME TE WACHTEN?

In 3 tot 5 op de 1.000 gevallen ligt de placenta geheel of gedeeltelijk voor de baarmoedermond. De kans hierop neemt toe met de leeftijd, met het kindertal (vrouwen die al kinderen hebben, hebben meer kans) en vooral met een eerder doorgemaakte keizersnede. Hoe meer keizersneden een vrouw heeft doorgemaakt, hoe meer kans ze heeft op een voorliggende placenta.

Zo'n laag- of voorliggende placenta wordt ontdekt bij de echo. Als dat voor de twintigste week gebeurt, wil dat lang niet altijd zeggen dat het daadwerkelijk een voorliggende placenta blijft. Meestal trekt de placenta in de loop van de zwangerschap nog op, en ligt hij bij dertig weken keurig tegen de voor- of de achterwand van de baarmoeder. Om dat zeker te weten, moet er bij dertig weken nog een keer een echo gemaakt worden.

Als de placenta wel voor de uitgang blijft liggen, heeft dat gevolgen. Doordat de baarmoeder uitrekt, komt er spanning op de placenta te staan. Daardoor kun je in de tweede helft van de zwangerschap (heftige) vaginale bloedingen krijgen, waarvoor je opgenomen moet worden in het ziekenhuis. Als de placenta in zijn geheel voor de uitgang ligt, treedt zo'n bloeding soms pas tijdens de bevalling op. Heel vaak heeft de moeder een of meer bloedtransfusies nodig.

Bij een voorliggende placenta kan de baby niet indalen in het bekken. De baby ligt dan vaker dan anders dwars of in stuitligging. En ook als het hoofdje naar beneden ligt, maakt dat geen contact met het schaambotje – de placenta zit er als een soort stootkussen tussen.

Bij een echte voorliggende placenta moet de baby met een keizersnede geboren worden. Als de placenta laag ligt, kan de baby er soms wel langs. Dan kan de baby in principe gewoon vaginaal geboren worden, als de moeder tenminste niet te hevig bloedt. Heftig bloedverlies kan een reden zijn om al vervroegd een keizersnede te doen.

Het bloedverlies veroorzaakt nogal eens een vroeggeboorte.

Lisette: *'Op de 20-wekenecho kreeg ik te horen dat de placenta over de baarmoedermond lag. De echo zou herhaald worden bij 30 weken, om te kijken of de placenta was opgetrokken of er nog*

LET OP

! Als je hevige buikpijn hebt en de baarmoeder is hard en wordt niet meer zacht, eventueel met bloedverlies, bel dan met spoed de verloskundige of het ziekenhuis.

! De kans op een placentaloslating is twee keer zo hoog bij rokers dan bij niet-rokers. Het is een van de belangrijkste oorzaken van doodgeboorte bij rokende zwangere vrouwen.

steeds voor lag. Een paar dagen voor de echoafspraak kreeg ik een bloeding. Ik werd opgenomen in het ziekenhuis. Na een paar dagen mocht ik weer naar huis, maar ik moest onmiddellijk bellen als ik weer zou gaan vloeien. Twee weken later was dat het geval. Ik werd weer opgenomen, en vloeide zo veel dat ik een bloedtransfusie nodig had. Met de baby was gelukkig niets aan de hand, maar ik mocht niet meer naar huis. In het ziekenhuis bleef ik telkens wat bloed verliezen. Er werd me verteld dat ik een keizersnede zou krijgen als ik weer zo veel zou gaan vloeien, maar dat ze graag zo lang mogelijk wilden wachten om de baby nog te laten groeien en rijpen.

Toen ik 34 weken zwanger was, kreeg ik wat krampen. Ik bleef op mijn zij liggen, dacht dat het wel weer over zou gaan. Maar na een poosje werden de krampen heel hevig. Ik was aan het bevallen, zonder dat ik het in de gaten had. Toen de gynaecoloog kwam, was de baby al in aantocht. De placenta was door de weeën toch nog wat opgetrokken, het hoofdje bleek erlangs te kunnen. Mijn man werd gebeld, maar het ging ineens zo snel dat hij het moment van de geboorte heeft gemist. Ik was natuurlijk dolblij dat mij een keizersnede bespaard was gebleven, hij ook. Onze dochter deed het prima. Ze heeft nog twee weken op de couveuse-afdeling gelegen, toen mocht ze al mee naar huis.'

IK HEB BEKKENPIJN, WAT TE DOEN?

Lichte bekkenpijn is normaal in de zwangerschap, omdat de bekkengewrichten door de zwangerschapshormonen wat verslappen zodat het bekken straks wat kan 'meegeven' bij de bevalling. Wanneer het echt pijnlijk is en het belemmert andere activiteiten, dan spreken we van zwangerschapsgerelateerde bekkenpijn. De klachten beginnen vaak vanaf de vijfde of zesde maand, maar soms al eerder of juist later, of zelfs na de bevalling.

Bekkenpijn uit zich meestal door startpijn: pijn bij het starten van een beweging zoals opstaan, gaan zitten, draaien in bed, opstaan uit bed en in of uit de auto stappen. De pijn kan dan op verschillende plaatsen zitten: in het schaambot, ter hoogte van de kuiltjes, bij de stuit, in de liezen. Het lopen gaat dan waggelend en soms zijn staan en lopen bijna niet meer mogelijk.

Het is bij bekkenpijn belangrijk om:

* te letten op afwisseling;
* te letten op rustmomenten (even de spieren laten ontspannen);
* te letten op makkelijker houdingen: zittend groente snijden, onderuit gezakt liggen met de telefoon in plaats van zittend;
* te letten op een goede conditie van de spieren rondom het bekken (ga iedere dag een stukje

---

WAT GEBEURT ER IN MIJN LICHAAM?

Een hoge bloeddruk

Een hoge bloeddruk treedt meestal pas op in de laatste 3 maanden van de zwangerschap, een heel enkele keer al in de 6e maand. 1 op de 10 vrouwen krijgt ermee te maken tijdens de eerste zwangerschap. Vrouwen die al een kind hebben, lopen minder kans, tenzij ze zwanger zijn van een nieuwe partner. De oorzaak van de hoge bloeddruk is niet precies bekend, maar heeft waarschijnlijk te maken met een veranderde tolerantie tegen de 'indringer': de baby, die immers voor de helft lichaamsvreemd is. Vandaar dat vrouwen die binnen 4 maanden zwanger worden van een nieuwe partner, een 12 keer zo grote kans hebben op pre-eclampsie, een ernstige vorm van hoge bloeddruk ('zwangerschapsvergiftiging').

Zoals je wellicht weet, bestaat de bloeddruk uit een bovendruk en een onderdruk. Als de verloskundige de bloeddruk meet, zal ze bijvoorbeeld zeggen: 120 over 75. Dat is een mooie lage bloeddruk. We spreken van een hoge bloeddruk als de *onderdruk* 90 of hoger is of de *bovendruk* 140 of hoger, 146 over 90 bijvoorbeeld.

Als de bloeddruk hoog is, zijn de bloedvaten vernauwd en stroomt er minder bloed door de placenta.

wandelen of fietsen, ga naar ZwangerFit of naar zwangerschapszwemmen).

Helpt dat niet, ga dan op tijd naar een geregistreerd bekkenfysiotherapeut of een gespecialiseerde mensendiecktherapeut. Meestal gaan de klachten na de bevalling met intensief oefenen weer over, hoewel je een volgende zwangerschap de klachten vaak ziet terugkomen.

WAT STAAT ME TE WACHTEN BIJ EEN HOGE BLOEDDRUK?

Bij een onderdruk van 90 of hoger die meer dan één keer gemeten is, zal de verloskundige je verwijzen naar de gynaecoloog voor verder onderzoek. In sommige situaties zelfs met spoed, bijvoorbeeld als je er klachten bij hebt of als de bloeddruk erg hoog is.

Bijkomende klachten zijn bijvoorbeeld hoofdpijn, tintelende vingers, een bandgevoel rond de maag, oogklachten, veel vocht vasthouden. Die klachten wijzen op pre-eclampsie ('zwangerschapsvergiftiging' waarbij je naast hoge bloeddruk ook eiwit in de urine hebt), of, nog ernstiger, het HELLP-syndroom (de Engelse afkorting voor bloedafbraak, een gestoorde leverfunctie en gestoorde bloedstolling). Bij dit soort klachten moet je altijd contact opnemen met de verloskundige, de huisarts of de gynaecoloog en moet er extra onderzoek plaatsvinden.

Tegen een hoge bloeddruk is weinig te doen. Je rustig houden is hoe dan ook goed, maar de bloeddruk daalt er meestal niet door. Dat gebeurt pas na de bevalling. Je hoeft je dus niet schuldig te voelen omdat je je druk hebt gemaakt of te hard hebt gewerkt. De hormonen zijn de boosdoener, daar kun je zelf niets aan veranderen.

Wanneer je meer dan 37 weken zwanger bent, is het beter om de bevalling in te leiden, omdat je dan pas echt geneest van de hoge bloeddruk. Of er nog eerder, al voor de 37e week wordt ingegrepen, hangt af van hoe ziek je bent en of de baby veel last heeft van de hoge bloeddruk.

WEETJE

Sommige vrouwen hadden al voor de zwangerschap een hoge bloeddruk. Dat heeft een andere oorzaak. Deze vrouwen hebben een verhoogde kans dat ze daarbovenop een nog hogere bloeddruk krijgen in de zwangerschap, of pre-eclampsie. Je bent dan altijd de hele zwangerschap bij de gynaecoloog onder controle.

Je hebt een verhoogde kans op hoge bloeddruk in de zwangerschap als je:

* voor het eerst zwanger bent;
* boven de 35 bent bij je eerste zwangerschap;
* te zwaar bent;
* diabetes hebt;
* een molazwangerschap hebt;
* zwanger bent van een tweeling;
* zwanger bent van een donor;
* je partner nog maar kort kent;
* al voor de zwangerschap hoge bloeddruk had;
* hoge bloeddruk in de familie hebt;
* in een vorige zwangerschap hoge bloeddruk had;
* een auto-immuunziekte hebt, zoals reuma of een te snel werkende schildklier.

WAT IS PRE-ECLAMPSIE?

Pre-eclampsie is een ernstige vorm van hoge bloeddruk in de zwangerschap, die gepaard kan gaan met lichamelijke klachten. Je hebt pre-eclampsie als je een bloeddruk van 140/90 of hoger hebt en eiwit in de urine. Pre-eclampsie heette vroeger in de volksmond zwangerschapsvergiftiging. De term pre-eclampsie komt van eclampsie, een soort epileptische aanval. Bij een ernstige vorm van pre-eclampsie kan er zo'n eclampsie optreden. Je krijgt als het nodig is bloeddrukverlagende medicijnen en soms magnesiumsulfaat om een eclampsie te voorkomen. Gelukkig komt zo'n aanval – mede dankzij de medicijnen en het inleiden van de bevalling na 37 weken bij een hoge bloedddruk – zelden meer voor.

Wanneer je pre-eclampsie hebt, word je in

LET OP

Ga geregeld een poosje op je (linker)zij liggen. Slaap ook op je linkerzij. Dat helpt om de doorbloeding van de placenta zo goed mogelijk te laten verlopen.

Neem veel groenten en fruit, beweeg elke dag minstens een halfuur (fietsen, wandelen, zwemmen, yoga, zwangerschapsgym).

! Rook niet!
(Maar dat deed je hopelijk toch al niet.)

! Neem niet overdreven veel zout (chips, pizza) en zeker geen drop en zoethout(thee). Drop en zoethout jagen de bloeddruk op. Echt zoutarm eten is niet nuttig.

! Sommige vrouwen hebben thuis een automatische bloeddrukmeter. Gebruik deze alleen in overleg, de waarden die deze meters aangeven zijn in de zwangerschap vaak onnauwkeurig en een normale waarde thuis is niet altijd een geruststelling.

eerste instantie opgenomen in het ziekenhuis. De eerste 24 tot 48 uur wordt er gekeken hoe ernstig de klachten zijn en of de bloeddruk onder controle te houden is – eventueel met medicijnen. De baby wordt goed in de gaten gehouden door hartfilmpjes (CTG's) te maken, en door met een speciale echotechniek (een flowmeting) te kijken of de doorbloeding van de placenta voldoende is.

Als het allemaal meevalt, mag je naar huis, eventueel met instructies om zelf de bloeddruk te meten en zelf een CTG van de baby te maken, met een apparaatje dat je mee naar huis krijgt. Je faxt of belt het CTG door, of er komt een verloskundige of verpleegkundige bij je thuis om het te beoordelen. Als het CTG goed is, kun je ervan op aan dat de baby de komende 24 uur 'veilig' is.

Wanneer de baby voeding en zuurstof te kort komt, wat blijkt uit de echo-onderzoeken en uit het CTG, dan wordt de bevalling ingeleid.

Bij pre-eclampsie zul je na de bevalling zeker nog 48 uur in het ziekenhuis moeten blijven. Vlak na de bevalling kan de aandoening namelijk nog verergeren.

Klachten die kunnen wijzen op pre-eclampsie zijn:

* hoofdpijn;
* een bandgevoel rond de maag, bovenbuikpijn of misselijkheid;
* tintelende vingers;
* slecht zien of flikkeringen voor de ogen;
* veel vocht vasthouden;
* minder leven voelen.

Als je een of meer van deze klachten hebt, neem dan contact op met de verloskundige.

Josefien: *'Toen ik 32 weken zwanger was, was mijn bloeddruk vrij hoog: 130/90. Ik had verder geen klachten en nooit eerder hoge bloeddruk gehad. De verloskundige liet me na twee dagen terugkomen en gaf me instructies bij welke klachten ik direct moest komen. Bij de volgende controle had ik tintelende vingers en was de bloeddruk nog hoger. Ik moest over een stickje plassen, had een beetje eiwit in de urine. De volgende ochtend moest ik naar het ziekenhuis. Er werd bloed geprikt en een hartfilmpje gemaakt van de baby. De gynaecoloog was heel duidelijk: ik had pre-eclampsie en dit zou pas overgaan na de bevalling. Ik moest een groei-echo laten maken en elke week komen voor controle en direct komen als ik klachten kreeg zoals hoofdpijn of bovenbuikpijn.*

Met 35 weken had ik eiwit in de urine. Ik werd opgenomen. Er werd een echo gemaakt. 's Ochtends en 's avonds werd de bloeddruk gemeten en er werd elke dag een CTG gemaakt. Daar lagen we dan met z'n allen te wachten op die zwangerenzaal. Lamlendig werd je ervan. Gelukkig mocht ik in het weekend naar huis. Daar moest ik bedrust houden, maar ik was in mijn eigen omgeving.

Toen ik 36 weken was, voelde ik me beroerd. Ik had hoofdpijn en een rare pijn boven in mijn

WEETJE

Bij een volgende zwangerschap heb je weliswaar een verhoogde kans op pre-eclampsie, maar de kans is dan toch het grootst dat de zwangerschap dit keer normaal verloopt. Behalve als je zwanger bent van een nieuwe partner, die je nog maar kort kent.

buik. De bloeddruk was nog meer gestegen tot 150/110. Er werd bloed geprikt. Ik kreeg direct medicijnen om de bloeddruk te laten dalen. Dat hielp wel weer een paar dagen, ik voelde me iets beter. Ik moest nu in het ziekenhuis blijven, mocht niet meer naar huis.

Op maandag werd ik ingeleid, ik was 37 weken. De ontsluiting schoot niet erg op en Myrthe had in het vruchtwater gepoept. Twee keer is er een drupje bloed afgenomen uit haar hoofdje, om te kijken of ze het niet benauwd had. Ik kreeg een prik tegen de pijn, pethidine. Vanaf dat moment ging de ontsluiting razendsnel. Al vlug mocht ik persen. Omdat de hartslag daalde tijdens een wee, is Myrthe met de vacuüm geboren. Ze was de allermooiste baby. Ondanks de prik tegen de pijn was ik meteen weer helder. Myrthe moest eventjes op gang komen, ze was nog wat suf van de prik. Maar na drie kwartier dronk ze aan de borst. Dat was een van de gelukkigste momenten van mijn leven.'

Vrouwen die binnen 4 maanden zwanger worden van een nieuwe partner, hebben een 12 keer zo hoge kans op pre-eclampsie

Hierbij nogmaals het lijstje symptomen die kunnen wijzen op HELLP-syndroom:

* hoofdpijn;
* bandgevoel rond de maag;
* maagpijn;
* misselijkheid;
* pijn tussen de schouderbladen;
* tintelende vingers;
* last van de ogen (flikkeringen, slecht zien, sterretjes zien);
* plotseling veel vocht vasthouden.

LET OP

Als je een verhoogde kans hebt op pre-eclampsie, zou je in overleg met de gynaecoloog een lage dosis aspirine kunnen nemen. Aspirine vermindert de kans op pre-eclampsie met 10 procent. Vrouwen die eerder pre-eclampsie hebben gehad, of die binnen vier maanden zwanger zijn geworden van een nieuwe partner, kunnen dit overwegen.

WAT STAAT ME TE WACHTEN BIJ HET HELLP-SYNDROOM?

Bij een HELLP-syndroom word je acuut opgenomen in het ziekenhuis. De baby wordt goed bewaakt en de moeder ook, vaak in een academisch ziekenhuis. Anders dan bij pre-eclampsie, mag je bij een HELLP-syndroom niet meer naar huis. De bloeddruk wordt vier keer per dag gemeten, er wordt twee keer per week bloedonderzoek verricht, er worden echo's gemaakt om te kijken hoe het met de baby gaat, en er wordt dagelijks een CTG gemaakt. Als het nodig is, worden je polsslag en de zuurstofspanning van je bloed permanent gemeten. Verder wordt er in de gaten gehouden of je klachten verergeren.

Meestal wordt de bevalling snel op gang gebracht en wordt de baby voorbereid op een vroeggeboorte. Een keizersnede is vaak nodig als je ziek wordt voor 32 weken zwangerschapsduur.

KAN IK IETS DOEN OM PRE-ECLAMPSIE OF HELLP-SYNDROOM TE VOORKOMEN?

Het zou mooi zijn als we pre-eclampsie en ook groeivertraging van de baby zouden kunnen voorspellen. Dan zouden we de vrouwen die risico lopen extra in de gaten houden en de andere vrouwen zouden dan minder ongerust zijn en minder op controle hoeven te komen. Dat is echter niet zo. Wel weten we dat vrouwen die hoge bloeddruk hadden voor de zwangerschap of eerder hoge bloeddruk hebben gehad in de zwangerschap meer risico lopen.

LET OP

Wees alert op klachten als hoofdpijn, bovenbuikpijn, een bandgevoel bij de maag, last van je ogen, tintelende vingers. Bel bij twijfel de verloskundige. Zij kan de bloeddruk meten en je zo nodig naar het ziekenhuis verwijzen.

Soms wordt er bij de 20-wekenecho gekeken naar de bloedstroomsnelheid in de bloedvaten van de moeder die naar de baarmoeder lopen. Als de bloedstroom niet goed is, dan is de kans op pre-eclampsie en groeivertraging van de baby verhoogd.

Op dit moment kunnen we niet veel doen om pre-eclampsie te voorkomen. Je kunt met de gynaecoloog bespreken of het verstandig is om aspirine te gebruiken in een lage dosering. Dit kan de kans op pre-eclampsie met 10 procent verminderen. Er wordt hard gezocht naar nieuwe testen en medicijnen.

DE BABY BLIJFT TE KLEIN, MOET IK ME ZORGEN MAKEN?

Vooral de laatste drie maanden van de zwangerschap kan het gebeuren dat de verloskundige of de gynaecoloog vindt dat de baby onvoldoende is gegroeid. De baarmoeder lijkt dan te klein, de placenta is te weinig doorbloed, de baby krijgt te weinig voedingsstoffen en op de lange duur ook te weinig zuurstof. Wanneer je niet rookt en verder gezond leeft, kun je daar niets aan doen. Het is – net als bij een hoge bloeddruk – afwachten en accepteren dat het zo loopt.

Als de baby te klein is, word je verwezen naar de gynaecoloog. Er worden echo's gemaakt om de groei van de baby beter te kunnen volgen. Daarbij is niet de lengte van de baby het belangrijkst, maar de doorsnede en de omtrek van het hoofdje en van de buik, de lengte van de bovenbeentjes en de hoeveelheid vruchtwater. Een baby die tekortkomt, gaat namelijk energie sparen. Hij zal zo veel mogelijk calorieën naar de hersenen sturen, maar minder naar zijn buik. Die blijft dus relatief klein ten opzichte van het hoofdje. Ook de hoeveelheid vruchtwater neemt af.

Vaak wordt er ook een flowmeting gedaan: een speciale echo om te kijken naar de stroomsnelheid van het bloed door de placenta en de navelstreng. Als de bloedvaten samengetrokken en stijf zijn, ondervindt het bloed veel weerstand en is de placenta slecht doorbloed – dus de baby ook. Het kind zet dan de vaten naar zijn hersenen wijd open.

Met al deze gegevens zal de gynaecoloog

WAT GEBEURT ER IN MIJN LICHAAM?

Het HELLP-syndroom

Het HELLP-syndroom is een zeldzame, acute vorm van pre-eclampsie. HELLP is een afkorting van hemolysis, elevated liverenzymes and low platelets. Dat wil zeggen: versnelde afbraak van bloedcellen, verhoogde waarden van leverenzymen en een verminderde bloedplaatjesconcentratie. Bij een HELLP-syndroom treden ernstige lever- en nierstoornissen op, en het bloed stolt niet goed meer. Het HELLP-syndroom kan al voor de zesde maand optreden, maar ook pas in de negende maand. Het dient zich meestal aan door de klachten die ook bij pre-eclampsie voorkomen: een bandgevoel of pijn rond de bovenbuik, misselijkheid, hoofdpijn, tintelende vingers en oogklachten (flikkeringen of wazig zien) en plotseling veel vocht vasthouden. Vrouwen kunnen er enorm beroerd van zijn. De klachten hoeven niet allemaal tegelijk op te treden. Vaak is hoofdpijn of maagpijn een tijdlang het enige signaal. Dat maakt het HELLP-syndroom lastig te herkennen. Het moeilijke is dat soms de bloeddruk niet erg hoog is. Bij bovenbuikpijn en hoofdpijn die niet snel overgaan, wordt dan ook altijd bloed afgenomen.

bezien of het allemaal wel meevalt of besluiten dat je rust moet houden, thuis of in het ziekenhuis. Er wordt dan regelmatig een CTG gemaakt, een 'hartfilmpje'. Dat geeft een goede indruk van de conditie van de baby. Soms wordt er ook gekeken naar het gedrag van de baby: hoeveel beweegt hij? Hoeveel adembewegingen maakt hij? Een baby die tekortkomt, gaat minder bewegen en maakt minder ademewegingen.

Vaak komt een kleine baby dan ook eerder. Soms wordt de natuur een handje geholpen – dan wordt de bevalling vervroegd ingeleid. Een te kleine baby maakt na de geboorte vaak een inhaalslag.

DE BABY IS TE GROOT. HOE KOMT DAT?

Rond de vijfde maand maakt de baby vaak een flinke groeispurt door die rond de zevende maand weer is bijgetrokken. Daardoor kan de buik in die periode flink aan de maat zijn, zonder dat de baby echt te groot is.

Lijkt de baby rond de zesde of zevende maand toch echt te groot, en is er bovendien (te) veel vruchtwater, dan kán dat wijzen op zwangerschapsdiabetes: diabetes die alleen in de zwangerschap optreedt bij vrouwen die daar aanleg voor hebben, door de zwangerschapshormonen. Vrouwen met overgewicht en vrouwen boven de 35 hebben een verhoogde kans.

Als de verloskundige of de gynaecoloog vermoedt dat je zwangerschapsdiabetes hebt, word je daarop getest. Je wordt naar het laboratorium verwezen waar de glucoseconcentratie wordt bepaald in het bloed. Afhankelijk van de uitslag wordt er soms een zogenoemde tolerantietest gedaan: je krijgt op je nuchtere maag een glucosedrankje te drinken. Voor en na die tijd wordt de glucoseconcentratie in het bloed bepaald.

Zo is goed te zien of het lichaam de glucose vlot kan wegwerken of niet. In het laatste geval, wanneer de glucoseconcentratie in je lichaam te lang verhoogd blijft, heb je zwangerschapsdiabetes. De verdere controles van de zwangerschap vinden dan plaats in het ziekenhuis.

Soms blijkt dat je eigenlijk echt diabetes hebt en moet je ook buiten de zwangerschap behandeld worden.

WEETJE

Rokende moeders hebben een drie tot vier keer zo grote kans op een ernstig in groei vertraagde baby.

WANNEER WORDT ER ONDERZOCHT OF IK DIABETES HEB?

Als je een verhoogde kans hebt op diabetes, wordt er vroeg in de zwangerschap een bloedsuikerwaarde bepaald. Is deze niet goed, dan wordt er vervolgens een glucosetolerantietest gedaan (GTT) Een GTT geeft zekerheid over zwangerschapsdiabetes. Een bloedsuikerwaarde geeft alleen een indicatie.

Wanneer de suikerwaarde erg hoog is, word je meteen behandeld, zonder eerst een GTT te doen. Het is dan wel duidelijk dat je zwangerschapsdiabetes hebt.

Je komt in aanmerking voor een glucosetolerantietest (GTT) als je:

- boven de 40 bent;
- ernstig overgewicht hebt;
- eerder een baby van boven de 9 pond hebt gehad;
- naaste familie hebt met ouderdomsdiabetes;
- afkomstig bent uit een bevolkingsgroep waar zwangerschapsdiabetes meer voorkomt. Dat geldt voor Hindoestanen, Zuid-Aziaten, Afro-Surinamers, Arubanen, Antillianen, Turken en Marokkanen;
- een verhoogde glucoseconcentratie had bij een eenmalige bepaling van de suikerspiegel.

Dat bloedonderzoek vindt dan vroeg in de zwangerschap en bij 30 weken plaats.

Later in de zwangerschap kan er een reden zijn voor een GTT als:

* de baby erg hard groeit;
* je te veel vruchtwater hebt.

IK HEB ZWANGERSCHAPSDIABETES, WAT STAAT ME TE WACHTEN?

Zwangerschapsdiabetes wordt in principe behandeld met een dieet, waardoor je niet te veel suikers (koolhydraten) binnenkrijgt en de inname van koolhydraten spreidt over de dag. Blijft het glucosegehalte met een dieet goed, dan mag je bij de verloskundige blijven. Er is dan niet echt sprake van diabetes maar van een gestoorde suikerstofwisseling.

Als het suikergehalte met een dieet nog steeds te hoog is, dan word je naar de gynaecoloog verwezen. Er kan dan wél sprake zijn van zwangerschapsdiabetes. Je krijgt een dieet, de bloedsuikerwaarden worden regelmatig bepaald en de baby wordt extra in de gaten gehouden. Als het nodig is, ga je insuline spuiten. Vaak is ook de internist betrokken bij de behandeling, en er wordt een diëtiste ingeschakeld om je te helpen je aan je dieet te houden.

Na de geboorte kan de baby trillerig worden doordat de suikeraanvoer plotseling stopt. Hij produceert nog steeds veel insuline, maar er is ineens niet genoeg glucose meer om de cellen in te pompen. Zo krijgt hij ineens een tekort aan glucose in zijn bloed. De baby wordt daarom opgenomen op de kinderafdeling, zijn glucosespiegel wordt bepaald en hij krijgt snel voeding of glucosewater.

Als er enkel sprake is van een gestoorde suikerstofwisseling en de baby wordt thuis of poliklinisch geboren, dan zal de verloskundige erop letten dat hij meteen voeding krijgt – borstvoeding of, als dat niet gaat, wat flesvoeding of glucosewater.

IK HEB VEEL VRUCHTWATER, KAN DAT KWAAD?

In principe is het een goed teken als de baby 'ruim in het sop' zit. Het is een teken dat de placenta goed werkt.

Dat wordt anders als er echt té veel vruchtwater is. Dat kan komen door zwangerschapsdiabetes, zoals hiervoor beschreven. Een enkele keer komt het door een aangeboren afwijking, zoals een niet goed aangelegde slokdarm of een vaatverbinding tussen twee kinderen van een tweeling. Soms slikken kinderen niet goed. Dan is er meestal véél te veel vruchtwater, liters in plaats van één liter. Gelukkig is dat heel zeldzaam.

WAT GEBEURT ER IN MIJN LICHAAM?
Zwangerschapsdiabetes

De zwangerschapshormonen, vooral het placentahormoon HPL (humaan placentair lactogeen), maken de lichaamscellen minder gevoelig voor insuline. Insuline is het hormoon dat zorgt dat glucose ('suiker') het bloed uitgaat, en de lichaamscellen in. Het gaat dan vooral naar de spieren en de lever. In de spieren dient de glucose als brandstof, in de lever wordt het opgeslagen als een reservevoorraad brandstof. Is er dan nog te veel glucose over, dan wordt het opgeslagen als een voorraadje vet.

Omdat de lichaamscellen door de zwangerschapshormonen minder gemakkelijk glucose opnemen, is er in de zwangerschap meer insuline nodig om daar toch voor te zorgen. Lukt dat niet, dan blijft de glucosespiegel in het bloed te hoog en is er sprake van zwangerschapsdiabetes. Bij de moeder kan zich dat uiten door veel drinken en veel plassen. De baby groeit flink. Doordat hij via de navelstreng veel glucose binnenkrijgt, zal ook hij veel drinken en plassen en maakt de baby veel vruchtwater aan. Bovendien gaat hij zelf veel insuline produceren, zodat hij zelf de glucose kan opslaan in zijn lever en in vetcellen. De gro-

WEETJE

Vrouwen die al voor de zwangerschap diabetes hadden, vallen niet onder de categorie 'zwangerschapssuiker'. Zij zijn onder behandeling van een internist voor de diabetes en moeten al voordat ze zwanger zijn overleggen met hun arts. Het is belangrijk dat hun bloedsuikerwaarden al voor de bevruchting goed gecontroleerd en constant gehouden worden en dat ze zich in de maanden voor de bevruchting nauwgezet aan hun dieet houden. Een niet goed ingestelde diabetes geeft een verhoogde kans op aangeboren afwijkingen bij de baby en op een vroeggeboorte. Als vrouwen wel goed zijn ingesteld, hebben ze nauwelijks een verhoogd risico. De zwangerschap en bevalling van vrouwen met diabetes worden in het ziekenhuis begeleid. De baby wordt met extra echo's en later ook CTG's in de gaten gehouden.

LET OP

Als je zwangerschapsdiabetes hebt, laat je dan een paar maanden na de bevalling bij de huisarts controleren op 'gewone' diabetes: diabetes type 2. Je kans daarop is dan verhoogd. Let daarom blijvend op je gewicht, probeer niet te zwaar te worden. Overgewicht is een belangrijke oorzaak van diabetes type 2. Voor vrouwen die aanleg hebben voor diabetes, is het daarom extra belangrijk om op gewicht te blijven en veel te bewegen.

MIJN MOEDER GEBRUIKTE DES TOEN ZE ZWANGER WAS VAN MIJ. WAT ZIJN DE GEVOLGEN IN MIJN ZWANGERSCHAP?

Tussen 1947 en 1975 kregen in Nederland 220.000 zwangere vrouwen DES voorgeschreven: diëthylstilbestrol. DES is een kunstmatig hormoon, een soort oestrogeen, waarvan men dacht dat het hielp om miskramen te voorkomen. Maar DES voorkwam geen miskramen. Wel veroorzaakte het veranderingen in de geslachtsorganen van de ongeboren meisjes. Ook jongetjes kunnen er afwijkingen aan hun geslachtsorganen aan overgehouden hebben, maar bij hen zijn de gevolgen minder ingrijpend.

DES-dochters hebben vaak een baarmoeder met een afwijkende vorm. Ook hun vagina vertoont afwijkingen: richels, vormveranderingen van de baarmoedermond of woekerend klierweefsel. Daardoor hebben ze een verhoogde kans op vruchtbaarheidsproblemen, een miskraam en een buitenbaarmoederlijke zwangerschap. Maar ook op een vroeggeboorte, met alle gevolgen voor de baby van dien.

Vrouwen die willen weten of ze DES-dochter zijn, kunnen hun moeder vragen of zij in de zwangerschap medicijnen heeft gebruikt. Veel moeders zijn zich er niet van bewust dat ze DES

---

te baby én het vele vruchtwater maken de baarmoeder groot.

Vrouwen met zwangerschapsdiabetes hebben een verhoogde kans op pre-eclampsie. En de baby wordt vaak wat te vroeg geboren – door het vele vruchtwater, en doordat de grote baby op een zeker moment meer voedingsstoffen en zuurstof nodig heeft dan de placenta kan bieden.

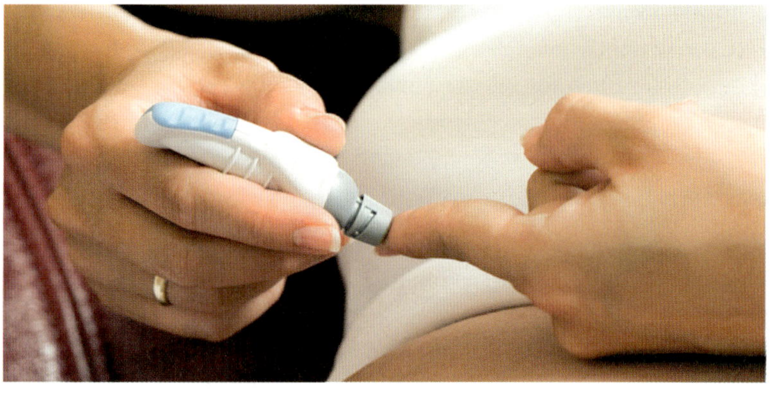

De bloedsuiker wordt bepaald

hebben genomen. Het middel werd toegediend in de vorm van pillen, capsules, druppels en injecties, die er allemaal verschillend uitzagen en verschillende merknamen hadden. In Nederland kwam DES meestal op de markt als Stilbestrol en Oestromensyl.

Als het moeilijk is om er via je moeder achter te komen of je DES-dochter bent, is het mogelijk om een consult aan te vragen bij een gynaecoloog van het DES-netwerk. Bij een uitgebreid inwendig onderzoek is het meestal mogelijk om te zien of de specifieke DES-afwijkingen al dan niet aanwezig zijn. Bij twijfel is het nuttig om hier achteraan te gaan, want 1 op de 1.000 DES-dochters krijgt een specifiek soort baarmoederkanker. Daarvoor zijn extra controles belangrijk. Meer informatie: www.descentrum.nl.

IK HEB EEN VERHOOGDE KANS OP EEN VROEGGEBOORTE. KAN DAAR IETS AAN GEDAAN WORDEN?

Wat de precieze oorzaak is van een vroeggeboorte wordt meestal niet duidelijk. Er lijken erfelijke eigenschappen van de moeder mee te spelen. En er zijn omstandigheden die de kans verhogen, zoals een tweeling, zwangerschapsdiabetes of pre-eclampsie. Maar meestal blijft de oorzaak onbekend.

De kans op een vroeggeboorte is verhoogd bij:

- een eerdere vroeggeboorte (na 1 vroeggeboorte 15 procent kans op herhaling, na 2 vroeggeboorten 30 procent kans op herhaling);
- te veel vruchtwater;
- een heel grote baby, zoals bij zwangerschapsdiabetes;
- roken;
- tienerzwangerschap;
- een tweeling (of drieling);
- een voorliggende placenta;
- een loslatende placenta;
- pre-eclampsie, waardoor de placenta tekortschiet;
- gebroken vliezen;
- een infectie;
- afwijkingen van de baarmoeder;
- blootstelling van de zwangere vrouw aan DES in haar prenatale leven;
- een ingreep aan de baarmoedermond, zoals een lisexcisie (een ingreep voor afwijkende cellen aan de baarmoedermond);
- nachtdiensten.

Een vroeggeboorte kun je niet, zoals wel eens gedacht wordt, voorkomen door:

- niet te vrijen;
- bedrust te houden.

Vrouwen die eerder een *vroege* vroeggeboorte hebben doorgemaakt, of die al meer dan één vroeggeboorte hebben doorgemaakt, kunnen wekelijks progesteron krijgen van de 16e week tot de 36e week van de zwangerschap. Progesteron is het hormoon dat de baarmoeder koest houdt. Bij deze vrouwen vermindert dat de kans op herhaling van een vroeggeboorte. Vaak wordt ook gekeken met de echo of de baarmoedermond korter wordt of opengaat en er wordt gekeken of er infecties bij de baarmoedermond zijn.

Vrouwen die in aanmerking komen voor progesteron om een vroeggeboorte te voorkomen:

- vrouwen die eerder een vroege vroeggeboorte hebben gehad, dat wil zeggen voor de 32e week;
- vrouwen die meer dan één keer een vroeggeboorte hebben gehad;
- vrouwen bij wie de baarmoederhals korter is dan 2,5 centimeter (alleen bij vrouwen die meedoen aan een onderzoek hiernaar).

WAT IS EEN CERVIXMETING?

Een cervixmeting wil zeggen dat met de echo de lengte van de baarmoederhals wordt gemeten. Dat kan bijvoorbeeld met de 20-wekenecho. Is de baarmoederhals te kort, dan lijkt de kans op een vroeggeboorte verhoogd. Deze vrouwen krijgen dan progesteron, om de kans op een vroeggeboorte te verlagen. Bij een meerlingzwangerschap krijgen vrouwen dan een pessarium, een ring, die de kans op een vroeggeboorte vermindert.

Een cervixmeting gebeurt niet standaard. Vrouwen die eerder een *vroege* vroeggeboorte hebben gehad, of meer dan één vroeggeboorte, komen ervoor in aanmerking. Verder gebeurt de cervixmeting alleen bij vrouwen die meedoen aan een onderzoek, omdat nog niet bekend is of progesteron bij deze groep ook werkt.

Bij vrouwen die al vaker een kind hebben verloren aan een vroeggeboorte en waarvoor geen oorzaak is gevonden, wordt soms vroeg in de zwangerschap een band in de baarmoederhals gevlochten. Dat heet een cerclage.

DE BABY KOMT TE VROEG, WAT NU?

Soms lijkt de geboorte zich te vroeg aan te dienen, dat wil zeggen voor 37 weken, dus meer dan 3 weken voor de uitgerekende datum. De vliezen breken, er is bloedverlies of de harde buiken gaan over in pijnlijke, regelmatige krampen. Dan is het zaak de verloskundige te bellen. Zij zal inschatten of er inderdaad sprake is van een (dreigende) vroeggeboorte en je, als dat nodig is, verwijzen naar het ziekenhuis voor meer onderzoek. Als je daadwerkelijk te vroeg aan het bevallen bent, word je opgenomen.

De meeste vroeggeboorten treden op in de achtste of negende maand van de zwangerschap. De bevalling vindt dan plaats in het ziekenhuis. De baby zal aanpassingproblemen hebben, maar met wat extra zorg en een tijdelijk verblijf in de couveuse heeft hij uitstekende overlevingskansen.

Anders is het wanneer de bevalling zich tussen de 24 en de 32 weken aandient. Dan is het kind nog zo jong dat er grote aanpassingsproblemen te verwachten zijn. Het grootste probleem vormen de longen. Die zijn nog niet rijp, waardoor de baby ademhalingsmoeilijkheden kan krijgen. De zwangere vrouw wordt bij zo'n vroege vroeggeboorte al voor de geboorte naar een groot ziekenhuis overgebracht met een intensive care voor pasgeborenen. Daar kan het kind goed opgevangen worden.

Bij zo'n dreigende, vroege vroeggeboorte zal de gynaecoloog in de regel proberen de bevalling nog wat uit te stellen. De moeder krijgt dan een paar dagen weeënremmers. En medicijnen om de longen van de baby te laten rijpen: corticosteroïden. Ze bevorderen de overlevingskansen van de baby. Na twee dagen worden de medicijnen gestaakt. Ze hebben bijwerkingen en het is bovendien niet zinvol om te proberen de bevalling dan nog langer uit te stellen met deze medicijnen: ze werken niet. Naast corticosteroïden krijg je, als je vóór 30 à 32 weken gaat bevallen, magnesiumsulfaat. Dat beschermt de hersenen van de baby.

Als de vliezen gebroken zijn, wordt extra in de gaten gehouden of er geen infectie optreedt bij de baby. Als de moeder koorts krijgt en weeën, krijgt ze antibiotica, en wordt geprobeerd de bevalling te laten plaatsvinden. Antibiotica om een eventuele infectie te voorkomen, dus als er nog geen koorts is opgetreden, zijn niet zinvol.

Een vroeggeboorte kan spontaan optreden, maar ook door de gynaecoloog in gang gezet worden. Dat gebeurt als de risico's in de baarmoeder groter lijken dan de risico's voor het kind buiten de baarmoeder. Er kunnen omstandigheden zijn die maken dat de baby betere kansen heeft 'aan land' dan in de baarmoeder. Bijvoorbeeld bij een infectie, pre-eclampsie of als de placenta tekortschiet en de baby via de placenta niet voldoende voeding en zuurstof meer krijgt.

Dat kan een reden zijn om de bevalling (ruim) voor de uitgerekende datum in te leiden, of soms zelfs om een keizersnede te doen. De gynaecoloog zal dan altijd moeten afwegen wat zwaarder weegt: het risico van de onrijpheid van de baby of het risico van zuurstof- en voedingstekort in de baarmoeder.

Het maakt dus veel verschil of je kind een beetje of heel veel te vroeg wordt geboren. Als je kind een beetje te vroeg wordt geboren, zal het

WEETJE

Als de baby geboren wordt vóór 24 weken, heeft hij weinig overlevingskansen en áls hij overleeft een grote kans op ernstige schade. Daarom worden baby's pas actief behandeld wanneer ze minstens 24 weken zijn bij de geboorte. Hiervan overleeft ongeveer de helft.

wat aanpassingsproblemen hebben: het houdt zich moeilijker op temperatuur, wordt vaak wat geel, heeft moeite met drinken. Dat is allemaal tijdelijk en goed op te lossen. Toch zal de gynaecoloog als hij de keuze heeft een kind niet voor de 39e week met een keizersnede geboren laten worden en ook niet graag voor de 39e week de bevalling inleiden als er geen reden is. De kinderen lopen dan toch het risico op onrijpheid.

Als de baby veel te vroeg geboren wordt, zal hij weken in de couveuse moeten blijven, meestal ongeveer tot de uitgerekende datum. Vooral de eerste weken zijn een onzekere periode, met kans op complicaties. Dat is zwaar voor de baby, maar het is ook voor de ouders bijzonder intensief en emotioneel.

Gelukkig is het niet meer zo dat je vanachter het glas naar je kind mag kijken, zoals vroeger. De ouders hebben een belangrijke rol. Zodra het kind het aankan, mogen ze buidelen: het kind een poosje op de blote huid bij zich dragen in een draagdoek. Het huidcontact stimuleert de ontwikkeling van de baby, hij groeit sneller en kan eerder zelf drinken. Bovendien blijft hij tegen de warme moeder- of vaderborst lekker op temperatuur.

Nancy: *'Ik was 26 weken en 1 dag zwanger toen Ferike werd geboren. We hoorden haar zachtjes huilen als een klein katje, heel zacht. We mochten haar heel even zien, heel even maar. Ze woog maar 990 gram. Kort erna werd Julia geboren. Twee meisjes! Ze woog 945 gram en huilde niet. We kregen beschuit met muisjes terwijl de artsen achter een glazen wand de meisjes onderzochten. Wat waren ze klein! Dat beseften we pas goed op het moment dat we ze in hun couveuses zagen liggen aan de beademingsapparatuur met allerlei slangetjes in hun hoofd en armpjes en plakkertjes op hun borstkastjes. We hadden nog nooit zulke kleine mensjes gezien. Ze waren helemaal af, aan de buitenkant wel te verstaan, met donkere haartjes, niet alleen op hun hoofdjes maar er zaten ook donshaartjes over hun hele lichaampjes. Erwin was vol vertrouwen, ik was alleen heel bang. Zouden ze wel blijven leven…*

De eerste 48 uur waren cruciaal, maar wonder boven wonder sleepten ze zich erdoorheen. We zaten iedere dag urenlang bij de couveuses op de intensive care. Voor ieder kindje maakten we een dagboek waarin we onze hoop uitspraken en hun ontwikkeling bijhielden. We praatten tegen onze dochtertjes en zongen voor hen.

Na acht dagen kraamtijd werd ik uit het ziekenhuis ontslagen. We kwamen met lege handen thuis. Het was een vreemd gevoel om vader en moeder te zijn terwijl je nog niet voor ze kon zorgen. Geen roze wolk, een babykamer die nog niet af was, er kwam geen kraamvisite, ik kreeg geen babykleertjes, en het versturen van geboortekaartjes werd ons vooralsnog afgeraden. We kregen hartverwarmende steun van familie en vrienden, maar niemand durfde ons te feliciteren.

Na tien dagen mochten we onze dochters voor het eerst vasthouden, ofwel 'kangoeroeën'. Onze meisjes werden hier erg rustig van en vielen meestal in slaap. We genoten hier intens van, ondanks alle angstige momenten die er steeds waren. De meisjes hadden regelmatig ademstilstanden, langzame hartritmen en te weinig zuurstof in hun bloed; dan gingen er alarmen af. In het begin zaten we apathisch op de beeldschermen te kijken en schrokken we van ieder alarm, maar we raakten eraan gewend.

Op 17 november 1999, mijn verjaardag, de dag waarop de meisjes geboren hadden moeten worden, mochten ze naar huis. Een mooier verjaarscadeau had ik me niet kunnen wensen. Eindelijk konden de geboortekaartjes verzonden worden.

De meisjes zijn nu elf. Ze zijn heel verschillend, en Hollands welvaren. Fijne sociale meiden, heel lief en makkelijk. We genieten erg van ze. Toch komen de gevolgen van de prematuriteit er eigenlijk nu pas uit. De meisjes hebben moeite met leren. Julia, onze jongste, volgt speciaal onderwijs. De oudste volgt regulier onderwijs, maar is heel langzaam. Daar kunnen ze niets aan doen, dat komt door de vroeggeboorte. Een hoog type onderwijs zal er niet in zitten. Om mij heen denkt iedereen dat het wel goed komt met onze meiden, ze zijn zo vrolijk en sociaal. Maar als ouder maak je je daar toch zorgen over.

Ik ben zwanger geworden met ivf. Als ik opnieuw zou moeten kiezen, zou ik geen twee embryo's laten terugplaatsen. Dat geeft een grotere kans op een vroeggeboorte. En hoe blij ik ook met ze ben, het heeft toch veel gevolgen.'

IK BEN BIJNA OVERDRAGEN, WAT NU?

Je kunt de bevalling afwachten tot je 2 weken over tijd bent. Duurt het nog langer, dan ben je, zoals dat heet, overdragen. Dat overkomt 6 op de 100 zwangere vrouwen. Je wordt dan naar het ziekenhuis verwezen en de bevalling zal in het ziekenhuis plaatsvinden. We willen de bevalling niet te lang uitstellen, omdat we niet precies kunnen zeggen wanneer de placenta minder goed gaat werken. Er wordt dan ook snel een afspraak gemaakt om de bevalling in te leiden. Als de baarmoeder nog niet open is, wordt er een ballon in de baarmoedermond gebracht om deze open te laten gaan. En na het breken van de vliezen krijg je een infuus met oxytocine: het hormoon dat de weeën opwekt.

DE BABY LIGT IN STUITLIGGING. WAT GAAT ER NU GEBEUREN?

Zo rond de 36e week zou de baby met het hoofd naar beneden moeten liggen. Daarvoor heeft hij vaak nog zo veel ruimte dat hij nog gemakkelijk kan buitelen. Bij ongeveer 3 procent van de vrouwen ligt de baby aan het eind van de zwangerschap nog steeds in stuitligging. Dat kan komen doordat de baby, als het een eerste kind betreft, heel weinig ruimte heeft om te draaien – wanneer de moeder heel strakke buikspieren heeft. Het omgekeerde kan ook het geval zijn: veel ruimte door heel slappe buikspieren, waardoor de baby nog zo veel bewe-

LET OP

Borstvoeding is voor te vroeg geboren kinderen nóg belangrijker dan voor op tijd geboren kinderen. Moedermelk maakt weerbaarder tegen infecties en bevat gezonde vetten. Je kunt kolven en vragen of de afgekolfde melk aan de baby gegeven kan worden. Na een vroege vroeggeboorte worden daar voedingsstoffen voor te vroeg geborenen aan toegevoegd.

Meer informatie over te vroeg geboren baby's: www.couveuseouders.nl en www.tevroeggeboren.nl.

Het kan helpen om veel te vrijen als de bevalling op zich laat wachten. Sperma bevat prostaglandinen die de baarmoedermond helpen verweken. En een orgasme doet de baarmoeder samentrekken. Dat zet nooit de bevalling in gang als de baarmoeder niet rijp is. Als de baarmoeder wél rijp is, kan het net het laatste zetje geven.

Om de kans op overdragenheid te verkleinen, helpt het om in de week ervoor een paar keer 'gestript' te worden. Dat wil zeggen dat de verloskundige tijdens een vaginaal onderzoek de vliezen met haar vinger wat loswoelt van de baarmoeder. Daardoor komen er prostaglandinen vrij die de baarmoedermond rijp maken. Een aantal keer strippen vermindert de kans op overdragenheid met 40 procent.

De kans op overdragenheid wordt ook minder wanneer daags daarvoor de vliezen worden gebroken. Ook dat maakt prostaglandinen vrij, wat net het zetje kan geven om de bevalling in gang te zetten. Het betekent wel dat als de weeën niet spontaan op gang komen, je naar het ziekenhuis moet gaan. Dit moet je goed afspreken met de gynaecoloog en de verloskundige.

Als je 41 weken zwanger bent, wordt er vaak een consult bij de gynaecoloog aangevraagd om te onderzoeken of alles nog goed is met de baby: de hoeveelheid vruchtwater en de groei worden bekeken. Als alles goed is mag je afwachten tot 42 weken. Er wordt wetenschappelijk onderzoek gedaan om te zien of het beter is af te wachten tot 42 weken of in te leiden. Hier kun je aan meedoen.

gingsvrijheid heeft dat hij niet in één houding blijft liggen. Wanneer de placenta voor de uitgang ligt, is er ook een verhoogde kans op een stuitligging; het hoofdje kan dan niet indalen in het bekken. En zo zijn er nog wel wat te bedenken. In de meeste situaties wordt niet precies duidelijk wat nu de oorzaak is geweest.

Als er twijfel is over de ligging wordt er rond de 36 weken een echo gemaakt om de ligging van de baby te beoordelen. Is het inderdaad een stuitligging, dan wordt er meestal een poging gedaan de baby te keren. Zo'n uitwendige versie, zoals een kering wordt genoemd, heeft weinig risico's en vermindert de kans op een stuitbevalling met 40 procent. Dat is gunstig, want een stuitbevalling brengt meer risico's met zich mee dan een bevalling in hoofdligging. Om die reden worden er bij een stuitligging meer keizersneden gedaan. Maar een keizersnede is een grote operatie die ook weer risico's met zich meebrengt, en die we liever willen vermijden.

HOE GAAT EEN VERSIE IN HAAR WERK?

Wanneer de baby rond de 36 weken in stuitligging ligt, zal er, als je het daarmee eens bent, een versiepoging worden verricht. Een versie wordt verricht door iemand die daar veel ervaring in heeft. Dat kan een verloskundige zijn of een gynaecoloog.

Voor de versie wordt er een echo gemaakt om te kijken of de baby inderdaad in stuitligging ligt, waar de placenta ligt en hoeveel vruchtwater er is. Sommige ziekenhuizen zullen je een medicijn geven dat de baarmoeder verslapt. Vervolgens zal de verloskundige of de gynaecoloog naar de harttonen luisteren. Als alles goed is, haalt de verloskundige of de gynaecoloog het stuitje uit het bekken en duwt vervolgens tegen het hoofdje van de baby. Zo wordt geprobeerd het hoofdje van de baby naar beneden en het stuitje naar boven te duwen. Het is belangrijk dat je goed ontspant – gespannen buikspieren maken het moeilijker om vat op de baby te krijgen. De versie geeft een wat vervelend,

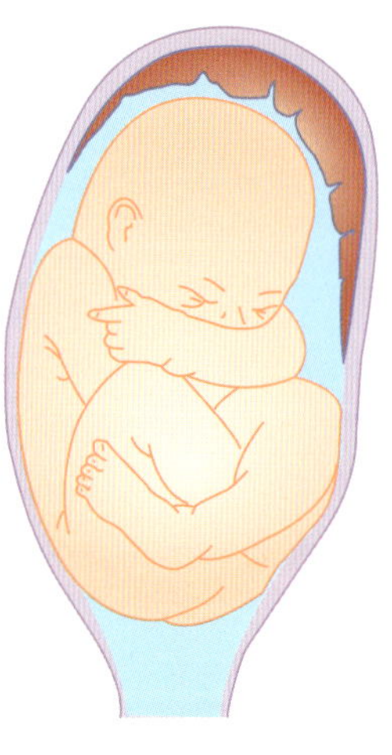

Volkomen stuitligging

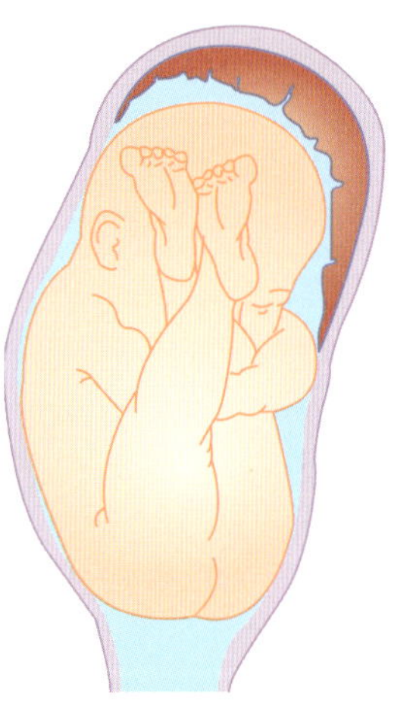

Onvolkomen stuitligging

drukkend gevoel, en doet soms wel pijn. Je kunt er wat beurs van worden. De verloskundige of de gynaecoloog stopt dan vaak even met draaien.

Als de versie lukt, wordt er na afloop naar de harttonen geluisterd en wordt er een CTG gemaakt. Als dit goed is, is de versie gelukt en is de kans op een gewone bevalling een stuk hoger.

Na de versie zal er opnieuw een echo gemaakt worden om de ligging van de baby te beoordelen. Als je bloedgroep resusnegatief is, krijg je een injectie met anti-D, om te voorkomen dat je antistoffen gaat maken tegen de bloedgroep van de baby.

WAT ZIJN DE RISICO'S VAN DE VERSIE? MOET IK ZO'N VERSIE WEL LATEN DOEN?

Er is geen reden om een versie niet te laten doen. Voorwaarde is natuurlijk dat deze zorgvuldig gebeurt. Slechts bij 1 op de 250 versies zal er reden zijn om in te grijpen. Daarom wachten we liever met de versie tot 36 weken. Met een weeënremmend middel lukt een versie vaker dan zonder. Het medicijn zorgt dat de baarmoeder optimaal ontspannen is. De versie kan daarom beter in het ziekenhuis verricht worden, eventueel door je eigen verloskundige, die daarover in het verloskundige samenwerkingsverband (VSV) afspraken kan maken.

Een versie is niet verstandig als er toch al een keizersnede is afgesproken, als er bloedverlies is of als de vliezen gebroken zijn. Als je eerder een placentaloslating hebt gehad, is het ook niet verstandig.

MIJN KIND LIGT IN STUITLIGGING, KRIJG IK NU EEN KEIZERSNEDE?

Niet zonder meer. Een stuitligging geeft een verhoogd risico op complicaties. Dat is de reden dat er bij een stuitligging sneller een keizersnede wordt verricht. Als de bevalling niet vlot verloopt, of als de baby groot lijkt of juist wat te klein, wordt er eerder gekozen voor een keizersnede.

Tot voor een paar jaar leidde dit beleid ertoe dat een stuitligging in de helft van de gevallen uitmondde in een keizersnede. Sinds 2000 is dat veranderd. Dat jaar verscheen er een artikel over een buitenlands onderzoek waaruit bleek dat een keizersnede het kind bij een stuitbevalling betere kansen bood. Gynaecologen schakelden massaal over op de keizersnede. Op dat moment waren ze ervan overtuigd dat ze het onderzoek moesten volgen.

Inmiddels is er wel kritiek op het onderzoek. Nederlandse gynaecologen zijn van oudsher altijd bedreven geweest in het begeleiden van een stuitbevalling. En er is bij een deel van de kinderen gekeken wat de uitkomsten op tweejarige leeftijd waren. Daarbij zijn geen verschillen gevonden. De meeste gynaecologen bespreken de keus heel uitgebreid met de vrouw.

De keizersnede heeft voordelen voor de baby direct na de geboorte maar altijd nadelen voor de moeder. Ook wordt een volgende bevalling riskanter. Als de baby in stuitligging ligt, spreek dan goed met de gynaecoloog de mogelijkheden door. Als hij of zij ervaring heeft met het verrichten van stuitbevallingen en dat verantwoord vindt, is een vaginale bevalling een goede optie.

MIJN KIND LIGT DWARS, WAT STAAT MET TE WACHTEN?

Bij een dwarsligging is het verstandig een poging te doen om het kind recht te leggen, net als bij een stuitligging. Als dit niet lukt wordt er een keizersnede verricht.

WAT ALS ER GEEN HARTTONEN MEER TE HOREN ZIJN?

Een heel enkele keer komt het voor dat er op het spreekuur geen harttonen meer te horen zijn. Je wordt dan snel verwezen naar het ziekenhuis om op de echo te zien of de baby inderdaad is overleden in de baarmoeder. Meestal had de moeder de baby al een poosje niet meer voelen bewegen, en had ze al een vaag ongerust gevoel.

Een oorzaak wordt niet altijd gevonden. Als

de placenta heeft losgelaten, is het duidelijk. Maar vaak is er niets afwijkends te zien. Het kind heeft de navelstreng dikwijls een paar keer om het nekje, maar dat hebben er zoveel. Of dat echt de sterfte heeft veroorzaakt, is meestal niet duidelijk.

Als je kind sterft, is dat een immens verdriet. Je bent immers zowel lichamelijk als geestelijk al helemaal moeder (vader) van dit kind, al heb je het nog nooit gezien. Niets dat je zo diep zal kunnen raken als wanneer er iets met je kind gebeurt. Gelukkig komt het niet vaak voor. Van alle kinderen sterft 0,9 procent tijdens de zwangerschap, de geboorte of kort daarna (miskramen niet meegerekend). In 70 procent van de gevallen gaat het om een vroeggeboorte. Nogal eens is er sprake van een aangeboren afwijking. Soms sterft een kind zomaar. Soms nadat er fouten zijn gemaakt. Dat is moeilijk te accepteren.

Wat belangrijk is als de baby overlijdt:

* neem goed afscheid: maak foto's, een voetafdruk, knip een haarlok af, maak een fotoalbum;
* laat goed onderzoeken of er een oorzaak te vinden is voor het overlijden, dat kan goed zijn om te weten bij een volgende zwangerschap;
* neem veel tijd om het verlies te verwerken;
* veel stellen zoeken onterecht de oorzaak bij zichzelf. Bespreek dit met de verloskundige of gynaecoloog.

Dit onderwerp is eigenlijk te groot en te verdrietig om in zo'n klein stukje te bespreken. En natuurlijk wil je hier niet van weten als je zwanger bent. Toch willen we het niet ongenoemd laten. Gelukkig gaat alles meestal goed en zijn verreweg de meeste kinderen gezond. Daar kun je rustig vanuit gaan. Maar het kán ook anders lopen. Het boek zou niet compleet zijn als we dat niet op zijn minst hadden genoemd. Zodat je het in een klein hoekje ergens achter in je geheugen opslaat. Dan mag je dit stukje nu weer vergeten.

DEEL 2

DE BEVALLING

foto Patrick Ebu-Mordi

'We waren zo lang bezig met de weeën dat we haast vergaten dat er nog een baby uit zou komen'

Coco Sabajo studeert Fashion Business and Marketing in New York. Ze is de vrouw van Pepijn Lanen, rapper bij De Jeugd van Tegenwoordig en schrijver. Samen hebben ze een zoon, Blake, van bijna een jaar.

Coco: 'Om vijf uur 's nachts braken de vliezen. Ik kon niet meer slapen, ben gaan stofzuigen en thee gaan zetten. "Trek er 24 uur voor uit," had de docente van de zwangerschapscursus gezegd. Dat had ik in mijn hoofd. Ik moest vooral geduld hebben.

Om zeven uur kwamen mijn moeder en mijn oma. Die wilde ik er graag bij hebben. Mijn oma straalt rust uit, ze was de vrouw van een huisarts en weet precies wat ze moet doen bij een bevalling. Al haar kleinkinderen heeft ze geboren zien worden. Zelf is ze altijd supersnel bevallen, net als mijn moeder. Toen ze kwamen, mocht de muziek alleen nog zachtjes aan en de tv moest uit. Ik mocht ook niet lezen. "Ga in jezelf," zei mijn oma.

Om acht uur begonnen de weeën. Ik zat op een yogakussentje, in kleermakerszit. Zo heb ik heel lang weeën opgevangen. Pepijn was een beetje zenuwachtig. Maar mijn oma en mijn moeder gaven aan wat hij kon doen. Dat werkte goed. Soms wilde ik alleen maar zijn hand vasthouden. Dat was genoeg.

Op de zwangerschapscursus, een pittig soort stretching op het Active Health Center in Amsterdam, had ik ademtechnieken geleerd. Adem naar de onderkant van je buik, zei de docente. Toen ik weeën had, lukte dat ineens. Toen pas begreep ik wat ze bedoelde. Je moet dat in de praktijk ervaren. De bevallingspijn, die kun je van tevoren niet inschatten.

Om twee uur 's middags werden de weeën heel zwaar. Dit is wat ze bedoelen, dacht ik. Geluid maken hielp. Ik kon de weeën goed toelaten, ik wist dat het hoogtepunt van de wee maar even duurde. Dan zakte de pijn weer, en kon ik me goed ontspannen.

Mijn oma drukte bij elke wee haar knokkels in mijn onderrug. Ze was niet bang om keihard door te duwen. Dat hielp enorm. Toen het zwaarder werd, duwde ze met haar elleboog. En op het eind boorde ze haar hoofd in mijn rug. Ze wisselde af met mijn moeder.

Om twee uur kwam de verloskundige en had ik twee centimeter ontsluiting. Drie uur later, om vijf uur, had ik vier centimeter. Dat was het moment om naar het ziekenhuis te gaan. Tijdens de autorit werden de weeën heel heftig. In de verloskamer ben ik lang onder de douche gaan staan. Zo kon ik ze beter opvangen.

Om tien uur 's avonds werden de weeën minder. Ik werd moe. Twee uur lang bleef de ontsluiting hangen op negen centimeter. Ik moest in bed, al wilde ik dat eigenlijk niet. Liggend kon ik de weeën niet goed opvangen.

Intussen stonden er veel mensen om me heen - behalve mijn verloskundige en die van het ziekenhuis ook een coassistent en een verpleegkundige. Omdat het niet meer opschoot, kreeg ik een infuus om de weeën te versterken. Maar voordat het medicijn in het infuus was gedaan, werd ineens iedereen naar een spoedgeval geroepen. Toen iedereen behalve de verloskundige de kamer had verlaten, kwamen de weeën terug, zonder dat ik medicijnen had gekregen. Achteraf denk ik dat ik toch geremd was door de aanwezigheid van al die vreemde mensen. Toen ze weg waren, ging het ineens heel snel.

Het persen vond ik fijn. Ik was weliswaar kapot, maar nu kon ik eindelijk wat doen. Al na zes persweeën zei de verloskundige: hij komt er nú uit. Ze legde hem op mijn buik. Het was één minuut voor twee toen Blake kwam.

Twee van de vijftien kleinkinderen die mijn oma geboren zag worden, keken haar aan toen ze ter wereld kwamen. Blake was er één van.

Zodra Blake op mijn buik lag, was ik de weeën vergeten, evenals de pijn. Het was euforisch en onwerkelijk. Dat hij vingers had, huilde, geluid maakte. We konden ons er negen maanden lang geen voorstelling van maken hoe onze baby zou zijn. Maar dit was hem nu. Alles klopte. We noemden hem Blake. Hij woog 3.426 gram.

Pepijn heeft de navelstreng doorgeknipt. Daarna moest de placenta nog komen. Daarvoor moest ik nog één keer persen. Hij floepte er zo uit.

Om vijf uur was ik weer thuis. Het had precies 24 uur geduurd. Precies zoals me op de zwangerschapscursus was voorspeld.'

Pepijn: 'Het was een hele ervaring, de geboorte van Blake. Van tevoren was ik één keer naar zo'n klasje geweest van de zwangerschapscursus. We vonden het een beetje zweverig, werden er giechelig van. Maar we hebben er één heel nuttig advies gehad: ga ervan uit dat het vierentwintig uur duurt. Denk niet na twaalf uur al: wat duurt dit lang. Het hielp om dat houvast te hebben. De voorspelling kwam precies uit.

Voor mij was het lastig om Coco te zien lijden. Ik kon niets doen, voelde me nutteloos. Intussen werden de weeën steeds heviger. Coco's moeder en oma waren heel ervaren. Ze aaiden voortdurend over haar rug, soms nam ik het over. Gelukkig had ik die bijeenkomst van het klasje nog fris in het geheugen. Coco volgde precies het pad dat daar was geschetst, de weeën werden steeds sterker.

Op het laatst, in het ziekenhuis, werden ze juist weer minder. Toen raakte ik licht in paniek. Je hoort wel eens van bevallingen die 48 uur duren. Ik was even bang dat dat zo zou zijn. Moest even slikken.

Toen Blake eruit kwam, was dat een heel gek moment. We waren al zo lang bezig met de weeën dat we haast het einddoel zouden vergeten: dat er nog een baby uit zou komen. Het persen ging veel sneller dan gedacht. Ineens was hij er. Al die tijd waren we benieuwd geweest hoe hij er zou uitzien. Dat kun je niet bedenken, het blijft een verrassing.

Hij kwam, lag op Coco's buik en strekte zijn armpjes, in een soort reflex. Hij huilde. Even was ik in alle staten. Toen realiseerde ik me dat het huilen erbij hoorde. Dan weet je dat-ie het doet.'

Tips van Pepijn voor aanstaande vaders:

* Lees je een klein beetje in, maar niet te veel. Iedereen is anders. Informatie kan fijn zijn, maar niet alles is op jou van toepassing.
* Houd er rekening mee dat het 24 uur duurt (bij een eerste kind).
* Zet tijdens de bevalling thee en koffie, en zorg dat je niet te veel gezeur aan je hoofd hebt. Vrienden en familieleden die steeds bellen of wachten, maken je onrustig. Maar zodra de baby er is, moeten ze er zijn. Dan is het fijn om het moment met je intimi te delen.

19

De ontsluiting

Na negen maanden voorbereiding is het dan zo ver: de baby gaat geboren worden. Een bevalling is een heel proces dat in fasen verloopt. Het is een spannende, maar ook heel bijzondere gebeurtenis in het leven van jou en je partner. Een mijlpaal, een transitie. Van tevoren weet je niet precies hoe je bevalling zal verlopen. Belangrijk is dat je de bevalling vol vertrouwen tegemoet gaat. En van je hart geen moordkuil maakt.

HOE VERLOOPT DE BEVALLING?

De bevalling verloopt in drie fasen: de ontsluiting (het opengaan van de baarmoeder van 0 tot 10 centimeter), de uitdrijving (het persen) en het nageboortetijdperk (de geboorte van de placenta).

De ontsluiting verloopt in twee fasen: de latente fase (het verweken en verstrijken van de baarmoederhals) en de actieve fase (het opengaan van de baarmoederhals).

Hoe merk ik dat de bevalling begonnen is?

Dat kun je op drie manieren merken:

* door het breken van de vliezen (vruchtwaterverlies);
* door het verlies van wat bloed, meestal vermengd met slijm;
* door weeën, die steeds sterker worden.

HOE WEET IK OF IK VRUCHTWATER VERLIES?

Als er in één keer een plens water vrijkomt, in bed of gewoon op de grond, dan is het heel waarschijnlijk dat de vliezen zijn gebroken. Vruchtwater ruikt zoetig en is in tegenstelling tot urine meestal kleurloos met wat vlokjes huidsmeer. Dat kan het eerste signaal zijn dat de bevalling eraan zit te komen – ook al is het niet gezegd dat er vlot daarna weeën zullen volgen. Gebeurt dat niet spontaan, dan moet je naar het ziekenhuis.

Het kan ook tijdens de weeën gebeuren dat plots de vliezen breken. Of tijdens het persen, hoewel de vliezen dan vrijwel altijd al gebroken zijn – spontaan dan wel door de verloskundige of de gynaecoloog.

Als het hoofdje niet was ingedaald tijdens de

LET OP

! Zoals gezegd: als de vliezen zijn gebroken en er zijn geen weeën, dan is de vagina even verboden terrein. Dat betekent: niet vrijen en ook niet in bad. Douchen mag wel. Als de weeën eenmaal weer flink doorzetten, mag je weer wel in bad. Ook de verloskundige of gynaecoloog zal in dit geval terughoudend zijn, en geen inwendig onderzoek doen als dat niet strikt nodig is.

laatste controle, en de vliezen breken, dan weet je dat je de verloskundige moet bellen. Zij zal direct langskomen om het hartje te beluisteren, en om te beoordelen of het hoofd is ingedaald. Blijf ondertussen thuis op de bank of op bed liggen. Als alles goed is, kan er rustig worden afgewacht tot de weeën beginnen. Ben je bij het ziekenhuis onder controle, bel dan. Ze zullen er graag even naar de harttonen willen luisteren.

Is het hoofdje wel ingedaald en is het vruchtwater helder – kleurloos, wittig of lichtroze – dan hoeft er niet meteen iets te gebeuren. De verloskundige moet wel weten wat er aan de hand is. Bespreek met de verloskundige van tevoren wat je het prettigst vindt, direct overleg of de volgende ochtend.

Soms komt het vruchtwater niet met een plons, maar met kleine scheutjes die lijken op heldere afscheiding. Er zit dan vaak een klein scheurtje in de vliezen, ergens bovenin. In dat geval is het niet altijd gemakkelijk om te weten of je vruchtwater, afscheiding of urine verliest.

DE VLIEZEN BREKEN MAAR IK KRIJG NOG GEEN WEEËN. WAT GAAT ER DAN GEBEUREN?

Als de vliezen breken, is dat nog geen garantie dat de weeën meteen op gang komen. Bij 80 procent van de vrouwen gebeurt dat wel, spontaan, binnen 2 dagen. Vaak wordt er nog een extra dag afgewacht. Als er dan nog geen weeën zijn, wordt de bevalling ingeleid met een infuus. Soms gebeurt dat al eerder, na 24 of 36 uur.

Wanneer de vliezen gebroken zijn, bestaat er een open verbinding naar de baarmoederholte en de baby. Dat betekent dat er een infectie kan optreden. Die kans is niet heel groot als het kind voldragen is, maar toch een reden om moeder en kind goed in de gaten te houden. De verloskundige zal daarom terughoudend zijn met een inwendig onderzoek. Dat verhoogt immers de kans op een infectie.

Zodra de vliezen gebroken zijn – en er zijn geen weeën – moet je je temperatuur bijhouden. Koorts, rillingen of zeurderige buikpijn wijst op een infectie. De verloskundige zal van tijd tot tijd de harttonen van de baby beluisteren. Als ze te snel gaan, kan dat ook wijzen op een infectie. In dat geval ga je naar het ziekenhuis, waar de bevalling wordt ingeleid en je antibiotica krijgt.

HET VRUCHTWATER IS GROEN, WAT BETEKENT DAT?

Als het vruchtwater lichtgroen, donkergroen, geelbruin of groenbruin is, betekent dat meestal dat de baby in het vruchtwater heeft gepoept. Dat kán een signaal zijn dat hij het benauwd heeft gehad. Dan is het zaak om meteen de verloskundige of het ziekenhuis te bellen, ook 's nachts. Voor de zekerheid zal de bevalling in het ziekenhuis plaatsvinden, waarbij de hartslag van de baby voortdurend wordt bewaakt. Ook hier geldt: geen reden voor paniek, wel voor rustige actie.

HOEVEEL BLOEDVERLIES IS NORMAAL TIJDENS DE ONTSLUITINGSWEEËN?

Tijdens de ontsluiting – of soms al voordat je weeën hebt – verlies je op een zeker moment wat bloed, vaak vermengd met slijm. Dat bloedverlies tijdens de bevalling wordt 'tekenen' genoemd. Het betekent dat de vliezen al een beetje losraken van de baarmoederwand, dus dat er van binnen iets aan het gebeuren is. Een goed teken dus.

WAT BETEKENT HET ALS JE DE SLIJMPROP VERLIEST?

Veel vrouwen verliezen tijdens de weeën, maar soms ook al dagen of zelfs weken ervoor, slijm, vaak vermengd met bloed. Dat wordt wel de slijmprop genoemd. 'Ik heb de slijmprop verloren,' hoor je nogal eens. Dat klinkt alsof er een kurk van de fles is gegaan. Maar zo is het niet. De slijmprop is niet een 'plug' die er eerst uit moet. En het omgekeerde, de slijmprop verliezen tijdens de zwangerschap, wil ook niet zeggen dat je nu snel gaat bevallen.

Sommige vrouwen verliezen al een prop slijm aan het eind van de zwangerschap, zonder dat er weeën komen. Andere pas tijdens de weeën.

Eigenlijk heeft het verliezen van een slijmprop maar weinig betekenis. Wel is het een goed teken als je slijm met wat bloed verliest tijdens de weeën ('tekenen'). Het bloedverlies wil zeggen dat er beweging komt in de baarmoedermond. Dat is precies wat er moet gebeuren.

WAT ZIJN PRECIES WEEËN?

Weeën zijn ritmische samentrekkingen van de baarmoeder die zorgen dat de baarmoederhals of baarmoedermond opengaat. Weeën worden veroorzaakt door het hormoon oxytocine. Oxytocine wordt gemaakt in de hersenen, in de hypothalamus. Vervolgens gaat het naar de hypofyse, eveneens in de hersenen. Daar wordt het afgegeven aan het bloed. Maar het hormoon wordt ook gemaakt in de baarmoederspier zelf.

Oxytocine veroorzaakt een samentrekking van de spiercel. Aanvankelijk reageren niet alle spiercellen van de baarmoeder tegelijkertijd, maar op een bepaald moment in de zwangerschap gaan ze gecoördineerd samentrekken. Vergelijk het met een orkest met een goede dirigent; weeën ontstaan pas als er een goed ritme is. Je hebt een bepaalde hoeveelheid oxytocine nodig om goede weeën te krijgen. In het volgende hoofdstuk vind je tips om de oxytocineaanmaak en daarmee de weeën te versterken.

LET OP

! Het bloedverlies moet niet te overvloedig zijn, het moet lijken op een lichte menstruatie. Als het er met een straaltje uitloopt of je telkens doorweekte verbandjes moet verwisselen, is dat te veel. Dan is het belangrijk om direct de verloskundige of het ziekenhuis te bellen. Dat geldt ook als je bloed verliest en de buik hard en pijnlijk wordt en niet meer zacht is.

HOE WEET IK OF IK ECHT WEEËN HEB?

Voorweeën zijn krampen (of contracties) die aan het eind van de zwangerschap vaak onregelmatig komen. Ze kunnen ook een poosje regelmatig komen, om de vijf à zeven minuten, maar houden na een tijdje weer op. Ze zijn niet erg pijnlijk en leiden niet tot ontsluiting. Of het enkel voorweeën zijn of beginnende ontsluitingsweeën, dat weet je eigenlijk pas achteraf. Als je 's nachts weer in slaap valt en de volgende ochtend gewoon wakker wordt, weet je dat het voorweeën waren. Als de weeën uiteindelijk steeds heftiger worden, waren het beginnende weeën.

Beginnende weeën, de weeën die je hebt in de latente fase, kunnen pijnlijk zijn, maar leiden nog niet tot veel ontsluiting. Ze komen om de vijf minuten. Tijdens de beginnende weeën kun je niet meer slapen, maar je kunt nog wel praten. Als de verloskundige je aan de telefoon vraagt, kun je zelf je verhaal doen. Je bent nog niet helemaal 'van de wereld', nog niet ondergedompeld in de roes van de krachtige ontsluitingsweeën.

Bij ontsluitingsweeën in de actieve fase is dat anders. Die zijn zo stevig, dat je alle zeilen moet bijzetten om ze op te vangen. Je kunt tijdens zo'n wee even niet praten omdat je alle concentratie nodig hebt om de wee aan te kunnen. De ontsluitingsweeën duren een minuut en komen om de vier, drie en later twee minuten. Dit zijn de echte weeën. Daarover heb je geen twijfel meer.

Anders gezegd: bij twijfel mag je ervan uit-

LET OP

Probeer in de latente fase, als het nacht is, nog zo veel mogelijk te rusten. Slapen lukt vaak niet meer. Laat je partner slapen, als je dat aankunt. Jullie hebben je energie straks hard nodig.

Als je niet meer kunt slapen, en vooral als het licht is, blijf dan in beweging. Een appeltaart bakken, de keukenkastjes soppen, een rustig wandelingetje maken in de buurt – het helpt allemaal als afleiding, en om in je beleving de bevalling korter te laten duren. Dat is belangrijk.

Laat je niet ontmoedigen wanneer de ontsluiting in het begin niet opschiet. De eerste centimeters ontsluiting kunnen lang op zich laten wachten als het verweken en het verstrijken nog niet voltooid zijn. Pas later, in de actieve fase, komt de bevalling als het goed is in een stroomversnelling.

Vergeet niet te eten en te drinken in de latente fase. Als straks de echte weeën bezig zijn, zul je waarschijnlijk weinig meer lusten. Daarom is het goed om nu de brandstofvoorraad nog even aan te vullen.

Vraag alles wat je weten wilt aan de verloskundige of de gynaecoloog die je begeleidt. Alweer blijkt uit onderzoek dat goede informatie over wat er gebeurt heel belangrijk is voor een positieve bevallingservaring. Mocht de verloskundige of de gynaecoloog dat niet uit zichzelf doen, vraag haar of hem dan het hemd van het lijf.

gaan dat het nog niet de krachtige ontsluitingsweeën zijn, maar voorweeën of beginnende weeën. Ontsluitingsweeën in de actieve fase leiden tot het opengaan van de baarmoedermond.

WAT WIL DAT ZEGGEN, HET VERSTRIJKEN VAN DE BAARMOEDERHALS?

Stel je de baarmoeder voor als een grote opgeblazen ballon met een tuitje dat dichtzit om de lucht binnen te houden. De baarmoederhals is als de tuit van de ballon, of als een strakke col van een coltrui. Het uiteinde van de baarmoederhals heet de baarmoedermond, die tijdens de zwangerschap gewoonlijk potdicht zit.

Gedurende de zwangerschap voelt de baarmoedermond aan als de punt van je tong wanneer je die uitsteekt en er hard mee tegen je vinger duwt: tamelijk stevig. De baarmoedermond is naar achteren gericht, richting anus.

Als de bevalling begint, moet de baarmoedermond eerst zacht en week worden, zoals je tong wanneer je die slap houdt. Of zoals je lippen. Vervolgens moet de baarmoedermond centreren. Dat wil zeggen dat de baarmoedermond recht voor de uitgang komt te liggen, in het midden.

Tegelijkertijd gaat de tuit verstrijken: de baarmoederhals verkort zich en verdwijnt uiteindelijk helemaal. Het is als bij de ballon die tot het uiterste wordt opgeblazen zodat er bijna geen mondstuk meer over is dat je tussen je vingers kunt houden. Of als bij de coltrui wanneer je die over je hoofd trekt: de col wordt wijder en korter.

Als de baarmoederhals helemaal is verstreken, is de tuit verdwenen. Verstrijken wil dus zeggen dat de baarmoederhals korter wordt, vervlakt, en uiteindelijk verdwijnt.

HOE VERLOOPT DE ONTSLUITING?

Na het verweken, centreren en verstrijken van de baarmoederhals begint de ontsluiting: de baarmoederhals gaat stukje bij beetje open. Als de baarmoederhals helemaal open is, heb je volkomen ontsluiting: ongeveer 10 centimeter. Dan is de weg vrij en kan het persen beginnen.

Bij een tweede of volgend kind gaan het verstrijken en ontsluiten vaak gelijk op. Er is dan al wat ontsluiting terwijl het tuitje nog niet vervlakt is. De ontsluiting verloopt in twee fasen: de *latente* en de *actieve* fase.

WAT IS DE LATENTE FASE?

In de latente fase zijn er beginnende regelmatige, pijnlijke weeën: baarmoederkrampen om de 4 tot 5 minuten. Ze duren 30 tot 45 seconden en zorgen dat de baarmoederhals week wordt, centreert en verstrijkt. Anders gezegd: de baarmoedermond wordt zacht, komt recht voor de uitgang te liggen en vervlakt. Vervolgens gaat de baarmoedermond een beetje open, tot 3 à 4 centimeter. De weeën zijn in deze periode goed op te vangen en draaglijk. Slapen lukt meestal niet meer, maar je kunt er nog doorheen praten en deelnemen aan een gesprek, of de verloskundige te woord staan aan de telefoon. En je bent je nog goed bewust van je omgeving, van wat er om je heen gebeurt.

Zeker bij een eerste bevalling is dit de eerste klus die moet worden geklaard. De latente fase duurt gemiddeld 7,5 uur bij een eerste kind, maar dat kan even goed 12 uur zijn, of zelfs 20 uur. Bij een tweede kind is het gemiddelde 5 uur, maar dat kan ook 12 uur zijn. Soms verloopt de latente fase min of meer ongemerkt tijdens de laatste weken of dagen van de zwangerschap. Dat is nog wel eens het geval als het een tweede of volgende baby betreft.

WAT IS DE ACTIEVE FASE?

Wanneer de baarmoedermond is verweekt en verstreken, en de bevalling is goed op gang gekomen, dan treedt er een soort lawine op. Een sneeuwbaleffect, waarbij de weeën elkaar versterken. Het is als bij een vliegwiel: het is moeilijk op gang te krijgen, maar als het eenmaal loopt, is het haast niet meer te stoppen. Dat is de actieve fase van de bevalling. We spreken van de actieve fase vanaf 3 à 4 centimeter ontsluiting.

De weeën komen nu vaker, om de 2 à 3 minuten. Ze worden krachtiger (dus pijnlijker) en kunnen wel een minuut aanhouden. Dit zijn de zware jongens die ontsluiting veroorzaken en waarvoor je alle zeilen moet bijzetten om ze op te vangen. Kletsen of deelnemen aan het gesprek is er nu niet meer bij. En trek in eten heb je ook niet meer. Je kunt wat bloed en slijm verliezen ('tekenen'). Het is een teken dat er van binnen iets gebeurt: de vliezen laten een stukje los van de baarmoeder.

De ontsluiting wordt in het Engels niet voor niets *labour* genoemd, wat 'arbeid' betekent. Ontsluiten is hard werken, zeker als het om een eerste kind gaat. Tussendoor heb je een minuut rust, dan komt er weer een wee. Dat gaat zo door tot 10 centimeter ofwel volkomen ontsluiting. Dan kan het persen beginnen.

Als je bij de verloskundige onder controle bent, komt ze tijdens de ontsluiting langs om te kijken hoe het gaat en hoe ver je bent. Ze geeft tips om je tussen de weeën door te ontspannen of om houdingen te vinden waarin je de weeën kunt opvangen. Ze luistert naar de harttonen van de baby en zal dan meestal een inwendig onderzoek verrichten. Alleen als de vliezen gebroken zijn zonder sterke weeën, zal ze terughoudend zijn met een inwendig onderzoek. Wanneer je in het ziekenhuis gaat bevallen, zul je in overleg met de verloskundige nu al gaan of later, wanneer de ontsluiting iets verder is gevorderd.

Als de ontsluiting flink gevorderd is, of als je er eerder behoefte aan hebt, zal de verloskundige een kraamverzorgende bellen die je kan bijstaan.

IS HET NORMAAL DAT JE MOET OVERGEVEN TIJDENS DE WEEËN?

Veel vrouwen zijn misselijk en moeten overgeven als ze 3 à 4 centimeter of 7 à 8 centimeter ontsluiting hebben. Dat zijn de momenten dat er nogal eens misselijkheid optreedt. Wees erop verdacht, zodat je een emmertje of bakje klaar hebt staan als het zover is. Overgeven is vervelend, maar onschuldig en alweer: meestal een teken dat de bevalling vordert.

WAT IS DE OVERGANGSFASE?

De laatste 2 centimeter van de ontsluiting, van 8 tot 10 centimeter, wordt wel de overgangsfase genoemd. Veel vrouwen vinden deze eindfase de pittigste. Daarom wordt deze fase wel eens de wanhoopsfase genoemd, de *période du désespoir*. De weeën zijn nu krachtig en pijnlijk. Ze komen elke 2 minuten en houden een hele minuut aan. De laatste loodjes wegen het zwaarst. Het goede nieuws is: het eind is in zicht.

De baby daalt nu meestal flink in, in het bekken, waardoor je druk voelt op de anus. Dat voelt als 'persdrang' of alsof er ontlasting in de weg zit. Toch heb je nog niet helemaal volkomen ontsluiting.

Ook in deze fase helpt het om onder een war-

LET OP

Vrouwen die tijdens de weeën continu worden bijgestaan door bijvoorbeeld een verloskundige, een doula, een verpleegkundige of een kraamverzorgende, bevallen vlotter en kunnen de pijn beter verdragen dan vrouwen die in hun eentje de weeën opvangen.

me douche te gaan staan of in een warm bad te zitten, als de situatie het toelaat. Verandering van houding is vaak prettig: op je knieën over het bed hangen bijvoorbeeld. Of over een tafel hangen. Zo staat er minder druk op de bekkenbodem, en voel je minder druk op de anus.

Stevige rugmassage vinden veel vrouwen verlichtend. Geluid maken, helpt vaak ook. Meer tips vind je in het volgende hoofdstuk.

Een baarmoeder moet voor een eerste kind ongeveer twee keer zo veel werk verzetten als voor een volgend kind

HOE LANG DUURT DE BEVALLING?

De duur van de bevalling verschilt enorm. Sommige vrouwen bevallen razendsnel, andere doen er lang over. De bevalling van een eerste kind duurt vrijwel altijd langer dan die van een tweede of volgend kind. Een baarmoeder moet voor een eerste kind ongeveer twee keer zo veel werk verzetten als voor een volgend kind. Anders gezegd: de eerste keer baan je de weg voor alle kinderen die nog zullen volgen.

Hoe lang de bevalling duurt, hangt mede af van het moment dat je begint te rekenen. Vóór de latente fase zijn sommige vrouwen al wat aan het 'rommelen'. Ze hebben voorweeën maar die komen niet erg regelmatig en leiden niet tot het verweken en verstrijken van de baarmoedermond of tot ontsluiting. De voorweeën gelden nog niet als bevallingstijd.

Als daarna de latente fase is aangebroken, waarbij je weeën hebt om de 4 à 5 minuten, die je nog goed op kunt vangen, dan is het ook verstandig om jezelf niet te snel 'aan het bevallen' te verklaren. Hoe langer het je lukt om te slapen, afleiding te vinden en nog niet zo bewust met de weeën bezig te zijn, hoe beter. Je ervaart dan minder pijn. De latente fase duurt gemiddeld 7,5 uur bij een eerste kind, variërend van 0,5 uur tot 36 uur. 90 procent van de vrouwen voltooit de latente fase binnen 12 uur, 10 procent doet er langer over. Wanneer het lang duurt, kan het zijn dat je uitgeput raakt en iets nodig hebt om te slapen en te ontspannen. Bij een tweede of volgend kind duurt de latente fase gemiddeld 5 uur.

De latente fase gaat over in de actieve fase als de ontsluiting 3 tot 4 centimeter gevorderd is en er regelmatige weeën zijn. Dat is een goed

WEETJE

Als de bevalling lang duurt, heb je niet al die tijd krachtige weeën. De latente fase is dan meestal verlengd. In die fase zijn de weeën goed te verdragen, de pijn is niet overweldigend. Dat neemt niet weg dat je uitgeput kunt raken als deze fase te lang duurt. Daarom moet er op een zeker moment wel iets gebeuren. Je kunt erop vertrouwen dat als de bevalling te lang duurt, er wordt ingegrepen. Je wordt op een zeker moment naar het ziekenhuis verwezen, en krijgt dan bijvoorbeeld iets om te slapen of iets tegen de pijn. Dat helpt om de situatie te doorbreken. Vaak komen de weeën daarna vanzelf weer op gang. Zo niet, dan krijg je een infuus om de weeën te versterken, meestal met pijnstilling zoals een ruggenprik of een 'pijnpompje' (een infuus dat je zelf kunt bedienen, met een kortwerkende pijnstiller).

Hoe lang de bevalling duurt, is uiteindelijk niet het belangrijkste. Het is veel belangrijker hoe je er achteraf op terugkijkt en dat je kind en jij gezond zijn. Uit onderzoek blijkt niet dat een snelle, pijnloze bevalling een betere ervaring geeft dan een bevalling die met pijn en moeite gepaard ging. Het contact met de medische staf (verloskundige, gynaecoloog, verpleegkundigen) bleek belangrijk te zijn voor de bevallingservaring. Gaven ze je goede informatie, hebben ze naar je geluisterd, vertelden ze wat ze gingen doen? Wanneer er over je hoofd wordt gepraat en over je wordt besloten, en je het gevoel hebt dat er niet naar je geluisterd wordt, beïnvloedt dat op een negatieve manier je bevallingservaring.

moment om als het begin van de bevalling aan te merken. In de actieve fase vordert de ontsluiting meestal met zo'n 1 tot 2 centimeter per uur. Gemiddeld duurt de actieve fase 3,5 uur bij een eerste kind, variërend van 0,5 tot 11 uur. Bij een tweede of volgend kind duurt de actieve fase gemiddeld 2 uur. Het kan ook langer duren.

Als er in de actieve fase te lang geen vordering is, is dat een reden om naar het ziekenhuis verwezen te worden voor een infuus om de weeën te versterken. Kort gezegd is dat wanneer er 4 uur lang geen vordering is opgetreden. Of in 5 uur tijd maar 1 centimeter. Vaak wordt er dan behalve het infuus ook pijnstilling gegeven.

WANNEER MOET IK DE VERLOSKUNDIGE BELLEN?

Tijdens de bezoeken aan de verloskundige heb je met haar afgesproken wanneer je kunt bellen. Hetzelfde geldt wanneer je onder controle bent in het ziekenhuis. Het hangt van de medische situatie af of je thuis wat langer kunt afwachten of juist snel moet bellen. Ben je al eerder bevallen, dan bel je eerder dan wanneer het je eerste kind betreft – bij een tweede gaat het vaak sneller. Vrouwen met een hoge bloeddruk, een kind in stuitligging, een tweeling of een ander verhoogd risico, moeten ook direct bellen.

Richtlijnen om de verloskundige of het ziekenhuis te bellen:

- Als je van je eerste kind bevalt en alles is goed, dan kun je bellen voor overleg als je een uurlang weeën om de 4 à 5 minuten hebt. Als je weeën om de 2 à 3 minuten hebt die ongeveer een minuut aanhouden, dan moet je zeker bellen.
- Als je al eerder bent bevallen, moet je bellen zodra de weeën in een stroomversnelling komen. Als je stevige weeën hebt om de 4 à 5 minuten, of als je weeën hebt en de vliezen breken, dan is dat een goed moment om te bellen.
- Voor alle vrouwen geldt: eerder bellen mag natuurlijk ook. Bijvoorbeeld als je:
  - onzeker of ongerust bent;
  - een steuntje in de rug nodig hebt;
  - de pijn niet te harden vindt;
  - nu eindelijk eens wilt weten hoeveel ontsluiting je hebt;
  - vliezen breken (vaak komt de bevalling dan in een stroomversnelling).

Bel in elk geval *direct* als je het gevoel hebt dat er iets niet in orde is en:

- als de vliezen breken en het hoofdje is niet ingedaald;
- als het vruchtwater groen of bruin is;
- als je bloed verliest;
- als je persdrang hebt;
- als je regelmatige, pijnlijke krampen, bloedverlies of vruchtwaterverlies hebt voordat je 37 weken zwanger bent. Dat is te vroeg;
- als je de baby niet goed voelt bewegen;
- als je koorts hebt of je grieperig voelt.

IK WIL GRAAG POLIKLINISCH BEVALLEN, WANNEER MOET IK NAAR HET ZIEKENHUIS GAAN?

Als je poliklinisch bevalt, ga je altijd naar het ziekenhuis in overleg met de verloskundige. Zij belt het ziekenhuis om te zeggen dat je eraan komt als ze bij je is geweest.

Meestal kom je er aan als je in de actieve fase bent: als je flinke weeën hebt en al een paar centimeter ontsluiting. Dat heb je tijd om te wennen. Weet dat tijdens de rit naar het ziekenhuis de weeën tijdelijk wat minder kunnen worden. Dit is normaal. Dit advies geldt als je van je eerste kind gaat bevallen.

Als je al eerder bevallen bent, kun je beter niet zo lang mogelijk wachten, maar gaan zodra de weeën goed doorzetten. Als je te lang wacht, loop je het risico dat je in de auto bevalt. Ook hier geldt: bel eerst de verloskundige voor overleg.

IK BEN BIJ DE GYNAECOLOOG ONDER CONTROLE, WANNEER MOET IK HET ZIEKENHUIS BELLEN?

Als je om medische redenen in het ziekenhuis gaat bevallen en bij de gynaecoloog onder controle bent, krijg je in het ziekenhuis duidelijke instructies. Hoe snel je naar het ziekenhuis moet komen, hangt af van je medische indicatie en van je eventuele bevallingsvoorgeschiedenis. Vaak wordt ook als richtlijn aangehouden dat je minstens 1 uur weeën om de 4 à 5 minuten hebt.

Overleg of er een medische noodzaak is om vroeg naar het ziekenhuis te gaan. Zo niet dan kun je wat langer thuis blijven. Wel moet de conditie van het kind goed gecontroleerd worden.

ALS IK TIJDENS DE BEVALLING 'MEDISCH' WORD, HOE GAAT DAT DAN?

Zowel in de zwangerschap als tijdens de bevalling houdt de verloskundige in de gaten of alles normaal verloopt. Als er complicaties dreigen, verwijst ze je naar de gynaecoloog. Tijdens de bevalling gaat het net zo. Als er dan een verhoogd risico is, bijvoorbeeld omdat de baby in het vruchtwater heeft gepoept, of omdat de ontsluiting stagneert, dan krijg je een medische indicatie. Als je thuis zou bevallen, ga je alsnog naar het ziekenhuis. Als je poliklinisch zou bevallen, word je overgedragen aan de gynaecoloog. Vaak is het uiteindelijk een assistent-gynaecoloog of een klinisch verloskundige die de bevalling begeleidt na overleg met de gynaecoloog.

Schrik niet als zoiets gebeurt. Vrijwel altijd is zo'n verwijzing enkel uit voorzorg. Er is dan een reden voor extra controle, niet voor paniek. In de kliniek wordt de hartslag van de baby permanent bewaakt met een CTG-apparaat. En als het nodig is, krijg je pijnbestrijding en een infuus om de weeën te versterken. Een enkele keer is er een reden om je kind direct geboren te laten worden als de gynaecoloog de conditie van de baby niet vertrouwt.

Als je tijdens het persen 'medisch' wordt, kan het zijn dat het een kunstverlossing wordt, meestal een vacuümverlossing. Soms is een keizersnede nodig. Maar eigenlijk hangt het helemaal af van de medische situatie die zich aandient. Daarover meer in het hoofdstuk 'Complicaties tijdens de bevalling'.

Redenen om tijdens de ontsluiting 'medisch' te worden:

- De vliezen zijn gebroken maar de weeën komen niet.
- De vliezen zijn gebroken en de moeder krijgt koorts.

* De baby heeft in het vruchtwater gepoept.
* De bevalling vordert niet (komt relatief vaak voor).
* Je bent uitgeput.
* Je kunt de pijn niet goed aan.
* Het hoofdje daalt niet in, ook niet nu er weeën zijn (komt zelden voor).
* De harttonen van de baby gaan te langzaam of te snel (komt tijdens de ontsluiting weinig voor).
* De baby ligt verkeerd (komt zelden voor).
* Er is te veel bloedverlies (komt zelden voor).

WAAROM WORDEN NIET ALLE BEVALLINGEN BEWAAKT MET EEN CTG-APPARAAT?

Bij vrouwen met een laag risico op complicaties, vindt de bevalling thuis of in het ziekenhuis plaats onder begeleiding van een verloskundige. Er is dan geen medische indicatie, en de bevalling hoeft niet met een CTG-apparaat 'bewaakt' te worden. Dit betekent dat de kinderlijke harttonen met een stethoscoop of doptone regelmatig worden beluisterd. Dat is voor zover we weten even veilig als 'bewaking' met het CTG-apparaat. Het klinkt verleidelijk om alle bevallingen te 'bewaken'. Als de techniek er is, waarom zou je er dan geen gebruik van maken? Toch heeft elke behandeling of ingreep behalve voordelen ook nadelen. Zélfs het bewaken van de bevalling met een CTG-apparaat. Deze bewaking is namelijk niet waterdicht. Er is nogal eens loos alarm: de harttonen van de baby lijken dan niet optimaal en soms wordt er dan een keizersnede of vacuümverlossing gedaan. Gelukkig blijkt vaak dat de baby kerngezond is. Er was achteraf niets aan de hand maar de ingreep is voor alle zekerheid gedaan.

Te veel bewaking leidt dus tot meer keizersneden. Dat brengt met zich mee dat je bij een eventuele volgende zwangerschap en bevalling iets meer risico op complicaties loopt. Om die reden kiezen we er in Nederland voor om onderscheid te maken tussen bevallingen met een laag risico en bevallingen met een verhoogd risico. Zo krijg je zorg op maat: alle technologie als dat nodig is, maar geen overbodige technologie wanneer dat niet nodig is.

WEETJE

Het is niet altijd even makkelijk te bepalen welke vorm van zorg voor jou nu precies de beste is. Daarom worden verloskundigen en gynaecologen lang getraind en zijn ze professionals die je helpen een keuze te maken in moeilijke situaties. Ook dan blijven er situaties waarbij de ene gynaecoloog zou besluiten bijvoorbeeld een keizersnede te doen en de andere toch voor een gewone baring kiest. De uitkomst is vaak niet verschillend. Ook bij verloskundigen komt dit vaak voor wanneer zij een keuze moeten maken.

Bij belangrijke verloskundige vragen is het in Nederland tegenwoordig heel gewoon om een lootje te trekken voor de ene of de andere behandeling, en zo te onderzoeken welke behandeling het beste werkt. Wanneer voldoende vrouwen (vaak enige honderden tot wel meer dan duizend) toestemming hebben gegeven om zo'n lootje te trekken en aan het onderzoek mee te doen, kunnen de uitkomsten van de behandelingen vergeleken worden. Zo kan berekend worden welke behandeling de beste is. Verloskundigen en gynaecologen werken samen in het Nederlands Verloskundig Consortium, wat erg succesvol is. Zo kunnen er grote onderzoeken verricht worden waar een groot aantal ziekenhuizen en verloskundige praktijken aan meedoen.

Zo is onder andere gebleken dat het gebruik van een drukmeter in de baarmoeder, om de weeënkracht te meten wanneer de bevalling met een infuus wordt ingeleid, niet nodig is en soms zelfs gevaarlijk. Ook is het beter bij pre-eclampsie de bevalling in te leiden bij 37 weken, en niet nog langer te wachten. Nederland heeft met deze grootschalige onderzoeken al een aantal belangrijke resultaten teweeggebracht, die ook in het buitenland veranderingen in gang gezet hebben. Zo proberen we wereldwijd de zorg voor moeder en kind steeds veiliger te maken. Het kan goed zijn dat je tijdens je zwangerschap van de verloskundige of de gynaecoloog een verzoek krijgt om mee te doen aan een wetenschappelijk onderzoek. Een overzicht van alle verloskundige behandelingen waarvan wordt gekeken welke de beste is, vind je op www.studies-obsgyn.nl.

HOE KAN IK ALS PARTNER HET BESTE MIJN VROUW BIJSTAAN?

Het is belangrijk dat je als partner steunend aanwezig bent. Medelijden dient nergens toe en is niet bekrachtigend. Anderzijds moet je als partner nooit je bevallende vrouw afvallen.

Weeën zijn pijnlijk, ze stelt zich niet aan. Het is hard werken, waarbij ze ongetwijfeld af en toe even de moed verliest en zich vertwijfeld afvraagt of het allemaal wel opschiet. Dan is je onvoorwaardelijke support en bemoediging onontbeerlijk. Ze is per slot van rekening bezig met een van de belangrijkste klussen in jullie leven.

Als je vrouw het prettig vindt, kun je haar rug of haar voeten masseren, als steunpilaar dienen (letterlijk, ze kan aan je hangen), haar moed inspreken en een rustpunt vormen. Je kunt zorgen voor warme thee met honing en voor lichte snacks of druivensuiker zodat ze voldoende energie heeft. Als ze even alleen wil zijn, blijf dan op de achtergrond aanwezig. Als ze juist graag wil dat je bij haar blijft, wijk dan niet van haar zijde.

Vrouwen reageren heel verschillend op weeën en pijn. Sommige vrouwen hebben de beste weeën als ze helemaal alleen zijn: in de douche, op de wc, of in de slaapkamer onder het dekbed. Andere vrouwen vinden het prettig als hun partner voortdurend bij hen is. Iedereen heeft zijn of haar eigen truc zonder dat bewezen is dat het een beter is dan het ander.

Voorbeelden uit de praktijk:

* Voel je als partner niet afgewezen als je vrouw je afsnauwt, je massage niet waardeert of alleen wil zijn. Ieder reageert op haar eigen manier op baringspijn. De een wil haar man voortdurend aan haar zijde hebben, de ander juist niet. Er onvoorwaardelijk zijn zonder boos, angstig, overbezorgd of gekwetst te zijn, en zonder het gevoel te hebben dat jij de pijn van haar weg moet nemen, is je belangrijkste taak als partner. Ze moet er echt zelf doorheen. Geef haar het vertrouwen dat ze dat kan.

WAT IS DE ROL VAN DE KRAAMVERZORGSTER BIJ DE BEVALLING?

De kraamverzorgster assisteert de verloskundige bij de thuisbevalling. Dat is vooral belangrijk tijdens het persen en de uiteindelijke geboorte van de baby. Zij geeft spullen aan, pakt het kind van de verloskundige over als dat nodig is, haalt water of warme washandjes voor de moeder. Rond het moment van de geboorte is er in korte tijd veel te doen, zowel met de moeder als met het kind. Dan heeft de verloskundige een paar extra handen nodig van een ervaren, geschoolde kracht.

De kraamverzorgster kan ook eerder komen, al tijdens de ontsluiting. Ze kan dan de barende vrouw helpen bij het opvangen van de weeën. Ze kan een massage geven, moed inspreken, warme doeken halen, thee zetten. En de aanstaande moeder kan op haar leunen, letterlijk en figuurlijk. Dat kan de vader even ontlasten.

WAT IS DE ROL VAN EEN DOULA BIJ DE BEVALLING?

We hebben het al eerder genoemd: een doula is een professional die de barende en haar partner bijstaat bij de bevalling. Als je voor een doula hebt gekozen, heeft zij al kennis gemaakt in de zwangerschap en veel met je besproken over je wensen en verwachtingen. Zij komt in een vroeg stadium van de bevalling en blijft. Ze draagt houdingen aan en manieren om de pijn te verlichten. Ze stelt gerust, puft mee als het nuttig is, en geeft vertrouwen. Niet alleen aan de barende vrouw, maar ook aan de man, die de bevalling over het algemeen ook heel spannend vindt. Uit onderzoek blijkt dat de aanwezigheid van een doula bij een hoogrisicobevalling de kans op complicaties vermindert: de bevalling verloopt sneller, er is minder pijnbestrijding nodig en er zijn minder kunstverlossingen.

Een doula krijg je helaas niet automatisch; je kunt daar tijdens de zwangerschap voor kiezen. Haar tarief wordt niet vergoed. Voorlopig is een doula dus enkel beschikbaar voor wie dat kan betalen.

Joris: *'Een Marokkaanse patiënte die eerder was bevallen met een vacuümextractie was erg bang voor de komende bevalling en wilde een ruggenprik. Net toen de anesthesist die wilde plaatsen, werd hij weggeroepen voor een spoedgeval. We*

gaven de mevrouw morfine, maar dat was niet voldoende. Ze raakte in paniek.

Nu loopt er een experiment in het ziekenhuis, waardoor er voor dit soort crisissituaties een doula aanwezig is. Met de doula kon de mevrouw de weeën binnen een kwartier weer aan. Ze is spontaan bevallen – op handen en knieën – van een prachtige dochter van negen pond. Haar eveneens Marokkaanse echtgenoot riep uit de grond van zijn hart: "Waarom is deze vrouw niet twee uur eerder gekomen? Waarom hebben we haar niet eerder ontmoet?" In Nederland zal de rol van de doula nog verder onderzocht moeten worden.'

20

Omgaan met de weeën

Wat is de kunst van het bevallen? Hoe kun je de weeën het beste het hoofd bieden? Je kunt alles doen om de weeën te stimuleren en de storm over je heen te laten komen. Voor een deel heb je daar invloed op. Je moet je goed voorbereiden en dingen waar je bang voor bent bespreken met de verloskundige of gynaecoloog. Want angst is een slechte raadgever. Beter is het om positief te blijven. Voor de rest is het afwachten hoe de bevalling verloopt. Zeker als het de eerste keer is weet je niet van tevoren wat de natuur voor je in gedachten heeft.

WELKE INSTELLING KAN IK HET BESTE AANNEMEN ALS IK GA BEVALLEN?

De Amerikanen hebben er zo'n mooi woord voor: *mindset*. De instelling waarmee je aan iets begint. Je verwachtingen, je overtuigingen, de beelden die je hebt van wat je te wachten staat. Dat alles heeft invloed op het uiteindelijke verloop ervan. Ook van de bevalling. Dat lijkt telkens weer uit onderzoek te komen.

Dat is niet zo vreemd. Het zenuwstelsel beïnvloedt de bevalling. Angst zet bijvoorbeeld het hormoon adrenaline in gang en brengt je in de hoogste staat van paraatheid. Dat remt de weeën. Hetzelfde geldt voor stress – eigenlijk net zoiets als angst.

We geven je een verloskundige-expertopinie. Anders gezegd: hoe lijkt het volgens de professionals vaak goed te gaan bij de bevalling?

Het is voor een vlotte bevalling belangrijk om ontspannen te zijn, waarbij het lijkt of het zenuwstelsel in de 'vakantiemodus' staat, de allerlaagste versnelling, de *stand by*-stand. Om in de lome stemming te komen die je voelt als je 's avonds slaap krijgt. Dan neemt het *parasympathische zenuwstelsel* het over, het deel van het zenuwstelsel dat de regie voert als je gaat slapen of als je je ontspant. Dat is niet eenvoudig als je voor de eerste keer gaat bevallen en pijn hebt!

Laat daarom het regelen en het denken even aan anderen over en trek je terug in jezelf. Het is belangrijk om niets te hoeven. Niet van jezelf en niet van een ander. Je hoeft niet te presteren, niet mooi of succesvol te zijn. Nu even niet. Je hoeft niet de gastvrouw uit te hangen of de manager of de verzorgende of de moeder of de regelneef. Je bent maar bezig met één ding: jezelf en de bevalling van je kind.

Je kunt dan alle fatsoensnormen loslaten. Bij de bevalling geldt, net als bij topsport: zet alle maskers af en concentreer je op dat ene, het belangrijkste: de bevalling. Durf jezelf te zijn, te schreeuwen als het echt pijn doet, hulp te vragen en aan te geven dat je bang bent. Geneer je niet als er ontlasting komt – die moet er eerst uit! Maak je voor één keer niet druk om hoe je eruit ziet, wat de buitenwacht van je vindt en of je welgemanierd bent. Dat doet er nu even niet toe. En troost je: hetzelfde geldt voor iedereen die in je omgeving verkeert. De bevallingskamer is een werkplaats, voor iedereen die zich daar bevindt. In het holst van de nacht ben je met zijn allen gericht op niets anders dan de geboorte van je kind. Met jou in de hoofdrol.

Vergeet de tijd – zet de klok uit en houd je niet bezig met hoe laat het is. Bevallen is een oefening om 'in het nu' te leven. Probeer in het moment te zijn en angst en zorgen over 'straks' volkomen uit te bannen. Ze dienen nergens toe. De angst voor een gebeurtenis is vaak erger dan de gebeurtenis zelf, en kan de weeën nog tegenwerken ook.

Een positieve instelling is belangrijk. Kijk naar wat er al gelukt is – alwéér een wee weggewerkt! Verder dan dat hoef je niet te kijken. Gooi je zelfmedelijden overboord. Humor helpt.

Er zijn omstandigheden waar je niets aan kunt veranderen. Je hebt bijvoorbeeld niet in de hand of de baby in het vruchtwater poept. En ook niet of de baby een stevig hoofdje heeft, dat extra weeënkracht nodig heeft om naar buiten te komen. En of de ontsluiting lang duurt of kort, kun je maar voor een stukje beïnvloeden. Voor de rest moet je maar afwachten hoe het zal gaan. Veel is bepaald door je genen en door de genen van je kind. Daar kun je niets aan veranderen.

LET OP

Als je angstig bent, is het belangrijk je zorgen uit te spreken. De verloskundige, de gynaecoloog, de kraamverzorgster of de verpleegkundige kan vaak veel angst wegnemen en tips geven om je weer te ontspannen en vertrouwen te geven.

Stress doet weeën (tijdelijk) verminderen; zorg dus voor een veilige omgeving, een omgeving die je zelf hebt gekozen als prettig.

Als je van je eerste kind bevalt, moet je heel wat werk verzetten. Je baant de weg niet alleen voor dit kind, maar ook voor de kinderen die daarna eventueel nog volgen. Je helpt jezelf door niet te vroeg te denken dat de bevalling al begonnen is. Het voorwerk, dat dient om de baarmoedermond te laten verweken en verstrijken, neemt al heel wat uren in beslag. Probeer zo lang mogelijk je zinnen te verzetten. Als de echte weeën doorzetten, is er geen twijfel meer en heb je nog tijd genoeg om je in te stellen op de geboorte van je kind. Of om met de verloskundige naar het ziekenhuis te gaan.

Wees daarom op alles voorbereid. Als er extra medische zorg nodig is – pijnstilling, extra controle van de baby, een infuus om de weeën te versterken – wees dan blij dat de zorg voorhanden is. Dit maakt dat de bevalling veilig verloopt.

In Nederland onderga je in principe geen medische ingrepen als die niet nodig zijn, maar je krijgt wel alle benodigde zorg en technologie als daar een goede reden voor is. Je krijgt zorg op maat.

Bevallen betekent: alle maskers af

DE BEGINNENDE WEEËN DOEN AL PIJN, HOE MOET DAT ALS IK STRAKS IN EEN STROOMVERSNELLING KOM?

Het frustrerende van beginnende weeën, in de latente fase, is dat ze al best pijnlijk kunnen zijn, maar nog niet tot veel ontsluiting leiden. Zo kan het gebeuren dat je een hele nacht elke

WEETJE

Nederland heeft van oudsher een traditie om met weinig pijnstilling te bevallen. In de Verenigde Staten daarentegen, bevalt de overgrote meerderheid al heel lang met een ruggenprik. Onderzoekers besloten te kijken naar de verwachtingen die Nederlandse en Amerikaanse vrouwen hadden van de bevalling. En vervolgens naar het uiteindelijke verloop van de bevalling.

Voor de bevalling verwachtten de Nederlandse vrouwen dat de bevalling pittig zou zijn, maar wel te doen. De Amerikaanse vrouwen verwachtten dat de bevalling vreselijk pijnlijk zou zijn, en dat ze zeker pijnstilling nodig zouden hebben. Beide groepen zouden beginnen zonder pijnbestrijding, maar zouden een ruggenprik krijgen zodra ze daarom vroegen.

Naderhand hadden de meeste Nederlandse vrouwen de bevalling doorstaan zonder ruggenprik. Ze vonden het pittig maar wel te doen. De Amerikaanse vrouwen hadden allemaal een ruggenprik gevraagd. Ze vonden het vreselijk pijnlijk en niet te doen. Het onderzoek geeft aan dat de cultuur en gewoonten in een land, maar vooral ook de verwachtingen die vrouwen al voor de bevalling hebben, voor een belangrijk deel bepalen hoe je de pijn ervaart.

Het is overigens niet zo dat in de klinieken waar 24 uur per dag een ruggenprik beschikbaar is iedereen met een ruggenprik bevalt. Landelijk blijkt dat ongeveer 20 procent *van de vrouwen die in het ziekenhuis bevallen*, een ruggenprik krijgt. In de praktijk blijkt dat de zekerheid voor een vrouw dat er altijd een goede vorm van pijnstilling beschikbaar is, vaak voldoende is om de baringspijn op te vangen. Het heeft dus niets te maken met stoer zijn of niet tegen pijn kunnen. Bevallen is geen wedstrijd. Bij elke bevalling moet er gemakkelijk toegang zijn tot pijnbestrijding. Daar moeten goede afspraken over bestaan.

Als je eenmaal flinke weeën hebt, kom je in een soort roes terecht. Je lichaam maakt dan morfineachtige stoffen aan: *endorfinen*. Die nemen de pijn niet weg, maar halen wel de scherpe kantjes ervan af. Ze helpen je door de bevalling heen.

5 minuten een wee hebt weg gepuft en dat de verloskundige je de volgende ochtend na een inwendig onderzoek meedeelt dat je 1 centimeter ontsluiting hebt. Laat je niet ontmoedigen! Het voorwerk – verweken, verstrijken – moet eerst gebeuren. We hebben vaak meegemaakt dat vrouwen het op zo'n moment even niet meer zagen zitten. Ze dachten dat ze de échte ontsluitingsweeën straks niet aan zouden kunnen. Als we dan een paar uur later terugkwamen, waren de weeën veel krachtiger geworden. De barende vrouw moest dan alle zeilen bijzetten om ze op te vangen, en ze verkeerde in een soort roes. Maar ze kon het prima aan. De ontsluiting vorderde dan uitstekend.

Vind je de weeën uiteindelijk toch te zwaar, dan is er de mogelijkheid om pijnstilling te krijgen. Vertrouw er daarom op dat het hoe dan ook goed komt.

Lisanne: *'s Middags had ik al beginnende weeën, om de vijf tot zeven minuten. Maar ik besteedde er niet veel aandacht aan. Ik heb nog een was gedaan, de keuken opgeruimd, en op advies van de verloskundige ben ik een appeltaart gaan bakken. Tijdens het appels schillen moest ik af en toe even stoppen om een wee weg te zuchten.*

's Avonds zetten de weeën door. Ze kwamen om de minuut en waren veel en veel sterker dan de weeën van die middag. Vanaf dat moment leek het wel alsof ik stoned was. Ik kreeg alles mee, maar van een afstandje, dat was prettig. Als ik de foto's van de bevalling terugzie, valt het me ook op: ik keek stoned, ik was helemaal van de wereld.'

Tips uit de praktijk. Wat helpt om te ontspannen?

- een massage nemen;
- een warme douche of een warm bad nemen;
- je zorgen loslaten of, als dat niet helpt, ze uitspreken;
- iets lekkers te eten nemen;
- een hazenslaapje doen tussen de weeën door;
- optimistisch blijven;
- humor houden;
- yogaoefeningen doen;
- afleiding zoeken, bijvoorbeeld door op de bank een ontspannende film te kijken. Een comedy bijvoorbeeld, of een tearjerker. Lachen ontspant. Huilen ook.

Tips uit de praktijk. Hoe kom ik de weeën door?

- Zorg dat je het lekker warm hebt. Zet de verwarming hoog, doe warme sokken aan of trek een fleecedeken of dekbed over je heen. Warmte ontspant.
- Zorg voor gedempt licht en een rustige sfeer, ook als je in het ziekenhuis bevalt. Wees zo min mogelijk actief, ook niet in je hoofd. De aanmaak van adrenaline, het hormoon dat je in het dagelijks leven in hoogste staat van paraatheid brengt, moet op het allerlaagste pitje staan. Probeer in een lome toestand te komen, in de allerlaagste versnelling, de stand by-modus.
- Schakel de klok in je hoofd uit – je hoeft nergens naartoe, je hebt geen afspraken. Denk alleen aan rustgevende dingen – vakantie, het strand. Het brengt je in de verstand-op-nul-blik-op-oneindig-stemming. Dat is nodig voor goede weeën.
- Ga van tijd tot tijd onder de douche of in bad. Dat verlicht voor veel vrouwen de pijn. Als je in bad gaat, maak dan het badwater niet heter dan zo'n 38 graden. Als het water te heet is, loopt je temperatuur op, net als die van het kind. Het versnelt de kinderlijke hartslag.
- Vraag je partner of degene die bij je is om je een (zachte) massage te geven, of je voeten te masseren. Dat ontspant.
- Leeg elke twee uur je blaas. Een volle blaas kan de ontsluiting en de indaling van de baby tegenhouden.

WELKE ADEMHALINGSTECHNIEK KAN IK HET BESTE GEBRUIKEN?

Ook hiervoor putten we uit onze verloskundige ervaring, niet uit de wetenschap. Ademhalingstechnieken zijn nu eenmaal niet of nauwelijks onderzocht.

Wellicht heb je op de zwangerschapscursus leren 'puffen'. Als dit je goed afgaat, en als de bevalling voldoende opschiet, kun je deze techniek prima gebruiken. Maar nodig is het niet. Dus laat je leiden door wat je prettig vindt en kijk wat er werkt. En probeer diverse technieken uit.

LET OP

Als de ontlasting in de weg zit, zou je aan het begin van de ontsluiting een microklysma van de apotheek kunnen gebruiken.

Een ademhalingstechniek uit de praktijk is deze:

- Adem in door je neus.
- Adem zo langzaam mogelijk door je mond uit, waarbij je een zo laag mogelijk geluid maakt. Je 'bromt' of 'humt' met een diepe stem de pijn weg. Naarmate de pijn heftiger is, zul je vanzelf harder gaan 'brommen'. Het brommen wordt misschien zelfs 'loeien'. Dat is prima.

MAG IK NOG ETEN TIJDENS DE WEEËN?

Ja, je mag zeker eten tijdens de weeën. Het is goed om telkens iets te nemen, zodat je voldoende glucose (suikers) in je bloed hebt. Geen zware maaltijden maar lichte snacks: thee met honing, druivensuiker (telkens kleine stukjes onder de tong), snoepjes, rijstwafels met jam, beschuiten, waterijsjes, bouillon, een gekookt eitje.

IN WELKE HOUDING KAN IK DE WEEËN HET BESTE OPVANGEN?

De rugligging is eigenlijk de minst gunstige houding voor de bevalling. De zware baarmoeder drukt de grote bloedvaten dicht waardoor de doorbloeding van de placenta is verminderd.

En vrouwen hebben, liggend op hun rug, meestal de pijnlijkste weeën. Je kunt de weeën dus beter niet liggend op de rug opvangen.

Houdingen om de weeën op te vangen:

- liggend op de zij;
- op handen en knieën;
- op knieën en ellebogen (op bed met je hoofd op een stapel kussens);
- hangend in de armen van je partner;
- staand;
- voorovergebogen over het aanrecht;

* achterstevoren zittend op een stoel;
* zittend (rollend) op een skippybal;
* zittend op de wc;
* zittend op een stoel onder de douche;
* lopend;
* wiegend;
* liggend in bad.

Kortom: veel werkt. Het gaat erom wat je zelf prettig vindt.

IK VOEL DE WEEËN VOORAL IN MIJN BENEN EN IN MIJN RUG, IS DAT NORMAAL?

Weeën kun je op verschillende plaatsen voelen – in je buik, in je rug (rugweeën) of in je benen. De pijn van de samentrekkende baarmoeder kan naar alle kanten uitstralen. Voor de snelheid van de ontsluiting maakt dat niet uit, de weeën zijn even effectief. Maar om ze op te vangen, zul je verschillende manieren prettig vinden.

Bij rugweeën kan het prettig zijn als er iemand stevig drukt op de kuiltjes in je onderrug.

Bij beenweeën kan *'apple shaking'* prettig zijn: het schudden van je dijen zodat je spieren trillen. Dit is een vroedvrouwentruc van de Amerikaanse verloskundige Ina May Gaskin.

WAT KAN IK IN HET ZIEKENHUIS DOEN OM DE WEEËN OP TE VANGEN?

In het ziekenhuis heb je wat minder bewegingsvrijheid dan thuis. Niet alleen is de ruimte kleiner, het kan ook zijn dat je bent verbonden met een CTG-apparaat of met een infuus. En dat je je minder vrij voelt om te doen wat je wilt.

Toch is het ook in het ziekenhuis goed mogelijk en belangrijk om je houding zo veel mogelijk te variëren. Met een infuus en een CTG-apparaat is het nog altijd goed mogelijk om rechtop de weeën op te vangen: staand, hangend over het bed of zittend op een stoel of op het bed. Rechtop heb je minder pijn, betere weeën en een betere doorbloeding van de placenta. Wees daarom creatief in het vinden van een gunstige houding, en verander regelmatig van positie.

Vraag of je van tijd tot tijd afgekoppeld kunt worden van het CTG-apparaat, zodat je bijvoorbeeld kunt douchen. Dat biedt afleiding, maar het biedt je ook de gelegenheid om even alleen te zijn of alleen met je partner.

HOE KOM IK DOOR DIE ROTTIGE LAATSTE CENTIMETERS VAN DE OVERGANGSFASE HEEN?

Zoals gezegd zijn de laatste twee centimeters van de ontsluiting de vervelendste. Deze perio-

---

WAT GEBEURT ER IN MIJN LICHAAM?
De bevalling is als een lawine

De bevalling is, als alles voorspoedig verloopt, net als een lawine: ze versterkt zichzelf. Een lawine begint met een trilling – een schreeuw, een skiër die langs suist – waardoor er boven op de berg wat sneeuw verschuift. Maar de lawine zwelt steeds meer aan en eindigt met donderend geraas en een enorme lading sneeuw die alles met zich meeneemt de berg af. Hoe lager de lawine komt, hoe harder ze raast, hoe meer sneeuw er loskomt. Anders dan met een thermostaat, die afslaat als het warm genoeg is en zo voorkomt dat de ketel gaat koken (een zichzelf remmend mechanisme), is een lawine juist een zichzelf versterkend mechanisme. Net als hardlopen met een eindsprint.

Zo is het ook met de bevalling. Het begint met voorweeën, baarmoederkrampen die goed te verdragen zijn. Maar naarmate de bevalling vordert, worden de weeën steeds krachtiger. Dat komt door de zogenoemde Fergusonreflex. Als het hoofdje van de baby van binnen op de baarmoederhals drukt, dan gaat er een sein naar de hersenen van de moeder dat er meer oxytocine gemaakt moet worden. Vervolgens drukt het hoofdje harder op

de wordt wel de overgangsfase genoemd. De weeën zijn nu ongelooflijk krachtig.

Juist nu is het belangrijker dan ooit om het hoofd koel te houden. De wee is maximaal 30 tot 45 seconden op zijn hevigst. Dat is niet zo lang. Tussentijds heb je pauze. Ontspan in die tussenpozen. En brom de zware weeën weg met de laagste stem die je in huis hebt. Geneer je niet, je levert een topprestatie.

Soms laat de laatste centimeter ontsluiting lang op zich wachten. Er staat dan nog 'een randje', zoals de verloskundige dat zegt: de ontsluiting is bijna, maar nog net niet helemaal volkomen.

Ban opnieuw de angst uit. Probeer enkel 'in het moment' te zijn. De angst voor wat er misschien nog gaat komen, is vrijwel altijd erger dan de werkelijkheid. Je bent al een heel eind gevorderd, het schiet op. Houd dat in gedachten.

DE ONTSLUITING VORDERT NIET MEER MAAR IK HEB WEL ENORME PERSDRANG, HOE KOMT DAT?

Een enkele keer is het hoofdje naar verhouding te groot, en kan het niet door het bekken heen. Zolang de vliezen nog intact zijn, vordert de ontsluiting, maar als ze gebroken zijn, komt de ontsluiting niet verder dan 5 tot 7 centimeter. Het hoofdje kan namelijk niet diep genoeg indalen om de rest van de (slappe) ontsluitingsrand weg te drukken. Dit verschijnsel heet 'maximale ontsluiting'. Omdat de baarmoeder op een zeker moment begint met uitdrijven, treedt er wel flinke persdrang op.

Maximale ontsluiting ontstaat meestal doordat het kind wat aan de grote, en het bekken iets aan de kleine kant is. De combinatie is dan ongunstig. Meestal is de baby dan aan het eind van de zwangerschap niet goed ingedaald, en het komt ook tijdens de weeën niet dieper. Als er maximale ontsluiting is, zal soms de gynaecoloog adviseren om te persen om te zien of de baby toch nog vaginaal geboren kan worden en

---

de baarmoederhals, en gaat er een krachtiger sein naar de hersenen: nog meer oxytocine wordt er gemaakt.
Dit is het mechanisme dat in de actieve fase van de bevalling zorgt dat je in een stroomversnelling komt.

LET OP

Als je het lastig vindt om persdrang weg te zuchten als je nog geen ontsluiting hebt, kan het helpen om van houding te veranderen. Op handen en knieën staat er minder druk op de bekkenbodem, dat wil de persdrang wel eens verlichten.

! Als je vermoedt dat je persdrang hebt, ga dan niet zomaar voor ontlasting naar de wc. Er is wel eens een baby in de wc gevallen, dat is gevaarlijk. Overleg met de verloskundige.

Verwar maximale ontsluiting niet met persdrang bij 8 of 9 centimeter ontsluiting, als het allerlaatste randje van de baarmoederhals nog niet helemaal is verdwenen.

Soms wordt er tijdens de ontsluiting een keizersnede verricht omdat het niet opschiet, zelfs niet met oxytocine. Meestal gaat het dan om een combinatie van ongunstige factoren, zoals een langdurige bevalling, een ongunstige ligging van het hoofdje of twijfel aan de conditie van de baby. Bij een volgende bevalling bestaat er een behoorlijke kans dat het wél lukt. Ga er dus niet te snel van uit dat je na een keizersnede de volgende keer weer een keizersnede krijgt. Je kunt dit het beste een tijd na de bevalling bespreken met de gynaecoloog en de verloskundige.

indaalt. Het hoofd van de baby kan zich toch vaak nog iets meer aanpassen. Als het na een half uur niet lijkt te lukken, volgt er een keizersnede.

BIJ MIJ VERLOOPT DE BEVALLING TE SNEL, WAT KAN IK DAARAAN DOEN?

Een heel snelle bevalling is natuurlijk gunstig. Maar de moeder kan zich overrompeld voelen door de kracht van de weeën, de pijn en de snelheid waarmee het gaat. De pijn is dan heftiger dan bij een meer geleidelijk verloop. Je zit in een achtbaan en kunt er niet uit.

Voor vrouwen die héél snel bevallen, kan het prettig zijn om ouderwets te gaan puffen. Dat wil nog wel eens helpen om de weeën te beteugelen. Gewoonlijk is dat nu juist niet het effect dat we graag willen bereiken, een lawine aan weeën vergroot de kans op een vlotte en ongecompliceerde bevalling. Maar bij heel snelle bevalsters is het niet zo erg als de weeën een beetje worden afgeremd.

Voor het overig geldt: geef je over aan de achtbaan. Het stopt vanzelf weer…

Mariël: *'Bij mijn eerste twee bevallingen was ik overrompeld door de pijn en de snelheid waarmee het ging. Vanaf het moment dat ik mezelf toestond om geluid te maken, kwam ik in een achtbaan van weeën terecht die niet meer stopte. Er was geen houden meer aan. Het ging razendsnel, maar ik vond het niet fijn.*

Bij mijn derde kind besloot ik het anders te doen. Ik besloot dit keer geen geluid te maken, maar ouderwets te puffen. De weeën waren veel minder heftig dan de eerste twee keren. Ik kon het beter aan.

Uit één ervaring mag je natuurlijk geen conclusies trekken. Toch denk ik dat voor mij geluid maken 'too much' was, het versterkte de weeën meer dan nodig was. Vrouwen met matige weeën, bij wie het niet zo opschiet, raad ik juist aan om geluid te maken. Ik heb vaak gezien dat het daarna beter opschoot.'

IK MOET NAAR DE WC, WAT BETEKENT DAT?

Wanneer je het gevoel hebt dat je naar de wc moet tijdens de ontsluiting, kan dat twee dingen betekenen: er komt ontlasting of je hebt persdrang. (En ook als je persdrang hebt, moet de ontlasting er eerst uit…)

ALS IK PERSDRANG HEB EN IK HEB NOG GEEN VOLKOMEN ONTSLUITING, MAG IK DAN MEEPERSEN?

Als de baby met het hoofdje naar beneden ligt, kan het nooit kwaad om toe te geven aan persdrang. Zelfs als er nog geen volkomen ontsluiting is, kan rustig meepersen geen kwaad. Met sterke persdrang is het trouwens bijna ondoenlijk om het op te houden.

'Voor omstanders lijkt het al gauw zielig als je pijn hebt'

Irena Veringa is verloskundige en onderzoeker. Daarnaast geeft zij training aan verloskundigen over baringspijn vanuit de neurowetenschappen. Wat zijn haar inzichten over pijn bij de bevalling? En welke tips geeft ze voor de bevalling?

Irena: 'Wij zijn niet gewend aan uitingen van pijn, zoals hard geluid maken, kreunen of heftig bewegen. Eigenlijk weten we weinig van pijnuitdrukkingen en pijngedrag. In de evolutie was en is pijnuitdrukking belangrijk: als je hard huilde of "au" riep, gingen mensen je helpen en voor je zorgen. Het is vrij simpel: onze kansen om te "overleven" in moeilijke situaties stijgen met de hulp van anderen. Want pijnuiting en pijngedrag hebben een uitwerking op de mensen eromheen. Als de familie erbij was, vroegen de vrouwen in mijn onderzoek eerder om pijnstilling tijdens de bevalling. Het kan betekenen dat de familie moeilijk kan aanzien dat hun naaste pijn heeft. Medelijden heeft invloed op de pijnbeleving, waardoor een barende vrouw eerder om pijnstilling kan vragen. Voor omstanders lijkt het al gauw zielig als je pijn hebt. Het is goed dat dit zo geregeld is, maar tijdens een bevalling kan dit soms in de weg zitten.

Mensen reageren heel verschillend op eigen pijn. Het is niet zozeer de mate van pijn of de weefselschade die de reactie bepaalt, maar hoe je denkt over pijn. Ons denken over pijn heeft een enorme invloed op onze pijnervaring, zo blijkt uit uitgebreid hersenonderzoek. We hebben allemaal ons eigen pijnsysteem: een pijndrempel en een pijntolerantie. De pijndrempel heeft te maken met onze gevoeligheid voor een pijnlijke prikkel. Bij een lage pijndrempel is er weinig prikkel nodig om iets als pijnlijk te ervaren. De pijndrempel wordt onder andere bepaald door de biologische geaardheid van een persoon, zoals hormonen.

Pijntolerantie is als het ware de bovengrens: de hoeveelheid pijn die je nog kunt verdragen. Deze tolerantie wordt vooral bepaald door wat we denken over pijn: onze ideeën, overtuigingen en verwachtingen. Kijk maar naar vrouwen met piercings, met tatoeages, met operatief vergrote borsten. Ze wilden aan een bepaald beeld voldoen en namen de pijn voor lief. We vinden de uitspraak "Wie mooi wil zijn moet pijn lijden" heel logisch.

Ons pijnsysteem kan op twee manieren reageren op onze overtuigingen over pijn:

1 Onze overtuigingen kunnen het pijnsysteem gevoeliger maken. Je wordt dan als het ware overgevoelig bijvoorbeeld door te veel aandacht voor de pijn te hebben.
2 Onze ervaringen, verwachtingen en overtuigingen kunnen het pijnsysteem remmen. Om een voorbeeld te noemen: het is zoals wanneer je naast een station woont en het lawaai van de trein niet meer hoort omdat je daaraan geen aandacht besteedt.

De achterhoorn in ons ruggenmerg bepaalt of een prikkel wordt versterkt of geremd voordat hij in de hersenen aankomt. Het is als het ware de postkamer van onze hersenen. Daar wordt bepaald welke brief snel doorgaat en welke wordt tegengehouden. Ons brein stuurt die postkamer aan, deels door bewuste en deels door onbewuste processen. Daarbij maakt het uit hoe je leven er heeft uitgezien, waar je wieg heeft gestaan, wie en hoe je ouders en opvoeders zijn geweest, hoe je bent opgegroeid, dat soort dingen. Kortom het verleden, het heden en de toekomst spelen een belangrijke rol in pijnervaring en pijngedrag.

Het is dus niet alleen de intensiteit van de pijn die ons gedrag bepaalt. Ook niet de duur van de pijn. Maar vooral onze houding tegenover de pijn. Die stuurt onze postkamer aan en bepaalt onze tolerantie tegenover pijn.

Uit mijn onderzoek blijkt dat twee houdingen sneller leiden tot de vraag om pijnstilling: catastroferen over pijn en externe pijnbeheersing.

Catastroferen wil zeggen dat je denkt dat het je toch niet zal lukken en dat je alles zwart inziet. Je gaat pijn of een andere spannende situatie vermijden. Vrouwen die catastroferen over bevallingspijn hebben vaak wat minder zelfvertrouwen, zijn angstiger of depressief. Maar je kunt ook catastroferen doordat iemand je bang gemaakt heeft of doordat je iets hebt gezien. Meestal catastroferen mensen omdat ze niet voldoende van een bepaalde situatie weten. Catastroferen kan in de evolutie nuttig zijn. Het levert ons veel op: aandacht, medische zorg, en... pijnstilling. Het kan een nuttige compensatie zijn voor bijvoorbeeld angst, onzekerheid en depressie. Catastroferen is een onbewust proces, je kiest daar niet bewust voor.

Externe pijnbeheersing wil onder meer zeggen dat je je lot sterk in handen legt van een dokter of een hogere macht. Dat je zo iemand verantwoordelijk maakt voor je welbevinden of je gezondheid. Mensen die een externe pijnbeheersing hanteren zijn vaker onzeker en angstig. Ze hebben meer zorg en bevestiging nodig.

Vrouwen die vooraf de overtuiging hebben dat ze zelf iets kunnen doen aan de pijn, die dus interne pijnbeheersing hanteren, vragen minder snel naar pijnstilling. Zij vermijden niet de pijn, maar treden de pijn juist tegemoet. In de praktijk en uit onderzoek blijkt dan inderdaad dat zij zelf die pijn aan kunnen. Dat ze minder snel hulp van buitenaf nodig hebben in de vorm van pijnstilling.

Welke gedrag we in het omgaan met pijn hanteren is afhankelijk van veel omstandigheden, zoals opvoeding, ervaringen en persoonlijkheid. Het wil niet zeggen dat vrouwen die catastroferen niet graag op eigen kracht zouden willen bevallen.

Pijn is onaangenaam, maar pijn heeft wel een functie. Pijn waarschuwt, zet ons aan het denken en dwingt ons tot actie. Tijdens de bevalling is pijn nuttig. De pijnlijke prikkel gaat in de hersenen naar de hypofyse, het orgaan dat oxytocine produceert. Zo zorgt de pijnlijke prikkel dat er meer oxytocine wordt aangemaakt. De pijn draagt zo bij aan de lawine van bevallingsweeën die gewoonlijk optreedt. Maar ook andere belangrijke hormonen worden aangesproken. En het mooie van ons systeem is dat wij, zodra we pijn hebben, zelf natuurlijke pijnstillers aanmaken, de zogenoemde endorfinen. Zo ontstaat er een cocktail van bevallingshormonen: met onder meer oxytocine, endorfinen, maar ook stresshormonen - alles precies in de juiste hoeveelheid, niet te veel, maar ook niet te weinig. Functionele stresshormonen, om de baby in de juiste staat van paraatheid te brengen voor het buitenbaarmoederlijke leven. En om de barende vrouw te laten presteren en te motiveren. Als er te veel van deze stresshormonen worden geproduceerd, wordt de productie van oxytocine geremd en heb je geen effectieve weeën. Een teveel aan stresshormonen kan ook de baby schaden.

Een ruggenprik remt de pijnlijke prikkel onderweg naar de hersenen en daarmee ook de aanmaak van oxytocine. Dan krijg je een infuus om de weeën te versterken. Daardoor kan de hele bevalling anders verlopen.

Ik ben niet tegen pijnstilling. Het is een verworvenheid van deze tijd dat er pijnstilling is. Maar je moet er weloverwogen toe besluiten. Het is een ingreep met gevolgen voor moeder en kind, daar moet je goed over nadenken. En er is nog zoveel meer mogelijk dan enkel een ruggenprik: hypnose, massage maar ook een doula of een betrokken begeleiding van de hulpverleners. Het laatste middel is wetenschappelijk bewezen als goed werkzaam.

Of we iets kunnen veranderen aan onze pijnervaring en pijngedrag? Ja, natuurlijk kan dat, want ons zenuwstelsel is plastisch. Dat wil zeggen dat het voortdurend verandert. Elke dag worden er nieuwe verbindingen aangelegd of nieuwe functies opgelegd aan ons zenuwstelsel. Problemen in het omgaan met bevallingspijn kunnen door therapie, oefeningen of zelfs een goed gesprek veranderd worden. Daardoor kan zelfs het gehele pijnsysteem veranderen. Het is zonneklaar dat ons denken invloed heeft op pijn! Het helpt bijvoorbeeld al om te weten hoe ons pijnsysteem werkt. En hoe het zit met de bevallingscocktail die ons door de bevalling heen helpt. Als ik dat vrouwen uitleg die op mijn pijnspreekuur komen zeggen ze: 'O, zó zit het!' Het geeft ze weer vertrouwen dat hun lichaam het zelf kan oplossen.'

De tips van Irena:

- Ken jezelf! Hoe ga je om met pijn? Wat zijn je sterke en je zwakke punten? Ben je een catastrofeerder? Waar catastrofeer je over? Kan er iets aan gedaan worden? Accepteer jezelf. Weet wie je bent en laat het je partner ook weten. Deel je zorgen over de bevalling. Hij moet weten wat je kunt, wie je bent, en wat je van hem of haar verwacht. De partner van een barende moet begrijpen dat pijn tijdens de bevalling in principe geen lijden is en dat zijn of haar vrouw niet zielig is.
- Wees eerlijk over je angsten. Leg je ergste angst op tafel. Dat is de sleutel! Communiceer erover, praat erover met je partner en met de verloskundige. Vraag aan haar wat je van haar mag verwachten en vertel tot hoe ver je wilt gaan. Als na een goed gesprek toch blijkt dat je pijnstilling wilt, dan heb je je keuze weloverwogen gemaakt.
- Heel belangrijk: concentreer je op de weeënpauzes, niet op de weeën. Tijdens de pauze ga je endorfinen aanmaken: morfineachtige stoffen. Het helpt om in de pauze goed te ontspannen, weer even te resetten, je pijntolerantie weer op te bouwen, jezelf toe te spreken of toegesproken te worden. Bedenk: de wee duurt een minuut, de weeënpauze soms wel 3 tot 5 minuten. Het is normaal dat je tijdens een wee misschien een beetje angstig wordt of het niet meer ziet zitten. Maar in de pauze kun je weer nadenken en vooral bedenken waar je dit allemaal voor doet. De pauzes zijn dus verreweg het belangrijkste deel van de bevalling. Als je merkt dat je in de pauzes je moeilijk kun ontspannen of jezelf moeilijk kunt toespreken, roep de hulptroepen erbij. Deze tip geldt ook voor je partner, voor de verloskundige en voor wie er nog meer bij je is: concentreer alles op de weeënpauzes!

21

Hoe zit het met de pijn?

De pijn bij een bevalling doet altijd veel stof opwaaien. Kranten worden erover vol geschreven. Maar hoe erg is die pijn nu eigenlijk? En wat is de beste manier om ermee om te gaan? Is het niet middeleeuws om zonder pijnstilling te bevallen?

KUN JE NIET BETER ZONDER PIJN BEVALLEN? EEN BLINDEDARMOPERATIE DOEN WE TOCH OOK NIET ZONDER VERDOVING?

Eeuwenlang is een bevalling onlosmakelijk verbonden geweest met pijn. Het is nu uiteraard mogelijk om te bevallen zonder pijn. Of bijna zonder pijn. Er is een ruggenprik beschikbaar, en vaak een pijnpompje. Waarom zouden we daar geen gebruik van maken? Is de pijn echt nodig of kunnen we net zo goed zonder?

De pijn is een onprettige kant aan de bevalling die je liever zou mijden. Bij de eerste bevalling weet je niet wat deze pijn voor je betekent en of je deze kunt verdragen. Je wilt van tevoren graag weten wat de mogelijkheden zijn om met de pijn om te gaan.

Het is helaas niet zo dat als je de pijn wegneemt, de bevalling onveranderd blijft. Een bevalling met pijnstilling – door een pijnpompje, een injectie met een morfineachtige stof of een ruggenprik – is dan geen ongecompliceerde bevalling meer. Je moet dan in het ziekenhuis bevallen en hebt kans op complicaties. Want elke medische ingreep brengt risico's met zich mee.

Je kunt dus niet stellen dat je net zo goed met pijnstilling – een ruggenprik, een pijnpompje – kunt bevallen. Alles heeft zijn prijs. Ook een pijnpompje of een ruggenprik. Het is belangrijk je dat te realiseren voordat je een keuze maakt. En dan bewust en in vol vertrouwen de bevalling ingaat.

Vertrouwen is erg belangrijk. Het is de tegenhanger van angst. En angst remt de weeën en versterkt de pijn. Ga het avontuur aan met de zekerheid dat er hulp komt als het nodig is – pijnstilling, een infuus om de weeën te versterken, een kunstverlossing.

ZAL IK DE PIJN KUNNEN VERDRAGEN?

Als je niet op voorhand besluit te kiezen voor pijnbestrijding, dan is de volgende belangrijke vraag: kan ik de pijn verdragen? Is het te doen om te bevallen? In de meeste gevallen wel. Dat zien we in de praktijk, en dat is ook onze eigen ervaring. Het overgrote deel van de vrouwen bevalt zonder pijnstilling, ook nu in deze tijd pijnstilling heel gemakkelijk te verkrijgen is. In de Nederlandse ziekenhuizen, waar tegenwoordig een ruggenprik 24 uur per dag kan worden verkregen, had in 2009 tussen de 70 en 90 procent van de vrouwen die een gewone bevalling probeerden, geen ruggenprik nodig.

In de latente fase van de bevalling is de weeënpijn meestal goed te verdragen. De weeën kunnen dan al best pijnlijk zijn, maar ze zijn prima op te vangen. Daarbij is het belangrijk dat je begeleid wordt door iemand in wie je vertrouwen hebt – je echtgenoot, je moeder, een goede vriendin, een doula. Dit is nodig voor het goede verloop van de baring. Het is aangetoond dat als deze persoon bij de hele bevalling aanwezig is, er minder behoefte is aan pijnstilling. De eerste centimeters van de actieve fase zijn meestal ook nog goed te doen.

Het moeilijkste moment is de laatste fase, rond de acht centimeter ontsluiting. Die wordt niet voor niets de *période du désespoir* genoemd, het moment dat de moeder even alle hoop verliest en het niet meer ziet zitten. Het goede nieuws is: het eind is dan in zicht! De écht hevige pijn duurt dus niet zo lang.

Onze ervaring is dat vrouwen de pijn meestal kunnen verdragen als de ontsluiting goed vordert. Als de pijn tot resultaat leidt, zijn vrouwen gemotiveerd om de weeën op te vangen. Zeker als de begeleiding goed is. Om de pijn goed te kunnen verdragen, is het heel belangrijk dat je weet dat er goede pijnstilling beschikbaar is in het ziekenhuis als het echt te veel wordt. Daar moet je op kunnen vertrouwen. Je verloskundige heeft dit in de zwangerschap met je besproken.

Vaak zien we dat vrouwen de moed verliezen als de ontsluiting stagneert. Het lijkt dan immers alsof de pijn voor niets is. Dat is demotiverend. De moeheid slaat dan toe. Dat is het moment dat pijn moeilijk te verdragen wordt, en vaak ook het moment voor pijnbestrijding en eventueel een infuus om de weeën te versterken. In zo'n geval wegen de voordelen van pijnstilling op tegen de nadelen. Pijnbestrijding kan dan zelfs een stagnerende bevalling weer vlot trekken, en wellicht een keizersnede voorkomen. Dan is de keuze snel gemaakt.

Hoe gemakkelijk je pijn kunt incasseren, heeft alles te maken met hoe snel de ontsluiting vordert, hoe lang je al bezig bent en of je angstig bent. Angst versterkt de pijn. De kunst is dus om angst uit te bannen door het goed te bespreken en de omstandigheden te kiezen die voor jou optimaal zijn. Ga vol vertrouwen de bevalling in!

Joris: *'De eerste keer kregen we een tweeling, dus die bevalling moest in het ziekenhuis plaatsvinden. Georgine had daarbij vrij veel bloed verloren. Om die reden moest de tweede bevalling ook in het ziekenhuis plaatsvinden.*

Naarmate de zwangerschap vorderde, zag ik de baby wel erg hard groeien. Het zou een flinkerd worden, en Georgine is niet lang, 1,61 meter. Toen de weeën zich aandienden, vertrokken we naar het ziekenhuis. Ik had er alle vertrouwen in dat Georgine de klus weer heel goed zou klaren. Ze keert helemaal in zichzelf tijdens de weeën. Als partner heb ik daar dan weinig aan toe te voegen. Als ze weer 'wakker' wordt, is het zover. Ze heeft onze zoon er op eigen kracht uitgeperst. Wel zaten de schouders vast omdat hij zo groot was. Ik kon het niet laten om toch even te helpen en moest flink trekken en manoeuvreren om hem uiteindelijk geboren te laten worden. Hij was 4690 gram. En nee, veel bloed heeft Georgine die keer niet verloren…'

HOE KAN IK HET BESTE OMGAAN MET DE PIJN?

Pijn is niet fijn. Pijn is iets dat we in de regel het liefst vermijden. Ook tijdens de bevalling doe je in eerste instantie alles om de pijn uit de weg te gaan. Het is moeilijk om bij bevallen precies het tegenovergestelde te doen. Om de pijn toe te laten als die komt. Dat lijkt tegennatuurlijk

WEETJE

Vrouwen die al op voorhand pijnbestrijding krijgen, zijn achteraf niet tevredener met hun bevalling dan vrouwen die zonder pijnbestrijding bevallen. Ook hebben ze de bevalling niet als pijnloos ervaren, er waren altijd momenten dat er wel pijn was. Dat is gebleken uit een Zweeds onderzoek.

maar is effectief. Want in dit geval betekent pijn: weeën. Die heb je nodig voor een vlotte bevalling.

Vervolgens is het de kunst de weeën zo goed mogelijk op te vangen. Op de zwangerschapscursus leren veel vrouwen ademhalingstechnieken om de pijn het hoofd te bieden. Die kunnen helpen. Vooral de technieken waarbij je langzaam uitademt, eventueel met geluid, kunnen ontspanning bieden.

Geluid maken helpt, zeggen veel vrouwen, om de pijn de baas te blijven. Het is in ieder geval een heel natuurlijke reactie. Gebruik een lage stem, probeer niet te gillen of te schreeuwen maar te kreunen of, zoals sommige vrouwen zelfs zeggen, te 'loeien'. Even helemaal alleen zijn, helpt soms ook als je je niet vrij voelt. Bespreek het met de verloskundige of verpleegkundige.

Mariël: *'Vaak zie ik dat het de weeën remt als vrouwen te veel gericht zijn op het wegpuffen ervan. Puffen helpt om de bevalling onder controle te houden, maar voor sterke weeën kun je juist beter de lawine aan weeën over je heen laten komen. De controle loslaten. Als het na uren puffen niet opschiet, probeer dan geluid te maken. Bij voorbeeld onder de douche, dat werkt dubbelop.'*

Tips tegen de pijn:

- adem in door je neus en zo langzaam mogelijk uit door je mond waarbij je geluid maakt, met een lage stem;
- varieer van houding, en mijd de rugligging;
- neem een warme douche;
- neem een warm bad;
- druk twee kammen in de kussentjes van je handen. Zo creëer je een andere pijn die je zelf in de hand hebt, en die de aandacht afleidt van de bevallingspijn.

Mariël: *'Jacqueline wilde graag thuis bevallen van haar eerste kind. Ze belde me 's avonds met weeën om de 5 minuten. Die pufte ze keurig weg. Bij het inwendig onderzoek was er 1 centimeter ontsluiting. De harttonen van de baby waren prima. Jacqueline ging er met goede moed verder tegenaan.*

Die nacht bleven de weeën om de 5 minuten komen. De harttonen van de baby bleven goed. De hele nacht zuchtte Jacqueline de weeën weg. Toch was de ontsluiting de volgende ochtend nog maar 2 centimeter. Jacqueline was hevig teleurgesteld toen ik haar dit vertelde. Na al die weeën dacht ze dat ze verder zou zijn.

Ik raadde haar aan in bad te gaan en niet langer te puffen maar geluid te gaan maken. Dat deed Jacqueline met overgave. Ze raakte helemaal in de bevallingsroes. En het meest verrassende was dat de ontsluiting ongelooflijk opschoot: in drie uur tijd had Jacqueline acht centimeter ontsluiting. Voor een eerste kind was dat ongelooflijk snel gegaan.

Niet veel later had Jacqueline persdrang. Ze wilde graag op de baarkruk bevallen. Na een uurtje persen werd er een gezonde baby geboren.'

KRIJG IK PIJNBESTRIJDING ALS IK DAT WIL?

Sinds een paar jaar is er geregeld dat vrouwen op verzoek gemakkelijk pijnbestrijding kunnen krijgen: een pijnpompje of een ruggenprik, ofwel epidurale anesthesie. Je kunt daar al op voorhand voor kiezen, maar je kunt ook besluiten af te wachten hoe de bevalling verloopt en pas tijdens de bevalling besluiten of pijnbestrijding nodig is.

Als je behoefte hebt aan pijnbestrijding zijn er drie mogelijkheden: een pijnpompje, een injectie met een morfineachtige stof en een ruggenprik. Meer informatie over de verschillende methoden vind je verderop in dit hoofdstuk.

Ziekenhuizen moeten dag en nacht goede pijnstilling kunnen aanbieden. En de professionals zijn het erover eens dat de ruggenprik op dit moment de beste vorm van pijnstilling is. Bespreek de mogelijkheden goed van tevoren met de verloskundige, je moet er immers op kunnen rekenen.

Vrouwen die met een medische indicatie in het ziekenhuis bevallen, krijgen vaker pijnbestrijding dan vrouwen met een ongecompliceerde bevalling. Wanneer de bevalling bijvoorbeeld met een infuus wordt ingeleid, zijn de weeën dikwijls pijnlijker. Bovendien heeft een vrouw dan minder bewegingsvrijheid en kan ze minder goed de weeën opvangen. Daar komt bij dat het in het ziekenhuis gangbaarder is om pijnbestrijding te geven, en minder gemakkelijk om onder de douche te gaan. Dit hangt onder andere samen met de CTG-bewaking en het feit dat je vaker een infuus nodig hebt.

Of het beter is een ruggenprik al voor de bevalling te nemen of alleen als je het tijdens de bevalling nodig hebt, dat moet nog worden onderzocht. Ook weten we niet precies of het pijnpompje of de ruggenprik in de praktijk beter werkt. Dit alles zal worden uitgezocht.

WAT IS PRECIES HET PIJNPOMPJE?

Het pijnpompje is een infuus met een kortwerkende pijnstiller, een morfineachtige stof die snel werkt en ook snel weer is uitgewerkt: remifentanil. Vrouwen kunnen, als ze een wee hebben, zichzelf de pijnstiller toedienen. Eigenlijk dankt het pijnpompje zijn succes mede aan het feit dat het vrouwen het gevoel geeft dat ze zelf iets kunnen doen aan de pijn. Dat ze de situatie onder controle hebben.

Het pijnpompje is een minder goede pijnstiller dan de ruggenprik. Eigenlijk brengt de morfineachtige stof je in een roes, maar het neemt de pijn niet echt weg. Het voordeel ten opzichte van de ruggenprik is dat bij het pijnpompje het onderlichaam niet verlamd is, dat je geen blaaskatheter nodig hebt om te kunnen plassen, dat je er geen koorts van krijgt en geen bloeddrukdaling (Zie 'Hoe verloopt een ruggenprik?').

Nadelen kent het pijnpompje ook:

- het is een minder goede pijnstiller dan de ruggenprik;
- als je jezelf per ongeluk te veel remifentanil toedient, kun je een ademstilstand krijgen (heel zeldzaam);
- de baby krijgt de stof binnen.

WAT DOET EEN MORFINE- OF PETHIDINE-INJECTIE?

Voordat de ruggenprik voor iedereen verkrijgbaar moest zijn, kregen vrouwen die pijnbestrijding nodig hadden tijdens de bevalling meestal een injectie met een morfineachtige stof: morfine of pethidine, een opiaat. De injectie, in het bovenbeen of in de bil, werkt na ongeveer een kwartier. Je raakt daarvan in een roes, waardoor de scherpe kanten van de pijn af gaan. Je kunt meer afstand nemen van de pijn. Een positieve bijwerking is dat pethidine ontremt, waardoor de weeën vaak enorm opschieten. Ook stimuleert het de afgifte van het bevalhormoon oxytocine. Maar echte pijnbestrijding is het niet, evenmin als het pijnpompje.

Sinds de introductie van de ruggenprik en van het pijnpompje worden morfine en pethidine minder vaak gegeven.

De morfineprik kent ook nadelen:

- Je wordt suf en slaperig, *stoned*. Achteraf kun je je vaak stukken van de bevalling niet meer voor de geest halen.
- De baby krijgt het middel binnen en kan ook suf en slaperig worden. Het middel wordt bij voorkeur niet gegeven als de geboorte binnen vier uur te verwachten is, omdat de baby dan 'opstartproblemen' kan hebben. Hij is nog zo slaperig dat hij niet spontaan en vlot begint te huilen en te ademen, en daardoor na de bevalling een lagere apgarscore heeft (zie het hoofdstuk 'De uitdrijving').
- Omdat de baby veel langzamer de medicijnen

WEETJE

Omdat we niet goed weten wat vrouwen nu de beste vorm van pijnstilling vinden, remifentanil of de ruggenprik, zal in 2011 en 2012 een groot Nederlands onderzoek hiernaar starten. Veel ziekenhuizen en verloskundigen doen eraan mee.

afbreekt dan de moeder, kan hij nog uren na de bevalling slaperig en suf zijn, ademhalingsproblemen hebben en moeilijk drinken. Soms moet hij daardoor de couveuse in. Soms wordt er een injectie gegeven met een antidotum, een medicijn dat de morfinewerking tegengaat.

- Doordat de baby slaperig en suf is na de bevalling, wil hij vaak niet meteen aan de borst. Het is belangrijk dat de eerste voeding zo snel mogelijk na de bevalling plaatsvindt. Een paar uur uitstel bemoeilijkt het op gang komen van de borstvoeding.

HOE VERLOOPT EEN RUGGENPRIK?

De ruggenprik is, als die goed zit, de meest effectieve pijnstiller voor baringspijn. Een ruggenprik wordt gegeven door de anesthesist. Voordat de ruggenprik wordt gegeven, krijg je een infuus om te voorkomen dat de bloeddruk sterk daalt en de baby te weinig zuurstof krijgt. De bloeddrukdaling is een bijwerking van de ruggenprik. Vervolgens verdooft de anesthesist je rug, en brengt hij tussen twee wervels een dun slangetje (een katheter) aan in de epidurale ruimte. Dat is de ruimte die het ruggenmerg, waar alle belangrijke zenuwen doorheen lopen, en het ruggenmergsvocht, omsluit. Het slangetje wordt aangesloten op een pompje dat voortdurend nieuwe verdovingsvloeistof inbrengt.

Na 5 tot 15 minuten is het onderlichaam verdoofd. Het kan zijn dat je benen slap en verdoofd raken – je kunt dan niet meer lopen en moet op bed blijven – en soms krijg je een slangetje in de blaas (een blaaskatheter) omdat je niet meer zelf kunt plassen.

Als er volkomen ontsluiting is, wordt de pomp op een lagere stand gezet, zodat je het gevoel in het onderlichaam weer terugkrijgt en zelf mee kunt persen.

De voordelen van de ruggenprik:

- Een ruggenprik is de meest effectieve vorm van pijnbestrijding.
- De ruggenprik maakt nauwelijks slaperig of suf en heeft weinig invloed op de baby omdat de verdovingsvloeistof maar in kleine hoeveelheden in het bloed komt.
- 95 procent van de vrouwen voelt met een ruggenprik bijna geen pijn meer, dus bij maar 5 procent werkt de ruggenprik niet of onvoldoende.

De ruggenprik kent ook nadelen:

- Je moet op bed blijven liggen, en dus ook liggend bevallen.
- Je voelt niet goed meer of je plassen moet, dan krijg je daarvoor een katheter (een slangetje in de urinebuis).
- De bloeddruk kan dalen, en daarmee ook de harttonen van de baby (dat kan de anesthesist behandelen).
- Je kunt een ademstilstand krijgen. Dat is zeldzaam maar vereist acute behandeling door de anesthesist. Ademhalingsproblemen worden veroorzaakt door het per ongeluk weglekken van verdovingsvloeistof in het bloed of in het ruggenmergsvocht.
- Je ligt aan nogal wat slangen en snoeren: dubbel aan de bewakingsapparatuur (zowel voor jezelf als voor de baby), een infuus, de epidurale katheter en soms aan een blaaskatheter.
- Je kunt de temperatuur van je onderlichaam niet goed meer regelen, waardoor je koorts kunt krijgen of juist kunt gaan rillen. Daardoor krijgen veel vrouwen onnodig antibiotica (koorts kan immers ook door een infectie veroorzaakt worden). Nog vervelender is dat in zo'n geval de baby vaak ook antibiotica krijgt en wordt opgenomen op de couveuseafdeling, omdat vaak niet duidelijk is of de koorts is veroorzaakt door een (gevaarlijke) infectie of door de ruggenprik.
- Je kunt jeuk krijgen door het verdovingsmiddel.

- Je kunt misselijk worden en gaan overgeven.
- Je krijgt meer inwendige onderzoeken om te kijken hoe ver de ontsluiting is gevorderd. De verloskundige of gynaecoloog kan dit nu niet meer uit je gedrag opmaken.
- Het lawine-effect van de bevalling stopt doordat de weeënversterkende reflex van de baarmoeder naar de hersenen, via het ruggenmerg, is geblokkeerd. Daardoor nemen de weeën af.
- De kans op een oxytocine-infuus (om de weeën te stimuleren), een vacuümverlossing of een tangverlossing is hoger. Een oxytocine-infuus verhoogt de kans op té sterke weeën en daardoor zuurstoftekort bij de baby.
- Als de ruggenprik laat in de ontsluiting wordt toegediend, is er mogelijk een verhoogde kans op een keizersnede.
- Je voelt vaak niet of je persdrang hebt, waardoor je minder goed kunt meepersen.
- De borstvoeding komt vaak moeilijker op gang.
- Rugpijn na de bevalling lijkt vaker voor te komen. Die wordt waarschijnlijk niet veroorzaakt door de ruggenprik zelf, maar door het langdurig in één houding liggen en persen. Doordat je natuurlijke reactie op pijn of stijfheid verdwijnt, ga je niet zo snel verliggen of verzitten.
- Je kunt na de bevalling last houden van hoofdpijn bij het opstaan, die daags na de bevalling ontstaat en weken kan aanhouden. Dat komt voor bij 1 op de 100 vrouwen. In de helft van de gevallen verdwijnt de hoofdpijn door veel rust en veel drinken in combinatie met pijnstillers. In de andere helft van de gevallen niet. In dat geval moet je terug naar de anesthesist om een oplossing te zoeken.

WATERINJECTIES

Sommige verloskundigen bieden je waterinjecties aan. Ze injecteren een beetje steriel water vlak onder de huid, onder in de rug. De injectie is pijnlijk, maar bij veel vrouwen is de weeënpijn daarna een tijd weg. Er is discussie over deze injecties omdat er nog niet zoveel onderzoek naar is verricht.

WAT IS TENS?

Sommige verloskundigen bieden je TENS aan tegen de pijn. TENS staat voor transcutane elektro neurostimulatie. Dat wil zeggen dat er elektrische stroompjes door de huid heen geleid worden om de pijn te verminderen. Er is niet veel bewijs dat TENS de pijn echt vermindert, maar TENS kan geen kwaad.

Voor TENS wordt een klein kastje gebruikt dat met kabeltjes is verbonden met een elektrode die op de huid wordt geplakt. De elektrodes geven de stroompjes af.

WAT IS LACHGAS?

Lachgas (Entonox) is een middel dat in Engeland al lang en veelvuldig wordt gebruikt om de pijn bij een bevalling te verminderen. Het is een heel onschuldig middel dat goed werkt tegen baringspijn. Gewoonlijk neemt de barende vrouw zelf een teugje lachgas als de pijn te hevig wordt.

In Nederland is lachgas niet veel gebruikt, maar het is aan een opmars bezig. Lachgas wordt overigens door jongeren veel gebruikt op feestjes en in het uitgaansleven.

'Een bevalling is zo'n belangrijk moment in je leven'

Jetske Ultee is onderzoeksarts en bekend als auteur van *Dr. Jetskes huidboek*. Daarnaast is ze moeder van vier kinderen.

'Bij mijn eerste kind wilde ik, als arts, per se in het ziekenhuis bevallen. Ik was een enorm voorstander. Net als mijn man, hij is chirurg. Mijn schoonzus is verloskundige in een groot ziekenhuis. Zij begeleidde de eerste bevalling, samen met een gynaecoloog. Ik had behoorlijk wat bloedverlies, iedereen werd daar een beetje zenuwachtig van. Ik niet, ik had het gevoel dat er niets aan de hand was. Maar vanwege het bloedverlies was het goed dat ik in het ziekenhuis was.

Het was fijn om te bevallen bij een vertrouwd iemand die dat met hart en ziel deed en zoveel vertrouwen gaf. Net een verplaatste thuisbevalling. Binnen een paar uur was ik bevallen, alles ging goed, Noa was ruim 7,5 pond.

De tweede baby lag in stuitligging. Ik vond het moeilijk om te beslissen of het een vaginale geboorte of een keizersnede zou worden. Mijn buikgevoel zei dat een normale bevalling het beste zou zijn, maar er werd gewaarschuwd voor risico's. Koos ik nu voor mezelf of voor mijn kind? Mijn schoonzus gaf me het vertrouwen dat ik best een vaginale bevalling kon kiezen. Per slot van rekening is een keizersnede ook niet zonder risico.

De gynaecoloog zou zelf de bevalling doen, ik zou een infuus krijgen, en een knip, allemaal uit voorzorg. Maar toen ik op een maandagochtend aan het bevallen was, was er geen gynaecoloog beschikbaar, iedereen was aan het overdragen. De verpleegkundige zei me dat ik de weeën moest wegzuchten, maar het ging zó snel, ik kon de persdrang niet meer ophouden, de baby kwam er gewoon aan, nog helemaal in de vruchtzak want de vliezen waren nog niet eens gebroken. Ik was in paniek, dacht: wat moet ik doen? Op het allerlaatste moment kwam er een gynaecologe binnenlopen, haar witte jas had ze nog niet aan. Ze was net op tijd om een handgreep te doen om de armpjes en het hoofdje geboren te laten worden. India was ruim 8,5 pond en hartstikke gezond. Eén halfuur later huppelde ik al weer rond en kon ik naar huis.

Achteraf is het dus allemaal heel goed gegaan, en zijn mij een infuus en een knip bespaard gebleven. Maar vanaf dat moment dacht ik: de volgende keer ga ik thuis bevallen. Je denkt dat je alles van tevoren kunt regelen en voorbereiden, maar het loopt toch anders. Mijn man was het ermee eens.

Bij de derde kwam mijn schoonzus weer om de bevalling te doen. Mijn verloskundige uit de buurt, bij wie ik steeds op controle was geweest, kwam ook. En de kraamverzorgster. Heel bijzonder was het, ik heb een goede band met mijn schoonzus. Ze gaf me veel vertrouwen, als ik naar haar ogen keek, wist ik precies wat ik moest doen. Het was gezellig in huis, alles opgeruimd, kaarsjes aan. Heel fijn.

Op een zeker moment moest ik plassen, daarna brak de hel los. Ik kon nog net het bed bereiken en in één wee werd Senna geboren. Het was een fantastisch moment. En na de geboorte ga je onder de douche en stap je met zo'n roze kindje weer in je net verschoonde bed.

De vierde bevalling was denk ik de mooiste. Heel rustig. Omdat ik altijd zo snel beviel, kwamen mijn schoonzus, de verloskundige uit de buurt en de kraamverzorgster al na de eerste wee aangescheurd. Maar er was nog niet veel aan de hand. Uren zaten ze beneden te wachten terwijl mijn man en ik een beetje zaten te zappen in de slaapkamer. De weeën waren heel goed te verdragen.

Na een paar uur heeft mijn schoonzus de vliezen gebroken. Toen werd het meteen heel heftig. "Hij komt!," riep ik. "Wacht effe!," riep mijn schoonzus. Net als Senna werd Bo in één wee geboren. Hij was iets lichter dan zijn broer: krap 8,5 pond.

Een bevalling is zo'n belangrijk moment in je leven, zo bijzonder. Als ik eraan terugdenk, vind ik het jammer dat ik dat nu nooit meer mee zal maken.'

Tips van Jetske:

- Geniet heel bewust van je zwangerschap en je bevalling. Het duurt allemaal maar zo kort.
- Laat je niet gek maken door vreselijke verhalen over de bevalling. Bevallen kan ook heel leuk zijn!

22

De uitdrijving

De overgangsfase van de ontsluiting loopt over in de uitdrijving: het persen. De baarmoedermond is nu helemaal open, er is volkomen ontsluiting: 10 centimeter. Persdrang! Je kunt nu actief aan de slag om de baby naar buiten te persen. Met een eerste kind is dat nog even flink werken, met een tweede of volgend kind verloopt de uitdrijving meestal vlot. De bekroning is de geboorte van je kind.

WAT IS PERSDRANG?

Persdrang is een reflex. Een sterk gevoel dat je naar de wc moet. Of je nu wilt of niet, je lichaam perst mee als er een wee komt, met alle kracht die je in je hebt. We noemen dat *reflectoire persdrang*. De baarmoeder maakt golvende bewegingen. Dat kan gepaard gaan met een oergeluid dat verloskundigen en gynaecologen van grote afstand herkennen ('Ik hoor het al', of: 'Ik zou maar gauw gaan kijken'), een soort diep en krachtig kreunen.

Persdrang wordt veroorzaakt doordat de baarmoeder begint de baby naar buiten te werken. De ontsluiting is bijna of helemaal volkomen, het hoofdje komt dieper te staan en passeert eerst de ontsluitingsring en drukt daarna op de endeldarm. Dat geeft een onhoudbaar druk- of persgevoel.

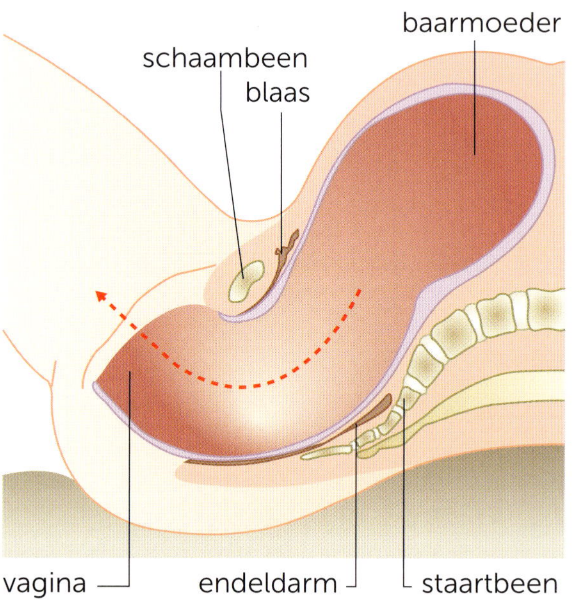

Als er volkomen ontsluiting is, is het geboortekanaal een gebogen buis geworden

MAG IK MEEPERSEN ALS IK PERSDRANG HEB MAAR NOG GEEN VOLKOMEN ONTSLUITING?

Soms is de ontsluitingsrand nog een stukje te voelen als er al persdrang optreedt. De ontsluiting is dan nog niet volledig, maar bijvoorbeeld 9 centimeter. Echte persdrang is bijna niet op te houden. Dat hoeft ook niet. Alleen bij een stuitbevalling kan het zijn dat je instructies krijgt om de persdrang op te houden. In alle andere gevallen kan het geen kwaad, ook niet als de baarmoedermond nog niet helemaal open is.

Als je nog geen volkomen ontsluiting hebt, is het aan te raden om niet met alle kracht mee te persen, maar rustig toe te geven aan de persdrang.

WAT GEBEURT ER ALS IK PERSDRANG HEB MAAR DE VLIEZEN ZIJN NOG NIET GEBROKEN?

Mochten de vliezen nog niet gebroken zijn als je volkomen ontsluiting hebt, dan kan de verloskundige dat alsnog doen, of ze kan ze intact laten. Een enkele keer wordt het kind met de helm op geboren: in de vliezen. Die moeten dan na de geboorte opengemaakt worden zodat de baby kan ademen. Vroeger werden er aan een kind dat met de helm op was geboren bijzondere kwaliteiten toegedicht…

Als er volkomen ontsluiting is, moet de baby nog door een soort kromme buis, het geboortekanaal

HOE VERLOOPT DE UITDRIJVING?

Als de baarmoedermond helemaal open is en de vliezen zijn gebroken, dan voelen we bij het inwendig onderzoek alleen nog maar het glibberige hoofdje, met of zonder haartjes. (Je kunt zelf ook even voelen!) De doorgang is dan vrij. Maar de baby moet nog door een soort kromme buis, het geboortekanaal, voordat hij het levenslicht aanschouwt. Dat geboortekanaal is, zeker de eerste keer, stug. Het moet stukje bij beetje opgerekt worden. Tegelijkertijd zal het zachte hoofdje van de baby zich aanpassen aan het geboortekanaal: het vervormt. Een baby wordt dan ook meestal geboren met een wat langgerekt hoofdje. Dat trekt weer bij.

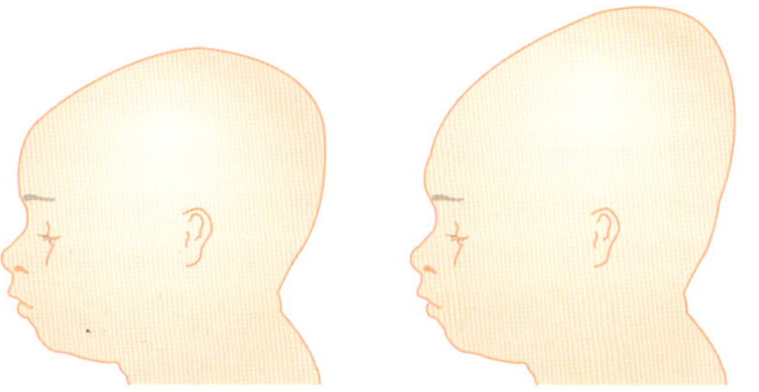

normaal gevormd babyhoofdje — vervormd hoofdje na normale bevalling

Het kind moet tijdens zijn 'reis' nog een paar manoeuvres maken. Aan het begin ligt hij als het ware op de zij, met het ruggetje links of rechts. Maar om onder het schaambot door te komen, moet het hoofdje recht staan, anders past het niet. Stel je een glijbaan voor in een subtropisch zwembad, waarbij je op je zij de koker ingaat, en er uitkomt met je hoofd recht naar voren. Onderweg ben je een kwartslag om je as gedraaid.

De meeste kinderen worden dus geboren met de kruin vlak onder het schaambeen van de moeder. We noemen dat een geboorte in *achterhoofdsligging met het achterhoofd voor* (AAV). De baby moet dus in het geboortekanaal zijn hoofd draaien om goed uit te komen. Die draai heet de *inwendige spildraai*.

Zodra het hoofdje geboren is, floept het terug in de oude stand: naar links of naar rechts. Dat heet de *uitwendige spildraai*. Na het hoofdje volgt eerst de ene en dan de andere schouder en vervolgens glijdt het lijfje erachteraan.

Tijdens de uitdrijving zal de verloskundige vaak naar het hartje van de baby luisteren: na elke wee of om de wee. Tijdens een wee kan het voorkomen dat de harttonen langzamer gaan. Als ze na de wee weer vlot herstellen, is dat geen probleem. Schrik daar dus niet van.

De verloskundige zal van tijd tot tijd een inwendig onderzoek doen om te voelen of het opschiet.

WEETJE

Als je gaat persen, moet de ontlasting er eerst uit. Geneer je niet, verloskundigen en gynaecologen zijn het gewend. Een rol wc-papier bewijst goede diensten

LET OP

Kantel tijdens het persen het bekken wat naar voren, maak je rug rond. Zo geef je het geboortekanaal de juiste vorm.

HOE LANG DUURT DE UITDRIJVING?

Bij een eerste kind mag de uitdrijving twee uur duren. Je baant dan eigenlijk de weg voor deze, maar ook voor alle eventuele volgende baby's. De eerste keer moeten de stugge weefsels soepel worden.

Lijkt het niet te lukken om binnen twee uur de baby naar buiten te persen, dan word je 'medisch' als je dat niet al was. De verloskundige zal je dan naar het ziekenhuis verwijzen voor een kunstverlossing: een vacuüm- of een tangverlossing (een enkele keer een keizersnede). De helft van de vrouwen is na 39 minuten persen bevallen van hun eerste kind, dat is dus heel normaal. Er zijn er die de klus in 20 minuten klaren, maar het kan ook na 90 minuten mits de conditie van de baby goed is en de uitdrijving vordert.

Bij een tweede of volgend kind verloopt de uitdrijving meestal veel sneller: na tien minuten is de helft van de vrouwen bevallen. Sommige vrouwen persen de baby er zelfs in twee persweeën uit. De weg is dan al een keer gebaand, het geboortekanaal is zacht en elastisch geworden. Dat helpt. Als een tweede (of derde) kind er na een uur nog niet is, wordt de bevalling in de regel in het ziekenhuis afgemaakt.

WAT IS EEN STERRENKIJKER?

De geboorte in achterhoofdsligging met het achterhoofd voor (AAV), komt verreweg het meeste voor. Het is voor de baby de meest efficiënte manier om zich door het geboortekanaal te wurmen. Een enkele keer draait de baby niet met het achterhoofd naar voren, maar naar achteren. We noemen dat een achterhoofdsligging met het achterhoofd achter (AAA). Dat werkt ook, maar kost de moeder veel meer moeite. Ook heeft ze daarbij meer (rug)pijn. Een baby die met het achterhoofd naar achteren geboren wordt, heet wel een sterrenkijker. Hij kijkt immers omhoog als hij geboren wordt.

Bij een sterrenkijker is er een tien keer grotere kans op een vacuümverlossing of keizersnede om de baby veilig geboren te laten worden.

HOE KAN IK HET BESTE PERSEN?

De beste manier om te persen is de 'natuurlijke' manier: je eigen, automatische ritme. De meeste vrouwen persen dan een aantal keer kort op een wee. Het is belangrijk om tussen het persen door goed adem te halen.

Als het niet goed lukt om naar beneden te persen, dan helpt het om je tong tegen je gehemelte te drukken tijdens het persen. De baby duwt elke perswee de bekkenbodem omlaag. Dat gaat het beste als de moeder die goed kan ontspannen. Dat kun je leren bij een bekkenfysiotherapeut of tijdens ZwangerFitlessen.

WAT IS DE BESTE PERSHOUDING?

Vrouwen blijken het fijn te vinden om rechtop te bevallen, zo blijkt uit onderzoek. Als je rechtop perst, is de doorbloeding van de placenta optimaal en zijn er minder afwijkende hartritmepatronen van de baby. De zwaartekracht helpt om de baby naar beneden te duwen. De uitdrijving verloopt iets sneller en is minder pijnlijk. Er zijn ook minder knippen nodig maar er ontstaan wel iets meer inscheuringen en wat meer bloedverlies. De beste pershouding is dus rechtop maar onderzoekers vinden toch dat de vrouw uiteindelijk de houding moet kiezen die haar het beste past.

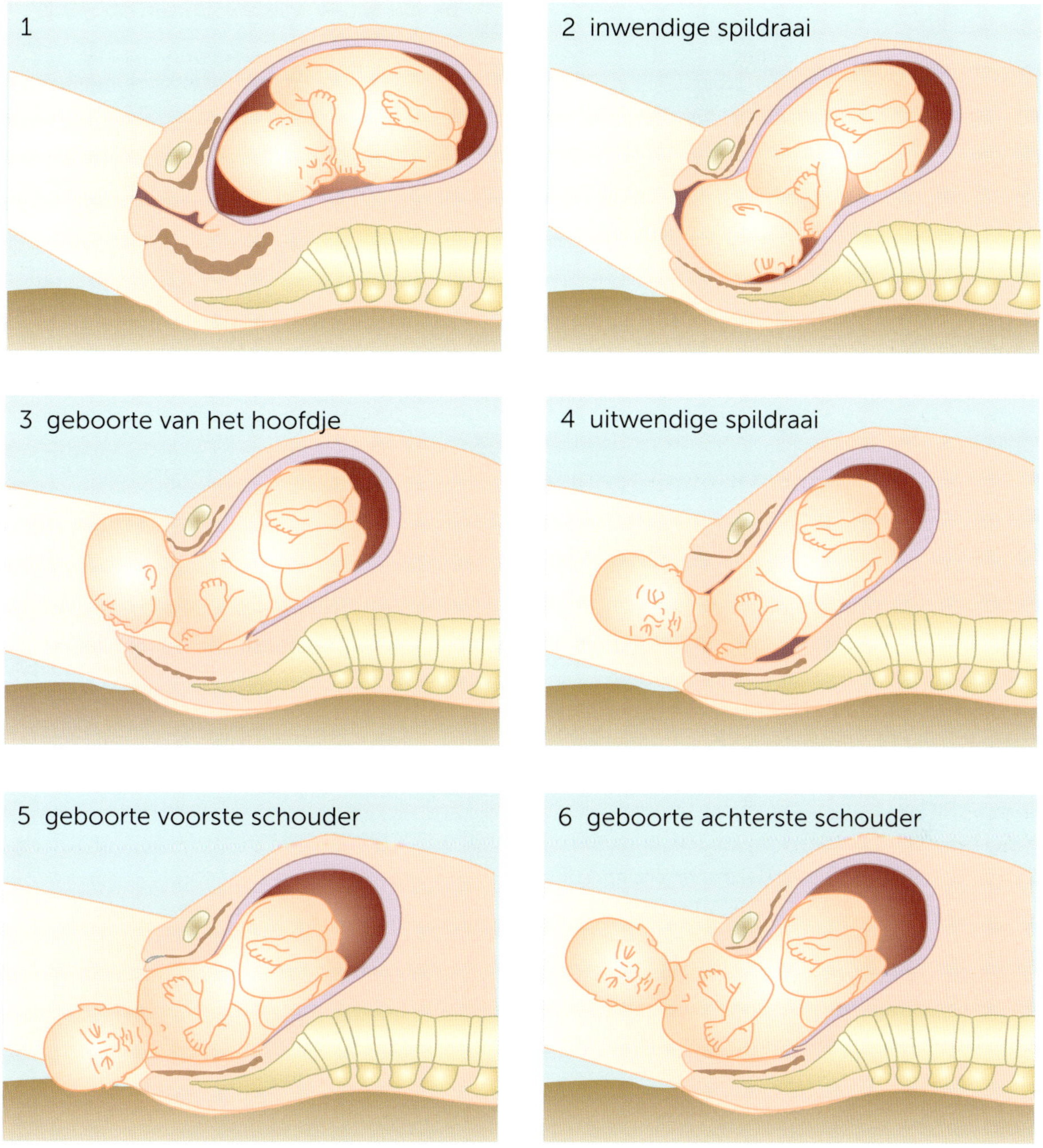

Tips uit de praktijk. Rechtop bevallen kan op de volgende manieren:

- op een baarkruk;
- in een verlosbed dat rechtop wordt gezet;
- staand, bijvoorbeeld hangend in de armen van je partner;
- hurkend, waarbij je partner achter je zit en je ondersteunt;
- op handen en knieën;
- op de knieën met het hoofd steunend op een stapel kussens op het bed of de bank;
- op een (niet te hard opgeblazen) skippybal die je partner tussen zijn knieën houdt. Zo is het een beweegbare baarstoel met zachte rugleuning. Op het eind kun je wat meer naar achteren leunen, zodat het bekken vrij hangt.

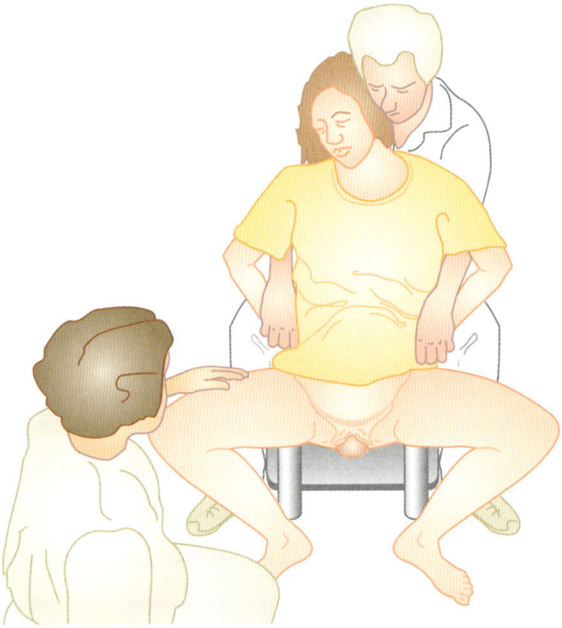

Bevalling op de baarkruk

NU DE VERLOSKUNDIGE VERTELD HEEFT DAT IK MEE MAG PERSEN, HEB IK INEENS MINDER WEEËN. HOE KAN DAT?

Als er volkomen ontsluiting is en iedereen in spannende afwachting om de barende vrouw gaat staan, kunnen de zenuwen toeslaan. Onbewust kun je je als barende vrouw geremd of bekeken voelen. Je hebt plankenkoorts.

Wat helpt, is rustig doorgaan in de houding waarin je ook de laatste ontsluitingsweeën hebt opgevangen. Zonder al te veel veranderingen. Zo verloopt de overgang meer geleidelijk.

DE VERLOSKUNDIGE ZEGT DAT ZE HET HOOFDJE AL KAN ZIEN, HOE GAAT HET NU VERDER?

Aanvankelijk is het hoofd van de baby alleen zichtbaar in de diepte, later ook aan de buitenkant. Tijdens een wee verschijnt het dan even in de vagina, buiten de wee zakt het weer terug. Elke wee komt het een paar millimeter verder. Tot het moment dat het hoofd ook buiten de wee om blijft 'staan', zoals we dat noemen. Het blijft dan zichtbaar en zakt niet meer terug de diepte in. Weer komt het millimeter voor

LET OP

Als het hoofdje in de diepte zichtbaar wordt, zorg dan dat je je benen zo veel mogelijk optrekt, zoals in een diepe hurkzit. Dat kan zittend (hurkend) en liggend. In deze houding wordt de bekkenuitgang groter, vooral als je je knieën niet spreidt; de knieën wijzen dus naar voren, niet opzij.

Niet alle verloskundigen vinden het prettig om met een baarkruk te werken, sommige begeleiden de bevalling liever in bed. Je hoeft dan echt niet de hele uitdrijving plat op de rug te liggen, zeker als het je eerste kind betreft. Begin op de zij, op de knieën of halfzittend.

Verander regelmatig van houding. Ga staan, zak door je knieën, loop een stukje, draai van je zij op je knieën en weer terug.

Als het hoofdje zichtbaar wordt, is het belangrijk dat het bekken vrij is en niet wordt afgeplat door de matras. Op het laatst kun je daarom het beste de liggende hurkhouding aannemen, dan biedt het bekken de meeste ruimte om de baby door te laten. Dat wil zeggen: plat op de rug met de knieën tegen de borst.

Als het je tweede of derde kind is, maakt het voor de snelheid niet veel uit in welke houding je perst. De uitdrijving gaat dan vaak hoe dan ook erg snel. Toch vinden vrouwen het ook dan vaak prettig om rechtop te bevallen.

Als je de uitdrijving juist wat wilt afremmen, beval dan liggend in bed of zelfs op handen en knieën. Je moet dan tegen de zwaartekracht in persen. Dat gaat langzamer. Deze houding is ook gunstig als je bij een vorige bevalling een totaalruptuur of een subtotaalruptuur hebt gehad en daarvoor in het ziekenhuis gehecht moest worden.

Een warme washand tegen je onderkant helpt om te ontspannen, minder pijn te voelen en de goede kant uit te persen. Je kunt dit je partner, de verloskundige of de kraamverzorgende vragen te doen.

Als er een ingreep nodig is – een kunstverlossing, een knip, extra druk op de buik om de baby een handje te helpen – dan is een liggende houding meestal de beste keus.

millimeter verder, totdat het hoofd helemaal door de opening gaat. Gewoonlijk komt de kruin eerst, waarna de baby het hoofd als het ware opricht. Als het hoofd helemaal geboren is, draait het: de uitwendige spildraai.

Vaak zit de navelstreng om het nekje. Die halen we over het hoofdje heen. Een enkele keer zit de navelstreng zo strak dat we hem moeten doorknippen voordat de rest van de baby geboren is.

Dan wordt eerst één schouder, en dan de tweede schouder geboren, en vervolgens de rest van het lijfje. Omdat het hoofdje het grootste deel van de baby is, gaat de rest meestal heel snel, binnen een seconde. Een enkele keer kost het meer moeite om de schouders te laten komen. Daarvoor passen we dan handgrepen toe.

Bij een tweede of volgend kind gaat het in de regel heel snel vanaf het moment dat het hoofdje in de diepte zichtbaar is. Het is dan meestal niet nodig om hard te persen. Je kunt de baby beter rustig, zachtjes persend, soms zelfs zuchtend geboren laten worden. Dat geeft de huid wat tijd om op te rekken. Het gaat al snel genoeg.

IK KAN HET HOOFDJE NU ZELF ZIEN MAAR HET DOET PIJN! KAN HET ER WEL DOORHEEN?

Als er een groot stuk van het hoofdje te zien is en buiten de wee blijft staan, staat de huid enorm onder spanning. Dat is pijnlijk en een beetje eng. Het lijkt alsof het hoofdje er niet doorheen kan.

Gelukkig heeft de natuur goed geregeld dat de baby met de kruin eerst komt en vervolgens het hoofdje opricht. Dat is een heel efficiënte manier om geboren te worden. De baby gaat namelijk met de kleinste omtrek van het hoofdje door de opening. Je zult merken dat hij er op een gegeven moment – plop – ineens doorheen is. Het paste toch!

Toch is het goed om te 'luisteren' naar deze pijn. Zo kun je vanaf het moment dat het hoofdje 'staat' (dus zichtbaar blijft tussen de weeën) heel rustig persen. De verloskundige zal je zelfs vaak vragen om niet te persen maar te zuchten. Op die manier wordt de baby geleidelijk geboren, enkel door de weeënkracht. Zo geef je de huid de tijd om rustig op te rekken.

Als de verloskundige wil dat de baby snel geboren wordt, bijvoorbeeld omdat de harttonen wat langzamer gaan, dan zal ze je vragen om dóór te persen om de baby vlot geboren te laten worden. Een kleine inscheuring neem je dan op de koop toe. Dat voel je niet, en is niet erg.

LET OP

Kijk met een handspiegel zelf hoe het hoofdje tevoorschijn komt. Dat stimuleert enorm. Je kunt ook met je hand even voelen...

Juist nu de huid zo op spanning staat, verlicht een warme washand tegen je onderkant de pijn.

Mariël: *'Ik moet bekennen dat ik er zelf bij al mijn drie bevallingen weer intrapte, hoewel ik als verloskundige echt wel wist dat het allemaal volstrekt normaal was en heus goed kwam. Maar tijdens de bevalling was ik dat ineens vergeten. Dan voelde en zag ik een stuk van het hoofdje en dacht ook ik: het kan er niet doorheen! Het doet nu al zo'n pijn! Ik pers niet verder! En ineens – plop – daar was-ie... Bij alle drie de kinderen was ik weer verbaasd. Dat het laatste plopje helemaal geen pijn had gedaan.'*

DOET INSCHEUREN PIJN? KAN IK NIET BETER EEN KNIP KRIJGEN?

Inscheuren voel je niet. De huid staat enorm op spanning – dat voel je wel! Als dan het hoofdje er uiteindelijk doorheen gaat, merk je er niets van als je inscheurt. Vaak zijn vrouwen achteraf zelfs verbaasd wanneer ze horen dat ze zijn ingescheurd.

Een inscheuring is heel normaal. Sommige inscheuringen genezen spontaan, de meeste worden na de bevalling gehecht.

Een knip is een ander verhaal. Eigenlijk knippen we alleen als de baby snel geboren moet worden, bijvoorbeeld bij een kunstverlossing omdat de harttonen van de baby daalden. Een knip moet altijd gehecht worden. Een inscheu-

ring kiest als het ware een natuurlijke route, en geneest daardoor makkelijker dan een knip, die schuin de bil ingaat, en daardoor moeilijker geneest. Bovendien weet je niet van tevoren of de huid echt gaat scheuren. Wanneer een baby snel geboren moet worden, kan er een scheur in de sluitspier van de anus ontstaan, een totale ruptuur. Deze moet op de operatiekamer gehecht worden en kan later complicaties geven. Dit is een reden om bij een tangverlossing een knip te zetten om dit te voorkomen.

WAT GEBEURT ER ALLEMAAL OP HET MOMENT VAN DE GEBOORTE?

Het moment dat de baby geboren wordt, is overweldigend. Het is een ontlading: de druk en de pijn vallen weg, en eindelijk zie je – of hoor je – je kind dat negen maanden als een intieme vreemde in je lichaam woonde. Hier hebben jullie samen al die tijd naar toegeleefd. Als je rechtop bevalt, zie je meteen je kind. Je kunt zelf bekijken of het een jongen of een meisje is. En hoe hij of zij eruitziet. Als je liggend bevalt, zal de verloskundige of de gynaecoloog het kind snel bij je leggen. De baby zit dan nog met de navelstreng vast aan de placenta.

We zijn nu volop geconcentreerd op de baby – doet hij het goed? Na 1 minuut geven we hem een score, de apgarscore, en na 5 minuten nog een keer. Als alles goed is – en dat is meestal het geval – heeft het kind na 1 minuut een 8, een 9 of zelfs een 10. Dan krijg je je kind bij je en heb je rustig de tijd om het eerste contact te leggen. Je houdt de baby op deze manier – tegen je aan – ook lekker warm.

Als het kind even beduusd is en het wat benauwd heeft gehad, kan de score lager uitvallen. Als het nodig is, krijgt het wat zuurstof, en een heel enkele keer zelfs beademing. De score na 5 minuten is de belangrijkste. Die is meestal een 9 of een 10.

Intussen houden we ook de moeder in de gaten. Verliest ze niet te veel bloed? Is de baarmoeder mooi samengetrokken? Is de placenta al in aantocht? Als het nodig is, zal de verloskundige een injectie met oxytocine geven om de baarmoeder te laten samentrekken, zodat de placenta vlot komt.

De kraamverzorgster of verpleegkundige assisteert hierbij. Zij geeft warme doeken aan om de baby warm te houden, kan de moeder helpen om te verzitten, van de baarkruk af te gaan of hoger in de kussens te zitten, houdt de vader in de gaten – ziet hij niet wat wit? – en verleent hand- en spandiensten.

Waar de verloskundige of de gynaecoloog nu voortdurend alert is en alles in de gaten houdt, zijn de eerste minuten voor jullie als ouders tijdloze minuten, waarbij je jezelf vergeet en even helemaal in beslag genomen bent door je kind.

DE BABY IS BIJ DE GEBOORTE BLAUW. IS DAT NORMAAL?

Veel baby's komen blauw ter wereld en trekken dan snel bij. Tijdens de weeën krijgen ze wat minder zuurstof, vandaar de blauwe kleur. Dat is normaal. Roze is een uitzondering. Dat worden ze pas na de eerste flinke ademteugen. Daarom is de apgarscore na 1 minuut meestal geen 10, maar een 9; minus 1 voor de blauwe handen en voeten. Na 5 minuten is het vaak een 10, dan is de baby helemaal roze geworden.

Als de baby wit en slap is en niet uit zichzelf begint met ademen, dan moet hij worden geholpen met ademen, door een kapje met zuurstof of soms door echte beademing. Dit is in eerste instantie belangrijker dan de hartactie.

DE BABY IS GEBOREN, EN NU?

Als de baby in goede conditie is geboren, is er nu tijd voor het eerste contact tussen jullie en de baby. Je zult hem of haar willen bekijken, en je zult merken dat hij al vrij snel ook naar jou zal kijken. Als het eerste huilen voorbij is, de baby goed ademt en mooi roze is, dan is hij het eerste uur na de bevalling meestal heel wakker. Hij kijkt je dan met grote ogen aan.

Je hebt op dit moment een hoge concentratie oxytocine in je bloed, en de baby ook. Dat helpt om het eerste contact tot stand te brengen; oxytocine wordt niet voor niets het bindingshormoon genoemd. Het is dan ook belangrijk

LET OP

Laat in je bevallingsplan vastleggen – of op de zwangerschapskaart of in je dossier schrijven – dat je tijd wilt hebben voor het eerste contact als de medische situatie dat toelaat. De baby hoeft niet binnen tien minuten gewogen en aangekleed te worden. Dat kan ook wat later.

Als jij of de baby medische zorg nodig heeft, moet er natuurlijk snel gehandeld worden en komt het contact maken op de tweede plaats. Toch is het ook na een keizersnede belangrijk om zo snel mogelijk contact met je kind te hebben. De baby moet daarom indien mogelijk naar de recovery worden gebracht.

! Laat de baby na een badgeboorte niet onder water. Hij zit weliswaar nog vast aan de placenta, maar die levert minder zuurstof als de baby geboren is. Dat komt doordat de baarmoeder onmiddellijk terugveert naar een veel kleiner formaat. De moederkoek krimpt mee. Haal het kind daarom meteen rustig naar de oppervlakte zodat het kan ademen.

! Zorg dat je ofwel helemaal onder water bent, of helemaal boven water op het moment dat de baby geboren wordt. Als het hoofdje tijdens de geboorte eventjes boven water komt in de (frissere) lucht, kan de baby onder water gaan ademen.

! Houd er rekening mee dat de bevalling anders kan verlopen dan gepland. De kans bestaat bij elke bevalling dat je alsnog naar het ziekenhuis wordt verwezen. Daar is een badbevalling meestal niet mogelijk. Pin je er daarom niet op vast.

! Leg het navelklemmetje klaar naast het bad. Een heel enkele keer scheurt de navelstreng in het bad en moet er meteen een klemmetje geplaatst worden.

! Maak het badwater niet warmer dan 38 graden, anders stijgt de hartslag van de baby.

Voeg 1,5 kilo zout toe aan het badwater. Dat voorkomt het verlies van zouten.

De baby kan al meteen na de geboorte 'spiegelen': als hij wakker en helder is, en je aankijkt, kan hij je gezichtsuitdrukking imiteren. De tong uitsteken bijvoorbeeld, als jij dat ook doet.

de tijd te nemen voor dit eerste contact en het moment niet te laten verstoren door overijverige mensen om je heen die onmiddellijk de baby willen wegen of aankleden. Als medisch gezien alles goed is, is er nu even geen haast.

Het is belangrijk om binnen een uur te proberen de baby aan de borst te leggen. Dat vergroot de kans dat de borstvoeding slaagt en het vermindert de stress bij de baby. Door het zuigen aan de borst komt er oxytocine vrij. Dat zorgt voor ontspanning, laat de baarmoeder samentrekken en vermindert het bloedverlies.

IS HET MOGELIJK OM IN EEN BAD TE BEVALLEN?

Vrouwen die in bad zijn bevallen, vonden dat over het algemeen erg prettig. Ze geven aan dat het bad hen hielp om te ontspannen. Hoewel er steeds meer badbevallingen plaatsvinden, is er niet zo veel wetenschappelijk onderzoek naar gedaan. We kunnen dus niet met zekerheid zeggen dat het veilig is, maar ook niet dat het onveilig is.

Er is een verschil tussen het opvangen van de ontsluitingsweeën in warm water en de geboorte van het kind in bad. Het opvangen van de weeën is ontspannend, en uit onderzoek blijkt dat er daarbij minder behoefte is aan pijnstilling, dat de bevalling sneller gaat, en dat er minder vaak een infuus aan te pas hoeft te komen om de weeën te stimuleren. De ontsluiting kan dus prima (voor een deel) in bad plaatsvinden.

Voor de geboorte van het kind ligt het iets anders. Er zijn weinig problemen bekend, maar er zijn wereldwijd enkele gevallen beschreven waarin het kind water in de longen had gekregen. Gewoonlijk gaat het kind onder water niet ademen, maar als een kind het benauwd krijgt, kan dat toch gebeuren, net zoals een benauwd kind vruchtwater kan inademen.

Als je graag in bad wilt bevallen, kan dat alleen als de verloskundige of gynaecoloog ermee instemt en er ervaring mee heeft, en als de medische situatie het toelaat. Wanneer je bijvoorbeeld een verhoogde kans hebt op veel bloedverlies, is het geen goed idee om in bad te bevallen. Er zijn ziekenhuizen en bevalklinieken met een bad. Als je thuis bevalt, willen de meeste verloskundigen graag dat je een groot bad huurt. Bij een eerste kind, waar er vaak flink gewerkt moet worden om de baby naar buiten te persen, is een smal ligbad te klein. Bij een tweede of volgende baby gaat de bevalling vaak zo snel dat dit wel in een 'normaal' smal bad kan.

Als je graag in bad wilt bevallen, bespreek dan ruimschoots voor de bevalling de mogelijkheden voor een waterbevalling. Als de verloskundige hier niet voor voelt en je dit toch graag wilt, kun je eventueel een verloskundige zoeken die hier wel ervaring mee heeft. Meer informatie vind je op www.waterkinderen.nl.

Lotte: *'Eigenlijk had ik me niet echt voorgenomen om in bad te bevallen. Maar de weeën waren zo heftig, dat ik ze alleen in het bad op kon vangen. We hebben een groot, vrijstaand bad in de badkamer. Dat kwam nu goed uit. Ik kon op de randen leunen en had genoeg ruimte om te hurken.*

Het ging eigenlijk zo snel dat ik niet goed in de gaten had dat ik al volkomen ontsluiting had. Mag ik eigenlijk wel persen?, vroeg ik na een tijdje. Heb ik dan volkomen ontsluiting? De verloskundige begon te lachen. Voel maar, zei ze. Ik voelde iets ronds, glibberigs. Het hoofdje zat er al aan te komen. Zo werd het een onverwachte badbevalling. Het was prachtig. Benthe dobberde in dat warme water en keek me met grote ogen aan. Pas toen ze na een halfuur uit bad ging, begon ze voor het eerst te huilen.'

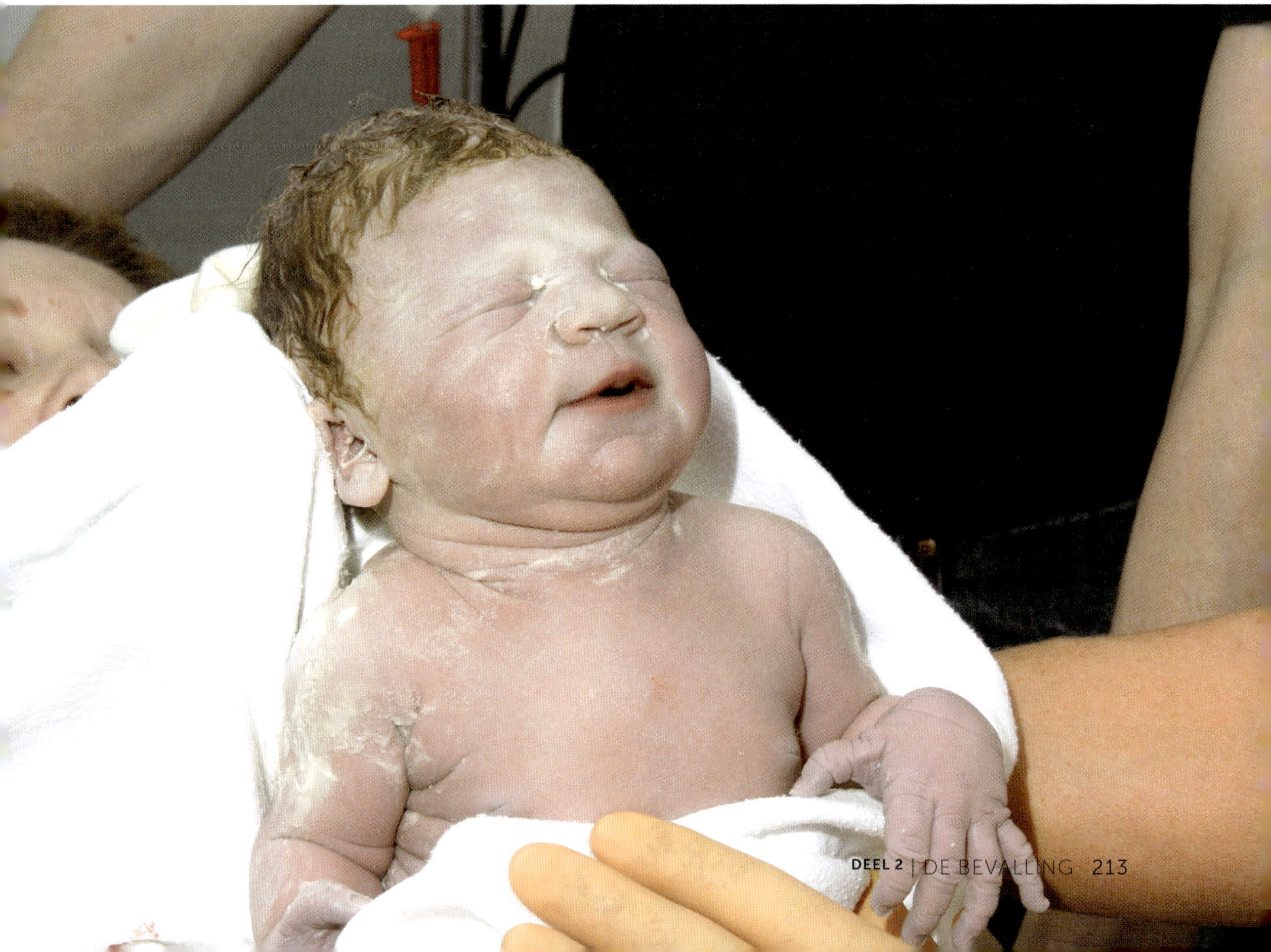

23

Het eerste uur na de geboorte

De baby is geboren, het is volbracht! Maar nog niet helemaal. Het eerste uur na de geboorte moet er nog van alles gebeuren: de nageboorte moet geboren worden, en mocht je ingescheurd of ingeknipt zijn, dan word je gehecht.

WANNEER WORDT DE NAVELSTRENG DOORGEKNIPT?

Als alles goed is, is er geen haast met het doorknippen van de navelstreng. Het is zelfs gunstig als de baby na de geboorte nog wat bloed uit de placenta kan halen. Dat geeft hem een voorraadje ijzer mee.

Meestal heeft de vader het voorrecht om de navelstreng door te knippen. De verloskundige plaatst er twee klemmetjes op, om te voorkomen dat het bloed er uitloopt. De vader (of jijzelf, of de verloskundige), knipt tussen de klemmetjes de streng door. Op dat moment is het kind niet meer afhankelijk van de moederkoek en moet het drinken en zelf ademen om te leven. Een symbolisch moment!

HOE VERLOOPT DE GEBOORTE VAN DE PLACENTA?

Na ongeveer een kwartiertje checken we of de placenta los ligt en naar buiten wil komen. De verloskundige of de gynaecoloog drukt stevig op de buik, niet om zo de placenta eruit te drukken, maar om de buikspieren te steunen. Die zijn vlak na de bevalling zo uitgerekt dat ze dat zelf niet kunnen doen. De moeder perst. Als het goed is, floept de placenta met vliezen en al naar buiten.

We kijken goed of de placenta compleet is. Dat is belangrijk. Als er een stukje is achtergebleven, moet dat op de operatiekamer verwijderd worden. Dat komt overigens maar zelden voor.

Als het niet meteen lukt om de placenta te laten komen, blijven we het van tijd tot tijd proberen. De placenta moet binnen een uur geboren zijn. Lukt dat niet binnen die tijd, dan is de kans klein dat het thuis nog lukt en moet de placenta in het ziekenhuis op de operatiekamer verwijderd worden. Als er te veel bloedverlies is, moet je eerder naar het ziekenhuis of wordt de placenta eerder op de operatiekamer verwijderd.

WEETJE

De baby voelt er niets van als de navelstreng wordt doorgeknipt. Er zitten geen zenuwen in.

Een placenta is een donkerrode koek van een pond en een uniek orgaan. Als je hem omdraait, zie je daar de vliezen lopen met daaronder grote, kronkelende, blauwpaarse bloedvaten. De achterkant van de moederkoek ziet eruit als het blad van een rode kool. Vandaar dat ze vroeger zeiden dat de baby's uit de rode kool kwamen.

De moederkoek is een belangrijk orgaan, vol met hormonen die belangrijk zijn voor de groei van het kind. In de regel geldt: hoe groter het kind, hoe zwaarder de placenta.

Sommige mensen begraven de placenta op een speciale plaats. Een enkele keer gaat de placenta weg voor onderzoek, als er complicaties zijn geweest. Maar meestal wordt de placenta weggegooid. Dat is misschien toch vreemd, voor een zo belangrijk orgaan voor het kind. Dieren eten de moederkoek vaak op, sommige mensen doen dit ook. Er zijn er zelfs die er een zoete shake van maken, met melk en fruit. Of een hartige taart, die zelfs vegetariërs schijnen te eten omdat er geen dier voor is gedood. Op internet staat een recept voor placenta met broccoli. De placenta wordt ook wel gedroogd en verpoederd, en zelfs in capsules gestopt. Ook wordt de placenta wel gebruikt voor crèmes. Of het ergens voor helpt? Dat weten we niet.

Er kan een reden zijn om meteen na de geboorte van de baby een injectie in je been of via een infuus in je arm te geven met oxytocine om te zorgen dat de baarmoeder snel samentrekt en de placenta eerder geboren wordt. Dat gebeurt bijvoorbeeld als de baarmoeder sterk is uitgezet (bij een tweeling of een heel grote baby) of als je zwakke weeën hebt of als je de vorige keer veel bloed hebt verloren.

Ben je resusnegatief, dan wordt er na de geboorte van de placenta een buisje bloed afgenomen uit de navelstreng. Dit gaat naar het laboratorium. Als de baby resuspositief is, krijg je binnen 24 uur een injectie met anti-D.

De baby komt uit de rode kool

WAT WORDT ER GECONTROLEERD ALS DE BABY WORDT NAGEKEKEN?

Zoals gezegd is het, wanneer de medische situatie het toelaat, belangrijk dat de baby het eerste uur na de bevalling zo veel en zo lang mogelijk bloot tegen je aan ligt. Ook is het belangrijk dat hij het eerste uur aan de borst wordt gelegd. Dat vergroot de kans op een succesvolle borstvoeding.

Als de baby een poosje bij je heeft gelegen en je hebt gelegenheid gehad om kennis te maken, dan zal de verloskundige of de gynaecoloog hem gaan nakijken. De navelstreng wordt verder ingekort (er komt een plastic klemmetje op) en de baby wordt gewogen en gemeten. Verder krijgt de baby een paar druppeltjes vitamine K om de bloedstolling te bevorderen.

WEETJE

Als de moeder besmet is met het hepatitisvirus – dat is dan gebleken uit de bloedtest in het begin van de zwangerschap – dan krijgt de baby binnen twee uur na de geboorte antistoffen tegen hepatitis B. De verloskundige kan dit geven. De baby is dan voorlopig beschermd, maar moet later nog ingeënt worden tegen hepatitis B zodat hij zélf antistoffen gaat maken. De eerste prik is een tijdelijke, zogenoemde passieve immunisatie; de tweede prik is een actieve immunisatie. Alleen die biedt blijvende bescherming. Deze vaccinatie vindt tegelijk met de andere inentingen plaats, beginnend op de leeftijd van twee maanden.

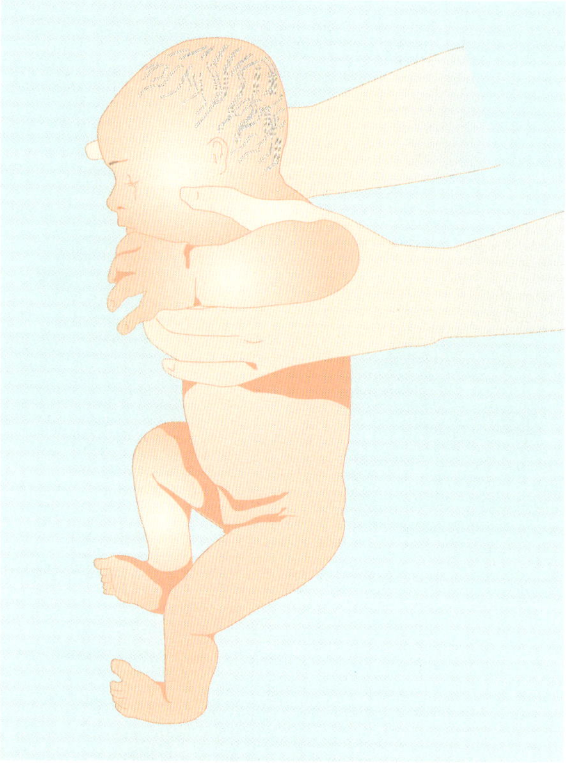
De loopreflex werkt al meteen na de geboorte. Als hij 'staat', waarbij hij onder de oksels wordt ondersteund, zet hij het ene beentje voor het andere en loopt hij stap voor stap

Daarnaast wordt er gekeken naar een aantal kenmerken:

- De kleur – is de baby roze, met eventueel wat blauwe handjes en voetjes?
- De ademhaling – is die niet te snel?
- De huid – sommige kinderen hebben een onschuldige rode vlek in de nek of boven de neus: een 'ooievaarsbeet'. Die verdwijnt later weer. Aziatische kinderen hebben vaak een blauwe vlek boven de billen – volstrekt normaal.
- Het hoofdje – vaak hebben kinderen een bobbel op hun hoofd door de bevalling. Meestal is dat vocht, dat trekt vlot weer weg. Soms is het een bloeding onder het schedelvlies, een cefaal hematoom. Die zie je pas de volgende dag. Een cefaal hematoom verdwijnt ook, maar dat duurt langer, soms maanden.
- Zijn de harttonen normaal en klinken de longen normaal?
- De hals – is die recht?
- De ogen – zien ze er normaal uit?
- De mond – is het gehemelte gesloten? Is de tong normaal?
- De oren – zitten ze op de normale hoogte? Zijn de oorschelpen normaal? Is er misschien een bijoortje? (Dat is meestal onschuldig, vaak wordt er wel een echo van de nieren gemaakt omdat oren en nieren in dezelfde tijd ontstaan.)
- De geslachtsorganen – is het duidelijk een jongen of een meisje? Zijn de balletjes ingedaald?
- De anus – is die open?
- De borstkas – ziet die er normaal uit? Is het sleutelbeen intact? (Een enkele keer breekt dat als de schouder met veel moeite is geboren.)
- De buik en de navelstreng.
- De rug – zijn alle wervels goed te voelen?
- De heupen – zijn de beentjes even lang? Zijn de bilplooien symmetrisch? Zo niet, dan kan dat wijzen op een heupdysplasie.
- De handen – zijn er tien vingers? Zijn de handlijnen normaal?
- De voeten – staan ze recht? Zijn er tien tenen?

Een keuring in nog geen tien minuten! Als er iets afwijkends wordt gezien, zal de huisarts of de kinderarts de baby verder onderzoeken. Dit hoeft niet altijd direct en is afhankelijk van wat er is gevonden. Het maakt je natuurlijk wel ongerust daarom wordt het onderzoek vaak wel zo snel mogelijk gedaan.

WAT IS EEN GOED MOMENT OM DE BABY AAN DE BORST TE LEGGEN?

Het is belangrijk om de baby binnen het eerste uur na de geboorte aan de borst te leggen. Het eerste uur na de bevalling is de baby helder en wakker. Hij kan je dan indringend aankijken en de wereld om hem heen geconcentreerd in zich opnemen. Ook gaan baby's in dat uur meestal zelf op zoek naar de borst. Je merkt dat doordat ze happende bewegingen gaan maken en met hun mondje gaan zoeken. Dat is een goed moment om de baby aan de borst te leggen. De eerste keer gaat dat misschien wat onhandig, maar de verloskundige, de kraamverzorgster of de verpleegkundige kan je erbij helpen.

Het zuigen van de baby aan de borst stimuleert de aanmaak van oxytocine, het weeënhormoon. Dat helpt om de placenta geboren te laten worden, en daarna om de baarmoeder goed te laten samentrekken om het bloedverlies te beperken.

Het kan zijn dat de baby alleen wat aan de tepel likt en snuffelt en zijn omgeving verkent. Hij is bezig met de kennismaking. Er komt vanzelf een moment dat hij actief gaat drinken.

Ook het snuffelen en likken stimuleert de samentrekking van de baarmoeder.

Eveline: *'Ik lag nog te bekomen van de schok van de snelle bevalling, ik was een beetje van de wereld. De placenta was nog niet geboren. Maar voordat ik het in de gaten had, was Mijs naar mijn borst gekropen en lag ze te zuigen. Helemaal op eigen kracht. Ik was stomverbaasd.'*

HOE GAAT HET HECHTEN IN ZIJN WERK?

Als de placenta is geboren, zal de verloskundige of de arts kijken of je bent ingescheurd. Vaak is dit inderdaad het geval. Kleine inscheuringen hoeven niet gehecht te worden, scheurtjes in de schaamlippen meestal ook niet. Grotere inscheuringen of een knip natuurlijk wel.

In het ziekenhuis kom je voor het hechten in de beensteunen te liggen en wordt het voeteneinde van het bed weg geklapt. Als je thuis bent bevallen, ga je dwars op het bed liggen, met je billen iets over de rand en je voeten op twee emmers. Als het om meer dan één of twee hechtingen gaat, word je verdoofd. De prik is vervelend, daarna is het hechten zo goed als pijnloos.

De wond wordt gehecht in lagen, met als laatste laag de huid. Meestal worden de bovenste lagen en de huid met één doorlopende draad gehecht en lost de hechting vanzelf op. Schrik niet als de wond iets openstaat, dit geneest toch heel mooi. Overleg met de verloskundige of de arts.

HET HECHTEN IS KLAAR, EN DAN?

Als de nageboorte er is, de baby is nagekeken en je bent gehecht, dan mag je douchen. Neem voordat je opstaat iets te eten en te drinken. Dat voorkomt duizeligheid. Je hebt hard gewerkt, weinig gegeten en wat bloed verloren, dus je bent wankel op de benen. Laat daarom je partner of de kraamverzorgster of de verpleegkundige je begeleiden – je kunt flauwvallen. Als je te slap bent om te douchen, kan de kraamverzorgster of de verpleegkundige je wassen op bed.

LET OP

Een baby kan, als hij op de buik van de moeder ligt, helemaal op eigen kracht naar de tepel tijgeren en gaan drinken. Het is de geur van de tepel die het kind de goede kant op lokt.

Neem de baby bij je als je wordt gehecht en laat hem aan de borst drinken. Dat leidt prettig af en stimuleert de borstvoeding.

Het is belangrijk dat de baby de eerste twee uur na de bevalling zo veel mogelijk aan de borst drinkt. Dat stimuleert de melkaanmaak, maar ook het gemak waarmee de baby de komende dagen aan de borst drinkt. Ook helpt het om hevige stuwing te voorkomen en het voorkomt dat de baby te veel afvalt. Als het je zelf niet lukt, vraag de verloskundige dan om te helpen met aanleggen. De baby valt daarna – een uur of twee na de geboorte – in een lange, diepe slaap. Benut deze periode om zelf ook te slapen. Je hebt je energie nog hard nodig.

! Het is belangrijk dat je plast! Doordat je vagina en bekkenbodem beurs en gezwollen zijn, kan het zijn dat je geen aandrang voelt om te plassen en dat de urinebuis wordt afgekneld door het opgezwollen weefsel. Je loopt het risico dat je een 'overloopblaas' krijgt. Dat is een vervelende complicatie waarvoor soms ziekenhuisopname nodig is.
Plas bij voorkeur onder de douche. Het warme water verdunt de urine waardoor het niet zo brandt. Bovendien stimuleert het de plasreflex.

Als dat alles achter de rug is, vertrekken de verloskundige en de kraamverzorgster. In het ziekenhuis word je dan naar een andere zaal gebracht. Dan kun je van je kind genieten, de kersverse opa en oma bellen en proberen te slapen.

KAN HET ZIJN DAT IK NA DE GEBOORTE VAN DE BABY NOG NAAR HET ZIEKENHUIS MOET?

Het gebeurt niet vaak, maar een enkele keer moet je na de geboorte van de baby alsnog naar het ziekenhuis.

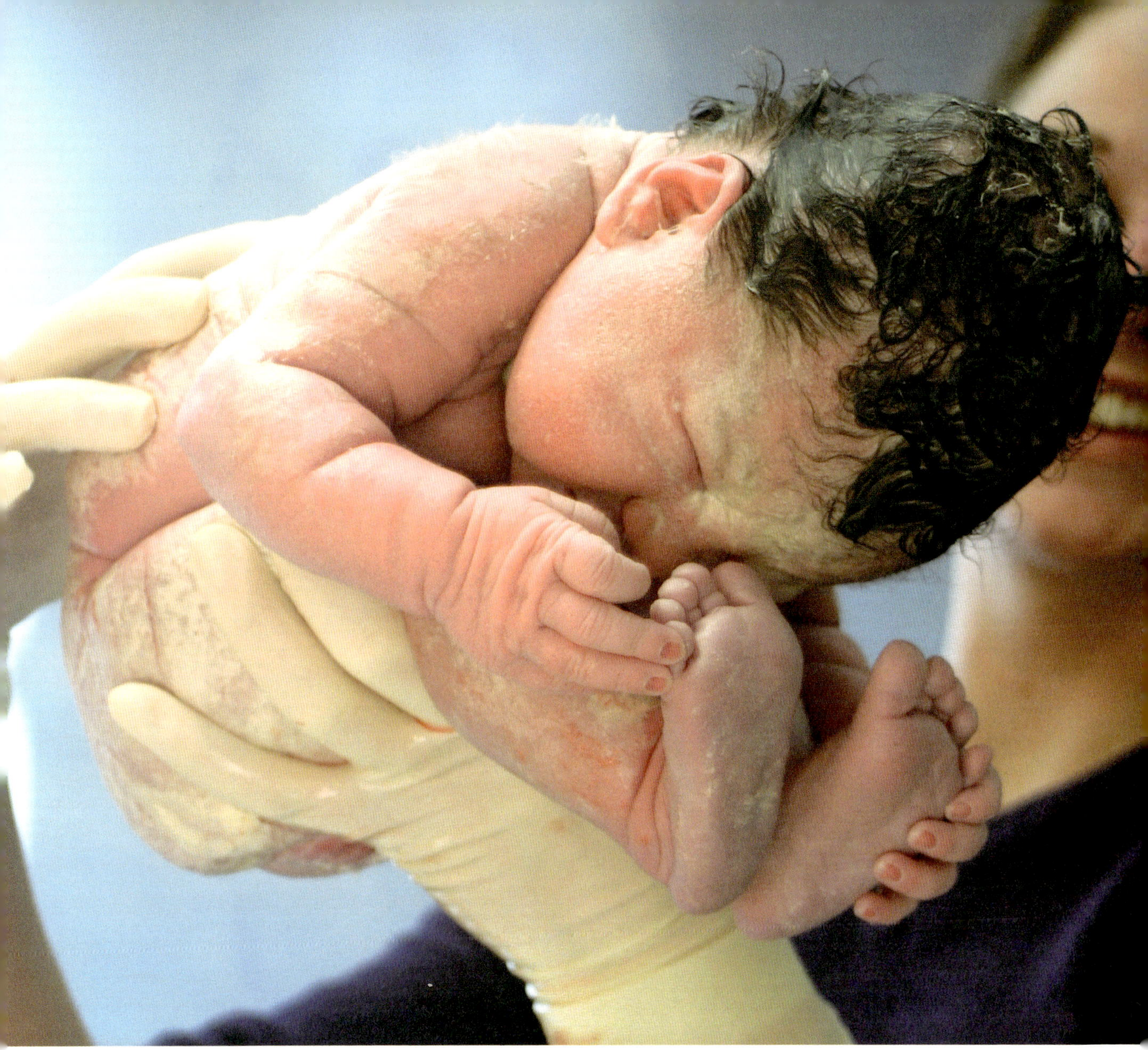

De verloskundige kan constateren dat je na de geboorte toch nog naar het ziekenhuis moet gaan als:

- je te veel bloed verliest;
- de placenta niet komt;
- de baby naar het ziekenhuis moet.
- je zover bent ingescheurd dat de kringspier van je anus is geraakt. Dat heet een totaalruptuur. Die moet door de gynaecoloog gehecht worden.

IK HEB TE VEEL BLOED VERLOREN: WAT NU?

Het is normaal dat je ongeveer tot een halve liter bloed verliest na de bevalling. Je had immers veel extra bloed aangemaakt en na de bevalling, als de baarmoeder weer een stuk kleiner is, heb je dat niet meer nodig. Als je meer bloed dreigt te verliezen, geeft de verloskundige je oxytocine om te zorgen dat de baarmoeder beter samentrekt en om verder bloedverlies te voorkomen. In driekwart van de keren dat er te veel bloedverlies is, komt dit doordat de baarmoeder niet goed samentrekt.

Als het bloedverlies veel is, moet je met een ambulance naar het ziekenhuis en krijg je een infuus om te voorkomen dat je flauwvalt. Ook zal de verloskundige kijken of je geen bloed uit een scheur of een knip verliest. Een enkele keer ontstaat daar een bloeduitstorting.

24

Als je om een medische reden in het ziekenhuis bevalt

Als je al in de zwangerschap een medische indicatie hebt gekregen, geldt die vrijwel altijd ook voor de bevalling. Als de baby in stuitligging ligt bijvoorbeeld. Of als de bloeddruk te hoog is. Dan beval je in het ziekenhuis onder verantwoordelijkheid van de gynaecoloog. Vaak zie je vooral de ziekenhuisverloskundige en de gynaecoloog in opleiding. Dat hangt onder andere af van de ernst van het probleem en de reden om je te verwijzen.

Net als verloskundigen in de eerste lijn werken klinisch verloskundigen, verpleegkundigen en artsen als een team samen. Arts-assistenten zijn jonge dokters die of een opleiding tot gynaecoloog doen of één of meerdere jaren verloskunde en gynaecologie als voorbereiding tot huisarts of tropenarts.

Ook tijdens de bevalling kun je nog verwezen worden naar het ziekenhuis. Houd daar vooraf rekening mee. Er is dan een goede reden om te gaan.

WAT IS HET VERSCHIL TUSSEN EEN 'MEDISCHE' EN EEN 'NIET-MEDISCHE' BEVALLING?

Als je met een medische reden in het ziekenhuis bevalt, dan is dat omdat er een verhoogd risico bestaat op complicaties. De conditie van de baby en de moeder worden dan tijdens de bevalling 'bewaakt', zoals dat heet, door de baby aan te sluiten op een CTG-apparaat en de moeder bijvoorbeeld aan een bloeddrukmeter. Meestal wordt er dan een elektrode op het hoofdje van de baby aangebracht. Als dat niet kan, bijvoorbeeld bij het tweede kind van een tweeling, dan wordt de hartslag beluisterd via een transducer die met een band op de buik is bevestigd.

Bij een niet-medische bevalling, die plaatsvindt onder begeleiding van de verloskundige, worden de harttonen geregeld beluisterd met een doptone. De reden om geen permanent CTG te maken bij een niet-medische bevalling, is dat er juist bij laagrisicobevallingen te vaak vals alarm optreedt, terwijl de uitkomst voor de baby niet beter lijkt te zijn. De harttonen van de baby hebben gewoonlijk een snelheid tussen de 110 en 150 slagen per minuut. Tijdens een wee kunnen ze, zeker tijdens het persen, dalen tot 60 of 80 per minuut. Ze herstellen als het goed is direct na de wee. Verder is het belangrijk dat de harttonen variabel zijn, dat wil zeggen dat de snelheid van de harttonen varieert.

IK ZIT VAST AAN APPARATEN, HOE KAN IK NU HET BESTE DE WEEËN OPVANGEN?

Ook als je bevalling 'medisch' is, is het belangrijk te zorgen voor gunstige omstandigheden om te bevallen. Dat betekent een rustige sfeer, zo veel mogelijk privacy, een warme omgeving en zo veel mogelijk variatie in houdingen.

Vraag de verpleegkundige of de verloskundige om warme kruiken. Je kunt rustig sokken of sloffen aanhouden zodat je warme voeten hebt. Demp het licht en concentreer je op jezelf. Trek je zo veel mogelijk terug. Probeer in de roes van de bevalling te komen.

Vraag je partner je onderrug te masseren. Hij kan op een kruk achter je zitten als je over het bed hangt. Adem uit met geluid tijdens een wee – de verloskamers in het ziekenhuis zijn bijna altijd geluiddicht. Ook werken de moderne CTG-apparaten draadloos, zodat je meer bewegingsvrijheid hebt.

Hoewel een CTG-apparaat je bewegingsvrijheid beperkt, is het toch mogelijk om te variëren in houdingen en niet voortdurend op bed te liggen. Je kunt:

- op een stoel voor het bed gaan zitten, met je hoofd leunend op een kussen dat je op het bed hebt neergelegd;
- een poosje staan, leunend over het bed of op je partner;
- vragen of je even afgekoppeld kunt worden en onder de douche mag;
- op je zij liggen;
- op handen en knieën zitten;
- op bed op je knieën zitten en over een stapel kussens leunen.

De verloskamers in het ziekenhuis zijn bijna altijd geluiddicht

Maria: *'Mijn eerste bevalling begon doordat de vliezen braken. Ik kreeg krampen, die wel zo pijnlijk waren dat ik er niet van sliep, maar die niet echt doorzetten. Toen ik de tweede nacht in zou gaan, was ik zo moe dat ik vroeg of ik iets kon krijgen om te slapen.*

In het ziekenhuis kreeg ik een prik in mijn been. Ik werd er slaperig van, maar de weeën zetten nog steeds niet echt door. Daar was uiteindelijk een infuus voor nodig. Het schoot al met al helemaal niet op. De ziekenhuiskamer was zo groot, zo weinig besloten. De deur ging voor mijn gevoel voortdurend open, dan kwam er weer een nieuwe verpleegkundige of co-assistent om zich voor te stellen. En ik maar handjes geven. Je wilt toch leuk overkomen, dus je blijft je gedragen.

Uiteindelijk kwam er een kiwi aan te pas, een kleine vacuümpomp, om de baby het laatste stukje te helpen. Als ik op foto's terugkijk, zag ik er na de geboorte nog behoorlijk mooi uit, voor zover je er na een geboorte mooi uit kunt zien.

Bij mijn tweede kind ging alles heel anders. Ik was alleen thuis toen de weeën begonnen en kon me helemaal terugtrekken in mezelf. Al snel kreeg ik gigantische weeën. Toen ik na een uurtje iedereen optrommelde dat ze snel moesten komen, was het kind er al bijna. Na die bevalling zag ik er totaal verwilderd uit. Wat een verschil met de eerste keer!

De eerste bevalling was geen nare ervaring, dat viel ontzettend mee. Maar ik had wel het gevoel dat de weeën ook wegbleven doordat ik zo op de buitenwereld gericht was. Ik was meer bezig met me voorstellen aan iedereen. Bij de tweede was dat heel anders. Ik ben blij dat ik dat ook heb meegemaakt.'

WAT KAN EEN REDEN ZIJN DAT MIJN BEVALLING MEDISCH WORDT?

Je bevalt onder verantwoordelijkheid van de gynaecoloog, dus 'medisch', als je al in de zwangerschap naar de gynaecoloog was verwezen, of als je tijdens de bevalling wordt verwezen.

Tijdens de zwangerschap word je naar het ziekenhuis verwezen als de bloeddruk te hoog is, als je zwangerschapsdiabetes krijgt, als de baby te klein lijkt, als je bloedverlies hebt of te vroeg dreigt te gaan bevallen, als je zwanger bent van een meerling, of als je ziektegeschiedenis of je verloskundige voorgeschiedenis risico's meebrengt. Dat laatste is bijvoorbeeld het geval als je een vorige keer veel te vroeg bevallen bent of als de baby de vorige keer veel te klein was.

Ook tijdens de bevalling kan het voorkomen dat je alsnog 'medisch' wordt, bijvoorbeeld als de bevalling niet genoeg opschiet, als je de pijn te hevig vindt, als de baby in het vruchtwater heeft gepoept, als het persen niet vlot genoeg gaat of als de harttonen van de baby dalen. Na de geboorte kun je nog medisch worden omdat de placenta niet wil komen, omdat je te veel bloed verliest, omdat de baby extra zorg nodig heeft of omdat er een grote inscheuring is ontstaan die op de operatiekamer gehecht moet worden.

Als je voor een verwijzing van huis moet komen, ga je in de meeste gevallen met je eigen auto naar het ziekenhuis. Alleen in noodgevallen, als je geen auto hebt of als er een file is, is het nodig dat er een ambulance komt. Vaak kom je in het ziekenhuis tegelijk aan met de gynaecoloog, die 's nachts lang niet altijd in het ziekenhuis aanwezig is. Als je al in het ziekenhuis bent en je wordt medisch, dan wordt de (assistent-) gynaecoloog gebeld, of de ziekenhuisverloskundige om je direct te onderzoeken.

De kans dat je om een bepaalde reden door de verloskundige wordt verwezen naar het ziekenhuis tijdens de bevalling:

* de baby heeft in het vruchtwater gepoept	6,9 procent
* de ontsluiting schiet niet op	5,1 procent
* het persen schiet niet op	3,4 procent
* morfine/pethidine omdat je uitgeput bent	3,0 procent
* gebroken vliezen zonder weeën	1,8 procent
* de hartslag van de baby daalt	1,3 procent
* pijnstilling	1,0 procent
* vroeggeboorte	0,4 procent
* stuitligging of andere afwijkende ligging	0,3 procent
* bloedverlies	0,1 procent
* overige redenen	2,7 procent

IS MIJN VERLOSKUNDIGE BIJ DE BEVALLING ALS IK 'MEDISCH' WORD?

Het hangt van de situatie af of je eigen verloskundige bij de bevalling blijft als je verwezen wordt naar de (assistent-)gynaecoloog. Als je al in de zwangerschap een medische indicatie hebt gekregen, is ze er meestal niet bij. Maar als je tijdens het persen 'medisch' wordt, meestal wel. Hoewel ze dan formeel niet langer de verantwoordelijkheid heeft, helpt ze je door het laatste stukje van de bevalling heen.

Als je al vroeg in de ontsluitingsperiode wordt verwezen, hangt het ervan af hoe druk de verloskundige het heeft. Je hebt dan de tijd om in het ziekenhuis te wennen, en daarbij heb je je eigen verloskundige minder nodig. Als je graag wilt dat de verloskundige bij je blijft, is dat iets om te bespreken en in je bevalplan te zetten.

In het ziekenhuis word je meestal opgevangen door een verloskundige die aan het ziekenhuis is verbonden. Zij neemt, na overleg, taken waar van de gynaecoloog. Dit is meestal een teken dat het risico weliswaar verhoogd is, maar niet zo hoog dat er bijvoorbeeld acuut gevaar is en direct een keizersnede of kunstverlossing moet gebeuren. Een arts-assistent (meestal een gynaecoloog in opleiding) neemt vaak ook taken waar. Zij overlegt altijd eerst met de gynaecoloog.

In de meeste ziekenhuizen werken geen kraamverzorgsters maar wel verpleegkundigen. De verpleegkundige staat je bij tijdens de ontsluiting en ze is je aanspreekpunt.

WAAROM MOET IK IN HET ZIEKENHUIS BEVALLEN NA EEN KEIZERSNEDE?

Bij een keizersnede is er een litteken in de baarmoeder ontstaan. Dat litteken is bij een volgende bevalling kwetsbaarder dan gezond, ongeschonden baarmoederweefsel. Bij ongeveer 1 op de 100 bevallingen na een eerdere keizersnede wijkt zo'n litteken uiteen, of barst het weer open. Het kind krijgt dan zuurstofgebrek. Bij 1 op de 1.000 bevallingen na een eerdere keizersnede overleeft de baby dit niet. Als het op tijd herkend wordt, kan alleen een spoedkeizersnede je kind redden. Hoewel dit niet vaak voorkomt, is het toch een reden om na een keizersnede de bevalling in het ziekenhuis te laten plaatsvinden. Als het litteken uiteenwijkt, zal de bevalling niet vorderen. Dat is een reden om opnieuw een keizersnede te doen. Dan blijkt tijdens de operatie pas waarom de baring niet vorderde: het litteken wijkt.

WAAROM MOET IK IN HET ZIEKENHUIS BEVALLEN ALS IK DE VORIGE KEER VEEL BLOED HEB VERLOREN?

Als je bij een vorige bevalling meer dan een liter bloed hebt verloren, moet je voortaan in het ziekenhuis bevallen. Je hebt een verhoogd risico dat je opnieuw veel bloed verliest. Dan is het praktisch en veiliger om vast in het ziekenhuis te zijn. De verloskundige kan de bevalling begeleiden en er is dan geen verhoogd risico voor de baby. De bevalling wordt dan ook niet standaard 'bewaakt' met een CTG-aparaat.

WAT GEBEURT ER ALS DE VLIEZEN ZIJN GEBROKEN EN IK GEEN WEEËN KRIJG?

Als de vliezen voor de 37 weken breken, word je direct naar het ziekenhuis verwezen. Als de vliezen zijn gebroken na 37 weken zwangerschapsduur, wordt er eerst gewacht of er spontaan weeën komen. Lukt dat niet binnen 24 tot 72 uur, dan worden ze opgewekt. Wanneer dit gebeurt, dat hangt af van de afspraken die de verloskundige heeft met het ziekenhuis waarnaar ze verwijst.

Op het hoofdje van de baby wordt een elektrode aangebracht om een CTG te kunnen maken en te zien of de baby in goede conditie is. De moeder krijgt een infuus met oxytocine. Dan duurt het niet lang of de weeën komen. Gaat dat niet snel genoeg, dan wordt het infuus een standje hoger gezet. Vanwege het infectierisico moet de bevalling nu binnen afzienbare tijd plaatsvinden. Doordat je aan het infuus vastzit en soms ook aan het CTG-apparaat, ben je niet erg mobiel. Daar komt nog bij dat kunstmatig opgewekte weeën vaak pijnlijker zijn dan natuurlijke weeën. Er is dan ook vaker pijnstilling nodig.

Intussen wordt je temperatuur geregeld gecontroleerd. Als je koorts krijgt – wat wijst op een infectie, die gevaarlijk kan zijn voor de baby – dan krijg je antibiotica.

HOE VERLOOPT EEN BEVALLING DIE WORDT INGELEID MET EEN INFUUS?

Als de bevalling moet worden ingeleid, zal de gynaecoloog tevoren voelen of de baarmoedermond open is en de vliezen kunnen worden gebroken. Zo niet, dan krijg je een ballonnetje in de baarmoedermond. Na 24 uur gaat meestal de baarmoedermond openstaan en kunnen de vliezen gebroken worden. Ook wordt wel een prostaglandinepil, misoprostol, gegeven om de baarmoedermond te openen. Voorlopig lijkt de ballonmethode het veiligst voor moeder en kind.

De inleiding zelf bestaat dus uit twee zaken: Het open laten gaan van de baarmoedermond en het breken van de vliezen. Dat stimuleert op zichzelf al de weeën. En een oxytocine-infuus met een pompje dat heel precies kan worden afgesteld.

Gelijktijdig met het breken van de vliezen wordt er een elektrode aangebracht op het hoofdje van de baby. Zo kunnen de harttonen van de baby voortdurend geregistreerd worden. Je mag ongeveer 3 tot 4 weeën per 10 minuten krijgen, anders is er kans dat de baby benauwd wordt.

Daarom wordt het oxytocine-infuus aanvankelijk op een lage stand gezet. Te hoge doseringen kunnen riskant zijn. De baarmoeder trekt dan zo hard samen dat de baby zuurstofgebrek kan krijgen. Daarom wordt de hoeveelheid oxytocine nauwkeurig geregeld en met kleine stapjes opgevoerd als het CTG goed blijft.

Als de weeën eenmaal goed op gang zijn, dan heeft je lichaam het overgenomen. *Het infuus kan dan gestopt worden. Vraag erom als dat niet wordt gedaan! Het voorkomt té sterke weeën, die slecht zijn voor de baby.* Mochten de weeën toch weer stoppen, dan kan het infuus gewoon weer aangezet worden. Het lijkt er trouwens op dat een inleiding op verzoek, dus zonder medische reden, wat vaker tot een kunstverlossing leidt.

WAT GEBEURT ER ALS DE BABY IN HET VRUCHTWATER HEEFT GEPOEPT?

Als de baby in het vruchtwater heeft gepoept, kan dat betekenen dat hij het benauwd heeft (gehad), maar dat hoeft niet. Het is belangrijk dat de harttonen nu voortdurend gecontroleerd worden; de baby krijgt een schedelelektrode en wordt aangesloten op het CTG-apparaat. Zo lang het hartfilmpje goed is, wordt er verder niet ingegrepen en mag je spontaan bevallen. Dat is meestal het geval. Een heel enkele keer kan er een heftige reactie ontstaan als de baby het meconium in zijn longen krijgt: het meconiumaspiratiesyndroom. De baby wordt dan erg ziek en moet op een intensive care behandeld worden.

WAT GEBEURT ER ALS IK AL UITGEPUT BEN TERWIJL DE ACTIEVE FASE NOG NIET EENS IS BEGONNEN?

Het kan gebeuren dat je na een dag of een nacht weeën wegpuffen te horen krijgt dat je slechts 1 centimeter ontsluiting hebt. Je bent dan nog in de latente fase. Als je dan uitgeput bent, kun je een ruggenprik krijgen, of een injectie met petidine om te ontspannen. Je kunt dan proberen nog wat te slapen.

Eventueel krijg je naast de pijnbestrijding een oxytocine-infuus om krachtige weeën op te wekken. De vliezen worden dan altijd gebroken en de baby krijgt een elektrode op het hoofdje. Het breken van de vliezen heeft een stimulerend effect op de weeën.

Een oxytocine-infuus is niet altijd nodig. Als de injectie na een paar uur is uitgewerkt, ben je weer uitgerust en kun je de rest van de bevalling op eigen kracht aan.

WAT GEBEURT ER ALS DE BEVALLING NIET GENOEG OPSCHIET OF ALS IK UITGEPUT BEN?

Als de ontsluiting te lang niet vordert, dan wordt er in overleg met jou en je partner gezocht naar de prettigste oplossing. Als je thuis zou bevallen, zal het er vaak op neerkomen dat je naar het ziekenhuis vertrekt.

Als je 'medisch' wordt omdat de bevalling niet opschiet, dan zijn er verschillende mogelijkheden:

* Je krijgt een oxytocine-infuus om de weeën te versterken.
* Je krijgt pijnstilling, meestal een ruggenprik, soms een injectie met een morfineachtige stof. Vaak schiet het daardoor wat meer op. Als je nog helemaal aan het begin van de ontsluiting bent, in de latente fase, kun je door zo'n injectie soms nog een paar uur slapen, waarna je weer fris bent voor de volgende ronde.
* Je krijgt zowel pijnstilling als een infuus.

Als je een oxytocine-infuus krijgt, worden de harttonen van de baby geregistreerd met een elektrode op het hoofdje. Dat gebeurt ook als je een ruggenprik krijgt. Als de vliezen nog niet gebroken waren, wordt dat nu wel gedaan.

Als je vervolgens persdrang krijgt – eindelijk maar toch! – probeer je op eigen kracht je kind eruit te persen. Probeer of je dat in verschillende houdingen kunt doen, en niet statisch liggend op bed. Veel ziekenhuizen hebben een verlosbed dat omhoog kan of een baarkruk. Anders kun je op bed op je knieën zitten, leunend op een stapel kussens of op je handen. Persen kan ook liggend op je zij.

Mocht je de baby er niet op eigen kracht uitkrijgen, dan krijg je hulp. De (assistent-)gynaecoloog zal dan een vacuümverlossing doen. Daarover later meer.

WEETJE

Er zijn ziekenhuizen en verloskundigenpraktijken waar een beleid wordt gevoerd om de ontsluiting binnen 12 uur te laten verlopen. Daarbij wordt er elk uur een inwendig onderzoek verricht. De vliezen worden vroeg gebroken en als de ontsluiting niet minstens 1 centimeter per uur vordert, wordt er een oxytocine-infuus ingebracht om de weeën te versterken.

Oorspronkelijk komt dit idee uit Ierland. Het is door twee Nederlandse gynaecologen verder uitgewerkt omdat zij hopen hiermee het percentage keizersneden terug te dringen. Andere gynaecologen en verloskundigen voeren ertegen aan dat deze methode niet bewezen is, en bovendien de bevalling met onnodige medische ingrepen belast.

Als je wel of juist liever niet volgens deze methode begeleid wilt worden, is het nuttig dit vooraf met de verloskundige te bespreken. Zij weet in welke ziekenhuizen er volgens dit principe wordt gewerkt. Zoeken op internet helpt ook. De methode heet *preventive support of labour*.

WAT GEBEURT ER ALS DE HARTTONEN 'TE LANGZAAM' GAAN?

Als de harttonen geregeld langzamer gaan dan 110 slagen per minuut, dan kan dat betekenen dat de baby niet meer in goede conditie is.

Als het hartslagpatroon al tijdens de ontsluiting niet meer goed is, kan de gynaecoloog een microbloedonderzoek verrichten om de conditie van de baby te checken. Er worden dan een paar druppels bloed afgenomen uit het hoofdje van de baby. Het buisje gaat naar het laboratorium om te kijken of de baby nog voldoende reserves heeft. Zo niet, dan wordt er een keizersnede verricht.

Als de harttonen tijdens het persen dalen, is dat niet meteen een reden voor paniek. Tijdens de wee gebeurt dat meestal. Als ze na de wee weer vlot herstellen, is er meestal niets aan de hand.

Als de harttonen langzaam blijven gaan, zal de gynaecoloog of de verloskundige de bevalling sneller willen beëindigen, meestal met een vacuüm- of een tangverlossing. Een kunstverlossing wordt alleen verricht als het hoofdje diep genoeg in het geboortekanaal is ingedaald. Het moet over de helft zijn. Staat het nog te hoog, dan wordt het een keizersnede.

Als het hoofdje al zichtbaar is, is het soms voldoende om een knip te zetten waardoor de baby vlot geboren kan worden.

WAT GEBEURT ER ALS HET PERSEN NIET GENOEG OPSCHIET?

Als de uitdrijving niet vlot genoeg verloopt – binnen twee uur voor een eerste kind, binnen één uur voor een volgend kind – dan wordt er een vacuüm- of een tangverlossing verricht, of een enkele keer – als de baby er niet doorheen kan – een keizersnede.

Je hebt een grotere kans op een kunstverlossing bij een eerste kind als je al wat ouder bent (boven de 35, maar vooral boven de 40), als je meer dan 1 week over tijd bent, als je diabetes of hoge bloeddruk hebt, en als je bent ingeleid of bijgestimuleerd, zoals dat heet, met prostaglandinen en een oxytocine-infuus. De kans is ook iets groter als je niet overdag of 's nachts maar 's avonds bevalt, en 10 keer zo groot als het hoofdje van de baby naar achteren gedraaid ligt in plaats van naar voren.

HOE VERLOOPT EEN VACUÜMVERLOSSING?

Bij een vacuümverlossing – we spreken gewoonlijk over een vacuümextractie – wordt er een zuignap aangebracht op het hoofd van de baby. Die wordt vacuüm gezogen. De cup zit dan stevig op het hoofdje. Vervolgens trekt de gynaecoloog tijdens de wee, terwijl je meeperst, aan de zuignap. Eigenlijk is het een samenwerking tussen de moeder en de gynaecoloog. De baby komt niet in één keer, er zijn in de regel meerdere 'tracties' nodig gedurende een aantal weeën.

Soms wordt er een proefvacuüm gedaan, eventueel op de operatiekamer. De gynaecoloog trekt dan drie keer mee om te kijken of het hoofdje gemakkelijk dieper komt. Lukt dat niet, dan schiet soms vanzelf de cup los en wordt het alsnog een keizersnede. De cup mag overigens best een keer opnieuw geplaatst worden omdat

WEETJE

Na een vacuüm- of tangverlossing heeft de baby vaak wat vlekken en bobbels op het hoofdje. Er heeft zich vocht opgehoopt, het hoofdje is een beetje vervormd. Dat trekt weer weg. Ook kan de baby de dag daarna wat hoofdpijn hebben. Je merkt dat doordat de baby huilerig is en reageert op aanraken van het hoofdje. Dat gaat allemaal over. Soms krijgt een baby een klein beetje paracetamol tegen de pijn.

er soms valse lucht wordt aangezogen. Tijdens het hele gebeuren houdt de gynaecoloog goed contact met je en legt hij een en ander goed uit. Vaak doet de gynaecoloog in opleiding de kunstverlossing.

Pas als het hoofd meer dan de helft van het bekken is gepasseerd, zal de gynaecoloog een vacuümverlossing verrichten. Als het hoofd nog hoog staat, is het niet zeker dat de baby er doorheen kan. Het moet dan het smalste punt van het bekken – dat is halverwege – nog passeren. Zo'n hoge vacuüm is dus riskant en wordt alleen af en toe gedaan wanneer de baby snel geboren moet worden. Soms wordt er voor een vacuümextractie gekozen, waarbij de operatiekamer klaar wordt gemaakt voor als er toch ingegrepen moet worden met een keizersnede.

De kans op een vacuümverlossing is:

* voor een eerste kind 18 procent;
* voor een volgend kind 4 procent.

HOE VERLOOPT EEN TANGVERLOSSING?

Een tang ofwel een forceps bestaat uit twee metalen 'lepels' met een uitsparing voor de oortjes. De lepels worden aan beide zijden van het hoofdje aangebracht en aan elkaar gehaakt. Vervolgens trekt de gynaecoloog mee in de richting van het geboortekanaal (met een bochtje naar boven) om de baby naar buiten te helpen.

Een tangverlossing wordt niet vaak meer verricht, maar kan een elegante manier zijn om de baby heel snel naar buiten te krijgen als hij al vlak voor de uitgang ligt. Bij een stuitgeboorte kan het soms de enige manier zijn om het hoofdje van de baby gemakkelijk geboren te laten worden. Ook wordt deze tangverlossing (net als een vacuüm) bij een keizersnede gebruikt om de baby geboren te laten worden.

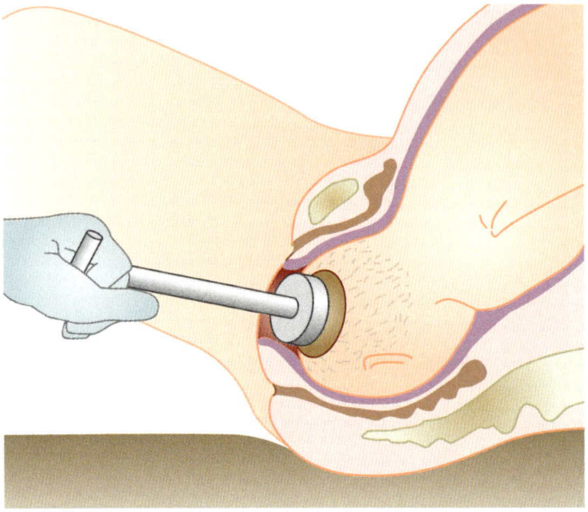

Vacuümverlossing

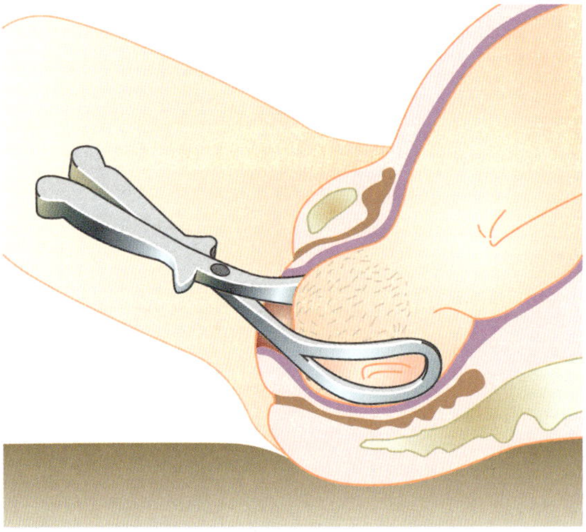

Tangverlossing

WAT GEBEURT ER ALS DE NAVELSTRENG VOOR HET HOOFDJE LIGT OF IS UITGEZAKT?

Als de navelstreng voor het hoofdje ligt, terwijl de vliezen nog intact zijn en je nog niet aan het persen bent, dan heeft de baby daar niet onder te lijden. Wel bestaat het gevaar dat de vliezen breken of dat de uitdrijving begint. Tijdens de uitdrijving komt de navelstreng klem te zitten tussen het hoofdje en het bekken en krijgt de baby niet voldoende zuurstof meer. Om die reden wordt er bij een zogenoemde voorliggende navelstreng, of bij een uitgezakte navelstreng (zoals het heet als de vliezen zijn gebroken), meestal een keizersnede verricht.

Als de uitdrijving al is begonnen en de navelstreng blijkt uitgezakt te zijn, dan is de situatie acuut. De verloskundige kan proberen het hoofdje omhoog te duwen of je blaas te vullen om het hoofdje tegen te houden, totdat de operatiekamer klaar is voor een spoedkeizersnede. Die wordt zo snel mogelijk verricht.

Als het gaat om een tweede of een derde kind, waarbij het geboortekanaal al soepel is, dan kan de moeder het kind soms in een paar persweeën naar buiten persen als de vliezen zijn gebroken. Of de gynaecoloog besluit om een tangverlossing te doen. Bij staande vliezen kan een zogenoemde versie en extractie uitgevoerd worden: de baby draaien en aan de voetjes naar buiten trekken. Dat gaat sneller dan een keizersnede. Een versie en extractie wordt meestal op de operatiekamer uitgevoerd.

HOE VERLOOPT EEN STUITBEVALLING?

Als je met de gynaecoloog hebt besloten dat je kind in principe langs de normale weg geboren wordt, verloopt de ontsluiting niet veel anders dan bij een 'gewone' hoofdligging. Wel zul je al bijtijds naar het ziekenhuis vertrekken, zodat de gynaecoloog de voortgang van de bevalling kan beoordelen. Daalt de stuit goed in? Zijn er krachtige weeën?

Je hebt de grootste kans op een ongecompliceerde stuitbevalling als de weeën spontaan zijn begonnen, als het kind goed is ingedaald, als het normaal van grootte is en als de weeën krachtig zijn waardoor de ontsluiting snel verloopt. Is de situatie niet optimaal dan is de gynaecoloog gauw geneigd een keizersnede te verrichten. Je hebt dan ook een kans van 50 tot 60 procent op een keizersnede.

WEETJE

Een uitgezakte navelstreng is een zeldzame complicatie; de kans dat die je overkomt is bijzonder klein.

Dus juist bij een stuitligging is het belangrijk dat de ontsluitingsfase vlot en goed verloopt. Bij een hoofdligging kunnen we aanzien hoe het persen verloopt. Lukt het niet, dan kunnen we altijd nog een keizersnede doen. Bij een stuitligging is dat anders. Het stuitje is kleiner dan het hoofd, en daalt gemakkelijk in. Maar als de stuit is geboren, moet het hoofd er direct achteraan komen. Het hoofd moet dus gemakkelijk door het bekken kunnen.

Lukt dat niet, dan is het te laat voor een keizersnede. Daarom zal de gynaecoloog geen risico's nemen. Als de ontsluiting moeizaam verloopt, zal hij eerder een infuus geven om krachtige weeën op te wekken. En hij zal eerder dan normaal besluiten tot een keizersnede.

Soms heb je persdrang terwijl er nog geen volkomen ontsluiting is. Maar dit keer mag je *niet* meepersen. De opening is immers nog te klein om het hoofdje door te laten. Meepersen bij een stuitligging mag pas als de gynaecoloog volkomen ontsluiting heeft geconstateerd. Tot die tijd moet je de persdrang wegzuchten. Dat is een rotklus. Het helpt om het in knie-ellebooghouding te doen. Dan is er minder druk op de endeldarm – en minder persdrang.

Als er volkomen ontsluiting is, word je met de benen in de beensteunen geplaatst. Het is belangrijk dat er ruimte is om de baby naar beneden te bewegen als dat nodig is.

De gynaecoloog zal je strikte instructies geven om te persen en te zuchten. Het eerste wat de gynaecoloog ziet is of het een jongen of een meisje is. Vervolgens komt de buik. Als de navelstreng wat strak zit, zal hij die laten 'vieren'.

Verder blijven alle aanwezigen van de baby af totdat de schouders op het punt staan geboren te worden. Dan pas zal de gynaecoloog het kind met een speciale handgreep naar boven bewegen, terwijl een helper op de buik duwt om het hoofdje het bekken uit te duwen. Als het goed is, worden dan de armpjes en het hoofdje geboren.

Soms komen de armpjes niet vanzelf. Dan verricht de gynaecoloog een handgreep: een partiële stuitextractie. Dat is een kunstverlossing bij een stuitbevalling. Ook wordt er, zoals hierboven al gezegd, nog wel eens een tangverlossing gedaan om het hoofdje snel geboren te laten worden.

Er zijn drie soorten stuitliggingen:

* een volkomen stuitligging: de baby ligt met de voetjes naar beneden;
* een onvolkomen stuitligging: de baby ligt met de voetjes naar boven, naast het hoofdje;
* een half onvolkomen stuitligging: de baby ligt met één voetje naar boven en één voetje naar beneden.

WAT GEBEURT ER ALS DE BABY DWARS LIGT?

Het komt maar zelden voor dat het kind op het eind van de zwangerschap nog dwars ligt, eigenlijk alleen als de buikwand erg slap is door eerdere zwangerschappen en bij meerlingen.

Als het kind in dwarsligging ligt en de vliezen zijn nog niet gebroken, dan kan de gynaecoloog proberen het te draaien tot hoofdligging. Lukt dat niet, dan wordt het een keizersnede.

WAT GEBEURT ER ALS HET HOOFD GEBOREN IS EN DE SCHOUDERS ZITTEN VAST?

Het komt vaak voor dat na de geboorte van het hoofdje de schouders even 'hokken'. De verloskundige zal dan eerst proberen het hoofdje in rechte stand geboren te laten worden en proberen een bepaalde stand van je bekken te verkrijgen om te zorgen dat de voorste schouder geboren wordt, en dan het hoofdje omhoog bewegen om de achterste schouder te laten komen.

Een enkele keer zit de schouder echt vast. Dat heet een schouderdystocie. De verloskundige of gynaecoloog zal je in de beensteunen of dwars op bed leggen, net als bij een stuitbevalling. Of je op handen en knieën zetten. Zo ontstaat er ruimte. Dan worden er verscheidene handgrepen uitgevoerd om te proberen de schouder door het bekken te helpen.

Dit alles is een gedoe en er is weinig tijd. Vrijwel altijd komt het uiteindelijk goed, soms is het kind wat slap en heeft het even zuurstof nodig om weer op gang te komen.

Het gaat maar heel zelden echt mis. Toch is een échte schouderdystocie een bijzonder vervelende complicatie die gynaecologen en verloskundigen niet kunnen zien aankomen. Gelukkig komt het maar bij 3 à 4 op de 1.000 geboorten voor.

WEETJE

Een kind dat lang in (onvolkomen) stuitligging heeft gelegen, met de beentjes opgetrokken, heeft een verhoogde kans op heupproblemen (heupluxatie). Daar wordt de baby een week of twee na de bevalling door de kinderarts op gecontroleerd.

WAT GEBEURT ER ALS DE PLACENTA NIET KOMT OF ALS JE VEEL BLOED VERLIEST?

Als de placenta niet komt, ook niet na een injectie met oxytocine en na herhaalde pogingen, dan zal de gynaecoloog hem onder narcose verwijderen op de operatiekamer. Dat doet hij door de placenta met de hand van binnen los te woelen. Je bent dan meestal onder narcose of je hebt een ruggenprik. Je voelt hier dus niets van. Het moet wel snel gebeuren omdat je anders te veel bloed kunt verliezen.

Als je veel bloed hebt verloren, zul je een infuus krijgen en eventueel een bloedtransfusie.

HOE VERLOOPT EEN KEIZERSNEDE?

Een keizersnede wordt verricht als een vaginale baring niet mogelijk is, bijvoorbeeld als de moederkoek voor de baarmoedermond ligt of als een vaginale geboorte te gevaarlijk is voor de moeder (zelden) of het kind. Soms wordt een keizersnede al tijdens de zwangerschap gepland. Bij-

WEETJE

Door een schouderdystocie kan het sleutelbeen van de baby breken. Dat is vervelend maar niet ernstig en het gaat vanzelf weer over. Veel vervelender is het als het kind er een verlamd armpje aan overhoudt omdat de zenuwbaan in de schouder is beschadigd. Dat herstelt soms vanzelf, een enkele keer niet. In sommige gespecialiseerde ziekenhuizen worden baby's aan zo'n beschadigde zenuwknoop geopereerd. Als je een keer een schouderdystocie hebt meegemaakt, is het goed de baring goed na te bespreken. Het is lang niet altijd zo dat het de tweede maal weer gebeurt. Maar als de baby er iets aan overgehouden heeft, wordt er vaak een keizersnede afgesproken voor de volgende bevalling.

voorbeeld wanneer de baby in stuitligging ligt en de ouders of de gynaecoloog geen vaginale bevalling willen proberen. Of als de baby te klein is en beter gehaald kan worden omdat hij 'aan land' beter af is. Dan is er rustig de tijd voor de voorbereiding en kan de operatie onder narcose of met een ruggenprik gebeuren.

Als er tijdens de bevalling wordt besloten tot een keizersnede, is er niet altijd tijd voor een ruggenprik. Bij een spoedkeizersnede wordt de moeder altijd onder narcose gebracht – dat gaat sneller. Een ruggenprik heeft als voordeel dat je er bewust bij bent als je kind wordt geboren. Ook ben je na de bevalling sneller weer de oude dan na een narcose.

Vaak mag de vader bij de keizersnede aanwezig zijn. Hij staat dan aan het hoofdeinde, bij de anesthesist, en kan meestal de operatie zelf niet zien.

Nadat de moeder verdoofd is of onder narcose is gebracht, maakt de gynaecoloog vrijwel altijd een 'bikinisnee' in de huid. Vervolgens schuift hij de blaas weg en maakt hij net zo'n 'bikinisnee' in de baarmoeder. Dan haalt hij het hoofdje uit het bekken en laat het door de opening heen geboren worden, en vervolgens de rest van het lijfje. Daarbij past hij soortgelijke handgrepen toe als bij een vaginale bevalling om de schouders geboren te laten worden.

Als de baby geboren is, wordt hij overgedragen aan de kinderarts en als alles goed is al snel aan de vader. De placenta wordt verwijderd en de wond wordt gehecht.

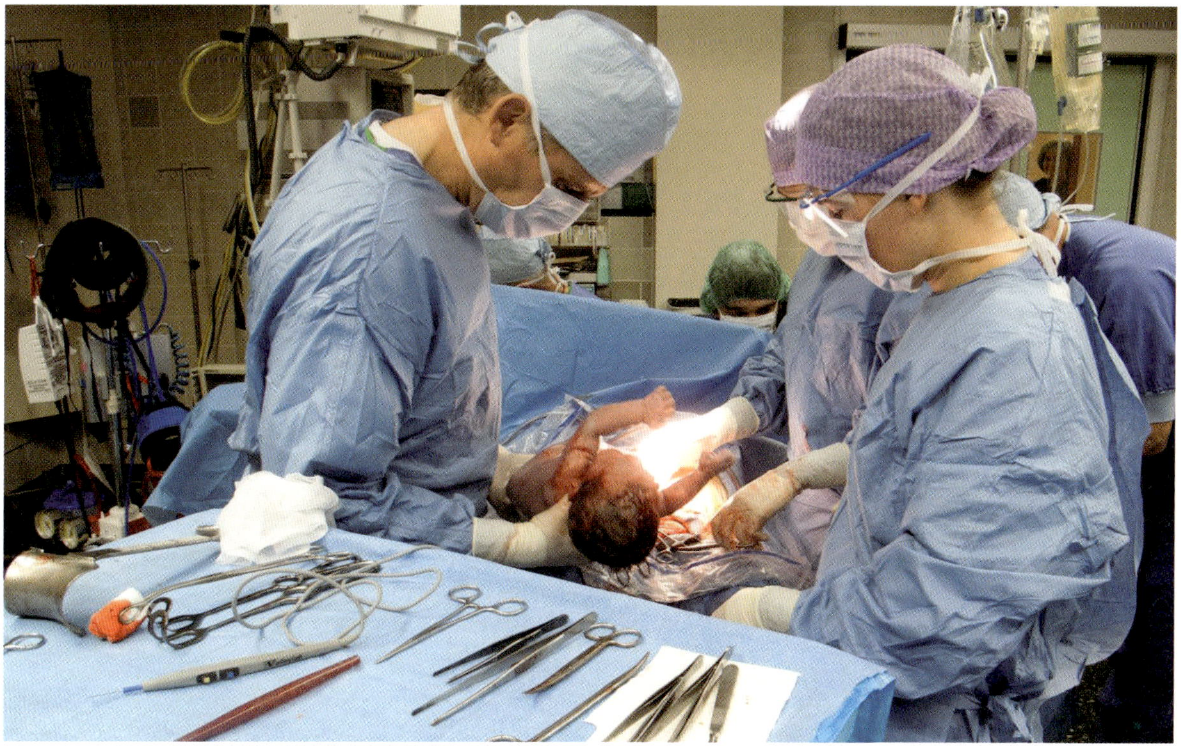

LET OP

Probeer na de keizersnede zo snel mogelijk de baby aan de borst te leggen als de conditie van de baby dat toelaat. Vroeg voeden helpt om de borstvoeding goed op gang te helpen. De baby is het eerste uur na de geboorte heel wakker en ontvankelijk om te gaan drinken, en stimuleert daarmee meteen de melkaanmaak.

Een keizersnede is een uitkomst als de baby met spoed geboren moet worden of te groot is om door het geboortekanaal te kunnen. Het is de grootste zegening in de verloskunde. Het is nog maar iets meer dan honderd jaar geleden dat in arme gebieden van Nederland, zoals het Drentse platteland, moeder en kind stierven omdat het bekken door Engelse ziekte (rachitis) te klein was om de baby geboren te laten worden. Een keizersnede werd toen nog niet verricht en andere mogelijkheden waren er niet.

Maar zoals elke medische ingreep brengt een keizersnede ook risico's met zich mee:

- Ook aan een keizersnede kun je sterven, iets vaker dan aan een natuurlijke geboorte. Op elke 8.000 keizersneden sterft er een moeder als gevolg van de keizersnede. Op elke 3.500 keizersneden sterft er een moeder waarbij de keizersnede niet de directe oorzaak was, maar wel heeft meegespeeld.
- Ernstig overgewicht brengt bij een operatie nog een extra sterfterisico met zich mee.
- Na de keizersnede verloopt het herstel trager dan na een bevalling. Er is een verhoogde kans op een infectie en trombose en de borstvoeding komt vaak moeilijker op gang.
- Bij volgende zwangerschappen bestaat er een verhoogde kans op een voorliggende of diep ingegroeide placenta.
- Bij volgende zwangerschappen bestaat er een (kleine) kans dat het litteken openscheurt. Om die reden moet je voortaan in het ziekenhuis bevallen.

Een keizersnede wordt vanwege al deze risico's in Nederland alleen gedaan als er een goede medische reden voor is.

IK SCHRIK ME ROT VAN AL DIE VERHALEN HIERVOOR, OVER RISICO'S EN COMPLICATIES. HOE KAN IK NU ONTSPANNEN MIJN BEVALLING TEGEMOET ZIEN?

Dit is een eerlijk boek, waarin je veel informatie krijgt. Oók over risico's en eventuele (dreigende) complicaties. Maar het mooie is: voor al die (dreigende) complicaties is een elegante oplossing. Een infuus bijvoorbeeld, of een kunstverlossing of een keizersnede.

Als je jezelf goed laat voorlichten, en het je lukt jezelf over te geven en vertrouwen te hebben in jezelf en degenen die je bijstaan, dan kun je de bevalling over je heen te laten komen en word je overal doorheen geloodst. Je partner, de verloskundige, de gynaecoloog, de kraamverzorgende, de verpleegkundige – ze zijn er allemaal om je bij te staan en te helpen de bevalling tot een goed einde te brengen. Het is daarbij wél belangrijk dat je van je hart geen moordkuil maakt en zegt wat je graag wilt en belangrijk vindt. Je partner kan je helpen dat te verwoorden.

Net als een zwangerschap en bevalling is geen enkele medische ingreep zonder risico's. Daarom is het belangrijk goed na te denken over het toepassen ervan. Als het goed is, worden ze op het juiste moment ingezet. Dat betekent dat het risico van de ingreep voor de moeder en de baby kleiner is dan het risico van geen ingreep. Per saldo vermindert het risico juist.

Zie dus niet op tegen de keizersnede of de kunstverlossing. Als je ervóór staat, ben je blij dat de mogelijkheid bestaat. Dan is er een duidelijke noodzaak. Dan is de ingreep risicoverlagend, soms zelfs levensreddend. Dan zorgt de vacuüm, de forceps of de keizersnede dat de geboorte van je kind wordt bespoedigd.

DEEL 3

HET KRAAMBED

25

Het kraambed van dag tot dag

De week na de bevalling noemen we het kraambed, hoewel het idee dat je de hele dag in bed doorbrengt al lang is verlaten. Opstaan en wat bewegen is goed om de baarmoeder te laten slinken en trombose te voorkomen. Die eerste week is een bijzondere periode, waarvan de beelden zich in je geheugen griffen.

DE EERSTE DAG

De dag van de geboorte van je kind ben je doodmoe en opgewonden tegelijk. Je verkeert in een roes die de hele week aanhoudt. Er is een nieuwe persoon jullie leven binnengekomen die er nooit meer uit verdwijnt en om wie alles de komende tijd zal draaien. Iemand met wie je nu al intiem bent, maar die je nog wel moet leren kennen. En het kind jou.

Het liefst wil je je kind aan iedereen laten zien. Je familie en beste vrienden kunnen niet wachten tot ze mogen komen. Iedereen verkeerde de afgelopen tijd al met je in spannende afwachting. Aan de andere kant zou het goed zijn als je tegelijk met de baby na de bevalling en de borstvoeding even probeert te slapen. De komende week zul je slaap moeten sprokkelen, elk uurtje dat je meepikt is meegenomen. Je hebt een megaprestatie geleverd waarvan je moet herstellen.

Gelukkig heb je de eerste week hulp van de kraamverzorgster en komt de verloskundige een paar keer langs voor medische controles. Je zult ze hard nodig hebben. Je leven staat op zijn kop. Sommige kraambureaus zorgen ervoor dat er op de eerste dag al een kraamverzorgster langskomt. Maak hier gebruik van. Voor de komende week is het ook nuttig het bezoek een beetje te clusteren en rustmomenten in te bouwen. 'Graag eerst even bellen' is een nuttige toevoeging aan het geboortekaartje.

Belangrijke zaken op de eerste dag:

* Als je resusnegatief bent en de baby is positief – de bloedgroep van de baby is inmiddels bekend – dan krijg je binnen 24 uur een injectie met anti-D.
* Lukt het om te plassen? Dat is belangrijk. Als je de aandrang niet voelt, kun je een overloopblaas krijgen, waardoor de blaas 'overrekt' raakt. Blijf

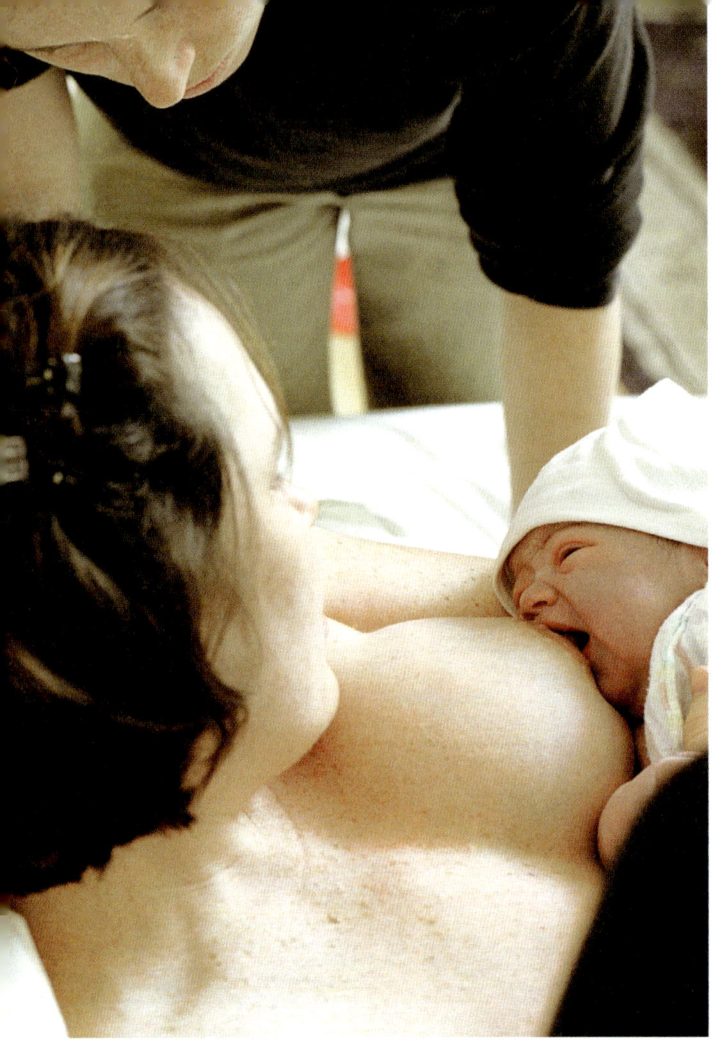

het telkens proberen, met een kannetje lauw water dat je langs de schaamlippen giet. Of onder de douche. Dat kannetje kun je voorlopig op de wc laten staan. Het plassen blijft deze week branderig; lauw water houdt je schoon en vermindert de pijn.

- Nu mag je dat pak papieren luiers gaan gebruiken uit het kraampakket, als kraamverband. Ze geven steun aan je beurse bekkenbodem. Je kunt vandaag flink vloeien.
- De eerste ontlasting van de baby is zwartgroen en taai. Je kunt water of babyolie gebruiken om het goedje te verwijderen.
- Loopt de borstvoeding niet goed? Dan is het een goed idee om te beginnen met kolven. Meer informatie hierover vind je in het hoofdstuk 'De voeding van de baby'.
- Neem voldoende rust door regelmatig te gaan liggen zodat je bekken tot rust komt, maar blijf niet de hele dag in bed liggen. Bewegen helpt tegen trombose en bevordert je herstel. Je kunt rondjes draaien met je voeten om de bloeddoorstroming te bevorderen. En je kunt alweer je bekkenbodemspieroefeningen oppakken. Ook al voelen ze nog gezwollen aan en heb je misschien hechtingen, je kunt ze al weer rustig aan- en ontspannen op geleide van de pijn.
- De baby moet binnen drie werkdagen aangegeven worden. Geef je legitimatie en (als je getrouwd bent) het trouwboekje mee.

WAT KAN IK DOEN TEGEN NAWEEËN?

Heel vervelend: de naweeën. Vooral bij een tweede of volgend kind, maar ook al bij een eerste kun je na de bevalling nog vervelende naweeën hebben. Tijdens de borstvoeding wordt het nog erger, door de oxytocine die vrijkomt. Naweeën zijn heel nuttig: ze helpen de baarmoeder om samen te trekken en verminderen het bloedverlies. Maar ze kunnen flink pijnlijk zijn. Als je er niet van slaapt, mag je gerust paracetamol nemen. Je (nacht)rust weegt ruimschoots op tegen een pijnstiller. Een warme kruik tegen je buik kan de pijn ook verlichten.

De baarmoeder reikt nu nog ongeveer tot de navel, zoals toen je vier maanden zwanger was. De komende week zal ze elke dag een stukje dalen.

Je verkeert in een roes die de hele week aanhoudt

DE TWEEDE DAG

De tweede dag komt de kraamverzorgster om wat medische controles te doen, je te verzorgen en je de beginselen van de babyverzorging bij te brengen. Ze vraagt je om twee keer per dag je temperatuur op te nemen. Ook de baby wordt tweemaal daags getemperatuurd, de plasjes en de poepjes worden genoteerd, de kleur wordt in de gaten gehouden – is de baby niet te geel? Afhankelijk van het aantal uren dat je hebt 'besteld', verricht de kraamverzorgster ook huishoudelijke taken.

Belangrijke zaken op de tweede dag:

- Heeft de baby gepoept en geplast? Is zijn temperatuur goed?
- Je kunt vandaag al een beetje stuwing krijgen: je borsten worden voller en gespannen. De borstvoeding begint goed op gang te komen.
- Je zou weer voorzichtig wat buikspieroefeningen kunnen doen. Doe ze liggend op bed met de benen een stukje opgetrokken. Oefen nu alleen nog de schuine buikspieren: beweeg met de rechterhand naar de linkerknie en omgekeerd. Forceer niets. Zie ook blz. 258.
- De verloskundige komt langs en zal deze week nog een paar keer komen. Dat gebeurt ook als je in het ziekenhuis bent bevallen. Ze komt kijken of het medisch goed gaat met jou en de baby, om voorlichting te geven en vragen te beantwoorden. Praat met haar na over de bevalling. Dat helpt om je beeld daarover te vormen. Zelf was je immers een beetje 'van de wereld'. Ook als dingen je dwarszitten over de bevalling is het goed om ze te uiten.

LET OP

! Ga niet in bad tijdens het kraambed. Je vloeit, de hechtingen gaan wat ontsteken, de kraamvloed zal onaangenaam gaan ruiken. Wacht tot de kraamvloed bijna over is en normaal ruikt. Tot die tijd kun je natuurlijk douchen. Om de hiervoor genoemde redenen – hygiëne – moet je voor kraamvloed geen tampons gebruiken.

- Moet je erg wennen aan de baby? Dat geeft niet. Veel moeders hebben daar een poosje de tijd voor nodig. Het moedergevoel slaat niet altijd meteen toe. Laat goed voor je zorgen en houd je kind zo veel mogelijk bij je. Als je het even te veel vindt, draag de baby dan over aan je partner of de kraamverzorgster en kom tot jezelf. Als je je er zorgen over blijft maken, praat er dan over met de verloskundige of de huisarts. Want als je heel negatieve gevoelens hebt en bovendien nauwelijks slaapt, kan de depressie toeslaan en moet er op tijd iets gebeuren.

DE DERDE DAG

Dikke kans dat je vandaag last krijgt van 'kraamtranen'. Je voelt je moe, labiel, gedeprimeerd, je hebt nu al twee nachten weinig geslapen, de borstvoeding loopt nog niet zo lekker, de baby heeft de halve nacht gehuild, je borsten doen pijn, de hechtingen beginnen te trekken, de buik ziet er nog uit alsof je vier maanden zwanger bent, de ontlasting komt nog niet op gang, de aambeien doen pijn en nu komt er ook nog bezoek.

Tel uit je winst. In het kort is dit de stand van zaken op de derde dag.

Belangrijke zaken op de derde dag:

- Laat de tranen maar komen. Iedereen begrijpt het en het werkt als een ontlading en een ontspanning, wat de borstvoeding alleen maar ten goede komt. Het zal het toeschieten van de melk bevorderen.
- De stuwing is nu niet te harden. Je borsten lijken voetballen, je kunt er wat koorts van krijgen. De baby heeft moeite om te drinken. Meer informatie daarover vind je in het hoofdstuk 'De baby'.
- De kraamvloed is nu niet meer helder rood, maar zal wat bruinig of gelig gaan worden. Blijf flink spoelen met het kannetje op de wc.
- De hechtingen gaan wat trekken, daar kun je weinig aan doen. Als je onderkant te veel pijn doet door trekkende hechtingen, neem dan een zacht kussentje om op te zitten. Of juist een harde houten stoel, die geeft tegendruk.
- Vrouwen zien er vaak tegenop om weer voor het eerst ontlasting te hebben. Het doet minder pijn dan je denkt. Maak je geen zorgen over de hechtingen, die kunnen dat gemakkelijk doorstaan. Een kopje pittige koffie doet vaak wonderen. Let verder op laxerende voeding: voldoende vezels, voldoende vocht.
- Door de zwangerschapshormonen die nu wegvallen, kun je nachtelijke zweetaanvallen hebben. Ook kun je aardig wat haar verliezen. Het extra haar dat je hebt aangemaakt door de zwangerschapshormonen, raak je nu weer kwijt. Wanhoop niet – het komt allemaal weer goed.

LET OP

! Sommige moeders hebben na de bevalling (ernstige) bekkenpijn: ze hebben rugpijn, pijn in het schaambeen en in de benen. Soms kunnen ze nauwelijks uit bed komen. Het lijkt het beste om toch in beweging te blijven. Een bekkenband kan daarbij helpen, een fysiotherapeut kan oefeningen geven en uitleggen hoe je het beste kunt bewegen. Als de pijn hevig is, kun je af en toe een paracetamol nemen.

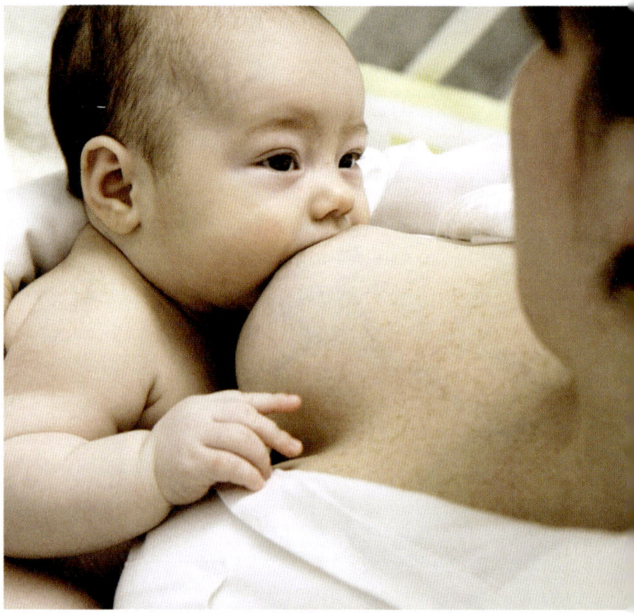

WAT KAN IK DOEN TEGEN AAMBEIEN?

Aambeien ontstaan vaak in de zwangerschap door het hormoon progesteron en doordat de zware baarmoeder de terugvloed van bloed naar het hart bemoeilijkt. Tijdens de bevalling verergeren aambeien vaak, door de enorme druk die er tijdens het persen op is komen te staan. Ze kunnen zo groot zijn als een kwartelei en roodpaars van kleur. Ze kunnen erg pijnlijk zijn en het zitten bemoeilijken.

Tips tegen aambeien in het kraambed:

- Houd je anus goed schoon door te spoelen met lauw water.
- Spuit drie keer per dag Otrivin neusspray op de aambei, maar doe dat niet langer dan 1 week.

Otrivin doet de aambei slinken. (Doe dit niet bij aambeien in de zwangerschap.)
* Als de aambei erg pijnlijk is, vraag dan de huisarts om lidocaïnezalf (verdovende zalf) tegen de pijn.
* Koude kompressen kunnen ook de pijn verlichten. Een natte, ingevroren luier bijvoorbeeld, of een coldpack van de drogist, beide in een hydrofiel luier.
* Zorg voor zachte ontlasting door laxerend te eten. Kijk voor voedingstips in het hoofdstuk 'Zwangerschapskwalen'.
* Veel vrouwen zweren bij Curanol, een aambeienzalf op natuurlijke basis. Er zijn geen onderzoeksresultaten bekend, maar onder het motto 'baadt het niet, schaadt het niet' zou je het kunnen proberen. www.curanol.nl.

DE VIERDE DAG

Op de vierde dag zijn de kraamtranen waarschijnlijk nog niet helemaal voorbij, maar aan het eind van deze dag zul je je weer wat monterder voelen. Wel begint het slaapgebrek zijn tol te eisen. Je bent moe.

Belangrijke zaken op de vierde dag:

* De kraamvloed wordt nu bruinig en kan onaangenaam gaan ruiken. Ook kan het zijn dat de baarmoeder even niet meer slinkt en dat ze pijn doet als je erop drukt. Dan kan er een lichte – meestal onschuldige – baarmoederinfectie zijn ontstaan. Daar kun je ook wat koortsig van worden. (Bel bij koorts de verloskundige!) Leg de baby vaak aan de borst om te zorgen dat de baarmoeder goed samentrekt, zorg dat je in beweging bent (rondloopt) en dat je vandaag ontlasting hebt als dat nog niet eerder is gelukt. Je kunt eventueel een microklysma (Microlax) nemen.
* De verloskundige zal waarschijnlijk weer komen, al heeft elke praktijk zijn eigen schema's. Ze zal kijken of de baby niet te geel is.
* De ontlasting van de baby is nu goudgeel – echte borstvoedingsontlasting. Als je baby de fles krijgt, is de ontlasting wat meer bruin, maar toch heel anders dan de plakkerige, zwartgroene ontlasting van de eerste dag.
* De eerste week na de geboorte – meestal al op de derde of vierde dag – zal de verloskundige of de wijkverpleegkundige de hielprik geven. Daarbij worden er een paar druppels bloed van de baby afgenomen en onderzocht op zeventien aangeboren afwijkingen.

Bij de hielprik worden een heleboel ziekten opgespoord. Er wordt onder andere gekeken naar:

* phenylketonurie (PKU, een stofwisselingsziekte);
* congentiale hypothyreoïdie (CHT, een te traag werkende schildklier);
* adrenogenitaal syndroom (AGS, een stoornis van de bijnier waardoor de hormoonhuishouding verstoord raakt: te weinig cortisol, dat onder andere de suikerhuishouding regelt, te weinig aldosteron, dat de zouthuishouding regelt, en te veel testosteron, mannelijk hormoon. Een meisje ziet er dan vaak uit als een jongetje, jongetjes hebben een vergrote penis.);
* sikkelcelziekte: erfelijke bloedarmoede, die vooral voorkomt bij mensen met voorouders uit Afrika, Azië of het Middellandse Zeegebied;
* cystic fibrosis, ofwel taaislijmziekte.

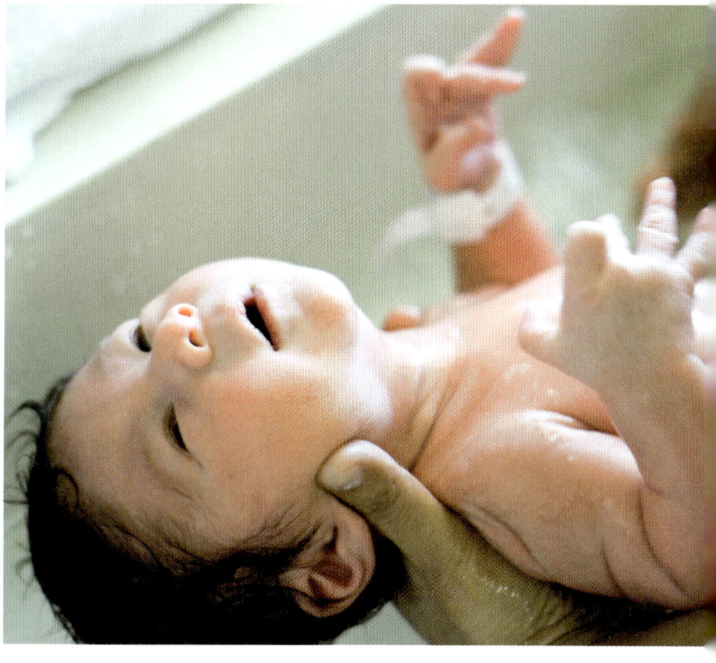

DE VIJFDE DAG

Je begint al te wennen aan het feit dat er een baby is. De kraamtranen zijn nu vaak voorbij. De moeheid niet. Als het goed is, is de borstvoeding nu goed op gang en de stuwing over. De baby begint te groeien.

Belangrijke zaken op de vijfde dag:

* De kraamvloed ruikt nog steeds en de hechtingen beginnen vervelend te trekken. Ze gaan nu vaak wat ontsteken en doen pijn. Je kunt daarvoor in een badje met lauwe Biotex gaan zitten (zonder bleek). Dat helpt om het wondvuil te verwijderen en verzacht de pijn.
* Het navelstompje van de baby begint wat te stinken. Je kunt het schoonmaken met alcohol.
* Als het goed is, is de borstvoeding nu op gang. Zo niet, dan heb je daarvoor extra begeleiding nodig van de verloskundige of de lactatiekundige. De borstvoeding komt niet bij iedereen gemakkelijk op gang. Meer daarover in het hoofdstuk 'De voeding van de baby'.

DE ZESDE DAG

Het kraambed nadert alweer het einde. Er is veel bezoek geweest, je wordt weer wat meer mobiel. Misschien ga je zelfs even naar buiten. Als de baby weer op zijn geboortegewicht is, mag hij mee, anders kun je je kind beter nog even thuislaten. Zelf ga je weer wat slinken – je bent je zwangerschapsvocht kwijt, de hechtingen slinken, de stuwing is over. En je leert je baby al een beetje kennen, al begrijp je niet altijd waarom hij huilt.

Belangrijke zaken op de zesde dag:

- Het navelstompje van de baby is nu ingedroogd en hangt nog aan een klein draadje. Misschien is het zelfs al afgevallen...
- Als het goed is, is de baby nu weer aangekomen nadat hij de eerste paar dagen iets was afgevallen. Hij ziet er al weer wat voller uit dan drie dagen geleden.
- Je vaginale afscheiding gaat wat minder stinken. Zelf begin je weer een beetje te slinken – de stuwing is voorbij, de baarmoeder wordt kleiner, de buik weer ietsje strakker. De moeheid blijft en zal voorlopig niet overgaan. Maar je leert je baby al een beetje kennen, al begrijp je nog niet altijd waarom hij huilt.

DE ZEVENDE DAG

De kraamverzorgster komt vandaag voor het laatst, waarschijnlijk de verloskundige ook. Je baby is een week oud, het kraambed al weer op zijn eind. Vanaf vandaag zul je het weer alleen moeten doen. Het is fijn als je partner nu nog een paar dagen vrij is of als je (schoon)moeder of een vriendin een paar dagen komt helpen.

De baby is een week oud, je bent een week moeder of vader. Als je nog niet naar buiten bent geweest, is dit hét moment om weer eens de wereld in te trekken. Mét je kind natuurlijk.

Belangrijke zaken op de zevende dag:

- De verloskundige komt vandaag de hechtingen verwijderen – tenzij ze vanzelf oplossen, afhankelijk van het soort hechting. Ze kijkt in elk geval hoe de wond eruitziet en of de baarmoeder voldoende is geslonken. Ook zal ze de anticonceptie met je bespreken – waarover later meer. Ze praat met je na en vertelt je een afspraak te maken voor de nacontrole na zes weken. En je kunt haar natuurlijk altijd nog bellen als je ongerust bent of vragen hebt.
- Nu de wond aan de bekkenbodem al bijna is genezen, kun je weer beginnen met bekkenbodemspieroefeningen. Je kunt de spieren rondom de vagina aanspannen alsof je je plas ophoudt. Dat doe je 2 tot 3 keer per dag 10 keer achter elkaar, gedurende 6 tot 8 seconden. Je sluit af door ze nog 3 tot 4 keer achter elkaar aan te spannen gedurende 1 tot 2 seconden. Daarbij houd je je bil-, buik- en beenspieren ontspannen. Het helpt om vlot weer in model te komen en vermindert de kans op ongewild urineverlies. Zie ook blz. 258.
- De zorg voor de baby wordt na deze week overgenomen door het consultatiebureau. Dat neemt niet weg dat je de verloskundige natuurlijk nog kunt bellen als er problemen zijn die met de bevalling of de borstvoeding te maken hebben. Na zes weken kom je nog een keer op de nacontrole bij de verloskundige of gynaecoloog.

26

De baby

Wist je dat een baby vier uur na de geboorte de moeder al kan herkennen op video? En dat huidcontact helpt om huilen te verminderen? Schrik niet als je baby een beetje geel wordt – tot op zekere hoogte is dat normaal. Een beknopte 'gebruiksaanwijzing' bij je baby.

HOE VERLOOPT DE ONTWIKKELING VAN DE BABY DE EERSTE WEEK?

Na de bevalling is de baby meestal een uur lang wakker en alert. Hij kijkt je dan aan en neemt zijn omgeving in zich op. Het is de eerste kennismaking met zijn ouders. Die vindt plaats in een rustige, alerte stemming.

Daarna zal de baby, vooral als hij flink heeft kunnen drinken, vaak in een lange, diepe slaap vallen. Van tijd tot tijd wordt hij wakker voor een voeding. Baby's die niet uit zichzelf wakker worden, moet je wakker maken. Een baby moet minstens zeven, maar liefst acht voedingen per dag hebben. Meer mag ook.

De eerste dagen wordt duidelijk of alles 'het doet'. De eerste ontlasting en de eerste plas worden dan ook met enthousiasme ontvangen. De baby moet de 1e dag minstens 1 keer plassen, de 2e dag 2 keer, de 3e dag 3 keer, de 4e dag 4 keer. Als de voeding goed op gang is, moet de baby minstens 6 plasjes per dag doen.

De eerste paar dagen valt de baby af. Dat is normaal. Hoe vaker je de baby aan de borst legt, hoe minder hij afvalt en hoe sneller hij weer op het geboortegewicht is.

De temperatuur van de baby is tussen de 36,5 en 37,5 graden. De kleur is roze, maar de handjes en voetjes kunnen, als hij het koud heeft, wat blauw zijn. Dat kan geen kwaad.

De baby ademt in rust – tijdens de slaap – 40 tot 60 keer per minuut. De ademhaling verloopt tamelijk onregelmatig. Dat is normaal.

De eerste dagen kan de baby wat opgezette borstjes hebben, waar soms zelfs wat vocht uitkomt: 'heksenmelk'. Meisjes kunnen een beetje 'menstrueren'. Dat komt door de hormonen die de moeder in de zwangerschap heeft doorgegeven aan de baby en die nu wegvallen. Schrik daar niet van.

WEETJE

Baby's kunnen vier uur na de geboorte hun moeder al herkennen op een videoscherm. En een baby kan gebaren en uitdrukkingen imiteren, zoals zijn tong uitsteken. Maar alleen als hij zich in de zogenoemde rustig alerte fase bevindt.

Een baby kan in de rustig alerte fase gebaren en uitdrukkingen imiteren, zoals de tong uitsteken

Een baby kent zes bewustzijnstoestanden:

- De rustig alerte fase (zoals het eerste uur na de geboorte, waarin hij op eigen kracht naar de borst kan tijgeren). Hij maakt dan contact en kijkt je aan. In deze toestand kunnen baby's zelfs uitdrukkingen en gebaren imiteren (tong uitsteken).
- De actief alerte fase. De baby beweegt zich veel, kijkt om zich heen, is druk.
- De huiltoestand.
- De doezelige toestand: tijdens het wakker worden of in slaap vallen. De baby heeft een wat glazige blik.
- De rustige slaap.
- De actieve slaap: er is veel beweging achter de gesloten oogleden (*rapid eye movement*, REM-slaap).

Als je de bewustzijnstoestanden van je kind herkent, helpt dat om hem of haar te begrijpen en contact te maken. Al deze informatie komt uit het boek *Je wonderbaarlijke baby. Wat een pasgeboren kind al kan* van de Amerikaanse kinderarts Marshall Klaus en zijn vrouw, de psychologe Phyllis Klaus.

HOE MOET IK DE BABY VERZORGEN?

De kraamverzorgster zal jullie de fijne kneepjes van de babyverzorging leren. In het begin is het wennen. Maar je zult merken hoe snel je er handig in wordt en eraan gewend bent.

De baby mág elke dag in bad, maar het hoeft niet. Zorg voor een warme kamer, de baby koelt snel af. Was de baby door je warme handen (zonder ringen!) met een babywasproduct in te smeren en met je handen de baby in te zepen op de commode. Het inzepen kan als een soort minimassage werken. Vergeet niet de liezen en de oksels en was ook achter de oren. Dit moet niet te lang duren, dan krijgt de baby het te koud. Voel *met je elleboog* of het water lekker warm maar niet te heet is (37 tot 39 graden) en laat dan de baby in het warme water zakken zodat zijn buik goed onder water ligt. Laat hem ontspannen in het bad. Droog daarna je kind af met een dunne katoenen doek, vooral de plooitjes (hals, oksels, liezen, knieholten).

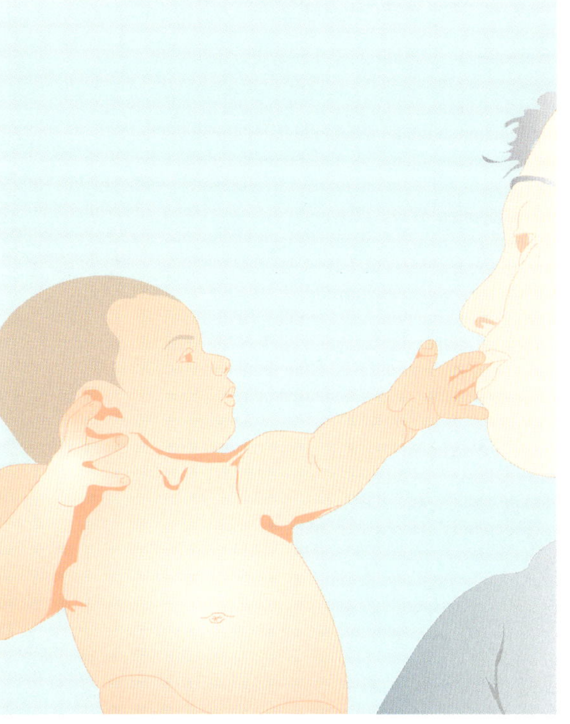

In de rustig alerte fase kan de baby al uitdrukkingen en gebaren imiteren. Ook kan hij al actief naar iets uitreiken, mits de nekspieren ontspannen zijn en er actief met hem gecommuniceerd wordt

Het navelstompje moet je drooghouden, er gaat een los gaasje overheen. Het kan een beetje gaan stinken. In dat geval kun je het schoonmaken met een gaasje met alcohol. Het zal er aan het eind van de week afvallen.

De baby kan rode smetplekjes krijgen in de lie-

LET OP

Maak van het bad een oxytocinemoment: door warmte, massage en warm water komt er bij de baby én bij de verzorger oxytocine vrij. Dat ontspant, maakt rozig en bevordert de hechting. Het bad is dus voor de vader bij uitstek een moment om de onderlinge band te versterken.

! De geelheid mag nog niet binnen 24 uur optreden. Is dat wel het geval, en is de bilirubineconcentratie véél te hoog, dan is er meestal iets anders aan de hand. Zoals resusbaby's hun bloed afbreken door de antistoffen van hun moeder, kan dat soms ook gebeuren met andere soorten antistoffen. De baby breekt dan té veel bloed af. Een te hoge bilirubineconcentratie kan hersenschade veroorzaken. Daarom moet er soms een wisseltransfusie plaatsvinden. Gelukkig is dat maar zelden nodig.

! Bij baby's met een donkere huid is de geelzucht moeilijker te zien. Kijk naar het oogwit!

! Als de baby na drie weken nog geel is, neem dan contact op met het consultatiebureau.

zen en oksels of op de billen. Die zijn gevoelig. Zinkzalf doet wonderen – een dun laagje! Het droogt het huidje uit en versnelt de genezing.

WAARDOOR WORDT EEN BABY GEEL?

Een baby heeft in de baarmoeder een speciaal soort rode bloedlichaampjes met foetaal hemoglobine. Daarmee is hij in staat om bij een lage zuurstofconcentratie toch voldoende zuurstof te binden. Baby's binden het zuurstof zelfs beter dan de moeder!

Zodra de baby geboren is, gaat hij normaal, volwassen hemoglobine aanmaken. Hij zal dan zijn oude, foetale rode bloedlichaampjes afbreken. Daarbij komt een gele stof vrij: bilirubine. Die bloedafbraak is een flinke belasting voor de lever, die daar nog niet altijd voor is toegerust. Daardoor hoopt de bilirubine zich op. Dat geeft de baby de gele kleur.

De meeste baby's worden rond de derde, vierde dag wat geel. Dat kan geen kwaad. Het kan helpen om het kind goed in het licht te zetten en te zorgen dat hij voldoende voeding binnenkrijgt.

Is de baby té geel, dan zal de verloskundige een paar druppels bloed af laten nemen. Wanneer de bilirubineconcentratie te hoog is, wordt de baby in het ziekenhuis onder de blauwe lamp gelegd. Dat helpt om de gele kleurstof af te breken.

De kans op geelzucht is verhoogd als:

- de baby meer dan twee weken te vroeg geboren is;
- de borstvoeding niet goed loopt en de baby te weinig voeding krijgt;
- de baby bij de bevalling een blauwe plek of bloeduitstorting heeft gekregen (bijvoorbeeld een cefaal hematoom);
- de baby al eerder een bloedtest heeft ondergaan en een te hoog bilirubinegehalte had;
- een ouder broertje of zusje ook te geel was en daarvoor onder de blauwe lamp heeft gelegen of een wisseltransfusie heeft gehad;
- er in de familie erfelijke aandoeningen voorkomen waardoor het bloed versneld wordt afgebroken, zoals sferocytose of G6PD-deficiëntie;
- de bloedgroepen van de moeder en de baby niet bij elkaar passen waardoor de baby te snel bloed afbreekt;
- de baby zich moeilijk op temperatuur kan houden;
- de baby bij de geboorte benauwd is geweest;
- de baby een infectie heeft;
- de baby suf is en slecht drinkt;
- de baby afkomstig is uit oostelijk Azië, zoals uit Japan of Korea.

Wees in deze gevallen waakzaam op geelzucht. Bel bij twijfel de verloskundige voor overleg.

HOE LEG IK DE BABY VEILIG TE SLAPEN?

Leg de baby op zijn rug met het hoofdje afwisselend naar links en naar rechts, en nooit zonder toezicht op de buik. Buikligging verhoogt de kans op wiegendood, en vanuit zijligging kunnen baby's al snel doorrollen tot ze op hun buik liggen. Het percentage kinderen dat sterft aan wiegendood is enorm gedaald sinds ouders het

LET OP

! Sommige baby's hebben een voorkeurshouding en draaien het hoofdje telkens naar één kant. Dat kan een scheef hoofdje veroorzaken. Let erop en probeer het te voorkomen. Het helpt om de baby een aantal keer per dag een kwartiertje op de buik te leggen, als er iemand op de baby let. Dat stimuleert ook de motorische ontwikkeling van de baby.

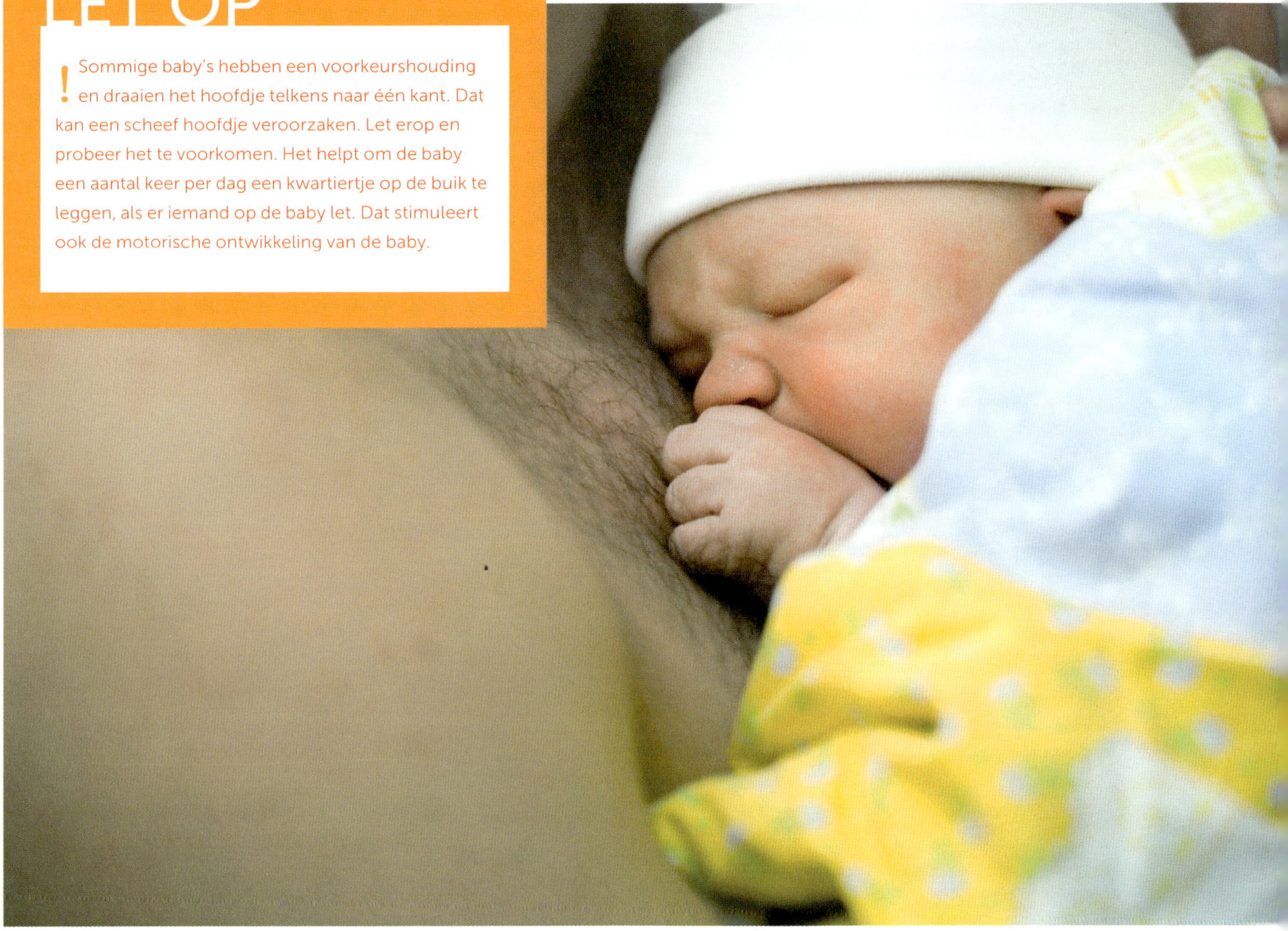

advies krijgen het kind op de rug te leggen.

Neem de baby de eerste vier maanden niet bij je in bed. Onder het dekbed kunnen baby's te warm worden. Bovendien kunnen ze onder het dekbed terechtkomen. Pas na vier maanden zijn ze groot genoeg om ze bij je in bed te nemen.

Leg de baby in een wiegje of mandje bij je op de kamer, bij voorkeur totdat de baby zich gemakkelijk om kan rollen en weer terug kan rollen. Zo kun je inspelen op zijn ritme en hem in de gaten houden.

Gebruik geen dekbed maar een dekentje dat rondom wordt ingestopt. Onder een dekbed kan de baby te warm worden. Maak het bedje kort op, zodat de baby niet onder het dekentje kan raken. Nog beter: neem een gewatteerde trappelzak. Daarbij heb je geen deken nodig.

Gebruik in het bedje geen zachte materialen: stootkussens, plastic zeiltjes, kussentjes. Neem een stevig matrasje.

Leg de baby niet met een mutsje te slapen – ook dat is al gauw te warm. Zorg dat de baby zijn warmte kwijt kan.

Zorg dat de baby rookvrij opgroeit en slaapt. Meeroken verhoogt de kans op wiegendood.

Meer tips om een scheef hoofdje te voorkomen:

* voed de baby, ook bij flesvoeding, afwisselend op de linker- en op de rechterarm;
* neem de baby geregeld bij je, draag hem (haar) tegen je aan;
* neem de baby in een draagdoek.

HOE MERK IK DAT MIJN KIND ZIEK IS?

Een gezonde baby is roze, heeft een temperatuur tussen de 36,5 en 37,5 graden en een ademhaling in rust van 40 tot 60. Hij drinkt goed.

Een zieke baby krijgt soms koorts maar vaker ondertemperatuur. Zijn kleur wordt bleek of zelfs grauw. Vaak gaat de ademhaling te snel – het lijkt meer op hijgen. En hij is sloom en slap en drinkt slecht. Soms kreunt hij of zie je de neusvlegels op en neer gaan tijdens de ademhaling.

Als je kind deze verschijnselen vertoont, bel dan meteen de verloskundige of de huisarts. Een infectie kan bij een baby snel verlopen.

HOE KAN IK MIJN KIND HET BESTE IN DE DRAAGDOEK DRAGEN?

Baby's kun je al vanaf de geboorte in de draagdoek nemen. Neem jonge baby's bij voorkeur in een draagdoek of -zak waarin ze kunnen liggen. Zo is het ruggetje goed ondersteund.

Het dragen in de draagdoek helpt ook ter afwisseling van de houding, om eventuele scheefgroei van het hoofdje te voorkomen.

Het dragen in de draagdoek kan daarbij helpen. Als je handig bent en een sterke rug hebt, kun je met de baby in de draagdoek van alles doen. De baby bekijkt de wereld vanuit jouw positie en voelt zich in de draagdoek geborgen.

IS HET WAAR DAT JE BABY'S AL VANAF DE GEBOORTE ZINDELIJK KUNT MAKEN?

Het is waar dat baby's al vanaf de geboorte aanvoelen wanneer ze moeten plassen of poepen. In de westerse wereld leren wij ze een luier als wc te gebruiken. In Azië, Afrika en Zuid-Amerika doen hele volksstammen het anders. Daar hebben moeders niet de beschikking over luiers en zijn kinderen heel snel zindelijk. Niet door dwang, maar doordat hun moeders hun signalen oppikken – of zelf een seintje geven – waardoor de baby op het juiste moment op een potje plast (of in de bush). Daarmee kunnen baby's tussen de zes en de twintig maanden helemaal zindelijk zijn. Als ze nog klein zijn, moet de moeder ze vanzelfsprekend helpen met uitkleden en met op het potje gaan.

Westerse moeders die deze methode hanteren, geven de baby tussendoor vaak gewoon een luier om. Dat maakt de methode heel praktisch toepasbaar in Nederland. Hun kind is dan zonder enige dwang zindelijk als andere moeders nog niet eens begonnen zijn.

Deskundigen maken zich zorgen over het gegeven dat kinderen tegenwoordig steeds later zindelijk zijn. Papieren luiers houden zo goed droog, dat kinderen niet meer merken wanneer ze 'nat' zijn. De 'babyzindelijkheidscommunicatie' kan daarbij helpen. Meer informatie hierover vind je in het boek *Je baby op het potje* van Laurie Boucke of op http://groups.yahoo.com/group/babysophetpotje.

WEETJE

Onderzoek wijst uit dat veelvuldig huidcontact huilen vermindert en dat Nederlanders te weinig huidcontact hebben met hun baby. De onderzoekers vonden dat baby's die 10 uur per dag huidcontact hadden, de helft minder huilden dan baby's die 8,5 uur huidcontact kregen.

HOE WEET IK OF MIJN BABY EEN HUILBABY IS EN KUN JE ER WAT AAN DOEN?

Zeker de eerste drie maanden is het normaal dat een baby af en toe huilt. Vaak begint het huilen rond de twee weken. Als de baby drie maanden is, is het vaak weer over.

Als je baby veel huilt, is het belangrijk om na te gaan of hij voldoende voeding krijgt. Maakt hij flink natte luiers? Heeft hij zeker twee keer per dag ontlasting? Is je kind verzadigd na een voeding? Hoor je de melk erin 'klokken'?

Zo ja, dan is het zeker geen honger. Als je twijfelt, is het verstandig je kind te laten wegen. Dat kun je doen op het consultatiebureau. Je kunt bellen voor een afspraak of tussendoor gaan.

Huilt de baby niet van de honger, dan heb je

wellicht een kind dat gevoelig reageert op prikkels. Ouders denken nogal eens dat er medisch iets aan de hand is of dat het aan de voeding ligt, maar de meeste kinderen zijn gewoon gezond. Huilen in de eerste drie maanden hoort erbij. Deze kinderen reageren vaak goed op rust en regelmaat: een vaste slaapplek, vaste slaaptijden, vaste voedingstijden. Veel huidcontact helpt vaak ook (dragen in de draagdoek, babymassage).

Inbakeren lijkt ook wel eens te helpen. Dat is het stevig omwikkelen van de baby met katoenen doeken. Baby's voelen zich geborgen en veilig als ze stevig zijn ingewikkeld. In plaats van inbakeren met doeken is er een 'bakerzak' die iets minder strak zit. Meer informatie vind je op www.debakermat.nl en op www.bakerzak.nl.

Als je wilt inbakeren, doe dat dan in overleg met het consultatiebureau. Er zijn situaties waarin je beter niet kunt inbakeren, bijvoorbeeld als je kind een heupdysplasie heeft of een verhoogde kans daarop, als de baby koorts heeft of daags na een inenting. Omdat de bakerzak minder strak zit, zijn deze problemen daarbij minder.

Overigens is uit onderzoek gebleken dat de ingebakerde baby's aanvankelijk minder huilen, maar dat het verschil met niet-ingebakerde baby's na een week is verdwenen.

Na drie maanden is het vaak minder nodig om de baby in te bakeren. Bovendien is het dan voor de ontwikkeling belangrijk om de handjes vrij te houden.

Een enkele keer wordt overmatig huilen veroorzaakt door een voedingsallergie. Ga daar niet te snel van uit. Je komt erachter door allergiebevorderende stoffen uit je dieet te laten (koemelk, kippenei, soja, pinda's). Dat kun je het beste doen in samenspraak met het consultatiebureau of een diëtiste. Je moet immers wél voldoende voedingsstoffen binnenkrijgen, en je baby ook.

Eigenlijk weten we maar weinig over bepaalde zaken die veel voorkomen. Zoals huilende baby's. In onze zoektocht naar remedies, proberen we van alles. Kinderarts Carole Lasham heeft een vijfpuntenlijstje om een huilbaby stil te krijgen. Er is weinig onderzoek naar verricht, maar onder het motto: baadt het niet, schaadt het niet, zou je het kunnen uitproberen.

Het vijfpuntenlijstje van Carole Lasham:

* baker het kind in in een grote flanellen doek van 1 bij 1 meter (tot maximaal 3 maanden);
* leg hem op je onderarm op zijn zij;
* sis op luide toon shhhhhhh in zijn oor;
* wieg het hoofdje;
* geef een fopspeen.

Melchior: *'Taran sliep slecht. Hij was zo beweeglijk dat hij wakker werd van zijn eigen gewoel en gedraai. Na zes weken waren we afgedraaid, we sliepen zelf ook nauwelijks. We zijn toen naar het consultatiebureau gegaan, waar ze ons leerden om Taran in te bakeren. Met doeken en veiligheidsspelden, zodat hij zich niet meer los kon woelen. Dat werkte onmiddellijk, Taran sliep vanaf dat moment goed. Na een paar maanden hebben we het afgebouwd – eerst overdag, toen 's nachts. Het afbouwen was geen probleem, hij bleef doorslapen.'*

27

De voeding van de baby

De meeste vrouwen geven hun kind borstvoeding, zeker in het begin. Als het je eerste kind is, is dat niet alleen voor de baby, maar ook voor jou een nieuwe ervaring. Het is een mooie manier om elkaar te leren kennen. Sommige baby's happen meteen toe en laten nauwelijks meer los. Andere hebben in het begin meer aandacht en hulp nodig. En een enkele keer lukt het niet.

IS BORSTVOEDING ECHT HET BESTE?

Borstvoeding is nog steeds de beste voeding, daar is geen discussie over. Belangrijke bestanddelen, zoals antistoffen en levende cellen om de baby tegen infecties te beschermen, kunnen nu eenmaal niet in flesvoeding gestopt worden.

Borstvoeding:

- beschermt tegen infecties (oorontsteking, longontsteking, hersenvliesontsteking);
- geeft een vijf keer zo kleine kans op een ziekenhuisopname,
- beschermt tegen allergieën;
- zorgt dat de baby makkelijk poept;
- bevat de juiste vetzuren voor de ontwikkeling van de hersenen;
- mag ongelimiteerd gegeven worden zonder dat de baby er te dik van wordt;
- is altijd op temperatuur en goedkoop;
- beschermt de moeder tegen borstkanker (mits je minimaal zes maanden voedt);
- helpt de moeder om haar zwangerschapskilo's weer kwijt te raken.

Baby's die borstvoeding krijgen, zullen vanaf de achtste dag elke dag een paar druppeltjes vitamine K toegediend krijgen tot ze drie maanden oud zijn. Vitamine K wordt gewoonlijk gemaakt in de darmen, maar de darmen van pasgeborenen zijn nog bijna steriel en maken nog geen vitamine K. Moedermelk bevat wel vitamine K, maar mogelijk onvoldoende. Om bloedingen bij de baby te voorkomen, krijgen daarom alle baby's uit voorzorg vitamine K.

Flesvoeding is een prima alternatief *als de borstvoeding niet lukt*. Sommige vrouwen

WEETJE

Meer informatie over borstvoeding vind je op www.borstvoeding.com.

De eerste moedermelk is dik, gelig en romig en wordt colostrum genoemd. Colostrum bevat veel eiwitten, mineralen en antistoffen om de baby te beschermen tegen infecties. Colostrum is bovendien laxerend: het helpt de baby om de eerste, taaie ontlasting kwijt te raken. Hoewel de baby nog geen enorme hoeveelheden melk binnenkrijgt, krijgt hij toch al veel voedingsstoffen binnen. Na een dag of twee, als de hoeveelheid melk toeneemt, verandert die van samenstelling.

De samenstelling van de moedermelk past zich altijd aan aan de leeftijd van de baby. Wanneer een baby te vroeg geboren is, is de melk anders van samenstelling.

mogen geen borstvoeding geven vanwege medicijngebruik. Bij andere vrouwen lukt het niet, ondanks de hulp van een lactatiekundige. Het is net als met een medische indicatie voor de zwangerschap of bevalling: liever niet, maar als het niet anders kan, is het fijn dat de mogelijkheid bestaat.

HOE KOMT DE BORSTVOEDING OP GANG?

Voor de borstvoeding zijn twee hormonen belangrijk: prolactine en oxytocine. Prolactine zorgt voor de melkaanmaak – maar pas na de bevalling, als de placentahormonen zijn weggevallen. Dan pas kan de prolactine zijn werk doen en komt de productie van moedermelk goed op gang.

Als de melkproductie op gang is, gaat het hormoon oxytocine een belangrijke rol spelen, het hormoon dat ook de weeën opwekt. Oxytocine komt vrij als de baby gaat zuigen. Het zorgt voor de toeschietreflex: de melk spuit uit de tepel.

Hoe meer de baby drinkt, hoe meer prolactine en oxytocine er worden aangemaakt. En hoe meer moedermelk. Een vernuftig systeem.

Het omgekeerde geldt ook: als moeders geen borstvoeding geven, houdt de aanmaak van moedermelk vanzelf op.

HOE LEG IK DE BABY AAN DE BORST?

Vaak gaat het vanzelf. Dan ruikt een baby de borst en pakt hij de tepel – meteen goed. Maar zo gemakkelijk gaat het niet altijd. Sommige baby's moeten leren om goed te drinken, en niet alleen de tepel te pakken, maar ook de tepelhof. Als moeder heb je daar begeleiding bij nodig, ook om tepelkloven en ander ongemak te voorkomen. Als de borstvoeding moeizaam verloopt, kan een lactatiekundige je helpen.

Een minicursus borstvoeden:

- Je kunt de baby in verschillende houdingen aan de borst leggen:
  - liggend (terwijl je op je zij ligt, je hoofd goed gesteund met kussens. De baby ligt ook op zijn zij met een kussen in zijn rug);
  - zittend (de baby in je armen, eventueel met een kussen eronder zodat je genoeg steun hebt);
  - zittend met de baby achterstevoren (de baby op een stapel kussens naast je, de beentjes in de richting van je rug, ook wel de rugbyhouding genoemd);
  - zittend met een kussen voor je waar de baby dwars op ligt.
- Veeg de borst niet af. De tepel is kwetsbaar, schoonvegen berooft hem van nuttige, beschermende vetten.
- Het is belangrijk dat de baby niet alleen de tepel, maar ook een flink stuk van de tepelhof in zijn mond neemt. Pak daarom je borst vast met de c-greep (van opzij) of de u-greep (van onder).
- Beweeg de tepel vanaf de neus richting de mond. Als de baby een grote, wijde hap neemt, haal je de baby naar je toe. Als de baby de borst pakt, zorg dan dat het neusje vrij is om te ademen.
- De eerste paar trekken kunnen pijnlijk zijn. Die pijn moet overgaan. Zo niet, leg dan de baby opnieuw goed aan. Let erop dat hij de hele tepel en een stuk tepelhof in zijn mondje heeft, anders zuigt hij je tepel kapot.
- Als het moeilijk gaat, probeer dan een andere houding.
- Laat je tepels aan de lucht opdrogen. Niet poet-

sen, niet vegen, niet wassen. En eerst droog laten worden voordat je ze weer 'opbergt'.

HOE VAAK MAG DE BABY AAN DE BORST?

Als de baby na de geboorte flink heeft gedronken en dan in een lange, diepe slaap valt, wordt hij vaak pas na een flinke poos weer uit zichzelf wakker. Dan heeft hij behoefte om te drinken, maar ook om wat om zich heen te kijken. Het is niet erg als hij een aantal keer achter elkaar drinkt en dan weer loslaat. Die kleine 'snacks' vormen samen één grote voeding.

Voed de baby bij voorkeur niet op de klok maar op verzoek. Wel moet hij na de eerste dag minimaal zeven, liever acht tot twaalf keer per etmaal aan de borst drinken om te zorgen dat de voeding goed op gang komt en dat hij voldoende binnenkrijgt. Met borstvoeding creëer je geen overgewicht – het teveel poept de baby weer uit.

Ook voor de tepels is het niet slecht om de baby vaak aan te leggen, mits de baby op de juiste manier de tepel en tepelhof pakt.

Vooral kleine of te vroeg geboren kinderen slapen soms door hun honger heen. Als de baby overdag langer dan vier uur achtereen slaapt, maak hem (haar) dan wakker voor een voeding. Kleine baby's moeten vaak om de drie uur wakker gemaakt worden. De verloskundige, gynaecoloog of kinderarts zal je hiervoor instructies geven.

Een goed moment om te gaan voeden, is als de baby wakker is, óf als hij, nog half in slaap, begint te likken, te zoeken of met het mondje begint te smakken. Als je je kind op dat moment aan de borst legt, kun je voorkomen dat hij begint te huilen. Vaak beginnen ze half slapend in een reflex te zuigen. Dit is de doezelige toestand. Zie: 'Hoe verloopt de ontwikkeling van de baby de eerste week?' in het hoofdstuk 'De baby'.

De baby mag drinken tot hij zelf de borst loslaat. Juist de 'achtermelk' bevat veel vet en vitaminen. Dus hoe langer een kind aan één borst drinkt, des te meer hij verzadigd raakt.

De aanmaak van borstvoeding werkt volgens het vraag-en-aanbod-principe: hoe meer de baby drinkt, des te meer moedermelk je aanmaakt. Bied daarom bij voorkeur elke voeding twee borsten aan. Als de baby na één borst in slaap valt, verschoon dan tussen de borsten door, dan kan de baby aan de andere kant ook nog drinken. Zo stimuleer je de melkaanmaak en voorkom je een borstontsteking.

LET OP

! Houd in de gaten of de baby drinkt, en niet sabbelt. Als de baby goed drinkt, gaat hij van de korte en snelle teugen naar lange halen. Dat is het teken dat er melk wordt vrijgelaten.

! Als je de baby van de borst wilt halen, moet je eerst met je pink tussen de kaakjes het vacuüm verbreken, anders trek je de tepel kapot. Als de baby eenmaal goed drinkt, is de zuigkracht enorm.

KRIJGT DE BABY WEL GENOEG?

Aan de plasjes en de poepjes. De ontlasting moet op gang komen en de eerste dagen na de bevalling steeds vaker komen. Ook verandert de ontlasting van kleur. De eerste ontlasting is zwartgroen en taai (meconium), later wordt ze goudgeel. Aan het eind van de eerste week heeft de baby zo'n vier keer per dag ontlasting.

Ook moet hij steeds vaker gaan plassen. Een goede vuistregel voor de eerste paar dagen is: de baby moet zo vaak plassen als hij dagen oud is. Na een week moet hij minstens zes natte luiers maken en twee keer ontlasting hebben.

Heeft de baby niet veel zware plasluiers, niet minstens één keer per dag een flinke gele poepluier en poept de baby bruin of groen, dan is het nuttig de baby regelmatig te wegen of dat te laten doen op het consultatiebureau. Groene ontlasting kan te maken hebben met wat je zelf gegeten hebt – bloemkool en spinazie zijn bijvoorbeeld berucht – maar ook met te weinig voeding.

In het kraambed wordt de baby dagelijks gewogen. Aanvankelijk zal hij afvallen. Dat is

WEETJE

Twijfel je of de baby genoeg krijgt? Bel dan het consultatiebureau en laat je kind wegen. Binnen 10 dagen moet hij weer op het geboortegewicht zijn.

normaal, maar het mag niet te veel zijn, maximaal 10 procent van het geboortegewicht. Rond de achtste dag zijn de meeste baby's weer terug op hun geboortegewicht.

MIJN BABY HEEFT BIJVOEDING NODIG, HOE KAN IK DIE HET BESTE GEVEN?

Als je kind zo klein is dat het bijvoeding nodig heeft – dat krijg je te horen van de verloskundige of, in het ziekenhuis, de kinderarts – dan is het aan te raden moedermelk te kolven en dat aan de baby te geven uit een espressokopje, een eierdopje of een borrelglaasje (cupfeeding), of met een kaakspuitje (vingervoeding). In het

ziekenhuis is vaak wel een medicijncupje of een kaakspuitje voorhanden.

Cupfeeding gaat zo:

- Neem de baby rechtop op schoot, zodat hij zit, gesteund door je armen.
- Breng het kopje naar het mondje, zodat het rust op het onderlipje.
- Kantel het kopje *een beetje* zodat je kind de melk ruikt en proeft. Met zijn tongetje likt hij de melk op.
- Het is niet de bedoeling dat je de melk in het mondje giet! Dat kan tot verslikking leiden.
- Als je handig bent in cupfeeding, kun je op deze manier heel vlot je kind voeden zonder dat hij went aan een speentje en vervolgens de borst kan weigeren.

MIJN KIND WIL NIET AAN DE BORST

Wil je baby na 24 uur nog niet aan de borst, huur dan een elektrische kolf om de voeding op gang te brengen. Geef de afgekolfde melk aan de baby. Niet met een flesje – dan neemt hij de borst straks misschien helemaal niet meer. Cupfeeding of vingervoeding werkt prima. Daarnaast is huid-op-huidcontact belangrijk. Vaak gaan baby's dan wel drinken.

Bij vingervoeding laat je de baby op je vinger of duim (schoon en met korte nagels) zuigen, terwijl je met een 2cc-kaakspuitje (van de apotheek) de voeding langzaam in het mondje spuit. Dat gaat goed in de maxi-cosi of door je benen op een verhoging te zetten en een kussen op je schoot te leggen, zodat de baby half zit. Zo kun je beide handen gebruiken.

Wissel dit af met pogingen om de baby aan de borst te leggen. Vraag of de verloskundige, de kraamverzorgster of nog liever een lactatiekundige je komt helpen met aanleggen. Blijf het geregeld proberen, maar zorg intussen dat je kind wel calorieën binnenkrijgt.

Heb je vlakke of ingetrokken tepels, stimuleer dan de tepels door massage en/of een koude washand, of trek ze een beetje naar buiten vlak voordat de baby toehapt. Omdat de baby niet alleen de tepel, maar een flink stuk van de hele borst moet pakken, maakt het niet zo veel uit dat de tepels vlak of ingetrokken zijn. Dat hoeft de borstvoeding niet te belemmeren. Als de baby een flink stuk borst in het mondje heeft, helpt hij de tepels naar buiten te zuigen.

Soms kan een tepelhoedje uitkomst bieden, maar daardoor krijgt de baby minder binnen, en het stimuleert niet zo goed de melkproductie. Het is dus bedoeld als tijdelijke maatregel, die je alleen in overleg met de verloskundige of lactatiekundige moet nemen.

Als de baby begint te zuigen, kan het even pijn doen, dat is de aanzuigpijn, maar die moet snel over zijn. Borstvoeding moet geen pijn blijven doen!

IK HEB STUWING, WAT DOE IK DAARAAN?

Stuwing kan vanaf de tweede tot vijfde dag na de bevalling optreden. Op dat moment wordt er veel vocht (bloed, vocht en later melk) aangemaakt. De borsten voelen vol aan en zijn soms pijnlijk. Het is belangrijk dat er vanaf het begin goed is geleerd om de baby aan te leggen zonder pijn. Dit voorkomt een groot deel van de stuwing.

Bij een flinke stuwing kan het nodig zijn om de borsten voor het voeden even kort voor te kolven. Dit komt doordat de tepel en tepelhof dan wat soepeler zijn, zodat de baby dan goed kan aanzuigen.

Tips om stuwing tegen te gaan:

- Leg de baby vaak aan de borst, zo drinkt hij de meeste stuwing weg. Het is belangrijk dat de borsten comfortabel blijven aanvoelen. Kan de baby de stuwing niet weg drinken, dan kun je af en toe wat na kolven. Je hoeft niet bang te zijn dat je daardoor 'overproductie' creëert in deze periode. Het is vooral belangrijk dat de borsten gezond blijven.
- Doe een stevige bh aan, en bevorder de doorbloeding en doorstroming met warme douches en warme kompressen.
- Leg voor de voeding een heet, nat kompres op de borst. Daarvoor kun je een wegwerpluier onder de warme kraan houden en in je bh stoppen. Omdat er plastic omheen zit, gaat het niet erg lekken. Zo gaan de melkgangen open en stroomt de melk zo meteen goed toe.
- Na de voeding kun je, ter verlichting, een koud kompres op de borst leggen.

LET OP

! Als je de baby afgekolfde moedermelk geeft, warm die dan niet op in de magnetron maar *au bain marie*, waarbij je het flesje in een bakje warm water opwarmt. Moedermelk mag niet heter dan 37 graden worden. De antistoffen kunnen anders verloren gaan, net als in de magnetron.

IK HEB TE VEEL VOEDING

Er zijn moeders bij wie de voeding eruit spuit zodra de baby gaat drinken. De toeschietreflex kan dan pijnlijk zijn voor de moeder, en de baby kan zich verslikken in de enorme hoeveelheid melk. Hoewel hij dat er allemaal weer uitpoept, kan hij er toch krampen en buikpijn van krijgen. En die enorme hoeveelheden ontlasting kunnen smetplekjes op de billen veroorzaken.

Tips voor moeders met te veel voeding:

- Geef één borst per keer. Je baby krijgt dan minder binnen maar meer achtermelk, die vet is en beter verzadigt. Als de andere borst te vol wordt, kolf dan een beetje af, met de hand of met een kolf. Niet te veel.
- Als de baby al veel krampen heeft en groene, schuimende ontlasting, kolf dan van tevoren iets af en leg daarna de baby aan.
- Leun een beetje naar achteren in de kussens en laat je baby als het ware voorover aan de borst drinken. Zo moet hij tegen de zwaartekracht in zuigen, en lekt de overtollige melk langs de borst naar beneden in plaats van in het mondje. Zo verslikt hij zich minder snel. Leg eventueel een handdoek onder de borst tegen het lekken.

IK HEB TE WEINIG VOEDING, WAT TE DOEN?

Wanneer je alles hebt geprobeerd, zoals extra vaak (en goed!) de baby aanleggen, en eventueel kolven, en je hebt nog onvoldoende borstvoeding, dan staan je nog twee middelen ter beschikking. Oxytocineneusspray helpt de toeschietreflex op gang, wat handig is voor moeders die moeten kolven; de verloskundige kan een recept voorschrijven. Domperidon is een middel tegen misselijkheid, maar het verhoogt ook de melkproductie. Omdat je het niet altijd mag gebruiken en niet meer mag gebruiken dan 3 keer per dag 10 mg is het beste te overleggen met je huisarts, gynaecoloog of kinderarts. Je moet eventueel gebruik afbouwen en niet direct stoppen met het middel.

IK HEB PIJN AAN MIJN BORSTEN EN KOORTS

Als je vanaf de zevende dag na de bevalling koorts hebt in combinatie met één pijnlijke borst met een rode, harde plek, dan kun je een borstontsteking hebben. Als je de juiste maatregelen neemt, gaat die meestal binnen één tot twee dagen over.

Eerste Hulp Bij Borstontsteking:

- de borst telkens héél goed leeg laat drinken, acht tot twaalf keer per dag voeden en eventueel met een kolf het laatste restje eruit halen;
- met warme douches en permanente (!) warme kompressen (een wegwerpluier die je onder de hete kraan hebt laten vollopen) de doorbloeding bevorderen (zie ook bovenstaande vraag);
- veel slapen!

Bel, bij hoge koorts en als de koorts na 24 uur niet minder is, de huisarts. Die kan antibiotica voorschrijven.

WAT DOE IK AAN PIJNLIJKE TEPELS?

De eerste dagen kun je, als je de baby aanlegt, pijn voelen binnen in de borst. Vaak betekent het dat de melk toeschiet. De pijn verdwijnt snel. Na een aantal dagen treedt de pijn helemaal niet meer op. Daarnaast kunnen vrouwen, vooral als ze niet goed aanleggen, kapotte tepels krijgen: tepelkloven. Die zijn pijnlijk.

De beste remedies tegen tepelkloven:

- als het nog lukt om aan te leggen, begin dan met de minst pijnlijke kant;
- zorg ervoor dat de borst al stroomt voordat je de baby aanlegt;
- bij pijn, haal de baby van de borst, en ga over op kolven totdat de tepels genezen zijn. Ga dan met een lactatiekundige opnieuw leren aanleggen.

HET VOEDEN DOET PIJN VAN BINNEN

Heb je dieproze, glanzende en soms schilferende of jeukende tepels en diep van binnen pijn die tijdens de voeding niet overgaat? Dan heb je misschien candida, een gistinfectie. Bij de baby kan die zich uiten door spruw: wit beslag op de tong dat je er niet af kunt vegen, of witte kleine plekjes met een rode rand eromheen. Candida kan ook luieruitslag geven (rode 'eilandjes'). Ook als de baby geen verschijnselen heeft, kun je candida hebben.

Vraag de huisarts een recept met schimmeldodende zalf of gel voor jezelf en voor de baby. Je moet de behandeling voortzetten tot twee weken nadat de klachten zijn verdwenen.

MAG IK NU ALLES ETEN?

In principe kun je alles eten als je borstvoeding geeft. Je hoeft zeker niet op voorhand te stoppen met knoflook, ui, kool of andere voedingsmiddelen. Ze kunnen smaak geven aan de borstvoeding en daarmee leer je de baby vast met de pot mee te eten. Baby's lijken smaakjes trouwens lekker te vinden. En kool is een uitstekende bron van vitamine K, belangrijk voor de bloedstolling. Ook koffie kan in normale hoeveelheden (een paar kopjes per dag) geen kwaad. De baby krijgt het nauwelijks binnen en zijn slaapritme verandert er niet door.

Dus begin gewoon alles te eten. Als je het idee hebt dat de baby ergens sterk op reageert of allergisch is, kun je altijd alsnog besluiten dat voedingsmiddel weg te laten en te kijken of dat helpt.

KAN IK EEN TWEELING ZELF VOEDEN?

Met een tweeling kun je heel goed borstvoeding geven. Je kunt zelfs, als je eenmaal routine hebt, twee kinderen tegelijk voeden. En de hoeveelheid melk past zich na de eerste week automatisch aan de behoefte van de kinderen aan.

HOE LANG KAN IK DOORGAAN MET HET GEVEN VAN BORSTVOEDING?

Het advies luidt om de baby de eerste zes maanden uitsluitend borstvoeding te geven. Vanaf dat moment heeft de baby extra voedingsstoffen nodig, zoals ijzer. Hij krijgt dan naast de borstvoeding groente- en fruithapjes, pap en brood.

Als je weer gaat werken, heb je recht op kolftijd. De gekolfde melk kun je in de koelkast bewaren en de volgende dag aan de baby geven of invriezen. Als je het op kunt brengen, is dat aan te raden. De dagen dat je thuis bent, geniet je extra van de borstvoeding en de intimiteit die je zo met je kind hebt.

Zo lang je vaak blijft voeden, blijf je melk aanmaken. Op dagen dat je van huis bent en moet kolven, kan de aanmaak wat teruglopen, maar als je de dag erna de baby extra vaak aanlegt, krijg je weer wat stuwing en is de melkproductie zo weer op peil.

LET OP

! Alcohol remt de toeschietreflex, waardoor de baby veel minder melk drinkt. Bovendien komt alcohol in de borstvoeding terecht. Het beste is niet drinken, maar als je toch graag af en toe een glaasje drinkt, doe dat dan minstens twee uur voor een voeding. Anders gezegd: vlak na een voeding. Bij de volgende voeding is veel ervan dan weer afgebroken.

! Roken tijdens de borstvoeding is haast net zo slecht als tijdens de zwangerschap. De baby krijgt de nicotine en alle giftige stoffen binnen. Bovendien verhoogt roken de kans op wiegendood en remt het de moedermelkproductie.

De laatste week voordat je weer aan het werk gaat, kun je om de dag na de ochtendvoeding kolven en deze melk invriezen. Zo heb je een voorraadje voor de eerste werkdag. Invriezen gaat goed in plastic diepvrieszakjes of, nog beter, in plastic bakjes om ijsklontjes te maken. Je kunt dan zoveel klontjes pakken als je nodig hebt. Er zijn ook speciale zakjes voor.

Krijgt de baby tandjes en bijt hij je tijdens de voeding? Druk de baby in de borst. De baby moet zijn mond open doen om adem te halen en laat los. Zo leert hij dat het niet goed is om te bijten.

Meer informatie over het afkolven, bewaren en invriezen van moedermelk vind je op www.borstvoedingsforum.nl en op www.voedinsgscentrum.nl.

HOEVEEL FLESVOEDING MAG DE BABY?

De baby krijgt na ongeveer een week 150 milliliter maal zijn gewicht in kilo's per dag. Een kind van 7 pond krijgt dus 150 x 3,5 = 525 ml. Wanneer je dit deelt door 7 voedingen krijgt de baby 75-80 milliliter per keer.

Tot dat moment bouw je de hoeveelheid melk op per dag volgens de volgende formule: het aantal kilo's x 30 milliliter x de dag vanaf de geboorte. Je stopt bij 150 milliliter x het geboortegewicht in kilo's per dag, gedeeld door zeven voedingen. Je maakt per voeding de melk aan.

Je mag de hoeveelheid flesvoeding best iets variëren als je kind daar behoefte aan heeft, maar overdrijf het niet. Met te veel flesvoeding kun je kinderen wél overgewicht bezorgen.

Als je kind een slechte drinker is, kun je de hoeveelheid melk voor één dag over acht voedingen spreiden. Ook helpt het om het speentje wat losser op de fles te draaien. Zo krijgt hij de melk makkelijker binnen.

Voor goede drinkers geldt: draai het speentje strak op de fles. Zo moet de baby harder zuigen om de melk binnen te krijgen. Borstvoedingskinderen zuigen vaak lang aan de borst, en bevredigen zo hun zuigbehoefte. Bij fleskinderen kun je dat compenseren door het speentje strak aan te draaien, of door een fopspeen. Een voeding moet gemiddeld 20 minuten duren.

28

De laatste kraamzaken

Je hebt een minicursus kraamzorg gehad, een stoomcursus borstvoeding en je weet de belangrijkste dingen over je baby. In dit hoofdstuk vind je nog wat belangrijke kraamzaken.

HOE LANG DUURT HET OM TE ONTZWANGEREN?

Het ontzwangeren verloopt in drie fasen. Van oudsher duurde het kraambed tien dagen. Al die dagen kwam de kraamverzorgster, en was de moeder kraamvrouw. Inmiddels is die periode teruggebracht tot een week.

Toch gebeurt er die eerste tien dagen heel veel. De baarmoeder slinkt tot ze nog maar nét te voelen is boven het schaambeen. De hechtingen helen. De zwangerschapshormonen verlaten je lijf – waardoor je flink kunt gaan zweten en wordt bezocht door 'opvliegers' en kraamtranen. De stuwing komt en gaat, de borstvoeding komt op gang. Na die tien dagen word je geacht het leven-met-kind op eigen kracht aan te kunnen.

De ontzwangering is na die tien dagen nog niet voorbij. Daarvoor staat een periode van zes tot acht weken. In die periode slinkt de baarmoeder volledig, al blijft ze altijd iets groter dan voordat je kinderen kreeg. De buikspieren, de bekkenbodemspieren en de vagina zijn na die periode weer behoorlijk terug in vorm (al moet je vaak nog langer oefeningen blijven doen...). De kraamvloed (het bloedverlies na de bevalling) is nu helemaal over.

Toch voelen vrouwen zich na die zes tot acht weken nog niet de oude. De meeste vrouwen vertellen dat dat pas na negen maanden tot een jaar het geval is. De eerste maanden, met gebroken nachten, zijn doodvermoeiend. Je hele levensritme wordt anders nu er een baby is waar alles om draait. Als je borstvoeding geeft, kan het nog maanden duren voordat de hormonen weer 'normaal' hun werk doen en je een menstruatiecyclus hebt. De buik- en bekkenbodemspieren hebben vaak meer tijd nodig om echt weer stevig te worden. En bij veel vrouwen duurt het maanden voordat ze weer op hun oude gewicht zijn.

Ook emotioneel voelen de meeste vrouwen zich anders: kwetsbaarder en gevoeliger. Je ziet ineens de uitlaatgassen exact op het niveau van de kinderwagen, je maakt je zorgen om het broeikaseffect en je bent je bewust van gevaren voor je kind. Je voelt je verantwoordelijk, maar ook diep met je kind verbonden. Je bent nu in de eerste plaats moeder en dan pas vrouw en echtgenote. Je hebt minder vrijheid om te gaan en te staan waar je wilt en om de broodnodige slaap in te halen.

Als het jullie eerste kind is, zijn jullie van een stel geworden tot een gezin: drie mensen die hun lot aan elkaar verbonden hebben. Dat is fijn, maar het kan ook vreemd en kwetsbaar voelen.

De ontzwangering is na tien dagen nog niet voorbij

IK KAN GEEN BORSTVOEDING GEVEN, WAT DOE IK TEGEN DE STUWING?

Wanneer je geen borstvoeding kunt of mag geven, bijvoorbeeld omdat je medicijnen gebruikt die schadelijk zijn voor de baby, dan krijg je op de tweede of derde dag na de bevalling toch de gebruikelijke stuwing. Het beste kun je daarvoor een stevige voedingsbeha omdoen, of de kraamverzorgster vragen of ze een heel stevige 'beha' kan maken van katoenen luiers. Zo geef je tegendruk aan de gezwollen borsten. Dat helpt om de melkaanmaak te onderdrukken.

Er zijn ook medicijnen die de melkaanmaak onderdrukken. Maar omdat die nogal eens bijwerkingen veroorzaken, worden ze niet altijd gegeven. In plaats daarvan kun je een pijnstiller – paracetamol – nemen tegen de pijn op de dagen dat de stuwing het ergst is. Doordat er geen melk wordt 'afgenomen' door de baby, zal de aanmaak snel minder worden en stoppen.

WANNEER MOET IK IN (OF VLAK NA) HET KRAAMBED DE VERLOSKUNDIGE BELLEN?

In het kraambed ben je nog steeds kwetsbaar, net als je baby. Als je het gevoel hebt dat er iets niet in orde is, is het belangrijk om de verloskundige of de huisarts te bellen.

Bel in het kraambed de verloskundige of de huisarts:

* als je koorts hebt;
* als je vaak kleine beetjes plast en het plassen pijn doet. Je hebt dan misschien een blaasontsteking;
* als je koorts hebt en pijn hebt in de flanken of de streek van je nieren (vlak onder de ribben aan de rugzijde). Je kunt een nierbekkenontsteking hebben;
* als je tijdens het kraambed beroerd wordt, met ernstige buikpijn, waarbij je bijna niet meer op je benen kunt staan. Neem dan je temperatuur op en bel onmiddellijk de verloskundige. Kraamvrouwenkoorts komt tegenwoordig niet vaak meer voor, maar is ook niet helemaal uitgeroeid;
* als de baby koorts heeft (boven de 37,5 graden) of juist ondertemperatuur (onder de 36,5);
* als de baby slecht drinkt, slap is, een grauwe kleur heeft en eventueel ook ondertemperatuur of koorts. Baby's krijgen bij een infectie eerder ondertemperatuur dan koorts;
* als je koorts hebt en een harde, pijnlijke plek in de borst. Dat wijst op een borstontsteking, waarover meer in het hoofdstuk 'De voeding van de baby';
* als je voortdurend depressieve gevoelens en gedachten, ernstige slapeloosheid of dwangbeelden hebt;
* als je ergens ongerust over bent.

WAT IS EEN KRAAMBEEN?

Een kraambeen is een trombosebeen: een been waarin er een bloedvat verstopt is geraakt door een bloedprop. Dat treedt af en toe op aan het eind van het kraambed. De kans op trombose is groter na een kunstverlossing, en nog groter na een keizersnede.

Een kraambeen is niet altijd gemakkelijk te herkennen. Vaak begint het met wat pijn of een iets opgezet been – maar dat kan ook door iets anders komen. Daarom wordt vaak pas na een dag of wat duidelijk wat er aan de hand is.

De verschijnselen zijn pijn of tintelingen in het been, dat bleek en opgezet is en koud aanvoelt, in combinatie met een snelle hartslag en verhoging. Als de verloskundige of de huisarts je verdenkt van trombose, moet de diagnose in het ziekenhuis bevestigd worden.

Je krijgt dan antistollingsmiddelen, meestal in het ziekenhuis. Bij een volgende bevalling zul je uit voorzorg direct na de bevalling antistollingsmiddelen krijgen.

HOE HERKEN IK EEN POSTPARTUMDEPRESSIE?

Als je voortdurend somber bent, depressieve gevoelens hebt, weinig eetlust hebt en eventueel dwangmatige gedachten hebt over doodgaan of over agressie naar de baby, dan kunnen dat symptomen zijn van een postpartumdepressie, ook wel postnatale depressie genoemd. Vaak hoort daar ook ernstige slapeloosheid bij.

Geneer je niet – veel moeders hebben er last van. Maar praat er wel over met de verloskundige of de huisarts. De geboorte van een kind is niet altijd een roze wolk en het zal je opluchten daar met een zorgverlener over te praten. Het is belangrijk dat je hulp zoekt. De huisarts kan je verder verwijzen. Zo nodig krijg je antidepressiva. In dat geval kun je beter overstappen op flesvoeding. De baby kan er onrustig van worden.

Als er psychiatrische stoornissen in je familie voorkomen of als je zelf eerder psychiatrische stoornissen hebt doorgemaakt, wees dan extra waakzaam. Bij een postpartumdepressie is behandeling nodig.

WAT IS EEN KRAAMPSYCHOSE?

Een veel zeldzamer en nog ernstiger ziekte dan een depressie is een postpartumpsychose of kraampsychose. Die komt maar bij 1 tot 2 op de 1.000 vrouwen voor. Een postpartumpsychose begint meestal pas vanaf de vierde dag na de bevalling en gaat gepaard met angsten, onrust, vreemde gedachten of waanbeelden, ernstige slapeloosheid en vreemd gedrag.

Een kraampsychose is gevaarlijk. De moeder kan zichzelf of de baby iets aandoen. Ze wordt daarom opgenomen in een psychiatrisch ziekenhuis en behandeld.

WANNEER MAG IK WEER TAMPONS GEBRUIKEN?

Gebruik geen tampons als je nog kraamvloed hebt. Kraamvloed bevat vaak bacteriën die er zo snel mogelijk uit moeten.

Je kunt weer tampons gebruiken als je weer je normale menstruatie hebt. Dus als je 'schoon' bloedverlies hebt. Doordat je vagina iets is veranderd van vorm en wat wijder is geworden, kan het zijn dat je een andere tamponmaat nodig hebt dan voorheen.

MOET IK BEKKENBODEMOEFENINGEN BLIJVEN DOEN?

Er is een verschil tussen elke dag de bekkenbodem trainen of de rest van je leven de bekkenbodem op de juiste manier gebruike. Na de bevallig is het belangrijk dat je de bekkenbodemspieren weer in goede conditie krijgt, door ze te oefenen.

Nog veel belangrijker is het om de bekkenbodemspieren aan te spannen terwijl je tilt, lacht, of hoest. Dat zijn de momenten dat je buikdruk stijgt en er druk op de bekkenbodem komt. In het begin geldt dit ook voor het doen van buikspieroefeningen, hardlopen, een badje met water tillen of oudere kinderen weer gaan tillen.

Als je in de zwangerschap last had van een balletje dat je voelde of zag in de vagina, als je een moeder hebt met bekkenbodemklachten zoals urineverlies of een verzakking, en als je zwaar lichamelijk werk doet, dan heb je 47 procent meer kans op verzakkingsproblemen op latere leeftijd. Gelukkig weten we dat bekkenbodemspiertraining en het leren omgaan met buikdrukverhoging veel problemen voorkomt.

Vrouwen die bekkenklachten hadden in de zwangerschap, kunnen op langere termijn bekkenbodemproblemen krijgen omdat hun bekkenbodemspieren vaak te strak gespannen staan. Het advies luidt dan ook om ongeveer negen maanden na de bevalling een consult bij de bekkenfysiotherapeut te vragen, die kan kijken of de bekkenbodemspieren normaal functioneren. Zo niet, dan krijg je gerichte adviezen.

HOE KRIJG IK MIJN BEKKENBODEM WEER IN VORM NA DE BEVALLING?

Na de bevalling kun je tijdelijk een veranderd gevoel hebben in het bekkenbodemgebied, waardoor je niet goed herkent wanneer je blaas of darmen vol zijn. Sommige vrouwen verliezen ongewild urine, windjes of zelfs wat ontlasting. Ook door pijn kan de bekkenbodem anders functioneren en klachten geven. Besef dat deze klachten vrijwel altijd tijdelijk zijn. Door het weer bewust aanspannen en gebruiken van de bekkenbodemspieren verdwijnen ze snel. Begin met oefenen zodra je je daartoe weer in staat voelt, dat verschilt per persoon. Ook na een keizersnede kun je deze oefeningen doen.

Buikademhaling:

Een ontspannen buikademhaling zorgt voor een verbetering van de doorbloeding in het buik- en bekkenbodemgebied. Dit helpt om de darmen beter op gang te laten komen en de bekkenbodemspieren te ontspannen.

- Ga rustig liggen (zijligging of rugligging). Leg in rugligging een kussentje onder de knieën.
- Leg je handen op de onderbuik, en voel in het kommetje van de handen de buik *vanzelf* meebewegen met de ademhaling.
- Inademen: de buik wordt bol en zet wat uit.
- Uitademen: de buik veert weer terug en de buik wordt platter.
- Niet forceren, alleen maar voelen en je bewust worden van de buikademhaling.

Bekkenbodemtraining:

De bekkenbodemspieren moeten na een zwangerschap en bevalling weer getraind worden in gevoel (herkennen aanspannen-ontspannen), kracht, uithoudingsvermogen en timing (ophouden plas en windje, óók tijdens niezen) en bewuste ontspanning (toiletgedrag, ontspannen durven vrijen).

Algemeen:

- Probeer de bekkenbodem lichtjes in te trekken en bewust los te laten. Dit kan in zijligging, rugligging of in handen-en-knieënstand.
- De billen blijven slap! Het gaat alleen om de beheersing van de bekkenbodemspieren.
- Probeer dit 5 keer te doen.

Als je moeite hebt met het ophouden van urine:

- Start zittend: zet de voeten plat, leun iets naar voren (holle rug) met je handen op de knieën.
- Probeer de voorkant van de bekkenbodem (vagina-plasbuisgebied) lichtjes in te trekken en dan weer bewust los te laten, 5 keer.
- Ga ook zo zitten op de wc als je moet plassen.
- Onderbreek nooit je plas als je eenmaal plast ('stippeltjes plassen'), dat is een achterhaald advies.

Als je moeite hebt met het ophouden van windjes of ontlasting:

- Start zittend: zet de voeten plat, zit met een iets bolle rug (wat ingezakt).
- Probeer je anus lichtjes in te trekken en dan weer bewust los te laten, 5 keer.
- Ga ook zo zitten op de wc voor je ontlasting.

Uithoudingsvermogen:

- Houd de bekkenbodem 5 seconden licht aangespannen.
- Probeer dit in 3 series, waarbij je telkens 5 keer rustig aanspant en dit 5 seconden probeert vast te houden.

Kracht en timing:

- Trek de bekkenbodemspieren kort en krachtig aan.
- Probeer dit in 3 series, waarbij je ze 5 keer krachtig aanspant en kort (1 seconde) vasthoudt.

WELKE BUIKSPIEROEFENINGEN KAN IK AL WEER DOEN?

Het oefenen van de dwarse en schuine buikspieren mag al in het kraambed. Deze spieren hebben een belangrijke rol bij het stabiliseren van de lage rug en het bekken. Alleen het trainen van de rechte buikspieren ('sit-ups') is veel te zwaar voor in de kraamperiode!

Dwarse buikspieren (rugligging):

- Probeer de lage onderbuik iets in te trekken. Probeer dit in 3 series, waarbij je ze 3 tot 5 seconden probeert vast te houden.

Schuine buikspieren (zijligging):

- Laat de nog wat slappe buik gewoon opzij vallen.
- Trek met de vinger de navel naar het midden van de buik, en span aan en laat de navel langzaam los.
- Probeer de navel 3 sec. in het midden te houden, doe 3 series.
- Herhaal dit voor de andere kant.

Schuine buikspieren na 6 weken (rugligging, gebogen knieën):

- Kom in een soort draaibeweging met één schouder en het hoofd wat los van de ondergrond en doe alsof de knie aan de kant van de andere schouder aangeraakt gaat worden. Houd 5 seconden vast.
- Herhaal dit 5 keer, in drie series. De knieën blijven uit elkaar!
- Herhaal dit voor de andere kant.

LAGE RUG EN BEKKEN

De spieren rondom het bekken moeten na een bevalling weer getraind worden om de lage rug en het bekken goed te stabiliseren. Start eerst met de vorige oefeningen, na enkele weken kun je deze toevoegen:

Bruggetje: rugligging met gebogen knieën:

- Trek de lage buik licht in. Druk je armen wat in de ondergrond.
- Til de billen rustig 1 centimeter op. Let op: de knieën blijven uit elkaar.
- Houd dit 3-5 sec. vast, herhaal 5 keer en doe daarvan 3 series als het goed gaat.

Opdrukken: kruiphouding:

- Zak door de ellebogen, beweeg met je hoofd richting handen en dan weer omhoog.
- Doe dit 5 tot 10 keer in 3 series.

Kniebuigingen: vanuit stand door de knieën buigen (squat):

- Buig door de knieën, met schouders-knieën-voeten boven elkaar. Laat, als het lastig is, de handen langs de bovenbenen glijden naar de knieën.

29

Anticonceptie

Met dit onderwerp is het boek weer rond. Want hoe zorg je dat je niet meteen weer zwanger gaat worden? En wanneer ben je eigenlijk weer vruchtbaar? Daar moet je al snel weer over na gaan denken.

WANNEER MOGEN WE WEER VRIJEN?

Je mag weer vrijen als de hechtingen genezen zijn en als de kraamvloed (bijna) weg is en niet meer stinkt. Daarvoor is geen exacte tijd aan te geven. 1 op de 3 stellen heeft binnen een maand weer gevreeën, en 2 op de 3 binnen 2 maanden. Maar er zijn er ook die er de eerste maanden geen behoefte aan hebben. De baby vraagt veel zorg en veel vrouwen zijn zo moe dat ze al onder zeil zijn zodra ze hun kussen ruiken.

Tijdens de borstvoeding kan de vagina wat droog zijn doordat het lichaam weinig oestrogenen (vrouwelijke hormonen) aanmaakt. Je kunt dan een glijmiddel gebruiken.

WANNEER BEN IK WEER VRUCHTBAAR?

Bij vrouwen die geen borstvoeding geven, kan de menstruatiecyclus al snel weer op gang komen. De eerste eisprong treedt dan vaak rond de vierde à vijfde week na de bevalling op, en na een week of zes, zeven kun je de eerste menstruatie weer verwachten.

Vrouwen die medicijnen hebben gekregen om de borstvoeding te onderdrukken, kunnen nóg eerder hun eisprong verwachten: zo'n drie weken na de bevalling. De eerste menstruatie kan dan vijf weken na de bevalling optreden.

Bij vrouwen die wél borstvoeding geven, ligt het anders. Borstvoeding onderdrukt de eisprong. Daardoor kan het een tijd duren – meestal meer dan drie maanden, soms wel een jaar – voordat de menstruatiecyclus weer op gang komt. De eerste menstruatie na de bevalling is meestal niet voorafgegaan door een eisprong. Daarom beschermt borstvoeding tegen een zwangerschap, *maar alleen als je je aan de strikte spelregels houdt.*

Bij vrouwen die geen borstvoeding geven, kan de menstruatiecyclus al snel weer op gang komen

BORSTVOEDING ALS ANTICONCEPTIE

Borstvoeding beschermt de eerste vier tot (maximaal) zes maanden na de bevalling tegen een nieuwe zwangerschap. Maar deze methode is alleen betrouwbaar als de 'spelregels' strikt worden nageleefd.

De spelregels voor borstvoeding als anticonceptie:

- Je moet volledig en op verzoek borstvoeding geven (zo vaak de baby wil).
- De baby krijgt geen bijvoeding (behalve vitaminedruppels).
- Er mag nooit meer dan zes uur tussen twee voedingen zitten (dat betekent dat je altijd nachtvoedingen geeft!).
- Als je meer dan twee maanden na de bevalling weer ongesteld wordt, moet je aanvullende anticonceptie gaan gebruiken.

Op deze manier is borstvoeding-als-anticonceptie de eerste vier maanden even betrouwbaar als het spiraaltje. Als 1.000 vrouwen een jaarlang het spiraaltje gebruiken, worden er 3 zwanger. In de vijfde en zesde maand treden er wat meer zwangerschappen op – deels doordat vrouwen de regels niet strikt genoeg opvolgen.

Als aanvullende anticonceptie kun je condooms gebruiken.

WAT KAN IK VERDER VOOR ANTICONCEPTIE GEBRUIKEN?

Moeders die *geen* borstvoeding geven, kunnen het beste na drie weken beginnen met anticonceptie: de pil, de minipil (zonder oestrogeen), de NuvaRing (een hormoonring), of een hormoonstaafje (Implanon). Het hormoonspiraaltje (Mirena of Kyleena) kun je pas na zes weken laten plaatsen. Je kunt, als je geen borstvoeding geeft, daarvoor al weer vruchtbaar zijn! Als je ervoor al weer wilt vrijen, kun je het beste condooms gebruiken. Trouwens: condooms zijn natuurlijk altijd een goed alternatief, met of zonder borstvoeding.

Geef je borstvoeding, dan geldt er een ander

advies. De 'gewone' pil, de combinatiepil, bevat zowel oestrogenen als progesteron. Oestrogenen beïnvloeden de hoeveelheid moedermelk en de samenstelling ervan. Daar komt bij dat de baby iets van de hormonen binnenkrijgt. Dat zou schadelijk kunnen zijn. Om die reden luidt het advies om tijdens de borstvoeding géén combinatiepil te gebruiken. Dat geldt ook voor de NuvaRing. Ook die bevat oestrogeen.

Een alternatief is de minipil (Cerazette); een hormoonstaafje (Implanon) of een hormoonspiraaltje (Mirena). Die bevatten enkel progesteron. Toch luidt het advies om die ook niet te gebruiken in de eerste zes weken van de borstvoeding. Daarna kun je deze anticonceptiemiddelen gebruiken. Ze zijn bijvoorbeeld geschikt om te gebruiken als je nog borstvoeding geeft maar niet meer voldoet aan de spelregels voor 'borstvoeding als anticonceptie' (zie voorgaande vraag). Na de borstvoeding kun je ermee doorgaan. Dan zijn er nog een gewoon spiraaltje (na zes weken) of een pessarium (na zes weken). En in noodgevallen mag je de morning-afterpil gebruiken. Het advies luidt om dan de borstvoeding acht uur over te slaan. Periodieke onthouding kun je pas weer gaan toepassen als je een regelmatige menstruatiecyclus hebt.

Register

Fotoverantwoording

DEEL 1

pagina 12: iStockphoto.com/
Rudyanto Wijaya
pagina 22: Javi Indy/Shutterstock.com
pagina 31: Gresei/Shutterstock.com
pagina 34: S. Borisov/Shutterstock.com
pagina 36: Krzysztof Slusarczyk/
Shutterstock.com
pagina 39: Bogdan Wankowicz/
Shutterstock.com
pagina 43: Hannes Eichinger/
Shutterstock.com
pagina 47: A. Turner/Shutterstock.com
pagina 48: Shutterstock.com
pagina 64: Shutterstock.com
pagina 72: Nationale Beeldbank/
Henk van Houwelingen
pagina 74: iStockphoto.com/Dean Mitchel
pagina 80: Anna Tihkomirova/
Shutterstock.com
pagina 84: Robyn Mackenzie/
Shutterstock.com
pagina 100: wavebreakmedia ltd/
Shutterstock.com
pagina 107: Reflekta/Shutterstock.com
pagina 112: Jacques Palut/Shutterstock.com
pagina 115: Velychko/Shutterstock.com
pagina 118: iStockphoto.com/Adam Przezak
pagina 121: Rohit Seth/Shutterstock.com
pagina 124: iStockphoto.com/Paul Matthew
pagina 126: Shutterstock.com
pagina 133: iStockphoto.com/
Olga Zaretskaya
pagina 137: Shutterstock.com
pagina 141: iStockphoto.com/Robert pears
pagina 163: Kzenon/Shutterstock.com

DEEL 2

pagina 181: Capifrutta/Shutterstock.com
pagina 185, 210, 217, 234, 235, 236:
Brand X Pictures/Jupiter Images
pagina 191: iStockphoto.com/
Charles Benavidez
pagina 213: Helma Weyn Banningh/
Nationale Beeldbank
pagina 215, 243: iStockphoto.com/Kati Molin
pagina 219: Pauline Breijer/Shutterstock.com
pagina 229: Hadewych Veys

DEEL 3

pagina 237: Michael Jung/Shutterstock.com
pagina 238: Visereine/Nationale Beeldbank
pagina 239: iStockphoto.com/
Marina Dyakonova
pagina 244: Shutterstock.com
pagina 250: iStockphoto.com/Joakim Leroy
pagina 254: Svetlana Fedoseyava/
Shutterstock.com
pagina 259: iStockphoto.com/Matthew Ennis
pagina 261: Anyka/Shutterstock.com